语言学和文史语言研究集稿（续集）

李开 著

凤凰出版社

图书在版编目（CIP）数据

语言学和文史语言研究集稿：续集 / 李开著. -- 南京：凤凰出版社，2021.6
ISBN 978-7-5506-3432-9

Ⅰ. ①语… Ⅱ. ①李… Ⅲ. ①语言学—研究②古汉语—研究 Ⅳ. ①H0②H109.2

中国版本图书馆CIP数据核字(2021)第081711号

书　　名	语言学和文史语言研究集稿(续集)
著　　者	李　开
责任编辑	郭馨馨
装帧设计	徐　慧
出版发行	凤凰出版社(原江苏古籍出版社) 发行部电话025-83223462
出版社地址	江苏省南京市中央路165号,邮编:210009
出版社网址	http://www.fhcbs.com
照　　排	南京凯建文化发展有限公司
印　　刷	江苏凤凰数码印务有限公司 江苏省南京市栖霞区尧新大道399号,邮编:210038
开　　本	652毫米×960毫米　1/16
印　　张	27
字　　数	376千字
版　　次	2021年6月第1版
印　　次	2021年6月第1次印刷
标准书号	ISBN 978-7-5506-3432-9
定　　价	138.00元

(本书凡印装错误可向承印厂调换,电话:025-57718474)

目 录

音韵　校勘　注释

语言理论　语学语史

汉语文化

附录

音韵　校勘　注释

西汉竹书《老子》上经校勘绎言[①]

北京大学藏汉简《老子》的问世，使《老子》传本增加到四种：传世王本《老子》、汉帛书本《老子》甲、乙本、郭店简《老子》甲、乙、丙本传本、北大汉简《老子》传本。《老子》传本是成了系统的。传本系统[②]首先体现的是学术精神，除王本系统外，其余还只是“孤本”。如果把以王本为核心的传世本系统内的不同文本的《老子》作比较是同质比较研究，不同文本的传本系统的《老子》作比较则是异质化研究，异质研究更有利于揭示《老子》的古本面目及其思想的内涵。

经传统语言文字学研究法音韵、文字、训诂，并逻辑、语义、语法的分析，对照不同传本，校勘北京大学藏汉简《老子》“上经”得 37 条，绎述汉简《老子》上经的相关特点和优点，有彰显上古《老子》思想、

---

① 衷心感谢匿名审稿专家对本文提出了宝贵修改意见，本文如有错误，完全由本人负责。

② 作为传世本，已形成以王本为核心的传本系统。因前后承继，包含的不同文本最多，1965 年严灵峰辑《无求备斋老子集成》初编、续编、补编共收得 356 种，多属魏晋之后书。最著者如：河上公本（原作当为西汉早期作品，后人增缀）、唐初傅奕《道德经古本篇》、景龙《道德经碑》、王安石《老子注》等等。1973 年冬汉帛本问世之前，有关《老子》的研究都可看作王本传承系统内不同研究成果。有关“传本系统”的提法，参见郭沂《郭店楚简与先秦学术思想》，上海教育出版社 2001 年 9 月版，第 50 页。郭沂从源头上追溯，只承认两个传本系统，一是春秋末老聃古本系统，一是与战国中期秦献公同时的太史儋今本系统。“传本系统”是个复杂问题，本文立足于不同文本言传本系统，立足于以文本为基础的不同传本比较。

合于上古生成论、用字总趋势求正规化、旁证河上本《老子》成书于西汉、多存古本《老子》旧文、可推知汉简本《老子》所据之原本甚古、与帛书本《老子》的种种比较、用汉简本和帛乙本校王本为可信从、多楚地语用字和楚人抄写之推测等十大方面。

1. **汉简《老子》1 章 1 简:“下德不失德,是以無德。”**紧接下文:“**上德無为而無以为,下德【为】之而無以为。**”均作“無”字,而帛书本均作“无”字。汉简本“無德”下注云:“帛书甲、乙本大多写作‘无’,汉简本均作‘無’。”[①]“無德”句、“無为而無以为”句王本均作“無”。公元前 300 年左右下葬的郭店楚墓,竹简本《老子》甲本 31、32 简有“我無事”、“我亡为”之对文,13 简也有“亡为”之说。乙本 3 简有“亡为”、“無败”、“無执”之说。郭店简甲、乙、丙本都没有出现“无”字,4 简有“亡忧”、“亡为而亡不为”。丙本 11 简有“無为”。由是可推知,先秦古本《老子》的用字意向是指向“無”字,宁可用假借字“亡”也决不用“无”字。汉简《老子》用“無”不用“无”,是上承先秦古本传统,下启后世传本的[②]。承上启下,方为学术正宗,汉简《老子》是跻身于宗传的正本之属。“无”字,先秦习见[③]。《说文·亡部》“無”字下把“无”字说成是“無”的“奇字”(古文奇字)。还说“无通于元者”,意即“无”与上苍元气的虚无寂寞同义,段注本《说文》更谓“无”是“虚无道也”。《说文》还引古代通人之说:“王育说,天屈西北为无。”“无”字的右下屈折之笔正是古人黄道视运动“右西下北”之向。段注:“屈,犹倾也。天倾西北,地不满东南。”可见,其一,“无”字形表示上苍之“天”向西北方向倾斜,而造成大地东南部亏缺不满多大海的实状。其二,黄道视运动的“右西下北”之向,就是实际上的按地球

---

① 经核查,汉简本《老子》全书均作“無”字。帛本第七十一章(王本《德经》第六十九章)帛乙本:“祸莫大于無敌,無敌近亡吾琛(宝)矣。”两作“無”字。

② 经查,凡帛本用“无”处,河上公本绝大部分,王本之全体,同汉简本用“無”。河上公本仅见《老子·守徽六十四》:“无执故無失。”河上注:“无所执藏,故无失於人也。”连注文共 3 处用“无”字。既然传世本多用“無”字,河上本及注仅有三个“无”字,汉简本之遗轶!

③ 《易·无妄》的经文:“六三,无妄之灾。”旧题周代卜商所著的《子夏易传》中的“无”字更多。总之“无”字是先秦习见字。

绕太阳公转来定向的“右东下南”，“天屈西北”实际上就是直接指东南部多大海水面。有理由认为，帛书本《老子》用“无”字是着意于造字时代古人所认知的大自然实状的，简言之，“无”就是“天”，就是大自然。秦汉时期，“无”字锐减，“無”字激增[①]，帛书本《老子》用“无”字绝不用“無”字完全是有意超越秦汉，折向上古。这与汉初主张黄老思想极有关系，与民休息的黄老思想就是崇尚自然无为，缱绻上古。以“回到远古黄帝、上古老子时代去”的思想治世，是汉初统治者的理想主义统治思想的重要组成部分。而汉简《老子》全部，河上公本《老子》绝大部分作“無”字则保持了秦汉以来的实际用字习惯。用字习惯反映出对古代文献的遵从，汉简老子并不像帛书本从汉初黄老的现实需要去寻找古人用字法，而是从广袤的学术视野和学术伦理上去敬畏前人。**又汉简1章1、2简“上德無为而無以为，下德[为]之而無以为”**句，上句河上本、王本同，传世本中亦有将此句作“上德無为而無不为”的[②]。上句帛书甲乙本除作两“无”字外，句同。下句多数传本作“下德为之而有以为”，只有唐初傅奕本作“下德为之而無以为”，明代焦竑《老子翼》卷八正是据傅本称“古本作上德無为而無不为，下德为之而無以为”，傅奕、焦竑与汉简《老子》暗合，仅上句“無不为”有异，帛书甲乙本均无下句。以帛书本校传本，以为下句系后人（至少有傅、焦二人）“妄增”[③]，今从汉简本看，西汉已有传本“下德为之而無以为/（下德为之而有以为）”的说法，此处以帛书本校传本得出的“妄增”结论并不妥当。日本学者岛邦男以严本“有不为”（实际上严本作“有以为”）校傅本、范本、陈景元本“無以为”，即

① 一部《吕氏春秋》有1358个“無”字，没有一个“无”字，《白虎通》213个“無”字，也没有一个“无”字，可见一斑。

② 北大汉简《老子》的整理者已指出此点，说：“严本、傅本及《韩非子·解老》引文作‘上德無为而無不为’。”见北京大学出土文献研究所编《北京大学藏西汉竹书》（贰），上海古籍出版社2012年12月第1版，第123页。俞樾曾谓韩非作“無不为”者为古本，作“無以为”者涉下文而误，赞同此说者甚多，唯朱谦之《老子校释》力主“上德無为而無以为”为优，郑良树考帛乙、帛甲本作“无以为”，认定“汉初古本此文自作‘上德无为而无以为也’”。据朱、郑之说，可知汉简本作“上德無为而無以为”为从古本无疑。郑说参郑良树《老子新论》，上海古籍出版社2011年11月版，第158页。

③ 见高明《帛书老子校注》，新编诸子集成本，中华书局1996年5月第1版，第3页。

成“下德为之而有不为”称:“应古本如此作,今改之。”即校傅本、范本、陈本作“下德为之而有不为”①,今谓“無以为”与“有不为”有共同语义点“不要有什么作为”,不要刻意表现出有作为。岛校亦可参酌。十分重要的是,从郭店本无上德、下德的提法,到帛本有上德而无下德,到汉简本明确区分上德、下德,为王本、傅本所宗,表明《德经》的充实和对“下德”的重视。“上”“下”二字见于甲骨文,是远古先民认知世界的逻辑范畴,“德”是老子把握人类精神世界构成的原初理念,是个非实体的共同体,两者的结合是逻辑史的必然,因为有上、下,为、不为,有、无这三重对待在内,便容易形成不同的逻辑组合②,即这些不同逻辑组合归根到底反映了人类精神世界状况、相应的行为选择及其结果,合乎“状态—行为—结果”一般逻辑式。在价值层面上,“德”与指自然规律、法则,无法区分“上、下”的“道”不同,“下德”是指下“德”之人。汉简本二句说“上德之人無虑致虚(不妄为)不故意表现出他的作为,下德之人促成某事亦不妄为,也不故意表现出他的作为”。可见汉简本的上德之人与下德之人有同样的认同,并无大不同,也可以说统治者与老百姓在人类的“状态—行为—结果”上并无大别,庶几相同,较为深切地反映出《老子》本义中特有的上古民主意识。对照王本,说下德之人虽不妄为,但故意表现出他的作为。在行为结果的追求上已不可以道里计,沦为名副其实的下德之人。对照傅本,说上德之人不妄为而能无不与事,下德之人不妄为,也不故意表现出他有作为,冥合汉简本视民为高尚。

2. **汉简《老子》2 章 6、7 简:“昔得一者,天得一以精(清),地得一以宁,神得一以灵,谷得一以盈,侯王得一以为正。”**以天、地、神、谷、侯王五事为序言“得一”,帛书甲、乙本,河上公本注文言“谓下五事”,皆此五事,王本多出“万物得一以生”、包括下文“万物無以生将

① 见[日本]岛邦男《老子校正》,东京汲古书院 1973 年 10 月发行,第 133 页。

② 汉简本以“上德—無为—無以为,下德—为之—無以为”为组合,王本以“上德—無为—無以为,下德—为之—有以为”为组合,傅本以“上德—無为—無不为,下德—为之—無以为”为组合。

恐灭”两句，两句绝非《老子》原文，当为帛书本，更可能是河上本问世后妄增[①]。今谓汉简《老子》五事遵从古典生成论，郭店简《太一生水》之“太一”即“一”，太一生水，水反辅于太一“成（生成）天”，“成地”，“成神明”，“成阴阳”，“成四时”，“成寒热”，“成湿燥”，“成（年）岁”，并没有“成万物”，只是“太一藏于水，行于时，周而又（始）”，是“万物母”。有闻“道生一”，“一生二，二生三，三生万物”，未闻“道生万物”，或“一生万物”。故王本衍文“万物得一以生”是违反《老子》以“道”，以“太一”，以“一”为逻辑起点的系统生成论思想的，汉简本等是对的。**又下文第8简：“侯王毋已贵以高将恐厥（蹶）。”**王本承上文“無以清”“無以宁”“無以灵”“無以盈”作“侯王無以贵高将厥（蹶）”，且传世本流传多种复杂句式[②]，莫衷一是。今谓汉简本甚确，意谓“侯王不停止（以）高贵的地位（而自己）予取高享受，必将倒台”。思想锋芒极深刻而锐利。释“以”为“予”，于古有据，《广雅》卷三下《释诂》：“以，予也。”汉简《老子》用古义，此亦证例。

3. **汉简《老子》1章4、5简：“是以大丈夫居其厚，不居其薄；居其实，不居其华。故去被（彼）取此。”**帛书本作“不居其泊”，王本同汉简本。泊、薄，上古皆並纽铎部，二字音同可通。又王本38章“夫礼者，忠信之薄”帛乙本作“泊”，东汉王充《论衡·宣汉》“后世者泊”即借“泊”作薄字，查基本古籍库亦未发现其他以“泊”通“薄”用例，唯上博藏《战国楚竹书》第二册《容成氏》第35简：“汤是之又（有）天下，厚施而泊（薄）敛。”可知以“泊”通“薄”也由来已久，而汉简本作“浅薄”之“薄”。可据知“泊、薄”二字用法为王本、汉简本一系，帛本一系甚明。“厚薄”字《诗·小雅·小旻》有“如履薄冰”句，“厚薄”以“薄”字为正字，由来已久。又汉简本“去被（彼）取此”亦较帛书本“去皮（彼）取此”为近正。**又汉简《老子》1章3简“故失道而後德，失德而後仁，失仁而後义，失义而後礼”**等四句皆用“後”字，王本同，唯

① 郑良树认为增此二句始于王本，参见《老子新论》上海古籍出版社2011年11月版，第162页。

② 参见高明《帛书老子校注》，第11、12页的举证。

帛甲本用“后”,且原已毁“失义而后礼”句,帛乙本只有“故失道而后德”句用“后”字,其余“失德”、“失仁”、“失义”三句皆用“句”字代“后”字,可见帛本《老子》抄写时的用字写别字、写形近字的民间俗写的随意性,应该说,用字随意俗写别写,是帛书本特点,用字求正,是汉简《老子》用字的总趋势。

4. **汉简《老子》2 章 7 简:“天得一以精(清)。”“天毋已精(清)将恐死〈列〉。”**帛甲乙本、王本皆作“清”,汉简本似不可解。上古声母精、清旁纽,汉亦然,又《史记·天官书》有“天精而见景星”句,《汉书·李寻传》有“日月光精”句,“精”字皆清、清朗义,可知汉简本把“清”字写作“精”字亦于汉有据,乃史、班之规式。此外**汉简《老子》2 章 7、8 简:“其致之也,天毋已精(清)将恐死〈列〉,地毋已宁将恐发(废),神毋已灵将恐歇,谷毋已盈将恐渴(竭),侯王毋已贵以高将恐厥(蹶)。”**这里的五个“毋已”皆为“不停止”义,“副+动”偏正结构,王本作五个“無以”,意为“没有用……”,连动结构。河上公本原当作五个“無已”①,语义结构全同于汉简本,河上公注文如“言天当有阴阳施张,昼夜更用,不可但欲清明無已时,将恐分裂不为天”,“言地当有高下刚柔,气节五行,不可但欲安静無已时,将恐发泄不为地”,“言神……不可但欲灵無已时,将欲虚歇不为神”,“言谷……不可但欲盈满無已时,将欲枯竭不为谷”。帛书本亦作“毋已”,但甲本残“毋已”处一,乙本残“毋已”处一②,不如汉简本全存“毋已”处五,帛书本、汉简本都指向上古《老子》原本,汉简本全存“毋已”,版本价值于此处胜帛本。又河上公“言天”、“言地”用“阴阳”、“气节”(元气节令)、“五行”,明显用周秦唯物之阴阳五行言之,思想准绳立足古本《老子》时代,而汉惠帝、吕后时言黄老元气说,抑或时人追随而反映

① 高明持此说,参见《帛书老子校注》,第 13 页。各家对“無以”的解释有歧,郑良树说:“二说之异,全在‘以’字之解释耳,高说有河上公《注》左证,较优。”见《老子新论》,第 163 页。本文力主汉简本“毋已”,河上本“無已”为优为确,而这与区分“毋已”“無已”与“無以”是一致的。

② 就整段而言,帛甲本残 10 字,帛乙本残 4 字。参见高明《帛书老子校注》,第 11 页。

到河上公本及其注文中①。此亦为汉简本所宗,可知汉简本当与河上公本思想准绳皆既向上古,又合当下②。

5. **汉简《老子》4 章 14 简:"建德如榆。"**王本"建德若偷",帛甲本全残,帛乙本残据王本补"偷"字。日藏河上公本作从"手"之"揄"③,唐代傅奕称"古本作输",并说河上公从"手"由从"车"草变。实际上"揄""输"二字古通,《广雅·释诂四》:"揄,脱也。"王念孙疏证:"《方言》:'输,挩也。'……揄、输声相近,输、脱声之转。"今谓古从"木"从"手"之字互通例夥,如"扬州"字作"杨","校对"字作"挍",钱大昕《十驾斋养新录》论及陆德明《经典释文》时称,《说文》无"挍"字,"汉碑木旁字多作手旁,此隶体之变,非别有挍字"。河上公本或用汉隶俗变字"揄"(shū,《集韵》舂朱切)通"输",或本当用汉隶正写字"榆"通"输",而汉简本或用用汉隶正写字"榆"通"输",河上公"揄"字不误,以"揄"通"输",字形上亦以"揄"近"榆",与汉简

---

① 关于河上公本的成书年代,学界有两种代表性看法,一种认为成书于魏晋,以杨家骆(1956)《老子新考述略》为代表。今从河上注文多例反切看,当在发明反切的魏国孙炎后,但这是后人增入的。一种以金春峰(1982)为代表,认为从反映黄老思想看,是西汉时代的代作品。参见金春峰着《汉代思想史》(增订本),中国社会科学出版社 2006 年 2 月第 3 版,第 334~350 页。或以为黄老思想的盛行要到武帝之后,实际上汉惠帝、吕后称帝时皆用黄老。丞相曹参一遵萧何,完全用盖公黄老之言佐惠帝、吕后治事。本文既以汉简本《老子》为高祖后不久之书,河上公本与汉简本多相似、类同之处,亦西汉早期之书。

② 汉简本分上经、下经,无"德经"、"道经"之名,严本仅《德经》的内容。帛甲本、帛乙本均分前、后两篇,但无上经、下经之名,而帛乙本尾标有"德""道"之名,据此也可以说帛本已分出前篇"德经"和后篇"道经"。今见河上本已有在前的"道经"内容和在后的"德经"内容的区分,在前的首篇以《体道》命名,在后的第 38 篇以《论德》命名,这些篇名可能是后人加的,河上本原无"道""德"两分的命名是可以肯定的。从汉简本有上、下之分,帛本主要是有前、后之分,尚有"德""道"之名,河上本有内容在前、在后之分看,可窥河上本古本出于汉代之征。本文对河上公《老子》出于西汉早期作了若干考证,见正文小结部分。又:连魏王弼本《老子》也只署"上经""下经",并无"道""德"区分的正式命名,可见王本《老子》的底本也是高古而与前一脉相承的。

③ 参见高明《帛书老子校注》,第 22 页。日藏本指日本奈良圣语藏旧抄卷子残本,仅存下卷卷子残本,镰仓时代旧钞,有大正十二年影印本。高注一般简称之为"奈卷"。

本相得益彰[①]。岛邦男引敦煌、奈良本作"揄",又引河注文字,肯定了河本作"揄"[②]。又王本下文"质真若渝",帛甲本全毁,帛乙本仅存一"质"字,**汉简本14简作"桎真如輸"**,傅奕本"渝"作"输",汉简本作"輸",《集韵》读双雏切,平声,此处正是"输"字异写,当订作"桎(质)[③]真如輸(输)"。河上本、汉简本皆从古本《老子》。

6. **汉简《老子》4章14、15简:"大器勉成。"**王本作"大器晚成",从上文14简"**大方無隅**",下文14、15简"**大音希声,天(大)象無刑(形),道殷无名**"看,此不当作"晚成"。帛甲本全残毁,帛乙本作"免成",无所成,当是。先秦勉、免互通,汉简本、帛乙本合古本《老子》原意。郭店简乙本作"大器曼成",廖名春以上文"大方亡禺"推知"曼"训"無"[④],甚是。又勉、免、曼上古皆明母元部字。"免成""勉成"实际上是"曼成"的异写。"晚成"则于义不类。**又15简:"道殷無名。"**王本作"道隐無名",从上下文"大方""大器""大音""大象"看,"道隐"言其小不类,殷,盛,大,"道殷"是。帛乙本作"道褒",褒,大,意义甚是,但从用韵看,方、象,阳部;音、殷,侵、文通转;褒,幽部,不能入韵。故汉简"殷"义、韵均是。汉简本一"勉"字一"殷"字均指向古本《老子》。如以汉简本校王本41章,则成了"大方無隅,大器勉(免)成,大音希声,天(大)象無刑(形),道殷無名",成了"凡宏大之物均無……"式,逻辑上一以贯之而无碍,内容上凡宏大之物均被遮蔽着,宏大叙事均不着边际,得其反倒是要人们务实慎言。

7. **汉简《老子》5章16、17简:"人之所恶,唯孤寡不榖,而王公以**

---

① 榆,读 shū,通假字,清朱骏声《说文通训定声·需部》:"榆,假借为输。"且汉代有用例,西汉扬雄《太玄·莹》:"植表施景,榆漏率刻。"范望注:"榆,犹写(泻)也。"本文以汉代通"输"之字的"榆"为常用通假字正写,西汉有用例;以"揄"为汉代通"输"之字的俗变字,据钱大昕说推之,"揄"通"输"也有西汉枚乘《七发》"揄弃恬怠"句例。以"榆"、"揄"皆可通"输"为汉代用字看,汉简本与河上本关系较密切,先后成书汉代相参证的可能性较大。

② 见岛邦男《老子校正》,第143页。

③ 以"桎"通"质",例极罕见,宋代徐锴《说文系传·木部》有"桎之言踬"之说,此处汉代例,亦可宝贵。

④ 廖名春《郭店简老子校释》,清华大学出版社2003年6月第1版,第448页。

自命也。”帛甲本作“天下之所恶”，帛乙本作“人之所亚（恶）”，王本作“人之所恶”，帛甲、乙本均作“不稾”，从“恶”、“穀”二字皆与帛本不同而用后起正字看，汉简本在帛本后。又“自命”帛甲本作“自名”，乙本残存一“自”字，王本作“以为称”，高明以帛本作“自名”为音义胜。今谓“自命”“自名”之同处异文可加比照，推知汉简本、帛本所由之古《老子》甚古。古“命、令”同源，字形“命”从口从令谐声，陈独秀、闻宥（1933）都把“命、令”同字看作复声母的 ml-的证据[①]，《老子》以单声母字“名”m-与复声母字“命”ml-替代，应发生在语音史的复声母开始消变向单声母转移的时代，此在语音史上与《诗经》大体同时的上古早期[②]。从文献上看，《左传·桓公六年》有“命、名”二字同义互用例：“以名生为信，以德命为义，以类命为象。”“以名生”即“以生名”，“以生日起名”之义，桓公六年即公元前 706 年，正与语音史上古早期合。又从 ml-发展到 m-的比照看，“命名”字一律用“命”字的汉简本所据传本比一律用“名”字的汉帛本所据传本要早，从语音史坐标及桓公六年用字例据看，当为春秋《老子》无疑。

更有甚者，《左传·桓公六年》讲桓公问鲁大夫申繻如何起名字，申繻提出了取名的五个原则：“有信，有义，有象，有假，有类。”并说：“以名生为信，以德命为义，以类命为象，取于物为假，取于父为类。”即：出生时的特征、祥瑞之字、相类似的东西、物品、与父亲的叫法相类似的意思，都可用来取名。但应拒绝用国名、官名、山川名、隐疾名、牲畜名、器物礼物名来起名，因这些于避讳、祭祀、礼仪有碍。这不可用来取名的六项，总起来“是以大物不可命”（取名）之理。**汉简《老子》5 章 17、18 简讲“王公以自命”（名）之理，“是故物或损而益，或益而损，人之所教，亦我而教人，故强粱者不得死，吾将以为学（斅，教）父”**。意即王公自名“孤寡不穀”，亦有如《左传》“取于物有假”

① 参见陈独秀《陈独秀音韵学论文集》，中华书局 2001 年版，第 104 页。闻宥《孙海波〈古文声系〉序》，孙著，北京来薰阁书店 1933 年版。

② 俄籍古音学家斯塔罗斯金将上古汉语语音分成六个时期：原始汉语、早期上古、前上古、上古早期、古典上古晚期、上古晚期（又分前、中、后期）。斯塔氏正是把《道德经》的声母系统放在上古早期加以考察，并说老子的音韵系统“与《诗经》一致”。参见斯·阿·斯塔罗斯金《古代汉语音系的构拟》，林海鹰、王冲译，上海教育出版社 2010 年版，第 302 页。

(借用),且更深入一层,事物本身会发生减损增益之类的变化,借用物取名无问题。“强梁者”,王本作“强梁者”,“强梁者不得死”,犹言强行施教者不得好死,因为他不懂得“柔弱胜刚强”的道理(王本36章)。“不得”,王本“得”下有“其”字。“学(斅,教)父”,朱谦之云:“‘教父’即‘学父’,犹今言师傅。《方言》六:‘凡尊老,南楚谓之父’。”可见汉简《老子》在此处“学父”字用楚地语。“父”字用法,可与《左传》“取于父为类”相比拟。从《老子》“王公以自命”为“取于物”,“学(斅,教)父”则“取于父”看,可推知左丘明已用《老子》书。又汉简《老子》“以为学(斅,教)父”,同于《尚书》古本“惟学(斅,教)半”字,此情同上言“命、令”“名”字替代,再次表明汉简《老子》本所据本甚古,几与《尚书》古本可比,而不用河上公本直作“教父”二字,汉简《老子》用字喜从亘古而不从今。又郭店简《老子》甲本15简“恶已”作“亚已”,可窥帛乙本并非抄自帛甲本,亦非同源本,倒有可能帛乙本与汉简本所据相同或相近之源本。

8. **汉简《老子》6章19简:“無有入於無閒。**”帛本作“无间”,王本作“無间”。以“閒”字作“间”字用,始可见于《论语·里仁》“君子無终日之閒违仁”,“無、閒”二字连用,见于《礼记·檀弓上》“不昼夜”东汉郑玄注:“無閒昼夜。”可知汉简本于此处用字从古而习今。又后世传本并近代学者有以《淮南子·原道》“出於無有入於無间”,遂添改王本“無有入無间”为“出於無有,入於無间”者。以帛甲本“无有入於无间”,尤其是汉简本“無有入於無閒”,可知添改者之误。王本上文“天下之至柔,驰骋天下至坚”,下文“無有入無间”即极柔细之物,如天地之气,日月之光,进入无空隙处。上下文逻辑贯通,内容一致,加作“出於無有”后甚隔塞①。

9. **汉简《老子》6章19简:“吾是以智(知)無为之有益也。”又7**

① 郑良树认为,此文西汉前已有两源流,一作“出于無有,入于無间”,实可商榷。郑说见《老子新论》第178页。

章22简："智(知)足不辱,智(知)止不殆,可以长久。"帛甲本、王本均作"知"。今存最古的《老子》古本郭店简《老子》凡"知道"字一律作"智",无例外,例如郭店甲本第6简"智足之为足,此亙(恒)足矣"[①]。汉简《老子》凡"知道"字一律作"智",亦无例外。汉简本从古甚显。

10. **汉简《老子》7章21简:"身与名孰親?"**帛甲本作"名与身孰亲"。帛注以"亲"字为"親"的古体字,有误。甲骨文、金文虽均有"親"字形,但不作"亲疏"义,而作"薪木"、"新旧"义。今谓:"親"字《尚书·尧典》有"以親九族",《孟子·滕文公上》有"親其兄之子",故汉简本"親"字从古不晚。帛甲本56章亦有"故不可得而親"作"親"字形句,此处"孰亲"字正是帛本抄写者误用俗字之证。帛甲本、王本均"名"字在前,从下文"身与货孰多?得与亡孰病"看,都强调"身"的重要性,"多",重要,"得到名利与失去健康"哪个更重要。一般说,下文的两句在语义逻辑上均从属于首句,故首句"身"在"名"前为确,而帛甲本、王本"名"在"身"前有误。且**汉简《老子》17章46简有"以身观身"**句,始终强调"以事物之本观本"的重要,"孰",表比较的疑问代词"哪一个",比较亦考量,亦观察,首肯重要之物"身"在先为允当,汉简本优。

11. **汉简《老子》15章40简:"既得其母,‖ 以智(知)其子;‖ 既智(知)其子,‖ 复守其母,| 殁身不殆。"**帛乙本、王本大体同,均为三层复句,帛甲本"既得其母,‖ 以知其[子],| 复守其母,‖ 没身不殆"是二层复句,逻辑关系不同。汉简本、帛乙本同,可测两者相近源本之可能;王本同汉简本,更可知汉简本承前而启后。

12. **汉简《老子》16章43简:"使我介(挈)有智(知),行于大道。"**帛乙本作"介有知",王本作"介然有知",河上公本注称"介,大

---

① 又可参廖名春《郭店楚简老子校释》第47、54、56、160、272、294、302页。

也","使我介然有于政事"。唯帛甲本作"棤(挈)有知",帛注认为当从帛甲本。今谓:如把"棤(挈)有知"四字看作动宾结构"握持有知"则"有"字为衍文,如看作连动结构"握持和拥有知识"则语义重复,故作"介""介然"为确,当从河上本解释为偏正结构。耿介自信地拥有知识,并施行于大道。此条汉简本、河上本同,可知二书相关;与帛乙本同,因资二书可能源本近同之证。郑良树以严本和其他各本作"介然"为后人所改,可商①。汉注本"介"字后括注"挈"字亦可商。

13. **汉简《老子》16 章 44 简:"厌食,资货有馀。"**帛乙本作"猒食而赍(资)财[有馀]","有馀"二字据王本补,甲本残,据乙本、王本"猒饮食,财货有馀"补成"[猒饮]食[资财有馀]"。汉简本用"餍"的古字,帛乙本相近,用古字"厌"的俗字"猒"。此字的发展脉络是:厌/猒→餍(从厌从食,饱足),"厌食"、"猒食"意为吃得太饱。《楚辞·严忌〈哀时命〉》"时猒饫而不用兮","猒饫"即"猒食",东汉王充《论衡·辩祟》"饱饭餍食","餍食"亦即"厌食"、"猒食"。帛书本注以"作'猒食'于义不通",甚误。以汉简本、帛乙本校王本"厌饮食,财货有馀",可知当作"厌食,资货有馀"。《韩非子·解老》作"厌饮食,而资货有馀"。

14. **汉简《老子》18 章 48 简:"逢(蜂)虿蚖蛇弗赫(螫),猛兽槯(攫)鸟弗薄(搏)。"**"弗赫"诸传本均作"不螫",唯帛乙本同此作"弗赫"(螫),帛甲本作"弗螫",汉简、帛乙源近。帛注以帛本"六六"句型校王本,以"蜂虿虺蛇不螫,攫鸟猛兽不搏"为"未曾被窜改的《老子》原文"。今谓"攫鸟猛兽"句义有碍,且从语法结构上看,两句对文不对。窃以为汉简、帛乙本有同"弗赫"(螫),又因汉简本"猛兽槯鸟"亦不通,当补作"猛兽[不据]",古本老子极可能作"蜂虿虺(蚖)蛇弗赫,猛兽不据,槯鸟弗搏",为"六四四"句型,王本《老子》正反映古本面貌,或谓其已从古本《老子》原文,帛注说并不妥当。河上本作

① 郑说见《老子新论》,第 199 页。

“蜂蚕蛇虺(蚖)不螫,猛兽不据,攫鸟不搏”,与王本近同,亦颇反映古本面貌。又汉简本“蚖蛇”二字,西汉早期贾谊《新书·耳痹》“燕雀剖而蚖蛇生”,二者可比照,但“蚖”字形体古文字中已见。“蚖”上古疑纽元部字,今读 wán,毒蛇。“虺”,上古晓纽微部字。二字为旁纽旁转字。又 18 章 48 简除了俗写字、借字“蠭、蚖、欋、薄、赫”外,48 简尚有“抠固”(帛本王本均作“握固”)、“狻怒”(帛乙本作“朘怒”,王本作“全作”)、“不幽”(帛乙本作“不嚘”,王本作“不嗄”)、“益生曰详”(帛本王本均作“吉祥”字)、“蚤已”(帛乙本作“蚤已”,王本作“早已”)等俗写字、借字、汉初别说“蚖蛇”,可推测汉简本《老子》当在帛本后(这已为学界公认)的西汉早期,不在武帝独尊儒术后。多用俗、借字,正是秦隶走向汉代分隶过程中的表征,是文字尚未讲究规范前的现象。内容从古本《老子》(文字当然也是)而文字抄写又往往从汉分隶早期,是汉简《老子》的基本面貌。这与避刘邦讳,不避惠帝、文帝、武帝讳是契合的。

15. **汉简《老子》20 章 54 简:“以正之(治)国,以倚(奇)用兵,以無事取天下。”**帛甲本作“邦”,帛乙本作“国”,汉简本与帛乙本都避讳①,可测两本抄写年代之相系,且在高祖后不久。王本作“以正治国”,高明《帛书老子校注》以日本奈良圣语藏旧抄卷子残本引河上公注文“之,至也”校河上注“以,至也”,证明河上公本《老子》原作“以正之国”,汉简本、帛甲本、帛乙本均作“之”,王本作“治”系后人改,河上本原本同汉简本、帛甲、帛乙本,今河上本同王本作“治”,可知河上原本距汉帛本、汉简本不远。而后人窜改本河上本,内有反切 50 条,反切是佛教传人中国后,迟至“汉末人独知反语”(颜之推语),至魏晋盛行,这才“音韵锋起”。故本文作者认为河上公《老子》是汉代作品,汉末魏晋屡遭增窜。“以倚用兵”,帛本作“畸”,河上本、王本作“奇”。从文义看,当“以奇用兵”。又“倚”以“奇”为谐声,奇,上古

① 帛甲本全书不避讳“邦”字共有 19 处,本文不再一一指出。这 19 处,帛乙本、汉简本一般都写作作“国”字避讳。故学界一般以帛甲本在汉高祖刘邦前,帛乙本、汉简本在刘邦时或稍后。

群纽歌部,倚,上古影纽歌部。以深喉音影纽转声浅喉音群纽,是有发音上的难度的,当是上古早期的读音;畸,上古见纽歌部,以见纽转声群纽,是旁转字,发音上无难度,当是上古晚期读音;甚至畸、奇二字上古音都注音 kral,而倚字注音 qrals①。又从文献上看,倚、奇相通已见于东汉郑玄注《周礼·地官·媒氏》引《易·说卦》“参天两地而奇数焉”称“本或作倚,音同”,今本《周易》作“倚数”。可知《易传》已见奇、倚相通用例。《周礼·春官·大祝》“七曰奇拜”郑玄注“或云奇读为倚。”“倚拜”,上古礼仪,持节或持戟而拜。可见《周礼》时代已见奇、倚相通,汉人因之,汉简《老子》21 章 59 简有“正复为倚”,以“倚”通“奇”。据洪诚先生研究,《周礼》“实起于周初”(前1046 年),“成书最晚不在东周惠王(前 676—前 651)后”②。从“倚”“畸”代“奇”字看,如将语义指向求古,有理由认为,汉简本《老子》所据古本《老子》较汉帛本所据古本《老子》要更古老。

16. **汉简《老子》20 章 55 简:“人多智而苛物兹(滋)起,灋物兹(滋)章(彰)而盗贼多有。”**帛甲本作“人多知”,帛乙本据甲本和王本“人多伎巧”补作“人多知巧”。帛注以甲本“人多知”三字“知”下一字被夺,补作“人多知巧”亦即“人多智巧”。今以汉简本观之,不必补成“知巧”“智巧”,汉简第 55 简句和《道经》60 章 168 简“绝圣弃智,民利百倍”为相契一贯之说,皆未及“机巧”之“巧”。又“苛物”字,公认的古本《老子》郭店甲本作从可从戈“戓”字,从戈之字与从艹之字古可通,如“臧”与葬字、藏字通,《诗经》“蓼萧”字读“戮”音。可知郭店简“戓”字即“苛”字。由“苛”本字、“戓”异字可知汉简本蓝本与郭店本同属古本。北大注释据汉简本读为“苛”本字音义,甚确。苛,苛细琐碎之义。王本作“奇物”,高明注帛甲本作“何(奇)物”,帛乙本据王本补作“奇物”,皆误。如以帛甲本“何物”即“苛物”而不作“奇物”观,因“苛”“何”二字上古同为匣纽歌部字,可知帛甲本亦本

① 郑张尚芳《上古音系》,上海教育出版社 2013 年 12 月第 1 版,第 436、437 页。

② 洪诚《洪诚文集》《雒诵庐论文集》,江苏古籍出版社 2000 年 9 月第 1 版,第 206 页。

古本。唯汉简本用本字,郭店简用异字,帛甲本用通假字。金文中已有"苛"字,汉简本用"苛"本字的字源甚早。**又55简下文有"灋物兹章"**句,郭店甲本作"法勿慈章",帛甲本残,帛乙本据王本补成"[法]物兹章",河上公本,唐景龙本等作"法物滋章",王本作"法令滋彰"。今谓汉简本、郭店本最为相近和从古,灋、勿、兹、章四字皆用古字。廖名春以"章"作"彰显"字为金文、楚简用字①。河上本亦如汉简本、帛乙本作"法物",河上本当去汉简、汉帛本不远,或谓河上本与汉简本同一传本系统,作"法令"者如《淮南子》、《文子》、《史记》引《老子》,如王本等,当为另一传本系统,高明以"法令"为后人所改窜,甚是。**又56、57简:"我無为而民自化,我無事而民自富,我好静而民自正,我欲不欲而民自朴。"**四句以"無为、無事、好静、欲不欲"为序,考郭店《老子》本以"無事、無为、好静、欲不欲"为序,汉简本序与郭店简序最近,提法同,用字同,而帛本以"无为、好静、无事、欲不欲"为序,王本以"無为、好静、無事、無欲"为序且提法有异,皆与郭店本有较大出入。汉简本的蓝本近同于郭店简《老子》之古本。从逻辑上看,汉简本以"無为"居首更合理,帛本、王本也都将"无为""無为"居首,符合《老子》"上德無为而無以为"这一大本一贯之说,"無事"则是具体的。综此,汉简本56、57简当为古本《老子》之旧。

17. **汉简《老子》21章58简:"其正(政)昏昏,其民萅萅(蠢蠢);其正(政)计计(察察),其国夬夬(缺缺)。"**对文,帛甲本前对全残,后对作"其正(政)察察,其邦(民)夬夬(狭狭)"(狭,读kuài,同侩,狡诈)。帛乙本前对存,近同王本,后对残,据帛甲补成"其正(政)察察,其[民狭狭]"。帛注据王本"其民缺缺",以帛甲"邦"为"民"之误,有误。原文即"其邦夬夬(缺缺)",不涉"民"字,不误。刘笑敢亦以帛甲本"邦"字误②,帛注补帛乙后两句,均未安。今以汉简本观之,帛甲本不避讳"邦",汉简本讳"邦"用"国"字,不讳"盈"、"恒"等

① 见廖名春《郭店楚简老子校释》,第308页。

② 刘笑敢《老子古今》,中国社会科学出版社2006年版,上册,第564页。

帝名,汉简本、帛本皆为西汉古本。汉简本以"其正/其民;其正/其国"对文,帛本以"其正/其民;其正/其邦"对文,可知《老子》古本对文之中有不对,亦句式、句法之变化,帛甲本"邦"字不误,不当改读成"民"字。又《淮南子·道应》引有后对二句作"其政察察,其民缺缺",可知西汉有古本系统和今本系统并存。徐志钧称先秦多有书"缺"为"夬"者,并引《睡虎地秦简·秦律十八种·置吏律》"故有夬者为补之"为例[①],可见汉简本用"夬"字不用"缺"字甚古。河上本、傅本、王本前后两对皆作"其政……其民……",循西汉今本系统。河上本《顺化》58 章后两句作"其政察察,其民缺缺",缺,"缺"的俗体字。后一句的河上公注文:"政教,急民不聊生,故缺缺日以疏薄。"由注文可知,"缺缺"的主体是"其国",指国家事务的缺失。全句说政令愈苛察,国事愈缺失。原为古本《老子》的河上公本"其民"当为后人据西汉今本系统改窜。又河上本作"其民(国)缺缺","缺缺"二字用楚地语用字,《楚辞·远游》:"上至列缺兮,降望大壑。"洪兴祖补注:"缺,与缺同。"亦可疑古本河上公《老子》同汉简本,皆出自楚人之手。又下文**第 58 简:"福,祸之所倚;祸,福之所伏。"**以叙事标题"福、祸"为先后,形成"福,祸-倚/祸,福-伏"之对,帛甲本有"祸,福-倚/福,祸-伏"之对,帛乙本残甚。河上本、傅本、王本同帛甲本。从句内用韵看,汉简本甚是,祸,上古匣纽歌部,倚,影纽歌部,福,帮纽职部,伏,並纽职部。帛甲本诸本以"帮职"韵"影歌"缠夹太甚。两句间"倚、伏"二字间实为不韵,《老子》韵文此二句正体现在句内韵,而非句间韵。从事理逻辑看,汉简本"世事多数存福,却须预警在先;然后遇祸须乐观其前景,树立信心",更合乎《老子》叙事必"警戒在先"的一般内容结构逻辑[②]。《太平御览》459 条《说苑》引《老子》曰:"得其所利必虑其所害,乐其所乐必顾其所败。"正与汉简本叙事逻辑同。又下文(诸传世本同)"正复为倚,善复为妖"叙事标题也是"正(福)、善(福)"居要,与上文叙事标题"福、祸"先后、"福,祸-倚"组构一致,相

① 徐志钧《老子帛书校注》,学林出版社 2002 年 5 月第 1 版,第 74 页。

② 有关内容结构逻辑,或称内部结构逻辑,以区分于抽象形式关系结构逻辑的提法,见梁庆寅、魏斌《论证结构的逻辑分析》,《哲学研究》2013 年第 10 期,第 117 页。

反，帛甲本及诸本的组构倒与此诸家通说"正复为倚，善复为妖"前后有矛盾了①。综此，有理由认为汉简本"福，祸-倚/祸，福-伏"之对是古本《老子》之旧。

18. **汉简《老子》22 章 60 简开头四句："方而不割，廉而不刖（刿），直而不肆，光而不燿。"**四句帛乙本，王本等传世本皆属上，前有"是以"、"是以圣人"冠"方"字前，成为上文福祸、正邪、善妖随时转化的推论。汉简本属下，无"是以"，无"圣人"，与下文"治人事天，莫如啬"相系，成为悟得"治人事天"大道的身边事比喻例，而这是《老子》中常用的事喻明道之法，如王本 11 章"三十辐共一毂"推出"当其無，有车之用"例，且王本加"圣人"二字（高明已指其纯属多余）正是荧惑"方而"四句属下之证。如属上，上文至"人（每个个人）之谜，其人固久"已推论殆尽，用"是以"联缀属上已不伦类，用"是以圣人"联缀属上更不伦类，唯属下喻例"治人事天"方为允当。四句属下是古本之旧。又第二句睡虎地秦简《为吏之道》作"廉而毋刖"，亦作"刖"字者为古本之证。河上本作"害"，音义与汉简本"刖"字最近，刖，疑纽月部，截切绝断受伤之义，害，匣纽月部，割断受伤之义，疑纽与匣纽相转最近最频。而帛乙本作"刺"，音清纽锡部，音转不类，王本等作"刿"，《说文》"利伤也"，亦锋利物刺伤义，《方言》卷三则明"刿"是"刺"的另一方言说法，可见与"刺"义同，与"刖""害"截割受伤之义有别。且"刖足"之刑已行于春秋，而"刿"字的出现及作刺伤之义解都较"刖"为晚。"廉而不刖"是古本之证。汉注本"刖"字后括注"刿"字可商。

19. **汉简《老子》23 章 63 简："治大国若亨（烹）小鲜，以道位（莅）天下，其鬼不神。"**帛乙本作"若亨""以道立"，帛甲残甚。帛乙与汉简近同。郑良树引《韩非子》、《群书治要》引、唐代诸本"天下"

① 郑良树引诸家多以"祸，福—倚"在先，郑亦失考。见《老子新论》第 216 页。

后有“者”字,称:“盖另一本也。”[①]而河上本、王本、帛本、汉简本均无“者”字,可见《老子》传本系统很复杂。本文以帛本、汉简本多古本之旧,由此例可知王本亦不乏古本之旧。**又 63、64 简“非其神不伤人也,圣人亦弗伤。夫两不相伤,故德交归焉”**,王本作“圣人亦不伤人”,唯汉简本、帛甲本作“亦弗伤”,帛乙残后有“弗伤”二字,作“亦弗伤”当古本之旧。先秦“不”“弗”两否定副词的区别,“不”加及物动词后带宾语,“弗”加及物动词后不带宾语[②],汉简本、帛本皆合此一般规则,且汉简本、帛本在“不”“弗”相间的情形下符合先秦语法规则,而王本连续作三个“不伤人”,后人改作明显。此“相”字为递相,非互相。指“鬼神不伤人,圣人不伤民”之“两不相伤”。《韩非子·解老》:“言其德上下交盛,而俱归于民也。”圣人不伤民,德归于民,为早期道家以民为本的思想。从本章看,道家之道,以道莅天下,本身就有上古奴隶制民主思想成分在内。

20. **汉简《老子》24 章 65、66 简:“大国者下游也,天下之牝也。天下之交也,牝恒以静胜牡。以其静也,故为下。”**“之牝”“之交”句传世本皆倒,帛甲、乙本同汉简本,可见此序为古本之旧。“之牝”句在前,“之交”在后,文从字顺。意即“大国谦卑居下,是天下之根。天下交往,总是谦卑居下者胜刚强自负者”。高明《帛书老子校注》曾说循此古本序“不仅体现出哲理博深”,且针对性极强,“历史背景非常清楚”。郑良树赞同高明说。今谓以牝、牡,雌、雄,母本、男根取譬,喻天下静躁、强弱、胜负之理,是《老子》近观以至于观身而悟悠远治国之道的叙事明理逻辑、一贯之道和内容条例,一至于此国家间的交往,外交关系准则,深博云何,无以复加。传世本倒置后历代解释谬见甚多,不一而足,高明亦曾列述之,可供疑义与析。又下文 66、67 **简:“故大国以下小国,则取小国;小国以下大国,则取于大国。故或下以取,或下[而取,故大国不过欲并畜人,小国不过欲入事人。夫各**

① 郑良树《老子新论》第 224 页。
② 参见《黄景欣语言研究论文集》,江苏教育出版社 1995 年版,第 141 页。

得其欲,则大者宜]为下。"帛甲、乙本近同,并据补汉简本28字。唯汉简本8个"国"字,帛甲均作"邦"字,帛乙均作"国"字,"国""邦"二字示避高祖讳与不避讳,全书无例外。这里可表明古本《老子》有八个语义逻辑式:以下,取/取于,下以取/下而取,并畜人/入事人,为下。以下,犹"己下(於)"(对……下)。取,犹"(直接)索取(后带直接宾语表物件对象)"。取於,是"动词'取'+介词'於'构成的介宾结构作补语",语义上犹今"从……那儿索取"。下以取,指大国卑下可从小国那儿直接索取,亦可对应逻辑式"取"。下而取,指小国卑下可从大国那儿索取,亦可对应逻辑式"取於"。并畜人,(大国)同时养育小国之人。入事人,(小国)入进,去事奉大国之人。为下,自我谦卑居下,不同于"以下",仅译义上犹"己下"。以上八式,有的很抽象,式例性、对待性均很强,如"取/取於",有的式例之间又有明显的对应性,如"取/取於"和"下以取/下而取"之间。有的则较具体,式例性、形上性弱,如"并畜人/入事人","为下",有的仅在外延隐性关系上可构成并不严格的逻辑对待,如"以下"和"为下"之间,但不论何种情形,汉简本并同汉帛本都能表明《老子》古本的语言表达逻辑,哲人其思,严密之至。相对于上文取譬一贯为非形式的内容构造逻辑,见本文第10、11、17节,此处八式为式例化的形式关系结构逻辑。传世本取消"取/取於"之大别,或都作"取",如王本,或都作"取於"如傅奕本,既昧于《老子》古本,更不察哲人精思。可见逻辑八式,特别是"取/取於"区分式,是古本《老子》的重要标志。

21. **汉简《老子》25章68简:"道者,万物之椲(奥)也**。"帛甲乙本均作"万物之注(主)",传本均作"万物之奥"。十分重要的是,该句与下句"**善人之葆(宝),不善人之所葆(保)也**"之"葆(保)"押韵,从椲,章纽幽部;注(主),章纽侯部;奥,影纽觉部;葆(保),帮纽幽部看,前三个字上古通转借用固然无问题,但从押韵看,只有"椲"字与下句"葆(保)"字为同部直接相押,最为谐音,"注(主)、奥"字都是韵转相押,《老子》韵是《诗经》时代韵,尤重谐和,故可知汉简本所本最为古本[1]。汉简本注“棉”字后可不括注“奥”字,汉简本用本字。

22. **汉简《老子》26 章 71 简:“小大,多少,报怨以德。**”与郭店简作“大,小之”,同为廓清千古迷雾,顺解本章为负向逻辑一贯之枢。释为“使大变小,让少成多,报怨以德”,犹“损有余而补不足”,更与下文 72、73 简“**是以圣人终不为大,故能成大**”句(王本作“成其大”)相通。帛甲乙本,传世本皆作“大小,多少,报怨以德”,引起历代解老者种种猜测,以为“大小”下有脱简佚文,否则与上文“为无为,事无事,味无味”,下文“图难乎其易,为大乎其细”不类。帛本出现后,可证无脱文,诚是也。帛注连同上下文通观为“为、无为,事、无事,味,无味,大、小,多、少,报怨以德,图难于其易,为大于其细”,以为此成“同一种结构”,读起来也“文畅义顺,毫不勉强”[2],实为一迂曲之说。汉简本问世后,连同郭店本方知究竟。

23. **汉简《老子》27 章 74、75 简:“其胞(脆)易判也,其微亦散也,为之其無有也,治之其未乱也。**”帛甲、乙本均残。王本作“其脆易泮”。高明据今本《说文》“膬,耎易破也”并遂州本《老子》作“其毳易破”,补帛甲本为“其脆也,易破也”。胞,郭店简作“竁”,《经典释文》引河上本作“膬”。可知河本于古有据。《说文段注》“膬”字下:“胞、膬,盖本一字异体,《篇韵》皆云膬同胞。”并引据《周礼 · 小宗伯》注文称穿地穴声“竁”即“腐胞”字,并考出陆德明见到的《说文》无“胞”字,仅有“膬”字,至唐李善注《七发》《魏都赋》时见到的《说文》有“胞”字。又《管子 · 事语》有“城肥致冲”一语,“肥”为“胞”误。今谓脆作“胞”秦汉间习见,《吕氏春秋 · 顺民》“有甘胞不足分,弗敢食”。又《段注》本《说文》“胞,小耎易断也。从肉,绝省声”。耎,醢,

① 如以郑张尚芳的音系看,此四字分别为幽 1(数字为小分部)、侯、奥 1、幽 1 部,侯部与幽 2 部韵近,幽 1 奥 1 韵较近,更可知棉字与葆(保)字最谐押韵,帛本“注”与下文“保”几不成韵。参见郑张《上古音系》页 569、266、571、270、234 可知其理。《上古音系》,上海教育出版社 2003 年版。

② 见高明《帛书老子校注》,第 132 页。

肉骨。段注引西汉枚乘《七发》“甘脃肥脓”，引左思《魏都赋》“禀质遳脃”并称“作脆者误也”。段云“脃”字“形声包会意也，易断，故从绝省”。可见汉简本《老子》用“脃”字，不用“脆”字是秦汉间用字习惯。且“脃”用本字，汉注本可不括注“脆”字。判，断绝。《说文》：“判，分也。”段注以“判”为“半”，形声兼会意字。分作两半，断绝义。汉简本作“其脃易判”，不用“脆”字，皆主“断绝”义，甚精审。又“判”与下文“散”、“乱”皆上古元部字押韵。王本作“泮”用借字。今谓高明据《说文》并遂州本《老子》补帛甲本为“其脆也，易破也”，虽有据，但有理由说，汉简本作“脃”，作“判”当据古本《老子》。郭店甲本《老子》作“其毳易畔”，“畔”同“判”。此四句连上文两句 74 简**“其安易持也，其未兆易谋也”**，“持、谋、判、散、有、乱”六字后皆有“也”字，王本六字后均无“也”字。郑良树据严遵《道德指归》说前四字后有“也”字“恐有来历耳”①，今可知，此来历正汉简本。

24. **汉简《老子》27 章 75 简：“合抱之木，作於豪（毫）末；九成之台，作於絫（虆）土；百仞之高，始於足下。”**“九成”句，帛书本同，唯帛甲“作於羸（虆）土”，帛乙“作於虆土”。王本作“九层之台，起於累土”。今谓：汉简本、帛书本“九成之台”为古本《老子》之旧。郭店简甲本《老子》亦作“九成之台”②。另《吕氏春秋·音初》：“有娀氏有二佚女，为九成之台。”上博简《容成氏》第 44 简有“九城之台”。九成，九重，言其高；下文“百仞”亦言其高。帛甲乙本有异文、阙文，但所指皆“百仞之高，始於足下”。严遵本作“百仞之高”。汉简本“百仞”两句亦为古本之旧。汉简本以“粗大、高大、高大”为序，王本及多种传本作“千里之行，始於足下”，以“粗大、高大、远大”为序，貌似有理，然前序亦于古有征，马融《长笛赋》：“托九成之孤岑兮，临万仞之石磎。”后句言山谷之深，深亦高也。

---

① 参见郑良树《老子新论》第 239 页。有关《道德指归》确系西汉早期严遵所作，见郑着第 429 页。

② 荆门市博物馆《郭店楚墓竹简》释文隶定作“成”字，廖名春《郭店楚简老子校释》认为“从楚简和帛书甲、乙本看，故书当作‘成’”，参见廖著第 270 页。

25. **汉简《老子》28 章 76、77、78 简:“为者败之,执者失之,是以圣人無为,故無败也;無执,故無失也。……以辅万物之自然,而弗敢为。**”王本合于 64 章,与“其安易持……千里之行,始於足下”同为一章,高明《帛书老子校注》亦将帛书本此内容合于上章。汉简《老子》另立一章,甚是,内容不类,且郭店简甲本《老子》相当于汉简《老子》27、28 章内容的亦分述两处,相距甚远,根本二事不连抄。汉简《老子》此处分章不与上文合,当为古本之旧。文中 76、77 **简:“民之從事也,恒於其成事而败之,故慎终如始,则無败事矣。**”帛甲亦作“其成事”,全句同。帛乙作“其成”,王本作“民之從事,常於几成而败之”,郭店丙本作“人之败也,恒於其且成也败之”。如主题语“民之從事”必对应于“其成事”“其成”之类,如主题语说“败”,对应于“败之”,连“其成事”“其成”的说法也大变成“其且成也”时刻。今谓,众多说法中仅汉简本同帛甲本,郭店甲本无此句可援,汉简本此说为古书之旧。**又 77、78 简“不贵难得之货”**,帛乙本同,帛甲本作古“货”字“䞨”,《说文》作从“䞨”:“资也。从贝为声,或曰此古货字。”段注:“按《篇韵》皆曰赌也,许无赌字。”否定了此为赌博字。段又说:“按为化二声同在十七部,货古作‘䞨’,犹讹譌通用耳。”十七部为歌部。由帛甲本“货”字作“䞨”,可知“为、化”替代作偏旁字,于古有征,汉初仍之,而汉简本从俗作“货”字,可知其用字顺势合时。**又 78 简:“学不学,而复众人之所过。**”帛甲本同,帛乙本、王本少一“而”字。第一个“学”字郭店简作“斆”字的初字形季(教,使学)。“复”,补偿,免除。刘师培以“复”字下有“归”字,犹王本十四章“复归于万物”,误,高明校注本辨之甚详,并以“复”为“复补”义①,甚确。今谓:以郭店简观之,教、使学,不当复归过去,而教之使补救过失,教之使免除不犯过失。汉简本、帛甲本等皆循古本之旧。

26. **汉简《老子》29 章 79 简:“古之为道者,非以明民也,将以愚之也。民之难治,以其智也。**”帛甲本作“故曰:为道者……”,似将本

---

① 参见高明《帛书老子校注》,第 140 页。

章合于28章“为者败之，执者失之”，而上章帛注本已合于再上章27章内容，即皆为王本六十四章。帛甲本作“故曰”会两次合上文，几失文例，甚难信从。帛乙本、王本同汉简本，皆“古之”开头，宜其旧本。本简凡“知道”字皆用“智”，如79、80简：**“故以智智（知）国，国之贼也；以不智智（知）国，国之德也。”“恒智（知）”**，无例外。而帛书本无一“智”字，智慧、知道，一律用“知”字。《说文》：“智，识词也。从白（自）、从亏、从知。”“识词”，认识事物、认识能力的一种说法，意即智慧。段注：“此与矢部知音义皆同，故二字多通用。（徐）锴曰：亏亦气也。按，从知，会意，知亦声。”段注引徐锴《说文系传》说“智”字的小篆从“亏”表示说话的气流。小篆“智”有两声旁知、白（自），一形旁“亏”，隶楷字“智”只剩两声旁知、白（自），气流形已失，抄写者书写心理以两声旁“知、自”连偶为从古之正宗，不当去“自”而仅存“知”，且“知道”字总是“自己”心里明白而“知”，汉简《老子》全书凡“知道”字一律写作“智”字，与抄手用字从古心理有关。另，“知道”字作“智”，《墨子》具例，《耕柱》：“岂能智数百岁之后哉！”《经说下》：“逃臣不智其处，狗犬不智其名也。”两“知道”字必连用时皆用“智慧”字，汉简《老子》此处例正类同，甚疑汉简《老子》抄手同墨家为楚人。墨翟宋人，宋地近楚，耕柱子久处楚。汉简《老子》恐系楚人抄楚人老聃书之另一含义上的“楚简”[①]。又：以上汉简本四个“国”字，帛乙本同，帛甲本四处皆“邦”字（含补出字），连续出现在同一句中，更可知汉简、帛乙都在刘邦后，避讳，帛甲在刘邦前，不避讳。**又：汉简《老子》29章80简：“恒智（知）此两者，亦楷式。恒智（知）楷式，是谓玄德。”**“两者”指上文“以智知国，国之贼；以不智知国，国之德”。两“楷式”，帛甲、乙本，今见王本皆作“稽式”。今谓：作“楷式”字用本义本字，楷式，典式，法则。《广雅·释诂一》：“楷，法也。”又《释诂

① 李守奎《楚文字编》收了从知从亏从自的“智”字形82个，皆楚系文字，全书竟无一个“知”字形例。参见该书，华东师范大学出版社2003年12月第1版。郭店简甲本《老子》“不知足”、“知足”、“将知足”、“知美”、“知善”、“将知止，知止所以不殆”、“未知其名”、“知之者弗言，言之者弗知”、“何以知其然”、“知天”、“未知牝牡之合”、“知和曰明”、“知足不辱，知止不殆”等，皆“知道”字而用“智慧”字，没有例外。以上，皆可证凡“知道”字皆写作“智”，是楚人书写习惯。

四》:"楷,式也。"可见"楷式"为同义连用。楷,上古溪纽脂部,稽,上古见纽脂部。二字旁纽同部。"稽式"用假借字。稽,本义稽查。《说文·禾部》:"留止也。"段注:"凡稽留则有审慎求详之意,故为稽考。"段以"稽考"为其引申义。《马王堆汉墓帛书·经法·道法》:"无私者知,至知者为天下稽。"两"智慧"字用借字"知",稽,楷式,用借义。《经法》正汉初黄老思想所本,帛本《老子》亦伏汉初黄老之思,用字同然,殊无足怪。而汉简本用古"知"字智,用本字"楷式"字,皆求古从本之证。又西汉早期严遵本,并河上本皆用"楷式"而非帛本"稽式",亦可知严本、河本从古之徵,可证河本原本亦西汉时期作品当属不误。

27. **汉简《老子》30 章 81、82 简:"是[以圣]人之欲高民也,必以其言下之;其欲先民也,必以其身后之。"**帛甲、帛乙本皆有"以圣"二字,汉简本有"人"字必当以帛本补出"以圣"二字,王本无"圣人"二字。"高"字帛本字作"上"。河上本作"是以圣人欲上民",除少一"也"字外,全同帛本,近同汉简本。可知河上本直承汉帛、汉简本不晚也。且"必以其"后世传本有作"以其"二字,高明帛本校注详辨"必以"与"以其"之不同,并引河上公解释文字云:"欲在民上,法江海处谦虚下;欲在民之前也,先人而后己也。"河上正言圣人必谦下而居尊,必居后可率先之理,河本亦作两"必以","必以言下之","必以身后之",例同帛本和汉简本。有"圣人"二字,作"必以"字二事,汉简本、汉帛本、河上本皆备。汉简本、汉帛本二事齐备皆各从古本使然。郑良树亦以"必以其言下之"、"必以其身后之"为《老子》祖本语①。

28. **汉简《老子》31 章 85 简:"天下皆谓我大,以不宵(肖)。"**"以",递进连词,且,而且。与帛乙本语义逻辑同:"天下[皆]胃[谓]我大,大而不宵(肖)。""而"表递进。河上本首句全同,作"天下皆谓

① 参见郑良树《老子新论》,第 246 页。

我大”。王本作“天下皆谓我道大，似不肖。”汉简本、帛乙本无“道”字本，传世本中无“道”字的有严遵本、遂州本、敦煌本、景龙碑本等，傅本、范本亦无“道”字，但作“吾大”①。汉简本、帛乙本，并河上本无“道”字，作“我大”者当为古本之旧的遗存。汉简本两句作递进复句，并帛乙本旁证，当亦古本之旧。作“似不肖”者（河上本亦然②）为后人臆改。肖，楚地语。扬雄《方言》卷七：“‘肖’类法也。齐曰类，西楚、梁、益之间曰肖。西南梁、益之间凡言相类者，亦谓之肖。”肖，读“宵”字的古去声。抄写时写作“宵”，实为相似、类义的“肖”字。汉简《老子》用楚地语，可绎知抄手楚人也。**又 85 简下文：“夫唯大，故不宵（肖）。若宵（肖），久矣其细也夫！**”本简的 3 个“宵（肖）”字都作相似、同类解。非“不贤”字。上下文连，意为：天下都说我（指上文 30 章 81 简为“百谷王”的江海）大，并且彼此间不相像。正因为大，所以不相像，若相像，则早已成了细流了！逻辑甚明，大江大海因为太大，所以互不相像。帛乙本最后两句全同，中间两句作“夫唯不宵（肖），故能大”，意为：正因为互不相像，所以（大江大海）能那么大。必误！逻辑上搞反了，与上文“夫唯大……”句也不贯通。通观 **85 简开头至此共 6 句，“天下皆谓……其细也夫”**，皆当古本之旧。高明帛注本指出，用“宵（肖）”字而不用像、类等字是《老子》书用楚地语，甚确。又下文：**“我恒有三葆（宝），侍（持）而葆（保）之。**”以“葆”通“宝”，通“保”。语义上“持而保之”有连续性、运动性在内，帛乙本作“我恒有三琛（宝），市（持）而琛（宝）之”，以“琛”通宝，实际上是“宝”中间部分“珤”字的俗写。今谓：将上古定纽字“持”，写成禅纽字“侍”“市”③，撇开韵部不谈，犹言将 d－都读成 ʑ－，这是楚方音的

① 有关传世本的列述，参见高明《帛书老子校注》，第 159 页。

② 河上公《老子三宝》：“天下皆谓我大，似不肖。”注释文字仍解释为转折复句。云：“《老子》言天下皆谓我德大，我则佯愚似不肖。”河上公本注释文字与汉简本理解的近同。此亦河上本古本在西汉之证。

③ “持”：上古定之 dĭə，中古澄之开三平止，直之切 dĭə，写成禅纽字“侍”：上古禅之 ʑĭə，中古禅志开三去止，时吏切 ʑĭə，写成“市”：上古禅之，中古禅止开三上止，时止切 ʑĭə。

重要特征[①]。可见,从以“侍”“市”二字代“持”字看,汉简本、帛乙本的抄手都是南方楚人。又汉简本“侍(持)而葆之”,高明注帛乙本“市而琛(宝)之”引蒋锡昌称宋代范本见傅、王二本并作“持而宝之”,又另有注本作“我有三宝,保而持之”[②],宝、保对文,不与帛乙本同文同,与汉简本同,故谓汉简本“我恒有……”两句当为古本之旧。又:**汉简本86、87简:“不敢为天下先,故能为成器长。**”帛乙本同,帛甲本作“故能为成事长”,高明帛注引《韩非子·解老》已作“故能为成事长”,辨“能为成”之确,今以汉简本、帛乙本并观,“能为成”说当依旧本,王本作“能成器长”脱“为”字为后人改。“成器”连读,唯“成事”已出现在帛乙本、汉简本前,殊难定夺。但从《老子》28章“朴散则为器,圣人用之则为官长”之内证看,帛乙本、汉简本“为成器”似当为古本之旧[③]。郭店简乙本《老子》有“大器曼成”一语,亦“成器”说,可参证。**又汉简本87简:“今舍其兹(慈),且勇;舍其斂(俭),且广;舍其后,且先,则死矣**。”为三重复句,用三重复句说“舍本逐末必亡”之理。帛乙本同,王本近同河上本。**又汉简本88简:“夫兹(慈)以陈(阵)则正**。”帛甲、乙本,今见王本皆可视作“以战则胜”。高明引马叙伦、朱谦之皆验王弼本注、文,定王本《老子》原文当为“以陈则正”。高明以战(章纽元部)与陈、阵(定纽真部),胜(书纽蒸部)与正(章纽耕部)古音同义近而互借用。今谓不必如此,以汉简本作“以陈则正”观之,马氏、朱氏之说是,汉简本“以陈则正”为古本《老子》原文。

① [俄]斯塔罗斯京《古汉语音系的构拟》,张兴亚译,唐作藩审定,北京大学出版社2012年12月第1版。中古声母澄纽[ɖ]和禅纽[dʑ]的关系知组和章组的关系,亦即卷舌塞音和响音与腭音的关系。参见斯塔氏书第2、22、51页。该书把澄纽和禅纽间的音转关系看作上古音的遗存,进而说它是文白异读。斯塔氏像罗杰瑞那样到闽语中找例证。在音理上,斯塔氏还指出中古腭音章昌禅书船起源于齿塞音端透定泥,见该书第79页。在实际方言中,将定纽字、澄纽字(上古定纽)读成禅纽字的实例甚伙。如吴方言将“惊蛰(禅纽)”说成“惊植(定纽)”,猪(端纽)、柱(定纽)、厨(澄纽)、茱(禅纽)、殊(禅纽)都读成朱(章纽)、株(端纽)。

② 见高明《帛书老子校注》,第161页。

③ 同上书,第162页。

29. **汉简《老子》34章93简:"吾言甚易智(知),甚易行,而天下莫之能智(知),莫之能行。**"帛甲本亦有两"甚"字,两"智"字帛甲、乙均用"知","莫"字后有"之"字,"天下"(帛甲"人"字)前有"而"字,表转折复句,汉简本、帛甲、乙本多同,古本之旧当有"甚""而""天下""莫之能"。"之"指代"吾言",在否定式中作宾语提前,甚合上古语法。又帛注本据清人蒋锡昌依王弼注文称"莫之能知也""莫之能行也",与唐代傅本,宋代范本有"之"字同,当加改通行王本作有"之"字[①],甚确。西汉初严遵本同通行的王本作"莫能知""莫能行",非旧本。汉简本当严本前。**又93简:"言有宗,事有君。**"帛乙本、河上本、王本等世传本多先"宗"后"君",古本之旧当如此。帛甲本先"君"后"宗"当误。**又93、94简:"天(夫)唯无智(知),是以不吾智(知),智(知)我者希,则我贵矣。**"三个"知道"字均用"智"字,如前所说,为抄手楚人从古心理之征。帛乙本、王本皆作"知"。"不吾知"为先秦常见,《论语·先进》:"居则曰:不吾知也。"且"不吾"连用有音韵美,不,上古之部;吾,上古鱼部,之、鱼为同类旁转字。而"我"字上古歌部,之部与歌部不同韵类。严遵本作"不吾知",同汉简本,为古本之旧。帛乙本、王本作"不我知"(帛甲"不"字下残七字)当非旧本。"智(知)我者希"一句王本同,亦古本,可校帛乙本"知者希"。最后一句"则我贵矣"帛甲、乙并同此,用校王本"则我者贵"衍"者"字。高明以王本"贵"字前衍"者"字"谊(义)不可说",今以汉简本检之,尤信,

30. **汉简《老子》35章95简:"智(知)不智(知),上矣;不智(知)智(知),病矣。**"帛本全改用"知"。帛乙本除作"知"、"尚矣"外,王本除作"知"、无二"矣"字外,余同汉简本。该句四种本子均可分析为二重复句。第一层并列复句,第二层承接复句。直白言之:知道那些尚未知道的,上等呀!不知道那些该知道的,认识上犯病了。传世本

---

① 见高明《帛书老子校注》,第174页。

如傅本、范本等同王本且多二“矣”字[1],实同于汉简本。又因“知道”字全部作“智慧”字,除古今字用字不同外,还可联系到老子原本的思想:天道与德性一致,“孔德之容,惟德是从”。“道”或“理”是超越的,“德”与“性”是内在的。老子的认识论、知识论都与其“天道德性”密切相关。河上公注云:“知道言不知,是乃德之上;不知道言知,是乃德之病。”今按汉简本作“智慧”“心智”字解,河上深刻:内心用心智体悟天道德性而说成还不明白(那天道德性是形而上的,不易弄明白),是德性至上;内心不明白天道德性却说已明白,是对德性的伤害。汉简本用“智慧”字,正可体现《老子》本意:用心智体悟那弄不明白(因是形上性的)的天道德性,至上;不用心智去体悟那些最高的(形而上的)智慧天道德性,是犯病。应该说,汉简本全部用“智”不用“知”,不纯粹是个用字问题,而是直接指向古本《老子》的形而上的“天道德性”的,而河上公的注释是贴近汉简本的。与形上学“天道德性”密切相关联的是老子的辩证思想。**汉简本 95、96 简用“夫”字紧承上文:“夫唯病病,是以不病,圣人【之不】病,以其不病【病也,是以】不病。”**帛甲、乙本从“是以圣人……”说起,无第二个“不”字,王本等通行本从“夫唯”说起,将《老子》辩证思想与上文可解为形而上的“知”(智)紧系,甚确,帛本无“夫唯”两句,辩证思想不系于上文内容,甚误,但王本等亦无“圣人”后的第二个“不”字(“其”字后的“不”字),作“圣人不病,以其病病,是以不病”。北大汉简本注释亦将“圣人”后的第二个“不”字视作衍文。今谓:汉简本有第二个“不”字的正确,帛本、王本等、北大注释删“不”,皆误。从文义看,汉简本:就只有戒惧伤害德性,因此才不伤害德性。圣人不伤害德性,因为他们不会重新犯过去伤害德性的过错,因此就不伤害德性。前一句负负得正,后一句“负负,负负”得正。要是没有第二个“不”字,后一句成了“圣人之不病,以其病病,是以不病”,语义上完全和前一句重复。俞樾在审察王本时,发现前后语义重复,力主以《韩非子·喻老篇》“圣人之不病也,以其不病,是以无病”校之,并称:“上言‘病病’,故‘不

[1] 见高明《帛书老子校注》,第 177 页。

病'，此言'不病'，故'无病'，两意相承。"帛注本以帛本无"不"字，否定了俞说[1]，不妥。又汉简本"圣人"后的补残，主要依据帛乙本和王本，如依俞说按《韩非子》，则可作"**圣人【之不】病，以其不病，【是以】不病**。"

31. **汉简《老子》36章97简："【民】不畏威，则大威至矣**。"帛乙本作"民之不（帛甲残据补三字）畏畏，则大畏将至矣（帛甲大后残据补三字）。"王本同汉简本但无"矣"字，多数传世本亦无"矣"字，唯严遵本、河上本全同汉简本有"矣"字，帛甲残六字，帛乙近同于汉简本但作"畏畏"并衍"将"字。严本、河上本乃至多种传世本皆同汉简本无"将"字。传世本中以严本、河上本为可贵。又97简："**毋柙其所居，毋厌其【所】生**。**夫唯弗厌，是以不厌**。"除了"柙"字帛甲作"闸"，帛乙作僻字"伂"、"厌"字帛本作"猒"字外，汉简本同帛本。柙、伂、狎、狭，皆上古匣纽叶部。闸，上古影纽叶部。王本作"狎"。帛注本因唐、宋、明本多作"狭"字，故帛本"闸""伂"字下皆括注"狭"字。今谓：从帛甲、帛乙、王本多含"甲"字旁看，古本不当作"狭"，乃"柙"也。《说文·木部》"柙，槛也"段注："《论语》：'虎兕出于柙。'马（融）曰：'柙，槛也。'引伸为凡检柙之称。"故柙，槛，囚禁、拘限义。两"毋"字句为对文，毋拘禁其所居，毋压迫其所生。柙、厌对举，文从字顺。"压迫"字"厌"上古影纽叶部。汉简本"毋柙""毋厌"正古本《老子》句中用韵。汉简本作"柙"为古本旧字，非待改从"狭"字，作"闸、伂、狎"亦非旧本，已经后人作形近于"柙"字的窜改。后两句中的"弗厌"显然同"毋厌"，亦"压迫"字，否则意义重复不可读。只有不受压迫，才不厌恶。又"弗厌"，承上文，"厌"（压）后有宾语，故用"弗"，"不厌"，"不自厌"之意，自己不觉得厌恶，讨厌，可以不带宾语，故用"不"，先秦古汉语"不""弗"之别也[2]。王本作两个"不厌"，

---

① 见高明《帛书老子校注》，第179页。

② 此处"不、弗"在同一句中，更有选择性。"弗"一般用在省略宾语的及物动词前；"不"一般用在自动词前。参见黄景欣《秦汉以前古汉语中的否定词"弗""不"研究》，载《黄景欣语言研究论文集》，江苏教育出版社1995年版。

文意、文理均误。又下文97、98简:**“是以圣人自智(知)而不自见也,自爱而不自贵也。故去被(彼)取此。”**此段紧接上文,四个“自”,两个“不”,一个“是以”证明承接上文,可内证上文“不厌”为“不自厌”之意。本段承上文:应当不限制,不压迫人们的生成空间,只有不压迫,才让人们不觉得社会的可恶,因此圣人总是自我体悟而不自我张扬,自爱而不自我抬高。帛乙本、王本均作“自知”,帛甲残十三字,王本无二“而”字,余同汉简本。今谓:唯汉简本“毋柙”,“毋厌”(压),“弗厌”(压),主张给人们以自由度,方有下文“自智”,正先秦哲学中由自由意志,自由无限制之心,牟宗三称之为本体,走向“成圣”“成真人”的“智”的直觉呈现的过程。翻过来说也一样:圣人的“智”的最终实现的理境,总是要以“自由意志”,“道”的“自由无限制之心”为本体论前提①。

32. **汉简《老子》37章99、100简:“天之道,不争而善胜,不言善应,弗召自来,謘(默)然善谋。”**帛甲本开头八字残,“不言”后有“而”字,作“不召”,“弹(坦)而善谋”。帛乙本作“不单(战)而善朕(胜)”“不言”后有“而”字,作“单(坦)而善谋”,王本作“繟然而善谋”。今谓:汉简本作“謘”为古本之旧。其一:这句话是二层复句,“天之道,不……胜,‖不……应,‖弗……来,|謘(默)然善谋”,第一层总分式复句,第二层有三个并列复句。三个并列复句“不争而善胜,不言善应,弗召自来”,从语义、语境上看,总说“不争、不言、弗召”之情,最直接、最贴近、内涵上的总说当然是“默不作声”字,“默语”字与上文“不争、不言、弗召”同义。如以“坦”然、“繟然”(阐然,或宽缓然)作结,总说上文“不争、不言、弗召”,尚可,但意义已隔,转入外延上的总说了。其二:唐傅奕本正作“默然而善谋”。又明焦竑《老子翼》引其所见严遵本作“默”,宋范应元《老子古本集注》确认“傅奕同古本”,“今以古本”,以作“默”为是②。其三,王充《论衡·初禀篇》:“人徒不

① 参见陶悦《牟宗三:“体、用、果”三位一体的理论架构》,《哲学研究》2014年第12期,第46页。

② 参见朱谦之《老子校释》中华书局1984年11月第1版,第288页。

召而至，瑞物不招而来，黯然谐合，自然之道也。”即本《老子》此章，并敦煌辛本、遂州本作“不言而善谋”而观①，“黯然”、“不言”皆与“譔（默）”义近同。天道沉默不语之说，古书有之。传为老子的学生文子着《文子》卷八《自然篇》：“天道默默，无容无则，大不可极，深不可测。”又，“默”字，《说文·犬部》：“从犬黑声，读若墨。”俗字作“嘿”，《集韵·入德》：“默或从口，作嘿。”从口与从言之字多可替代，如“詠”字可作“咏”字，默、嘿字作从“言”之“譔”甚可。可知，“譔”是“默”字俗体字“嘿”字的异体字。《墨子·贵义》：“嘿则思。”孙诒让间诂引毕沅云：“默字俗写从口。”如上文第26条所言，《墨子》多楚地语。又《文选·屈原〈卜居〉》：“吁嗟嘿嘿。”刘良注：“嘿嘿，不言貌。”由此可知，“默”写作“嘿”“譔”是楚语用字。又推测汉简《老子》抄手为楚人。老子楚人，用楚地语用字“譔”，汉简本仍其旧。

33. **汉简《老子》39章104、105简：“人之饥也，以其取食脱（术）之多也，是以饥。百姓之不治也，以上之有以为也，是以不治。”**“脱”字帛甲本作“逭”帛乙本作“跣”皆据王本读为“税”字。汉简本除“脱”字外，与帛本多同。今谓：北大注释组定为“取食脱（术）”，是也。人们的饥饿，因那些索取食物的办法太多。与下文“上之有以为”（上层的作为、办法太多）直接贯通。如理解成索取食物税太多，与下文“有以为”并不贯通，上面的作为不限于取食物税一项②。此外，“食术”二字连用，古书习见。《抱朴子》内篇卷十一《仙药》：“有一人教之食术，遂不能饥数十年。”“饥”与“食术”在同一句中出现。至于王本等通行本中“民之饑”云云，《说文》“饑，穀不熟为饑”段注：“按《论语》年饑。”意即《论语》说的年成荒歉。又《说文》“饥，饿也”段注：“与饑分别，盖本古训。”如王本说人间饑荒灾年是上层吞食税款一事造成的，更是语义隔塞了。又：汉简本“取食脱（术）”和帛本

① 参见朱谦之《老子校释》中华书局1984年11月第1版，第288页。

② 音理上，脱，上古透纽月部，术，船纽物部，税，书纽月部。透纽和船纽，月部和物部都很近。透纽和书纽倒远了些，上古声纽在声转中更重要。

“取食税”均为二层结构,而王本“上食税”为单层结构[①],高明帛注已指出此单层结构“词谊牵强”,亦非原本之旧,明二层结构为原本之旧,今更明汉简本二层结构为原本之旧。**又105简:“民之轻死也,以其生之厚也,是以轻死**。”帛甲、乙本均作“以其求生之厚也”。而傅奕本等多种传世本作“以其上求生生之厚也”、“以其生生之厚”[②],且内证王本《老子》五十章:“夫何故?以其生生之厚。”有内证,似诸说有据,高明以帛本为据辩诸说妄[③],以为当无“上”字,“生”字不重,有“求”字。今谓其一:汉简本亦无“上”字,“生”字亦不重,与帛本同,当存古本之旧。今谓其二:汉简无“求”字,从文意看为确,汉简原文意为:民之轻易入死(铤而走险),(是)因那个生活的丰厚(的诱惑),因此就不怕死。如依帛本、王本有“求”字,则释为“(是)因他们谋求生活的丰厚”。故帛本、王本有“求”字,则“其”字处宾格或兼格。这在上古语法中当属罕见,《马氏文通》卷二:“其字用诸宾次罕见。”又先秦“其”字作领格为常,则汉简本无“求”字最合上古语法。今谓其三:其实,从傅本、多种传世本看,“其”处领格,不处宾格看,帛本、王本有“求”字者疑后增,汉简本无“求”而“其”字处领格,当属古本之旧。**又105、106简:“夫唯無以生为,是贤贵生也**。”只有不以生活丰厚之诱惑去做这做那(不要有作为),这才是视重视生命高于一切。综上文,汉简本句型为:……也,……也,是以……。夫唯……,是……也。上下均为“叙事,结论”结构。帛甲、乙本上段同汉简本,为“叙事,结论”构成,下半段为“夫唯……者,是……”成了“前提,结论”构成的判断句型,王本同。上下段句型结构并不贯通,汉简本优。又河上公本尽管经文几同帛本、王本,但前、后段注文均为“叙事,结论”结构,后段云:“夫唯独无以生为务者,爵禄不干于意,财利不入于身,天子不得臣,诸侯不得使,则贤于贵生也。”虽有“者”“也”字,但为“……者,……,……,……,……,则……也”构成的“叙事,结论”

① 汉简本“取食脱(术)”为“定(取食,动宾)中(术)”二层结构,帛本“取食税”为“动(取)宾(食税,定中)”二层结构,而王本“上食税”为“主谓宾”单层结构。

② 参见朱谦之《老子校释》,第293页。

③ 参见高明《帛书老子校注》,中华书局2002年版,第196页。

句型,而不是"……,……,……,……,……者,则……也"判断结构,河上注得汉简本之精义。

34. **汉简《老子》40 章 107 简:"人之生也柔弱,其死也倰(鲠)信(韧)坚强。"**"死也"后二字,传世本均未见。帛甲作"葿(筋)仞(肕)",帛乙作"䏊(筋)信(肕)"[①],又"信(韧)",帛甲作"仞(肕)",帛乙作"信(肕)"。今谓:综帛本与汉简本,可知"死也"后有二字的为古本之旧。信,读伸。上古心纽真部,韧、肕、仞上古日纽文部。真、文韵部很近,几极难分。且《管子·心术》"筋肕而骨强"同书内亦作"筋信而骨强"。"信"与"韧、肕、仞"音近、义同、互文,"信"指伸展的韧带,亦即指筋,筋即附骨之韧带。帛乙本、汉简本皆作"信伸"字,"信"为古本之旧。帛本以此二字作"筋肕"解,皆具"伸"义,"恒"字偏旁字为蒸部字,帛甲本"葿仞",帛乙本"䏊信"皆为音近(蒸文、蒸真音转)义通的同义连用连绵字。"倰信"也是音近(蒸真音转)义通的同义连用连绵字。《玉篇·人部》:"倰,长也。"长亦伸。又倰:形声兼会意字。夌,超越,后作陵,人之能负超越者唯体力,亦即筋骨之力。《集韵·平蒸》"倰"字也写作从夌从力,可证。故汉简本"**其死也倰(鲠)信(韧)坚强**"应作"**倰(筋)信(韧)**",与"鲠"(骨,骨坚硬)无关。如"倰"指骨坚硬,与下文"坚强"重复。故疑帛乙本"䏊(筋)信(肕)"为"䏊(鲠)信(肕)"为无据,当误。且《管子·内业》:"耳目聪明,筋信而骨强。"古籍中未发现有"鲠信"的说法,可证。今谓:通行本所缺二字实为音近义通形亦近之连绵字,形近唯"倰信"二字可取,帛本字皆不满足此条件,汉简本为存古之旧本。原文意为:人死后筋韧不可伸曲而躯体坚硬了。民间称人死后筋就大大缩短了,绊住拉不动,躯体也就僵硬了。

35. **汉简《老子》40 章 108 简:"是以兵强则不胜,木强则核**

---

① 北大整理组已指出"倰"与"恒"之间的音转关系,以明"倰"与"葿"、"䏊"之间的音转关系,甚是。倰,来纽蒸部。恒,匣纽蒸部。信,心纽真部。伸,书纽真部。仞,日纽文部。

(椢)。”“核”字帛甲作“恒”,帛乙作“兢”,二字因传世本多同傅奕本作“共”,王本作“兵”。帛注本定此二字皆读“烘”。汉简本注文定“核(椢)、恒(椢)、兢(竟)”三字,以核(匣职)、恒(匣蒸)音义可通,椢《说文·木部》“竟也”。竟《说文·音部》“乐曲尽为竟”段注:“引伸之凡事之所止。”故“核(椢)、恒(椢)、兢(竟)”三字并无折断义。汉注本以“共”为“兵”之讹,兵为折之讹,从古字形体看,是也,而《列子·黄帝》引文作“木强则折”。汉注本将“核(椢)、恒(椢)、兢(竟)”三字音形和义通观之,只能说明有“终止(生长)”义,难以说明与“折断”义的关系。今谓:从汉注本定“核(椢)、恒(椢)”二字看,汉简“核”字与帛甲“恒”字必有一字可存旧本。从帛甲“恒(椢)”与帛乙“兢(竟)”义最近看(帛注亦为同一义,高明注二字皆“烘”字亦明二字同义),帛甲“恒”字为旧本。但如不受帛甲本影响以“核”为“椢”,而“核”字又非果核(古应作“覈”)义,而有“木名、剥木皮”义;既涉“蛮夷”①,可知“核”用南方楚地语,“核”本字本义为《老子》古本所存,当无疑也。故汉简本“核”字后可不括注“椢”字。

36. **汉简《老子》41 章 110 简:“天之道,犹张弓者也。高者抑之,下者举之;有馀者损之,不足者辅(补)之。”**帛甲本除“天”字后衍“下”字,“之道”后残五字据帛乙可补,“抑”“损”二字用古字、异字,汉简本“补”作“辅”以外,帛甲与汉简本都有“者也”,二本最相近。以帛本校汉简本作“补”字后的汉简本,当为古本之旧。王本等多数传世本有“其”字,作“其犹”,当非旧本。“其”字与句末语气词“与”“乎”等呼应,故多出“其”字,而从帛甲、帛乙、汉简本看,“天之道”句,“高者”后句都非常肯定,无疑问、揣测语气,二句相类相足,出现“其”与句末表疑问等的语气词当后人窜改。如王本,上句表疑问、揣测,“高者”后亦肯定,前后亦不类。**又:110、111 简:“天之【道】,损有馀而奉不足。人之道不然,损不足而奉有馀。”**帛甲本多一“故”字,从

① 核,当读 gāi,《集韵》柯开切,平咍见纽,之部。木名,引申为剥皮制箱器。《说文·木部》:“核,蛮夷以木皮为箧,状如籢尊。”籢,奁,镜盒。又:胜,书纽蒸部。胜、核为上古同类对转字押韵。

而与前构成"'……者也'判断‖'高者印(抑)之'‖四并列小句判断|故天之道……‖人之道……因果复句"三层复句。无"故"字不能构成因果复句,且上文"天之道"此又"天之道",行文重复生赘。汉简本夺一"故"字当依帛甲本校补之,而成"故天之【道】,损……"。河上本误同汉简本无"故"字,他如王本等传世本无"故"字,皆沿汉简本之误。汉简本对后代《老子》的影响甚大,竟然正误随之。又下文111、112简:**"孰能有馀而有(又)取奉于天者,唯有道者也。"**先设问,后判断。可谓汉简本《老子》41章多判断句。帛甲、帛乙先设问,后再疑。而王本同汉简本,亦正误随之例。**又112简:"是以圣人为而弗有,成功而弗居,其欲不见贤也。"**这句话总摄上文,用"是以"关联的因果判断句,帛甲、帛乙、王本皆此句型。帛乙作"弗又(有)""弗居","若此其不欲见贤也",帛甲多残。用"弗"字、"不"字处都合上古汉语"弗"字后动词一般不带宾语,"不"字后是内动词或外动词带宾语语法,郭店甲本亦作"弗志"(恃)、"弗居"。王本作"不恃"、"不处"。汉简本、帛乙本用"弗"字从古本之旧。唯帛乙有"若此"二字,割裂"是以"至"也"字的一因果判断整句①。传世本多无"若此"二字。汉简本"是以"后三个并列小分句,"其"作代词,指圣人,语义甚是。帛本"若此其……","此"指代"弗有""弗居","其"作语气副词。今既已以"若此"二字为"割裂"之嫌,则汉简"其欲不……"为旧本。王本作"其不欲见贤",既无"若此"二字,"其"为代词作主语,王本:圣人不愿表现自己的贤能;汉简本:圣人希望不表现自己的贤能。前者一概而论,后者特指一二,当取后者。故以汉简本"其欲不……"为旧本。

37. **汉简《老子》42章113简:"天下莫柔弱于水,而功(攻)坚强莫之能失〈先〉也,以其無以易之也。"**"莫柔弱"三字帛乙、王本同,帛甲残一"弱"字。河上本、诸唐本作"柔弱莫过"。"莫"为无定指代

① 有的先生以"若此"二字是必要的,参见《帛书本老子校注》,第207页。本文据汉简本、传世本皆无此二字,提出不同看法。

词,“天下莫”指“天下万物中没有哪一种”,“柔弱莫”指“柔弱物中没有哪一种”,被比较对象不同,语义不同,当以河上诸本更切近实际。但作为版本,高明先生已辨“莫柔弱”为是,甚确[①]。“失”字帛甲、帛乙均残,据王本补为“胜”字,未安。失,审纽质部,先,心纽文部。上古审纽可读心纽[②];又质部与文部同类通音[③]。可知此二字为音近通假,也是形近通假[④]。“以其”句帛乙除作“无”字外全同。王本作“其无以易之”。汉简本存古本之旧。**又113、114简:“故水之胜刚,弱之胜强,天下莫弗智(知),而莫能居,莫能行。”**五句以“刚、强、智、居、行”为序,帛甲仅存“胜强、天、行也”五字,帛乙仅残“莫能行”三字,余“水”字,句序大体同汉简,严本亦作“水”字,但成文“夫水之胜强,柔之胜刚”,“水、柔”语义重复,“强、弱对应亦异”。王本“刚、强”之序倒,作“柔之胜刚”,皆后人改,帛乙、帛甲“胜强”与“天”字接,汉简存古本之旧,而以汉简为完整。**又114、115简:“故圣人之言云:受国之訽,是谓社禝(稷)之主;受国之不恙(祥),是谓天下之王。正言若反。”**“故”字帛甲同,帛乙作“是故”,王本作“是以”,从本章开头至此,当用“故”作顺承因果推理为是,帛乙、王本“因此”义偏重于纯粹因果推理,从上文以水为隐喻看,纯粹因果推理不类,严本连“故”字也没有,完全取消因果推理。故帛甲、汉简作“故”为是。且本段“正言若反”示尤重逻辑,当严于选择推理式,故用“故”字定准于逻辑而非随意。河上本推理用“故”字,承帛甲、汉简之推理式,可知河上本之用心。傅本亦一“故”字。帛甲、乙后有“曰”字,似衍。两“国”字,帛甲作两“邦”字,帛乙作两“国”字,对照鲜明,藉此可确知帛甲在高祖前,不避讳,帛乙、汉简在高祖后或甚近,避讳,两书大体同时。但从“是谓”后三句帛乙、汉简同而帛乙“社稷”、“不祥”汉简作“社

① 参见《帛书本老子校注》,第209页。

② 参见周祖谟《问学集》,中华书局2004年7月第1版,第129页。

③ 参见王力《同源字典》,商务印书馆1982年10月第1版,第13页。

④ 金文中的“失”字和“先”字都含“人”字形,整个形体亦近似。参见高明、涂白奎《古文字类编》(增订本),上海古籍出版社2008年8月第1版,第68、462页。

禝[①]”、“不恙”，皆古俗字的简体字，借字看，汉简本的用字比帛乙更古老些。“詾”字，帛书同，王本作“垢”字，皆“诟”字异体或通字。“詾”字已见于战国云梦楚地秦简《日书》甲、《左传》、《淮南子》等用例。而“诟”字已见于郭店楚简和《左传》。二字用例出现年代大体同。从“詾”字看，帛书、汉简用“詾”亦秦汉间惯用字。“正言若反”指本章开头柔弱胜刚强，受国人骂，蒙受不吉祥的人反成一国之主之类。元代吴澄以“故圣人之言云”后四句语意已完，“正言若反”是王本 79 章“和大怨”三句的开头语，且“反”与“怨”、“善”押韵，但文本仍在 78 章，不得已称此四字为置于上章之末的下章“起语”。今谓可不必如此。四字总结上文，与下文无直接关系为一事，下文“和大怨”云云若干句置于本章获另分章另一事。严本此四字后文字与本章不分，帛甲“反”字下为句读符号而非分章符号，可明帛甲同严本，同汉简本（79 章合在 78 章的，即都在汉简 42 章）[②]。今谓：汉简本 42 章含“正言若反”后文字，是古本之旧无疑义。115、116、117 **简：“和大怨，必有馀怨，安可以为善？是以圣人执左契，而不以责於人。故有德司契，無德司肆（彻）。天道無親，恒与善人。**”安，两帛本作“焉”，义同，何。河上本、王本等传世本作“安”，皆同汉简本。汉简本“何”义用“安”不用“焉”，当有所本。郭店简《老子》丙本接连四处“何”义皆用“安”：“信不足，安又（有）不信？犹乎其贵言也。……大道废，安有仁义？六新（亲）不和，安又（有）孝慈？邦家不宁，［安］有正臣？”**汉简本《老子》此处“安可以为善”**用“安”字当为古本《老子》之旧。河上本作“安”仍古而近汉简本。“是以”句帛甲作“是以圣右介（契）”，帛注本据帛乙“是以圣人执左芥（契）”补帛甲“人执”二字，是也。介、芥，上古见纽月部，契，溪纽月部。介、芥二字通“契”。帛注多辨“右契”还是“左契”，并以帛甲“右契”为是。今谓：其一，综帛

---

① 禝，可能是稷的借字。禝，读该字原读 zōng，神祇。稷，亦读 zōng，禾把。因形近义近，禝借作“稷”，稷，谷神。

② 但《帛书老子校注》已将帛本“正言若反”之前的文字放在帛本 80 章，对应王本 78 章，“正言若反”之后的文字“和大怨”至“恒与善人”归入帛本 81 章，对应王本 79 章。参见该书第 211、213、217 页。

乙、汉简、严本、河上本、王本等皆作“左契”,更岛邦男引诸家及校正无有不作“左契”者[①],是也。其二,“是以”连接因果复句,上文云无可为善,因此圣人就虽然手执卑者之左券,而不凭左券责求对方。与下文“有德司契”亦顺承连接贯通,上古以右为尊,以左为卑,诚是也。要是债权人执右券,就无法向卑者负债人追索钱粮了。汉简从“和大怨”至“无德司肆”语义无碍。帛乙、汉简“执左契”为古本之旧。其三,郭店《老子》丙本:“君子居则贵左,甬(用)兵则贵右”,“吉事上左,丧事上右”,券契商事无论如何说不上是“丧事”类。郭店《老子》说可参。《史记·田敬仲完世家》:“公(陈轸)常执左券,以责于秦韩,此其善于公而恶张子(张仪)多资矣。”“肆”帛本作“𢖍”,王本作“彻”。“𢖍”,即“势”字,“肆”与“势”亦音近[②],是“势”“𢖍”的通假字[③]。汉注本“肆”字后括注“彻”字不妥。王本“无德司彻”句的“彻”字,解释多多,有解释成“过、失、辙、治、剥、杀、通、税”[④]等等,莫衷一是。帛书本校注则以上文“有德司契”,下文解释为“税”,指“周代税法”为“义胜”[⑤],亦误。今以“有德司契,無德司肆(势)”说之,有德之人按契约协议办,无德之人滥用权势;并连下文用古谚语“天道無亲,恒与善人”,以为老子《德经》作结,无不怡然理顺。

由以上37条校绎观之,汉简《老子》“上经”的优点和特点在于:无例外地用“無”字与帛两本用“无”字形成鲜明对照,“上德”之人与“下德”之人皆“無以为”,彰显上古《老子》的民主意识和自由意识:见1、11、19、31条;用字合于上古生成论:见2条;用字总趋势是求正规化,同时迁就秦汉年间用字习惯:见3、23条;汉简本问世当在西汉

---

① 参见岛邦男《老子校正》,第220页。

② 肆,上古心纽质部,彻,透纽月部。质、月同类旁转。又,“𢖍”,实为“势”异体字,势,上古书纽月部。“𢖍”从彻与“势”从埶(书纽月部)为古韵同部字作偏旁。从“彻”之“𢖍”字即“势”字,与“肆”字质、月音近同类旁转。

③ “肆”通“势”的直接用例,笔者尚未发现,但通从“埶”之字例可见。《礼记·表记》:“安肆日偷。”郑玄注:“肆或为䙝。”《说文·衣部》:“䙝,从衣埶声。”此例高亨《古字通假会典》已引用,参见该书,齐鲁书社1987年7月第1版第536页。

④ 参见高明《帛书本老子校注》,第219页。

⑤ 参见高明《帛书本老子校注》,第219页。

关于北大汉简《老子》的辨伪

邢文先生《北大简老子辨伪》[①]说："北大《老子》不仅是今人伪造、书法拙劣的汉简赝品"，而且"整理者在整理、发表材料的过程中"，"涉嫌二次作伪"，问题够严重的了。但读了《辨伪》以后，并不能得出上述结论。

邢文先生提出了北大简《老子》[②]作伪的六大"证据"，本文逐一辨正，如"竹简长度之伪"，郭店简也是长度不一的；又如"無""以"二字的"残简之伪"，"得"字"拼残之伪"，皆可从书艺、拼字规则得到合理解释；又如整理者"二次作伪"问题，要是对2a"得"字作正常拼合，而不作碎片拉长，"可得而疏"句只能是北大简公布的正常态。文中举例说明文献校勘学和训诂学是识别竹简文献真假的利器，并认为将文字作机械论的隔离法技术处理对辨伪的意义不大。

此外，本文所用的"無"字，不能改用"无"字。

一　关于竹简形制辨伪问题

其一是所谓"简背划痕之伪"。简背划痕的目的是，便于识别前

① 载《光明日报》2016年8月8日第16版国学版。以下简称《辨伪》。本文提到的《辨伪》截出的图简亦见于该版，现移录文后，并在行文中说明截图的出处。

② 北京大学出土文献研究所编《北京大学藏西汉竹书》贰（汉简《老子》），上海古籍出版社2012年第1版。

早期:见 4、14、26、29、37 条;河上公本与汉简本的相似、近同点可推知河上本问世年代亦在西汉代:见 5、12、15、17、23、26、27、28、31、33、37 条;内在文理和学理,语义逻辑和逻辑方法:见 1、6、8、10、11、16、17、18、20、22、24、30、32、36、37 条;汉简本所据传本甚早,极有可能是春秋时期的古本《老子》,汉简本甚多古本《老子》旧文:见 7、9、15、16、18、20、21、25、26、27、28、29、30、33、34、35、36、37 条;汉简本与帛乙本有近同之源本:见 7、12、28、30 条;以汉简本、帛乙本校王本为可信:见 13 条;与楚地语用字难脱干系,疑汉简本为楚人抄写:见 7、26、28、32、35 条。

(本文原载北京大学《国学研究》第四十一卷,北京大学出版社 2019 年版)

后次序,便于系绳编排。划痕不可能是横线痕,那就无法辨顺序了,斜线痕可知刻痕目的。问题是这些斜痕何时刻上的,《辨伪》咬定是今人造假时刻的,理由是 84 简、187 简(见汉简老子书插页,下同)没有划痕,有悖于整理者所说的是“形制规范”的古竹书,显然是要说,北大简“形制不规范”故不可能是古竹书,只能是今人所为。我们认为,恐怕恰恰相反,今人所为“必整齐划一合乎规范”,古人所为“只求能识别顺序足矣”,没那么多“规范”意识。划痕工艺,一是如整理者言,工匠先在圆筒上划斜痕,斜痕就不在同一截面上,剖竹制简后可排列成有斜痕的大型简平面。二是也有可能先剖竹制简,合用、不合用者一律排入,后者到抄写时替换,排成一大型简平面,然后抄写,抄写前在同一平面上划一根斜线痕以编序,这样方便得多,操作容易些,准确度也高。第一种操作法在一个圆竹筒画斜线,是一种违背几何学原理的做法,操作起来颇困难,跳过一二间距未划上的可能性极大。诚然,古人也可用第二种方法操作,亦多凭眼力瞄准进行,有划痕而不合用者临时替换之。不过,要是今人造假,一般会采用第二种做法:划斜痕方便,不会漏划,如用三角尺作准线,那就更准更全更完美的一斜线,拼接时无难度。今北大简斜痕的斜度不一,准确度不高,甚至难以对接,还有第 84 简、187 简两缺痕,正可知非今人所为,知其为古代工匠凭经验、眼力划下的,正所谓“朴蔽存真”,今人造假会力求乱真而求准确度的,不愿意做得如此粗鄙、多阙、有讹、露破绽的。至于第 182、183 两简的斜痕延长线不重合,与他简斜痕线也不重合,也是同样的原因。第 86 简背面斜痕延长线与前后相接 87 至 89 简的斜度不一,当也如此原因,不当为“作伪者试图伪造‘前后衔接’的完整划痕未果,而留下的破绽”,果真如此,90、91 简斜度一致,与 92 简又略错开;87 至 89 简斜线与 90、91 斜线又略错开。如此看来“造假者”连留三个破绽,比《辨伪》一文说的还要接连多出两个,这造假者工艺水平如此差,差到接连露馅的地步,也太不够格造假了。

其二是所谓“竹简长度之伪”。按《辨伪》一文的说法,古竹简的长度应该是一致的,不允许有长短不一的情形出现。这也是理想化的说法。郭店简《老子》就有长短不一的情形,连甲本也只做到了大体一致,甲本1、2简不同长,2简与3、4简不同长,26简有残,但恐增长后亦最短。乙本、丙本长短不一者比比皆是。事情恐怕恰恰相反,如果造假,最能显山露水的长短问题总得要率先解决之。文中还讲到整理者"略施小技",故意掩盖"竹简长度的伪简特征"。经查,北大简图版七第53简后分成十四组公布之,调整简长,各组简数不一,整理者这样做是分组以方便读者观览竹简面貌,竹片原始取材不是杂乱无章的,而是可分组观其整齐的,且也仅仅如此。更重要的是,在北大简释文注释中,第53简后不存在任何"齐简长而乱简序",如第十九章53简共12字对应王本五十六章帛甲本40简部分内容;第二十章54简共28字对应王本五十七章帛甲本40、41简部分内容;第二十章55简共28字对应王本五十七章帛甲本41、42简部分内容,第二十章56简共28字对应王本五十七章帛甲本42简的部分内容,第二十章57简7字对应王本五十七章帛甲本42、43简部分内容,如此等等。可见,一是简序不乱,没有受图版分组整齐观览的任何影响,简序与整齐观览无关;二是各简字数不一,可能字多字少而简同长,也可能简长不一,这就可推测抄写手抄写时用简实情,绝大部分用简按斜痕标序取用同长简,也可另取他简插入以适字数之需;三是内容复原编排对应准确无误,整理者使简书回到了文本的历史在场。总之,无今人造假之迹,无整理者"蓄意误导"之嫌。

其三是所谓"先写后编"之伪。北大整理者据简背斜痕标序,推知汉简是先抄写后编联的,但也不排除先编联后抄写。这本来是研究古简的慎重态度。《辨伪》文以"当初不编,事后搬移必乱"为由,一口咬定北大简只能是"'先编后写'而成,本无疑问"。并说:"通观全篇,所有简文都避开编绳位置,是先编后写的常识性特征。"今谓:上下两道或三道编绳皆横直进行,且一般可选择起编位置点,必不与斜痕标记相重,亦无应然必然的确定位置。文中举出有关编绳位置错位,特别是第154简末"下"字"精确避开下编绳位置,违例书于下编绳之外,是先编后写的明证",既然编绳横直,起编位置任选,所举编绳错位、"下"字"违例"、"明证"之说,都不合适了。整理者以"先写后编”为主的推测乃“蓄意误导”之说，自然也就不存在了。

二　关于竹简书法辨伪问题

其一，关于“书于残简之伪”。《辨伪》一文举出沿划痕断裂后两板块上的“無”字和“以”字（汉简老子第2简原大版3页放大版32页，邢图十），上板块“無”字字形上倾，右半被挤压变形，底部笔画偏左，试图通过避右半残断而仍能写成个完整的“無”字，整个字形逼仄内敛，器局萎琐，而下板块“以”字是落落大方的典型汉隶。“無”“以”二字形成同简字形上的风格、书艺对比，今人造假所致几无悬念。对照邢图十一的三个正常汉隶的“無”字（汉简老子第1简原大版3页放大版32页），无拘无束，体态自然极妍，第2简“無”字隐藏着的造假秘密似更可昭然若揭。其实，《辨伪》一文以同一字或不同字的书艺不同、大别来说明研究对象的真假，是不足为训的。古代抄手一般都善书法，恐汉代尤甚，因汉代讲究文字小学工夫，不善书艺者也会把字写好，逸出书艺。书艺讲究各字写得不同，错落有致，揖让并存，俯仰不一。连第1简上的三个“無”字的书风也不同，第2简“無”字与此三“無”字不同，合乎书艺之理。要说相同，四个“無”字都写得右侧上扬而左侧下倾，内在结构疏密得当，清晰不混，大书风四个“無”字无别。差别在于书艺结构要素横、竖、撇、点、折上，邢图十一左“無”字底部左撇笔取收势，右捺笔取上略放势；中“無”字左撇笔取略放势，右捺笔取大放势；右“無”字左撇笔取收势，右捺笔也取收势。可见此三“無”字书艺元素不同，书风不同。第2简上（邢图十）那个“無”字，与此三“無”字不同书风，何足怪呀？如上所说，四个“無”字大书风相同，还不止此，深入到书艺元素看，第2简“無”字左撇笔与右捺笔都取收势，与邢图十一右“無”字正九九相同。如此看来，以第2简“無”字与第1简三个“無”字书风不同来说事，是无法成立的。再看第2简上的“無”字和“以”字之大别，如前所说，书艺讲究错落有致，毫不奇怪；再则，落实到书艺元素看，第2简“無”“以”二字同者不乏，“以”字右下捺笔大放势，是也，但仔细看，放中有收，亦是也；“以”字右侧左撇笔完全取收势，正与“無”字两收势同。

其二关于“拼复残字之伪”。《辨伪》一文以第十九章52简5个(连同53简共有6个)“得”字(北大简132页,原大版9页放大版49页,邢图十二)说事。无疑,这52简上的5个“得”字如同前述4个“無”字那样,书风各不相同是必然的。但作者主要抓住第二个“得”字(邢图十二2a,图十三3,图十四2),即“亦不可得而疏”句中的坏字“得”的拼复问题,与其余四个“得”字“不可得(1a)而亲、得(3a)而利、得(4a)而害、得(4a)而贵”(实际上还有紧接的下句53简中的“不可得而贱”中的第6个“得”字)相比,得出2a“得”拼复造假的结论。作者将坏字2a“得”标为5个区间,得出整理者拼复后“得”字与其余四个“得”字的对应区间除损坏部分不可辨不可比外,尚有大别不同的结论,对此,如前所说,是抄写者书艺结构件不可能相同所致,古人书艺既讲究“字不同而同笔”,也讲究“字相同而不同笔”,以求书体和笔势的对待统一的中华辩证之美。2a“得”字与其余四个“得”字相比,显得笔势处处不合情理,如波挑不到位、结体违常态等,并非什么今人“作伪者失败的书法作伪所留下的破绽”,倒极可能是古抄手的“同字不同笔”的书艺变化,抑或甚至是败笔书艺所致,殊无足怪。作者还将2a“得”字按5个区间重新拼合,是个不成“得”字的碎片形字形,于是指责“整理者为了使之接近作伪者试图伪书的‘得’字,不惜对伪简材料进行了‘二次作伪’”,这就牵涉到古字坏字形修复拼合的方法原则问题。写汉字与中国画一样,是散点透视法,但散点不散,因内部结构性笔势讲究相互依存,相互补充,外部位置安排讲究错落有致,故总是显出书法美,甚至有似焦点透视呈现立体感;文字形体构件则按“六书”(实际上是“四书”)规则组合之。古字的拼复正应按散点透视法、内部互补法、构件“六书”规则拼复之。对照此,整理者拼复2a“得”字不排除合法性的某些缺失,如聚散不当而过于紧凑,但以近真求实的总趋势和做法来拼复坏“得”字,不违反上述两法一则,不存在“二次作伪”问题。

其三,关于“‘二次作伪’之伪”问题。因为有了2a“得”的拼复残字之伪,在“可得而疏”句中看,便有了“‘二次作伪’之伪”的说法。《辨伪》将2a“得”改拼成流星碎片形之后,据说是“对整理者拼复过程某些环节的复原”,即图十四2被整理者隐匿,公布的是被整理者篡改后的图十三3。细辨图十四2与图十三3的区别,全在于2a“得”字被拉长成碎片形,图十四2也被拉长,前已辨正整理者对2a“得”字的拼复无大失,未犯着“二次作伪”,图十三3“可得而疏”的整理也就不存在“‘二次作伪’之伪”。

三　文献校勘和训诂是识别真假的利器

《辨伪》一文在汉字辨伪上热衷于用机械论的字形构件的分割技术,来肢解、隔离字形构件、符号而说事,殊为不当。我们认为,传统的文献校勘学、训诂学才是识别真假的利器。限于篇幅,本文对此不作展开,仅举二例。

就拿北大汉简《老子》第一章第1、2简有四个“無”字的三句话“上德無为而無以为,下德[为]之而無以为,上仁为之而無以为”为例,第二句“無以”之“無”被作者看作“书于残简之伪”,此说难以成立已如前述。帛书本《老子》第二句作“上仁为之而无以为也”,无“下德”句,王弼本《老子》作“下德为之而有以为”,其余世传本亦多同此,第二句唯北大本如此,似无文献依据,惹人生疑,是否伪造出错。但考校古本,唐傅奕本、宋范应元本、元代楼古本均作“下德为之而無以为”,如此看来,北大汉简本、傅本、范本、楼古本皆有所本。又日本岛邦男《老子校正》引西汉初严遵本有“下德”句,而作“下德为之而有以为”,后来的王本同此。岛氏校为“下德为之而有不为”,并说:“严本作‘有不为’,今本系改易。”今谓“有不为”当是“无以为”的一部分。或可略早于西汉严本的汉简本,为“有不为”说参酌所本。

又如北大简第四章第14简:“大器勉成。”王本第四十一章作“大器晚成”,从北大简上文“大方無隅”,下文“大音希声,天(大)象無刑(形),道殷無名”看,此不当作“晚成”。帛甲本全残毁,帛乙本作“免成”,无所成,当是。先秦勉、免互通,汉简本、帛乙本合古本《老子》原意。郭店简乙本作“大器曼成”,廖名春以上文“大方亡禺”推知“曼”训“無”,甚是。又勉、免、曼上古皆明母元部字。“免成”“勉成”实际上是“曼成”在古代的异写。“晚成”则于义不类。

以上二例,要是北大《老子》简(2012)223 枚(全部北大简有 3300 多枚)作伪,据何种底本作伪呢?据帛本(1980)、郭店本(1998)?从时间间隔看,恐来不及制造!据王本,也不像。要是今人作伪,作伪的底本应该能查得出来的。从北大简特有之“無以为”、“大器勉成”看,皆于古有据,于本罕见,当属古人以某一已经亡佚了的更早的古本为底本的抄写本,与今人毫无关系。

本着经争鸣而探寻真理,写出来以请益于邢文先生本人和学界。

(本文原载《光明日报》2016 年 9 月 12 日第 16 版《国学》)

附:邢文先生撰《北大简老子辨伪》一文中的部分截图

图十:

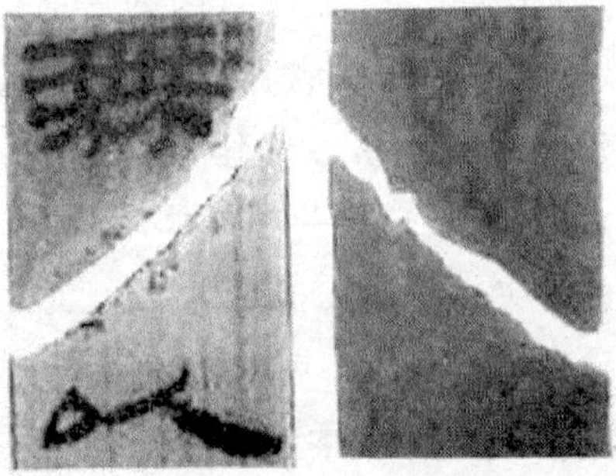

图十二:

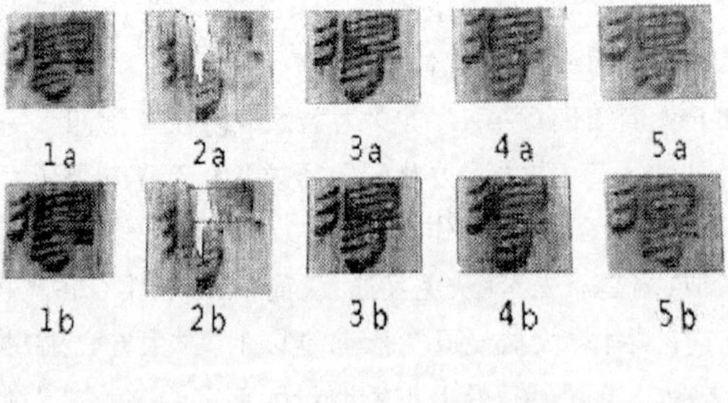

图十三：

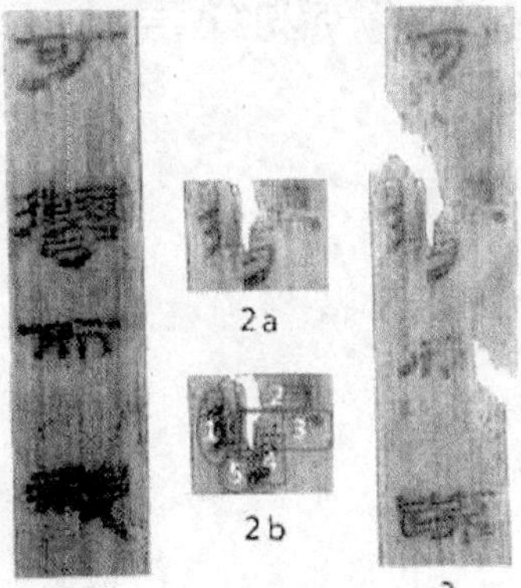

1　2a　2b　3

图十四：

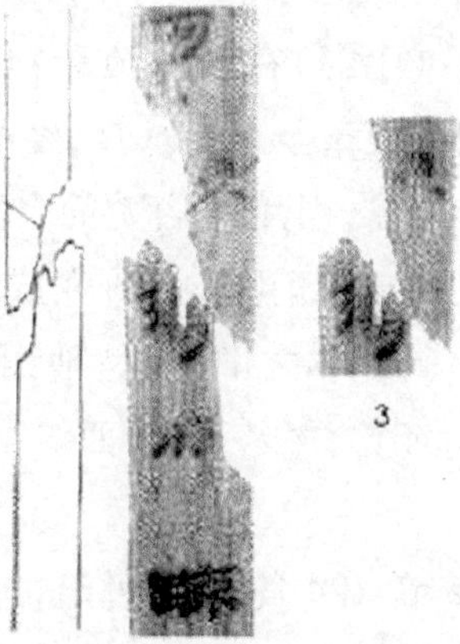

1　2　3

图十一：

西汉竹书《老子》下经校勘绎言

北京大学藏西汉竹书《老子》(以下简称"汉简《老子》")同帛书本《老子》,也是《德经》(上经)在前,《道经》(下经)在后。选取汉简《老子》下经《道经》四十五章至五十八章,经与古帛书本《老子》及诸世传本《老子》的对比研究,引用郭店楚简《老子》等多种文献资料,并上古音理、逻辑法则应用,涵摄今人研究成果等,对汉简《老子》相关表述作出校勘,指出其古本之旧、用楚地语、多重复句及其校勘作用和逻辑史价值、提供河上本《老子》为西汉早期本旁证等。

1. **汉简《老子》45 章 124 简:"道可道,非恒道殹(也);名可命,非恒名也。無名,万物之始也;有名,万物之母也。"**八句中皆隔句有判断语气词"也"字煞句。与帛书本《老子》"道,可道也,非恒道也。名,可名也,非恒名也"各句皆有判断语言词"也"不同。上古汉语助词"也"产生于西周后期,普遍使用于春秋后期;"也"主要表判断,大多用在句末,少数在句中①。汉简《老子》、帛书《老子》皆古本系统。郭店简《老子》无今本的第一章"道可道"至"有名万物之母"文字,但全书助词"也"的出现多多[1]。又汉简《老子》道经首句"也"不在句

① 参见李佐丰《上古汉语中助词"也"的使用》,见《历史语言学研究》第 8 辑,商务印书馆 2014 年版。

中，全在句末，帛书本此处句中、句末皆有，汉简本更合古法。125 **简：“故恒無欲，以观其眇（妙）；恒有欲，以观其所僥（徼）。”**僥，今当读 jiǎo，不读 yáo 上古见纽宵部。王本作“以观其徼”，帛甲本作“以观其所噭”。徼、噭均上古见纽药部字，今读 jiào。上古宵、药对转。王弼等人以“恒無欲”“恒有欲”为句在“欲”字后断句，宋代学者多“無”“有”后断句[①]，“欲”字属下。帛本“欲”字后有“也”字，综帛甲、乙本作“故恒无欲也，恒有欲也”，以“也”字煞句，可知王弼等人为确，宋人误。今北大简此处按帛本“欲”字属上标点，甚确。又帛本皆作“所噭”，可以“徼”通“噭”，可知汉简本“所僥”之“僥”为古本正字，“徼”“噭”二字均通假字[②]。《集韵·上筱》：“僥，吉了切。侥倖，求利不止貌。”《集韵·上筱》：“徼，吉了切。邀也。”高明曾举出历代对“徼”的解释，有：物之归止尽处、边际、洪荒时代之欲求、道之极微妙深远处、欲求之危险，等等。以汉简本“侥倖”字为古本字，释“所侥”为“求利不止、贪得无餍的做法”，“侥”为动词构成“所”字结构。传世本无“所”字，帛本、汉简本皆有“所”字，为古本之旧，汉简本用“侥倖”字亦古本之旧。

2. 汉简《老子》45 章 127、128、129 **简：“天下皆智（知）美之为美，亚（恶）已，皆智（知）善之为善，斯不善矣，故有無之相生，难易之相成，长短之相刑（形），高下之相顷（倾），言（音）声之相和，先後之相遀（随）；是以圣人居無为之事，行不言之教。”**除用“智”用“無”不同于帛书本用“知”用“无”外，汉简本有“故”字，“相生、相成、相刑、相顷、相和、相随”后无“也”字，而帛书本无“故”字，有“也”字。这就很明显，汉简本“天下皆智……，故有無……”构成因果复句，顺承而下，结构紧密。帛书本无“故”字，有“也”字，不构成复句，单独言说推理，有“也”字各各单独成句。西汉河上公本、魏晋王本同汉简本有“故”字无“也”字，逻辑结构紧密同汉简本。“是以”后两句末帛本、

① 参见高明撰《帛书老子校注》，中华书局 1996 年 5 月第 1 版，第 225 页。

② 《汉语大词典》以“徼”通“侥”，甚确。见《汉语大词典》，上海汉语大词典出版社 1989 年 3 月第 1 版，第三册第 1097、1098 页。

汉简本、王本皆无“也”字。汉简本、王本皆三重复句“……,|||……,‖故……六句,|是以……,……”,帛书本无“故”字后六句有五句是皆有“也”字的单句,且以“恒也”煞句,形成句段,难以与“是以”形成复句,帛本的“是以”只能是句段内另起的推理连接词。汉简本多重复句往往而有①,颇可说明西汉初体现在汉简本、河上本《老子》的逻辑思维水准,堪与王本时代相比。帛本在逻辑水准上还较古朴。又汉简本、河上本并王本此例“……,故……,是以……”式,还可看作古代三段论推理的好例,循次为大前提、小前提、结论。又“故”字前后也可看作省略大前提(美和善不能绝对化)的二段论推理,循次为小前提、结论。本条是上古时代三段论与二段论相结合的好例,对逻辑史研究有价值。

3. **汉简《老子》47 章 131 简:“不见可欲,使心不乱。”**帛本作“不见可欲,使民不乱”,王本“使民心不乱”。从上文“不上(尚)贤,使民不争”、“不贵难得之货,使民不为盗”的主语是圣人看,谓语部分“使民……”当是。移此为“圣人不见可欲(不贪婪),使民不乱”,终觉得隔一层,尚需补上一中介环节,如说“圣人不贪婪,使其内心不乱作一团”,则顺遂直接无间隔。又下文 132 **简“圣人之治也,虚其心”**,正与上文圣人**“不见可欲,使心不乱”**相成,“其心”、“心”皆指圣人之心。又下文 132、133 **简“恒使民無智(知)無欲……则無不治矣”**,圣人“使民無欲”而达于民“無不治”,一“使动”一“主动”,与圣人**“不见可欲,使心不乱”**,一“主动”一“使动”,形成另一种文法表达,亦可反证汉简本“使心”非“使民”为确。王本“民心”中心词仍是“心”,“使民心”仍是“使心”。更有甚者,王本三章“使民心不乱”下王弼注:“可欲不见,则心無所乱也。”几可证王本人所见《老子》并无“民”字。西汉初河上本作“使心不乱”亦旁证汉简本为胜。北大注释组还引《老子想尔》本、《淮南子·道应》皆作“心”字以证汉简本之确。高明引

① 汉简本《德经》中也有多重复句,参见李开撰《西汉竹书老子上经校勘绎言》第 11、32 条,已载本书。

邢玄、景福等十三种传本称“诸本与王本同,唯最后一句無‘民’字,作‘使心不乱’”,又引景龙碑亦“不见可欲,使心不乱”,遂州本同,易玄本、敦煌甲本亦同景龙碑作“心”字。但以帛本作“不见可欲,使民不乱”,以诸本作“心”字为后人所改[1]。今谓汉简本、后世十六七种传本作“心”字当有所本,或谓帛本与汉简本传本系统并不同之故。

4. **汉简《老子》**48 **章** 134 **简:“道冲而用之,有(又)弗盈。渊旖(兮),佁(似)万物之宗**。”帛乙本近同,仅“盈也”“渊呵”两语气词不同。又下文 134 **简有“湛旖(兮)”**,汉简以“旖”通“兮”为常(详见本文第 9 条)。高明据易顺鼎引《淮南子·道应》引《老子》“道冲而用之,又弗盈也”,引《文子·微明》“道冲而用之,又不满也”,又引《太平御览》三百二十二引《墨子》[2]:“善持胜者以强为弱,故《老子》曰:‘道冲而用之,有弗盈也’”,易氏称:“是古本一作‘有弗盈’矣。”高氏更补帛乙本“有弗盈也”以证古本作“又弗盈”或“有弗盈”。“冲”通“盅”,《说文·皿部》:“盅,器虚也。《老子》:‘道盅而用之。’”“道冲”即道虚。以上尤以引《文子》、引《墨子》可证汉简《老子》与帛乙本《老子》“道冲”句为古本之旧。旖,上古影纽歌部,兮,上古匣纽支部。影纽与匣纽声转关系较近,高亨则以猗与旖,与兮为通假字。举例皆《书》《诗》用例[3]。又《诗·魏风·伐檀》“河水清且涟猗”阜阳简《诗经》作“涟旖”,“猗”、“旖”通“兮”,汉石经正作“兮”。可知汉简《老子》以“旖”通“兮”甚古。佁、似上古同为之部字。帛乙本、王本皆作“似”,帛甲作“始(似)”,帛乙作“佁”,汉简本作“佁”,形近帛甲本,同帛乙本,又简本 135 **简有“佁(似)或存”**,可知简本以“佁”同“似”之古老,之常见。134 **简“桎(挫)其脱(锐),解其纷,和其光,同其袗(尘)”**。帛甲作“锉其”,高明以为抄写漏脱一字。帛乙作“锉其兑”、“解其芬”。从汉简本作“**桎(挫)**”“**脱(锐)**”“**袗(尘)**”看,可知其古老。今见河上本作“解其纷”,俞樾《诸子平议》引陆德明曰:“河

---

① 参见高明撰《帛书老子校注》,中华书局 1996 年 5 月第 1 版,第 235、236 页。

② 又见本文第 10 条《墨子》引古本《老子》说。

③ 高亨《古字通假会典》,董治安整理,齐鲁书社 1989 年 7 月第 1 版,第 667 页。

上本作‘芬’。”是“忿”的借字。河上本《無源》篇(犹王本四章)“解其纷”下注:“纷,结恨也。”《玄德》篇(犹王本五十六章)“解其纷”下注:“纷,结恨不休。”王本五十六章作“解其分”王注:“除争源也。”“争源”即“忿”,可知王本“分”字同“忿”字。河上注文两处皆“结恨”,结恨亦“忿”。陆德明所见河本作“芬”,同帛乙本,可知河上本出于西汉早期不误。又汉简本“袗”通“尘”,上古袗,章纽文部,尘,定纽真部,音理可通,但用例极罕见。可知汉简本之古老。郭店简《老子》甲组 27 简“迵(同)其新(尘)”,“尘”字亦古老可例比之。

5. **汉简《老子》49 章 136、137 简:“天地之閒,其犹橐籥虖? 虚而不屈,動而揄(愈)出。多闻数窮(窮),不若守於中。”又汉简《德经》6 章 19 简有“無有入於無閒”句**。汉简本全书无“間”字。帛乙作“間”,帛甲残。“虖”字帛本作“與”。帛本作“淈”。帛甲作“踵而俞出”,帛乙 5 号作“勭而俞出”。帛本作“数窮(窮)”。汉简作古字“閒”,此字空间义古表空隙、缝隙,从“月”,亦可从“外”,表月光从外从门隙中进来。时间义表空闲,亦作“閑”。后世间隔、间隙字别作“間”。也可说“閒”是“間”的古字。帛乙和王本作“間”是后起别造字、累进字。《老子》“天地之间”语的“间”字郭店简《老子》甲组 23 简作“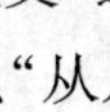”。整理者隶定为“从夕从刀”字,括注为“間”字。“从夕”,与上文“道法自然”的“然”字隶定为“肰”从“月”为一事。“从夕从刀”、“从月从刀”,可以是“外”字“从夕从卜”,天星观一号墓卜筮简、望山楚简、包山楚简的“閒”字的“月”字偏旁正同郭店简作“从夕从刀”亦即“从夕从卜”字①,且“月”“外”王力上古音皆疑纽月部字②。当括注为“閒”字或“閖”字,郭店简用“閒”“閖”字的省笔字而汉简承之,可见汉简《老子》“天地之閒”较之帛乙本“天地之間”更为远绍上古。“**虚而不屈**”句,郭店简甲组 23 简,河上本《老子·虚用》皆作“屈”字,可知矣。帛本“淈”字通“屈”,竭,尽。《荀子·宥坐》:“(夫

① 参见李守奎《楚文字编》,华东师范大学出版社 2003 年 12 月第 1 版,第 669 页。

② 此外,从“刀、刂”与从“卜”也是有偏旁的互补关系的。“剥枣”即“扑枣”,剥通扑。又“𠛅”、“𠚫”皆“剥”字从卜从刀。

水)其洸洸乎不淈尽,似道。”杨倞注:“淈读为屈,竭也。”据此可知帛本用“淈”较用本字“屈”稍后。汉简“**動而揄出**”句,“動”用正字,当亦于古不诬。[2] 帛本作“俞”,当后世景龙碑、傅奕本、范本作“俞”之本。郭店简甲组23简作“愈出”,河上本《虚用》篇作“愈出”,河上公注:“动摇之,益出声气也。”以“益出”释“愈”,河上本必作“愈”字,同郭店简本,可知其本。汉简作“揄”,与上文“橐籥”(鼓风器)、“動”字文义一致,指摇动“橐籥”就有东西流出,“揄”字正有“摇动”、“出”义,“揄出”乃摇动而出,与“愈出”不类,却与上文义切合。汉简本当另有所本,可不括注“愈”字。汉简“**多闻数竆(窮)**”,“多闻”二字同帛本,因世传本同王本多作“多言”,高明详考之,称:“帛书甲、乙本保存了《老子》原文,今本多误。”①汉简本亦然。唯帛本“窮”字汉简本作“竆”,郭店《老子》乙组14简“其甬(用)不窮”作“从宀从身”字“穿”,郭店简《穷达以时》第10简“窮四海”、11简“古(故)窮”、14简“窮达以时”、15简“窮达以时”均作“穿”字,汉简字近似之。综“多闻”和“竆”字,汉简本此句当较帛本更古老。

6. **汉简《老子》50章138简:“用之不堇(勤)。”**帛甲、帛乙均作“用之不堇(勤)”,亦按王本“用之不勤”括注之。后世释王本“勤”字为“勤劳”如字、“懃”、“仅”、“觐见”字、小而劣(的居处)“廑”字等,皆于上文“緜緜若存”、“玄牝之门,是谓天地之根”不类。高明据高亨引《淮南子·原道》“纤维而不可勤”句高诱注“勤,尽也”等,释“用之不勤”为用之不尽②,甚确。郭店简《老子》甲乙丙组皆无此句,但甲组24简有“天道员员,各復其堇(根)”句,“根”亦“尽”也。乙组9简“上士昏(闻)道,堇(勤)能行於其中”,“堇”亦“尽”也,括注为“勤”失之。汉简本作“**不墐**”,“墐”是“堇”的俗字。《正字通·土部》:“堇,涂也,别作墐。”由郭店简可知帛本用“堇”、汉简用“墐”作“尽”,颇亘古。“墐”字后当括注“盡”字。138、139简:“**天长地久。**

① 参见高明撰《帛书老子校注》,中华书局1996年5月第1版,第246、247页。

② 参见高明撰《帛书老子校注》,中华书局1996年5月第1版,第250页。

天地之所以能长且久者,以其不自生也,故能长生。”帛甲第二句夺一“长”字,帛乙本同,王本第三句少一“之”字,第三句少一“也”字,馀皆同。高明称朱谦之因严可均引本有作“长久”者,以河上本、王本等作“长生”为非[①],高以帛本校之,以朱说有误,甚是。汉简本同帛本,且这里讲“**天长地久**”的道理是天地不私自贵于养生,即不贪生怕死,故能“**长生**”也。河上本《韬光》作“以其不自生,故能长生”,且河上注:“以其不求生,故能长生不终也。”版本、注释皆认同帛本、汉简本,可知其成书年代在西汉早期。139、140 **简:“是以圣人後其身而身先,外其身而身存**。”帛甲作“声(圣)人”、“芮(退)其身”,帛乙作“退其身”。郭店《老子》甲组无此语,但第 3 简有“圣人之才(在)民前也,以身後之”,犹言身先士卒,私已後之,亦“圣人後其身而身先”之意,汉简本作“**後其身**”,从古是也。

7. **汉简《老子》**51 **章** 141 **简:“上善如水,水善利万物而有争(静)**。”帛乙此句全同。帛甲作“有静”。北大整理组据帛甲将“**有争**”括注为“静”字,甚是。王本及诸世传本多作“不争”,义与“**有争**”相反。今谓:上古“静”字与“争”字、“青”字、“清”字通用。郭店简无此句,但甲组第 5 简:“以其不静(争)也,古(故)天下莫能与之静(争)。”第 32 简:“我好青(静)而民自正。”“我好静”亦与“上善如水”义近。乙组第 15 简:“清清(静)为天下定(正)。”此句尤可与“‘上善如水(那样的)’‘有静’(来利万物,正天下)”文义相足。可证其为西汉早期作品的河上本《老子》[②]的《易性》篇:“上善若水,水善利万物而不争,处众人之所恶,故幾於道。”河上公注:“众人恶卑湿垢浊,水浊静流居之也。”正是水流“有静”之义。可知帛甲“有静”,帛乙和汉简本作“**有争(静)**”皆从古本。诸多传本作“不争”非是。

8. **汉简《老子》**52 **章** 143 **简:“持而盈之,不如其已。梪(揣)而**

① 参见高明撰《帛书老子校注》,中华书局 1996 年 5 月第 1 版,第 251 页。

② 参见李开撰《西汉竹书老子上经校勘绎言》第 5、12、15 条,《国学研究》总第 41 卷,北京大学出版社 2019 年版。亦见本书。

允(捃)之,不可长葆(保)。”帛本作“揎”。《集韵·上止》:“揎,持也。”《集韵》多古音义,帛本作“揎”为古老。郑良树引《管子·白心》、《文子·微明》及《淮南子·道应》用老子语“持而盈之”称“此西汉另一古本也”①,且帛本、汉简皆作“盈”,不避汉惠帝讳,均在惠帝前之证[3]。进一步看,帛甲本作“邦”字,帛乙本、汉简本一律作“国”字[4],可知帛甲本在刘邦前,不避讳,帛乙本、汉简本在刘邦时期,避讳。“梪”字,本同“豆”,古代食器。帛甲本残、帛乙作“从扌从短”字的掫字,上古当为端纽元部。王本均作“揣”。郭店《老子》甲组38简作“湍而羣之,不可长保也”,故帛甲残字、帛乙用字、汉简“梪”字必定是“揣”字[5]。“允(捃)之”三字,通行本作“锐之”,帛甲作“兑□之”,帛乙作“兑之”,帛书整理组以帛甲“□”为残存右旁的衍字“铅”,右旁与“兑”字形近,读为“允”字;帛乙“兑之”亦读为“允”字。今谓:以汉简作“允”,郭店简作“羣”合证之,帛书整理组不误②,高明详辨帛本用字后称与今本一致,“皆作‘揣而锐之’”③,不作“允”字,恐有误。允、捃、羣,上古均文部字。捃,拾取。

9. **汉简《老子》53章145简:“载焚(营)魄抱一,能毋離虖? 榑(抟)气致柔,能婴儿虖?”**两个反问句,意谓“不能”。焚,帛甲残甚,帛乙10作“营袙”(魄)、王本等世传本作“营魄”。唯西汉扬雄《法言·修身篇》有“焚魂旷枯”句。“焚”亦“营”字,指气,精气神[6]。《楚辞·远游》有“载营魄而登霞兮”句,疑《楚辞》用老子,“营魄”当为楚地语。此外,帛乙10号作“离”(離)、作“榑(搏)”、作“乎”。汉简大体与帛乙同。另汉简《老子》145、146简:**“脩(涤)除玄鑑,能毋有疵虖? 爱民沽(治)国,能毋以智虖? 天门啟闭,能为雌虖? 明白四达,能毋以智虖?”**帛乙除“玄监、栝(治)国、啟阖”、两个“知(智)”、四

① 参见郑良树著《老子新论》,上海古籍出版社2011年11月第1版,第47页。

② 徐志钧将帛甲9号残“□□兑之”、帛乙9号“掫而兑之”补出和隶定为“掫而允之”,并说“允”即“抁”,摇动。“掫(揣)而允之”,犹言“摇而不动”,言春秋时期政柄不断下移,造成尾大不掉的局面。参见徐撰《老子帛书校注》,学林出版社2002年5月第1版,第183、184页。

③ 参见高明撰《帛书老子校注》,中华书局1996年5月第1版,第259页。

个“乎”字以外,馀多同。沽、栝、治三字形近而通。**汉简53章**的六个“虖”字,帛本、王本等世传本,皆作“乎”,无有作“虖”者[7]。汉简多用“虖”而少用或不用“乎”与抄写者用字习惯有关,一是从古求正用本字,一是用楚地语。“虖”是古字,《集韵·平模》:“乎,古作虖。”西周早期《沈子它簋盖》有“乌(呜)虖”句。杨树达《小学述林》:“考之《尚书》及古金文,乎字绝少作语末词用者,而甲文金文乎字皆用作呼召之呼。”并称,考甲文、金文“乎”字字形,皆气流上出,是“呼”的初文,后借作句末语气词①。按杨说,“乎”用作句末语气词是假借字。汉简《老子》句末语词一律用“虖”当为用正字。“虖”是楚地语用字,《郭店楚简·老子》全书有以“虐”代“乎”十二例②,郭店《老子》全书无“乎”字。又,《郭店简·语丛三》72上:“虖(乎)勿(物)。”《楚辞·惜誓》:“休息虖昆仑之墟。”《庄子》有人名“子桑虖”。《马王堆汉墓帛书·十六经·成法》:“请问天下犹有一虖?力黑曰:然。”长沙马王堆帛书抄写者当楚人。由以上可知汉简《老子》只用楚语字“虖”,抄写者是楚人③。又一证据是汉简12章(王本49章)四例“虖”通“吾”,帛本无“虖吾”字,王本等皆有“吾”字,而郭店楚简《老子》有以“虗”通“吾”四例(甲组第30简一例,乙组第7简三例)。将牙音疑纽字“吾”读成牙音晓纽字“虖”,正是楚方音的特征。杨建忠教授曾举晓纽与疑纽互通二例,一是“虎”通“吾”,见于《曾姬無邺壶》,一是“言”(疑纽)通“歆”(晓纽),见于《楚王領鐘》④。二件皆楚系彝器。又如《方言》卷二:“楚谓之剿(精纽),或曰蹶(见纽)。楚郑曰蔿(匣纽,《集韵》作疑纽),或曰姡(匣纽)。”可知楚方音牙音内部旁纽乃至齿音与牙音相通例。与用“虖”不用“乎”相像的是汉简《老子》用“旖”(影纽歌部)不用“兮”(匣纽支部)[8]。影纽和匣纽邻纽,例

① 杨树达《积微居小学述林》,中华书局1983年7月新1版,第60页。

② 见《郭店楚简·老子》甲组以“虐”代“乎”第2简1例、5简2例、6简1例、8简2例、9简4例、34简1例,乙组无,丙组2简1例。共12例。

③ 参见李开撰《西汉竹书老子上经校勘绎言》第7、26、28条,《国学研究》总第41卷,北京大学出版社2019年版。本书已收入。

④ 杨建忠《楚系出土文献语言文字考论》,浙江大学出版社2014年11月第1版,第270页。

“迂:遐”,皆僻远义[①]。歌部和支部的音转关系,段玉裁《六书音均表三》说:“第十七部(歌部)与第十六部(支部)合用最近,其入音同十六部。”[②]即两个阴声韵共谐入声韵锡部。《楚歌·九歌·少司命》:“悲莫悲兮生别离,乐莫乐兮新相知。”离,歌部,知,支部。可见“旖”通“兮”音理上完全成立[③]。“旖”音作句末语气词最早出现北方,《尚书·秦誓》:“断断猗。”《礼记·大学》引作“断断兮”,《诗·魏风·伐檀》:“河水清且涟猗。”《汉石经》“猗”作“兮”。但在公元前500年、600年左右的“人类轴心时代”,华夏南北文化交流已经完成,南方楚地语气词“兮”传入北方,出现于《诗》之《葛覃》《螽斯》《绿衣》等篇,北方语气词“旖”传入南方,取代楚人老子书中的“兮”,汉简《老子》做得很彻底,并大量出现,其余传世楚系文献罕见,亦可表明汉简所本甚早。

10. **汉简《老子》54章148简:“卅辐同一毂,当其無,有车之用也。挻(埏)殖(埴)器,当其無,有殖(埴)器之用也。”**帛本作“卅”(sà),王本等传世本作“三十”,以“卅”计数三十,甲骨文已见。郭店楚简《老子》无此句,但郭店楚简《唐虞之道》第25、26简:“人廿(二十)而冒,卅(三十)而又(有)家。”可见帛本、汉简本作“卅”为古本之旧。**挻(埏)殖(埴)**,读shānzhí,帛本皆作“燃埴”。河上公《老子·無用》章“埏埴以为器”注:“埏,和也。埴,土也。和土以为饮食之器。”和,动词,拌和,揉和。“挻(埏)殖(埴)”为动宾结构,汉简用“挻”,是也。陆德明《经典释文·老子音义》引作“挻埴”,并称:“挻,始然反。河上云:和也。宋衷注本云:经同。”可知唐陆德明见到的河上本作“挻”字。又据陆引汉代宋衷,可知河本,乃至汉代或汉代以前的《道德经》古本均作“挻”字。汉简“挻”同河本,古本。且“挻”为楚地语,《方言》卷一:“挻,取也。楚部或谓之挻。”挻,据清代刘台拱读“羊膻”之“膻”音。汉简本以“殖”通“埴”的用法,也很古老。西汉初

① 参见刘钧杰《同源字典补》,商务印书馆1999年8月第1版,第18页。
② 《说文解字注》,上海古籍出版社1988年2月第2版,第832页上栏。
③ 参见马重奇《汉语音韵学论稿》,巴蜀书社1998年5月第1版,第1页。

年陆贾《新语·道基》:“分苞烧殖。”孙诒让《札迻》卷七:“当读为《考工记》‘抟埴’之‘埴’,烧殖,谓陶旊之事也。”陶旊,制陶工。汉简“**殖器**”即陶器。陆贾(?—约前170)亦楚人,以“殖”通“埴”亦楚地用法。

11. **汉简《老子》55章150、151简:“五色令人目眊(盲),敺(驱)骋田獵令人心发狂,难得之货令人行方(妨),五味令人之口爽,五音令人之耳聋。**”本段以“令人目、令人心、令人行、令人之口、令人之耳”为序。帛本序同,王本以“令人目、耳、口、心、行”为序。“行,身体的行为”,故可在意义上以“身”替换“行”。帛本、汉简本以“目、心、身、口、耳”为序是古本之旧[9]。汉简本“**敺(驱)骋田獵**”亦古本之旧。用“敺”不用“驱”,用“田”不用“畋”,皆用古字。《孟子·离娄上》有“为渊敺鱼、为丛敺爵”句,“敺骋”双音节词亦上古用法,《墨子·非命下》:“外之敺骋田獵毕弋,内湛於酒乐,而不顾其国家百姓之政。”敺为敺的异体字。《非命中》同样的句中仅“内沈”不同。疑《墨子》两引古本《老子》“敺骋田獵”说。

12. **汉简《老子》56章152、153简:“宠辱若【驚(驚)】,贵大患若身。何谓宠辱,宠为下,是谓宠辱。得之若驚(驚),失之若驚(驚),是谓宠辱若驚(驚)**。”除了帛甲作“龙(宠)辱”、帛乙作“弄(宠)辱”,帛本作“若驚”,帛甲作“贵大梡(患)”,帛甲作“苛胃”、帛乙作“何胃”以外,帛本、王本均无“是谓宠辱”句,直接“得之……,失之……是谓……”句。如王本13章“何谓宠辱若惊,宠,为下得之若惊,失之若惊,是谓宠辱若惊。”汉简本有两个以“是谓”为语言标记的并列肯定判断:一为受宠即鄙下,故谓受宠即受辱;一为得宠受惊,失宠亦受惊,故谓宠辱都是受惊。今谓汉简本两肯定判断者仍古本之旧。郭店《老子》甲组无王本13章内容,乙组有,见其第5、6简,内容大体与此同,但无“是谓宠辱”句,作“宠为下也”即煞句,形成以判断语气词“也”字为标记的判断句,汉简本“宠为下”后无“也”字,用相当于“也”字的“是谓”构成判断,从逻辑上看汉简本此段有前一个“是谓”

判断是合乎推理逻辑的，与郭店简《老子》乙组5、6简的推理逻辑同，与郭店乙组“何谓宠辱？宠为下也”的文意亦完全相当。帛甲本“龙（宠）之为下”后无“也”字，不能与上句“苛（何）胃（谓）龙（宠）辱若惊”单独构成判断，只能直接下文“得之……，失之……”而参与“是胃（谓）龙（辱）辱若惊”的判断构成，帛甲与郭店乙组句的逻辑、文意均有碍。帛乙“弄（宠）之为下也”用“也”煞句构成判断，同郭店乙组的逻辑和文意。有云，帛甲与帛乙抄写者据古不同，是也。汉简本用两“是谓”而成两联合判断，逻辑构成与文意均与郭店乙组、帛书乙本合，当于古有据。又：按郭店乙组、汉简《老子》，王本13章“宠”字属下，当标点为“宠为下”并煞句。

13. **汉简《老子》57章155、156简：“视而弗见，命之曰夷；听而弗闻，命之曰希；搏而弗得，命之曰微。参（三）者不可致计，故运（混）而为一。参（三）也，其上不杲（皦），其下不没（忽），台台微微，不可命，復归於無物。**”夷，灭，此处谓无色无形不可捉摸。汉简本同王本等诸世传本，以“目视/夷、耳听/希、行（身，手）搏/微”为序为说，唯宋范应元本“夷”作“幾”。帛本次序同，命说不同，帛甲为“名之曰”微、希、夷，帛乙为“命之曰”微、希、夷。高明据马叙伦谓范本作“幾”，并谓范称孙登、王弼同古本（指傅奕本），又傅奕本云“幾者，幽而無象也”[①]，是范本、傅奕两古本并作“幾”，《说文》“幾，微也”，故以帛本立说“微、希、夷”为古本之旧，诸世传本立说“夷、希、微”是“前后颠倒，张冠李戴”[②]。问题是，两古本以“曰幾”为先，但仍以“曰微”断后。日人岛邦男引范本作“曰幾”“曰希”“曰微”，岛邦男《古本校正》亦作“曰幾”“曰希”“曰微”[③]，可见高引马说并不能成为传世本“前后颠倒”的证据。今谓：汉简本的“**参（三）者**”、“**参（三）也**”之“**三**”就是上文的“视而不见”等隐喻道本体的三种情况（帛本作“一

① 参见［宋］范应元《老子道德经古本集注》，华东师范大学出版社2010年3月第1版，第22页。

② 参见高明撰《帛书老子校注》，中华书局1996年5月第1版，第283页。

③ ［日］岛邦男《老子校正》，东京，汲古书院1973年版，第80页。

者"之"一"正道本体),并进而以"其上不杲(曒)"对应"视而"句,不杲、不曒,不明,明灭,熄灭,正与"夷灭"字对;"其下不没(忽)"对应"搏而"句,不没、不忽,不微。没亦微,且上古都是明母字,《小尔雅·广诂》:"微,無也。"無亦明母字,忽亦微,《汉书·律历志上》:"無有忽微。"可知既以"其下"句对"搏而"句,必为"命之曰微",不可能是"夷灭"字。唯"不没(忽)"乃"没(忽)"也,否则于义不类。于是知"不没(忽)"之"不"是衬字无义,与对应"视而"句的"不杲(曒)"之"不"字不同。又以"不没"即"没"说"微",是楚语。章炳麟《新方言·释词第一》:"湖北间何事曰么事,么即無字,问讯辞也,亦与微声相转。""没"(上古明物)音即"么"(细小,上古明歌)音,歌、物旁对转。**台台微微**,台读 yí,失去,《方言》卷六:"台,失也。宋鲁之间曰台。"含宋地,楚语。四字当楚地习语,谓"失去又失去,细微又细微"至于"無",亦灭之又灭,微之又微,由明而灭,由有而無,最终"復归於無物"。帛书本作"捪之而弗得,名之曰夷"。论者谓:捪,抚摸,以抚摸不着为"夷灭",义正"相合"。今谓汉简本以"手搏/微"为文,"微"不仅与下文"不没(没)"、"台微"相应,且"手搏/微"本身更合,微,据《小尔雅》和章炳麟,乃即"無",假设帛本以"手捪/微(無)"为文,亦怡然理顺,以"手捪/夷灭"为文,反倒于义有隔不接。今谓帛本与汉简本为不同古本系统,不可力强而致。又下文 157、158 **简:"执古之道,以御今之有,以智(知)古以(始),是谓道纪**。"有,域,国家。王本及诸世传本多同,作"执古之道……",岛邦男作严本、想本、古本、河本、玄本校正,皆作"执古之道"[1]。帛甲、帛乙均作"执今之道,以御今之有,以知古始,是谓道纪。"论者以"托古御今是儒家的思想,法家重视现实,反对托古",并司迁说道家"圣人不朽,时变是守",以证帛本作"执今之道"为确[2]。问题是"执今御今",与时俱进,"时变是守",为何欲求、因何能够"知古始",而达于"道纪",显于逻辑上有碍。今谓"**执古之道**"之"**古**"正可谓远古托庇黄帝的道家。汉简本

---

① [日]岛邦男《老子校正》,东京,汲古书院 1973 年版,第 80 页。

② 参见高明撰《帛书老子校注》,中华书局 1996 年 5 月第 1 版,第 289 页。

作"**执古之道**"甚确,或汉简本与帛本为不同传本系统所致欤?

14. **汉简《老子》58 章 159 简:"古之为士者,微眇(妙)玄达,深不可识。夫唯不可识,故强为之容曰**……"帛甲"古之"两句残,帛乙基本同,唯"士"作"道"。两"不可识"皆作"不可志"。河上本《老子·显德》作"古之为士者",但河注:"谓得道之君也。"高明、郑良树皆以河注证河上本原作"道",今见河本作"士"为浅人所改①,河本同帛乙本。傅奕本亦作"道"。亦可证河本为西汉初之古本。今谓,**汉简本 58 章"古之为士者"**亦为古本之旧,郭店《老子》甲组简次 8:"长古之善为士者,必非(微)溺玄达,深不可志(识),是以为之颂(容)……"乙组无此段。汉简正同郭店《老子》甲组。汉简本与帛本不同传本,故一作"为士",一作"为道",皆西汉早期古本,河本作"为士"者亦从古。汉简"不可识",今考严遵《指归》本作"不可识知",河上本《显德》篇作"深不可识",河上注:"道德深远,不可识知。"可知**汉简"不可识"**亦于古有据。王本十五章作"微妙玄通",或以为"通"字跨隔两句后与"容"字韵,今谓"识别"字上古书纽职部,"容"(颂)上古喻纽东部,不仅职、东旁对转,更有书、喻近旁纽,识、容押韵;"达"上古定纽月部,定、书二纽同为舌音的准旁纽(如"审定"二字准双声),"达、识"二字可韵。帛书本作"志",上古章纽之部,章、喻远旁纽,之、东相距较远,难以构成旁对转,故帛本"志、容"难以押韵。因月部与之部不类,帛本"达、志"亦难以为韵。总之,此段文字汉简本多成合上古音理的韵文而帛本较难。

文末长注

[1] 例如郭店简《老子》甲组共 39 简有 3 简民前也、民上也、4 简民上也、弗厚也、民前也、弗害也、5 简不静(争)也、13 简道恒亡为也、15 简有亡之相生也、16 简相成也、相型也、相盈也、相和也、相随也、17 简弗始也、弗志也、18 简弗居也、

---

① 参见高明撰《帛书老子校注》,中华书局 1996 年 5 月第 1 版,第 290、291 页。郑良树著《老子新论》,上海古籍出版社 2011 年 11 月第 1 版,第 70 页。高、郑二先生的著论成书较早,未见郭店楚简《老子》。

弗去也、19 简相合也、20 简天下也、24 简恒也、笃也、须復也、25 简安也、易柴(读持)也、未兆也、易谋也、其脆也、易判也、其幾也、易散也、26 简亡有也、30 其然也、34 简精之至也、和之至也、37 简返也者、道动也、溺也者、道之用也、38 简保也、守也、38、39 简自遗咎也、天之道也,共 43 个也字。郭店简《老子》乙组共 18 简有 3 简久视之道也、3、4 简以至无为也、6 简宠为下也,共 3 个也字,频次已大大减少。丙组共 14 简有 2 简其贵言也、我自然也、5 简無味也、不可既也、7 简弗美也、9 简居之也、11 简故無败也、12 简败也、成也败之,共 9 个也字。相较之下,王本老子共 81 章上篇仅 3、29、32 章各一、下篇仅 53、55 两处、67、76 四处,全书仅十一个也字,后人删改之甚明显。

[2] 帛甲《道经》5 号用借字"蹱",又《道经》8 号有"蹱善时"句。郭店《老子》甲组 23 简用"从辶从童"字,近似。又郭店 37 简有"道僮(動)也"句,亦似。可见帛甲用从"童"之借字"蹱"为于古有据。帛乙用异体字"動"亦于古有据,《集韵·上董》"动,或作動",《银雀山汉简·王兵》有"動如雷神(电)"句,帛乙《德经》50 号有"僮皆之死地"句。但汉简《老子》此处用正字"動"亦是于古有据的,仍可以帛本据证:帛甲《德经》41 号有"道之動也"句、50 号有"動皆之死地"句、帛乙《德经》41 号有"道之動也"句、帛乙《道经》8 号有"動善时"句,帛本《德经》多用正字"動",而《道经》多用其借字欤?

[3] 帛甲本"盈"字 5 例,见于 39"以盈"、9"盈之"、9"盈室"、15"不欲盈"、23"洼则盈"。帛乙本"盈"字 5 例,见于 39"一盈"、45"盈入冲"、2"相盈也"、4"弗盈也"、9"揰而盈之"。汉简本"盈"8 字,见于 2"一以盈"、8"大盈"、48"弗盈"、52"盈之"、52"盈室"、58"不欲盈"、58"不盈"、63"洼则盈"。

[4] 帛甲用"邦"字处有(含残补):《德经》,54"以邦观邦"、57"以正之(治)邦"、57"而邦家兹(滋)昏"、58"其邦(民)夬夬"、61"大邦者,下流也"、61"大邦[以]下小[邦],则取小邦;小邦以下大邦,则取於大邦"、61"大邦者、小邦者"、65"知(治)邦、邦之贼、知(治)邦、[邦之]德"、67"邻邦相望"、80"受邦之訽(垢)、受邦之不详"。《道经》,36"邦利器"。共 21 例。帛乙(含残补)、汉简用"国",并无例外。

[5] 何以能为之?从音理上说:梪,上古定纽侯部。揣,上古初纽歌部。舌头音定纽与正齿音初可成邻纽,侯部与歌部则可通转。但音理上相距较远。如以帛乙本用字的"端元"则与"梪"之定纽,"揣"之歌部甚近,音转关系亦近,端、定近旁纽,歌、元近对转。高亨则有"梪与短"通用例。如以帛乙用字为中介,可参知通"梪",通"揣"。今谓:形体上也可以帛乙本用字为准解读之。梪,即挹字,"从扌从豆",音义均为"短",与帛乙本从"从扌从短"的"捖"字同,帛乙本是俗体,汉

简本是形近讹字。

[6]《素问·调经论》:“取血於营,取气於卫。”注:“营主血阴气也,卫主血阳气也。”古以魂为阳气,魄为阴气,故称“营魄”,称“熒(营)魂”略有碍。但“熒(营)魄”之“营”,由统指气血的经办供给,在血液流动中将“气”供给身躯,而使熒(营),代指气,精气神。《老子》原句意为“承载着的精气神魂魄紧抱于一躯体,能不脱离躯体吗?”意谓要脱离的。

[7] 汉简《老子》全书“虖”作语气词共22例,无有作“乎”者,而帛本、王本皆不作“虖”,无例外。它们是:汉简25章(王本62章)“以免虖”,帛甲“以免舆(與)”,帛乙“以免舆”,王本“以免邪”。汉简26章(王本63章)“图难虖、为大虖”,帛本均作“乎”,王本“图难於、为大於”。汉简49章(王本5章)“其犹橐籥虖”,帛甲、帛乙均作“舆”,王本作“乎”。汉简50章(王本7章)“不以其無私虖”,帛甲“无[私]舆(與)”,帛乙“无私舆(與)”,王本“無私邪”。汉简53章(王本10章)“離虖、婴儿虖、疵虖、智虖、雌虖、智虖”,共六例,帛本、王本皆作“乎”。汉简58章(王本15章)“就(蹴)虖、犹虖、严(俨)虖、涣虖、椛(敦)虖、沌虖、广(旷)虖”,共七例,帛本均作“呵”、王本一例作“焉”六例作“兮”。汉简60章(王本17章)“犹虖其贵言”,帛甲残,帛乙作“犹呵”,王本“悠兮”。汉简61章(王本20章)“芒(荒)虖、屯屯(沌沌)虖”,帛甲残、“惷惷(沌沌)呵”,帛乙作“朢呵、湷湷呵”,王本“荒兮、沌沌兮”。汉简64章(王本23章)“而兄(况)於人虖”,帛甲残,帛乙作“人乎”,王本“人乎”。

[8] 汉简《老子》全书无“兮”字,“旖”(兮)作语气词共十七 例,而帛本、王本皆不作“旖”,无例外。它们是:汉简48章(王本4章)“渊旖、湛旖”,帛本均作“呵”,王本均作“兮”。汉简61章(王本20章)“袙旖、絫旖、没(忽)旖、芒(恍)旖”,帛甲作“泊焉、纍呵、忽呵、朢(恍)呵”,帛乙作“博(泊)焉、纍呵、沕(忽)呵、朢(恍)呵”,王本作“泊兮、儽儽兮、澹兮、飂兮”。汉简62章(王本21章)“没(惚)旖、詤(恍)旖、象旖、詤(恍)旖、没(惚)旖、物旖、幽旖、冥旖、请(情)旖”共九例,帛本一律作“呵”,王本一律作“兮”。汉简74章(王本34章)“道泛旖”,帛甲残,帛乙作“呵”,王本作“大道氾兮”。汉简75章(王本35章)“淡旖”,帛本均作“呵”,王本作“乎”。

[9] 帛本为古本《老子》一系,固是也。又《郭店老子》叙事顺序例甲组12简“不谷(欲),不贵难得之货”以“心、行”为序、14简“为亡为,事亡事,未(味)亡未(味)”以“行、口”为序、35简“心使气曰强”以“心、身”为序。乙组12简“大方亡禺(隅),大器曼成,大音祗圣(声)”以目视、心/身、耳闻为序。丙组5简“淡可(呵),其無味也。视之不足见,圣(听)之不足闻”以“口、目、耳”为序、13简“人

欲不欲,不贵难得之货”以“心、行”为序。今人常以“眼、耳、鼻、舌(口)身、心”为序说事。

(本文原载北京师范大学《民俗典籍文字研究》第24辑,商务印书馆2019年12月出版)

西汉竹书《老子》下经校勘考述

1. **汉简《老子》58 章 161、162 简:“孰能浊以静之? 徐清。孰能安以动之? 徐生。抱此道者不欲盈,夫唯不盈,是以能敝不成。**”王本近同此。帛甲、帛乙无“孰能”二字。高明引十四种世传本仅遂州本、顾欢本无“孰能”二字,而以其余十二种有“孰能”者“皆后人所增,非《老子》原有”[①]。今谓世传本有“孰能”者皆本之汉简《老子》。更有甚者,郭店《老子》第 9、10 简有两作“竺(孰)能”者,可知汉简、世传本十二种、王本作“孰能”者皆古本《老子》之旧。只能说,帛本等无“孰能”者为另一传本系统。又河上本《老子》亦两作“孰能”,可再证河本承汉简之旧,为西汉早期之作[②]。**“抱此道者”**帛本作“葆(保)”,且无“者”字。后世传本或有作“保”“復”“服”三种,论者以此三字依次上古为幽部、之部(实为觉部)、之部(实为职部)可通假,或以作“復反(返)”字为最优[③]。高明以帛本作“葆(保)”字为是,因“‘保’字有守、恃之义,‘保此道’犹言‘守此道’”[④]高说是,且可推知帛本作

---

① 高明《帛书老子校注》,新编诸子集成本,中华书局 1996 年 5 月第 1 版,第 296 页。

② 参见李开《西汉竹书〈老子〉上经校勘绎言》尾注 14,又正文第 5、12 条等,载《国学研究》总第 41 期,北京大学出版社 2019 年 3 月第 1 版。又见本书 1 页。

③ 参见高明《帛书老子校注》,新编诸子集成本,中华书局 1996 年 5 月第 1 版,第 297 页。

④ 高明《帛书老子校注》,新编诸子集成本,中华书局 1996 年 5 月第 1 版,第 297 页。

“葆(保)”字当古本之旧,郭店《老子》第10简正作“保”字。今谓汉简本作“**抱**”,不仅音义同“保”,皆幽部,守义,且《老子》习惯用“抱”字①,可知汉简老子161简作“**抱此道者**”亦古本之旧,当与帛本为不同传本系统。**汉简162简“敝不成”**,帛甲残,高明据帛乙补“是以能敝而不成”,帛乙作“是以能褩而不成”,多一“而”字,近同汉简本。传世本有多作“弊、蔽”,作“不新成、復成”者,高明校注称:“夫唯不欲盈,是以能敝而不成”,当是,唯多“欲”字、“而”字。“欲”字衍甚明,帛本上句已有“不欲盈”字,帛甲作“夫唯不欲盈”,高校注从之,且“夫唯不盈”“能敝不成”皆古法四字格表达法。帛乙、高校注,已近似**汉简《老子》“夫唯不盈,是以能敝不成”**,此无“欲、而、新”三字者,当古本之旧。

2. **汉简《老子》59章163简:“至(致)虚,极;积正,督(笃)。”**郭店《老子》甲组简次24:“至虚,亙也;兽(守)中,管(笃)也。”古“亙”“亟”字形近同,郭店简或正可读作“至虚,亟(极)也”。帛本亦作“至(致)虚极也”。河上本《归根》篇:“至虚极,守静笃。”河本作“至”,同郭店、帛本、汉简,河本从古,正是它西汉本之证。河注重申“至于虚极”、“行笃厚”,可知“至、守、行、积”皆语义指向客体的实意动词。汉简本以“至虚”“积正”为对文。汉简本“至”后可不从帛注括注“致”,至,至于,到达,实行,无致使、致意等较虚的意义。汉简“**积正**”,帛乙本、传本皆作“守静”,唯郭店《老子》作“兽(守)中”,义近。积,聚,聚亦守也;中,正也。语义上汉简作“**积正**”于古有据,文字上

① 王本《老子》用“抱”而可用但不用“保”字例:19章“见素抱朴,少私寡欲”,河本作“抱朴”。郭店2简作“保仆(朴)”。22章“是以圣人抱一以为天下式”,河本作“抱一”。郭店简无此句。42章“万物负阴而抱阳”,河本作“抱阳”。郭店简无此句。54章“善建者不拔,善抱者不脱”,河本作“善抱”。郭店《老子》乙组15简作“善保”。64章“合抱之木”,河本作“合抱”。帛甲帛乙残,郭店甲残,郭店乙未及。特别是王本第19、54章,可作“保”而作“抱”,可知用字习惯作“抱”。

尚无从考校[①]。或以“**积正**”行善为儒家说，不当羼入《老子》，但郭店作“兽(守)中”何为？严遵《老子指归》“趣舍屈伸，正得中道。”不合帛本、传本“守静”字，却暗合郭店“兽(守)中”说。汉简“**积正**”有严遵“正得中道”之意。且汉简、帛乙作“督”，《六书故》释为“当身之中”的“人身督脉”，犹言脊梁骨经脉。汉简作“**积正，督(笃)**”意义上当于古有据。括注“笃”字，甚可，郭店作“管”即“笃”字，并非作“笃”为后人窜改[②]，且“笃”亦正也。**汉简163简：“万物竝作，吾以观其復。”“復**”字后无“也”字。今谓岛邦男校正引诸本皆作“並”、“復”后无“也”字，当本之汉简本；紧接下文作“夫物”，范本、傅本作“凡物”，“云云、芸芸”，范本、傅本作“駈駈”[③]，多而杂乱貌。岛氏引诸版次王本无有“雲雲、蕓蕓”字，而作“芸芸”，岛氏校作“凡物云云”[④]。帛甲作“雲雲”，帛乙作“秐秐”，近似汉简本“云云”。郭店《老子》甲组简次24作“居以须復也。天道员员，各復其堇(根)”。**汉简163简“天物云云(芸芸)，各復归其根”，“天物**”一词甚古，亦即“万物”，已见于《尚书·武成》“暴殄天物”。《庄子·在宥》有“万物云云，各復其根”，实同汉简《老子》。“**云云**”即郭店“员员”(读yún，上古匣纽文部)，与下文“**堇(根)**”(上古皆见纽文部)韵。**汉简“天物**”、帛本“天物”[⑤]、郭店“天道”，皆“天”字，而非“夫”字。**汉简“各復归**”句，帛本皆作“各復归於其根”，皆有“於”字，帛甲夺“根”字。郭店“各復其堇(根)”紧承上文“居以须復”而仅有“復”字无“归”字，但郭店此“復”

---

① 日人岛邦男《老子校正》(见次后注版本)引诸传世本无有作“积正”者，见该书八十六页。今检得“积正”的早期用例，见于刘向(前77—前6)《新序》卷一《杂事》：“齐人归所侵鲁之地，由积正之所致也。故曰：‘其身正，不令而行。’”史载孔子折齐景公，促使齐归还侵鲁之地，为孔子自身道德纯正，并不断实行正确的办法而影响、说服的结果。卷首署“阳朔元年(前24年)二月癸卯”刘向献上。阳朔为汉成帝年号。假设“积正”为后人所改，亦知汉简《老子》至迟也不晚于成帝时。

② 参见郑良树著《老子新论》，上海古籍出版社2011年11月第1版，第79页。

③ 参见[宋]范应元《老子道德经古本集注》，黄曙辉点校本，华东师范大学出版社2010年3月第1版，第26页。

④ [日]岛邦男《老子校正》，东京，汲古书院1973年版，第84页。

⑤ 帛本“天物”高明据传世本多数作“夫”而括注“夫”字，云：“帛书甲、乙本‘夫’字皆作‘天’，笔误也。”高说可商。

字即“復归”①。结论:**汉简“竝作”“其復”**,无“也”字,为传世本所本;且无“也”字,与上文“极”、“督”后无“也”字一致,当自有其旧本可据。帛本有“其復也”字,与上文“极也”、帛甲“表也”帛乙“督也”上下一致,为另一传本系统。**汉简“天物”,“云云”**同郭店“员员”,**“各復归”**同帛本“各復归”亦同郭店“各復(归)”,皆古本之旧。

3. **汉简《老子》60章166简:“大(太)上,下智(知)有之;其次,親誉之;其次,畏之;其下,母(侮)之。信不足,安(焉)有不信。”**汉简凡“知道”字皆作“智慧”字,从古之证②。高明、郑良树引吴澄本等多种典籍“下”作“不”字,并以帛甲本作“太上,下知有(帛乙作‘又’通‘有’)之”校之以为妄,甚确③。**汉简“下智(知)”**又添一证据。这几句话的意思是:最上,下民知道他们(治事者),其次,亲近他们,给他们说好话,三等的,害怕他们,四等的,辱骂他们。主语都是“下(民)”,下文167简**“成功逐事,百姓曰我自然”**,治事者办成事情了,百姓下民赞扬他们自然无为。与上文四句密合无间④。郭店《老子》丙组简次1作“大上,下智又(有)之”,正汉简从古之证。**“安”**字帛甲作“案”,帛乙作“安”,全句同汉简。王本十七章作“信不足焉有不信焉”,王注:“信不足焉,则有不信。”以首个“焉”字属上。今以帛本作“案”“安”,汉简作“安”看,王本“焉”当属下,王注误。又**汉简**

① 郭店《老子》甲组24简次:“各復其堇(根)。”“堇(根)”亦尽头处也。明焦竑《老子翼》卷之一“一章‘常有,欲观其徼’”引《笔乘》:“‘徼’字乃“言物之尽处也。晏子曰:‘徼也者,德之归也。’列子曰:‘死也者,德之徼。’皆指尽处而言。……然有欲必有尽,及其尽也,极而无所更往,必復归于無,斯与妙何以异哉?”见《老子翼》黄曙辉点校本,华东师范大学出版社2011年6月第1版,第4页。

② 见李开《西汉竹书〈老子〉上经校勘绎言》第9条,《国学研究》第四十一卷,北京大学出版社2019年3月第1版。亦见本书第1页。

③ 参见高明《帛书老子校注》,新编诸子集成本,中华书局1996年5月第1版,第305、306页。参见郑良树著《老子新论》,上海古籍出版社2011年11月第1版,第83页。

④ 陈鼓应引多种版本作“不知”,并称王本十七章末句正好说明作“不”字:“本章最后一句:‘百姓皆谓我自然。’就是‘不知有之’(人民不知道有帝力)的一个说明。”遂改王本“下知”作“不知”。似未考虑上句“功成事逐”。见陈著《〈老子〉註译及其评介》,中华书局1984年5月第1版,第131页。

“安”字后，包括167简168**简“故”字后四个“安”**字后括注“焉”字，皆可从略。帛本整理者于的这五处的“案有”“安有”皆不括注是对的。“安”作疑问副词用习见。167**简**168**简“故”**字后四句：**“故大道废，安（焉）有仁义；智慧出，安（焉）有大伪；六親不和，安（焉）有孝兹（慈）；国家棔（昏）乱，安（焉）有贞臣。**”王本在十八章，与上文十七章“太上，下知有之”至“百姓皆谓我自然”分章。帛甲乙本整理组、高明注本均依王本分为十七、十八两章，有误，实际状况是帛本“故大道废”之“故”字与上文连抄无任何分隔符号。汉简本整理者据郭店《老子》丙组有“古（故）大道叕（廢）”句“古（故）大”在第2简，“道叕”在第3简，显然当合在上同为第2章，且“古（故）大”前与上文间无任何分隔符号。北大整理组据郭店简和帛书本均有“故”作因果关系思维律的顺承直接联系词，以及郭店简、帛本抄写实状，将167**简**168**简“故”字后四句**合于上文同为**汉简第六十章**；又因168、169、170**简“绝圣弃智（知）……少私寡欲”**内容亦承“**故**”字后推理，亦合在六十章，这样汉简《老子》六十章相当于无“故”字的王本《老子》17、18、19三章，以为古本《老子》之旧，当是也。

4. **汉简《老子》61章171简：“绝学無忧**。”王本此句在20章，传世本多不与“少私寡欲”（王本在19章）同章。帛甲本19章“少私寡欲，绝学无忧”八字全残，但整理者将此八字合为一章连读。帛乙本19章整理者将“少私寡欲，绝学无忧”合为一章。《校注》亦称“绝学无忧”当连上文合成一章为“贴切”①。可商。郭店简《老子》甲组2简“少厶（私）须（寡）欲”下紧接“江海所以为百浴（谷）王”，乙组4简“㡭（绝）学亡（無）忧（憂）”上紧接“亡（無）为而亡（無）不为”。可知郭店“绝学”句与“少私”句并不相涉。今谓**汉简本**170**简“少私寡欲”**，171**简“绝学無忧”**分属不同简次。据郭店和汉简可知传世本将“绝学”句放在20章，“少私”句放19章为妥帖，此正古本之旧次。郑

① 参见高明《帛书老子校注》，新编诸子集成本，中华书局1996年5月第1版，第305、306页。

良树(郑本人力主“绝学”句在19章)指出:“绝学”句在20章“盖始于河上公耳”①,理由是:下文“人之所畏”河注“所畏者,谓不绝学之君也。”再下文“荒兮其未央”句河注“欲进学为文,未央止也。”皆以“不绝学”、“进学”言“学”之祸害与忧患,于是知河本“绝学”句在20章无疑,而西汉早期严遵本以“绝学”句在19章,可见河本于“绝学”句踵古本旧次之价值比较与时代栖居。171、172 **简:“人之所畏,不可以不畏人**。”帛乙多一“亦”字,馀同,帛甲多残,据帛乙补。郭店《老子》乙组5简同帛乙、汉简,有两个“人”字,唯整理者将第二个“人”字属下句而成“人宠辱若缨(惊)”,甚误。可知帛乙、汉简句尾有“人”字句为古本之旧。王本20章作“人之所畏,不可不畏”,意即别人害怕的人或事,你也应该(不可不)害怕。汉简句、帛本句意即“他人(老百姓)所害怕的对象(国君),你(包括国君)不能不害怕他人(老百姓)”。句首之“人”与句尾之“人”为同一对象(百姓),此正为老子治国之道,民可载舟亦可覆舟之理的最早出处。高明对帛本此句辩之甚详,亦甚确②。172 **简:“众人㕹㕹(熙熙),若鄉(享)大牢而萅(春)登台**。”帛本作“若鄉(饗)於大牢,而春登台”,鄉通饗,饗,本义为乡人聚宴,通“享”,汉简本直接括注“享”字,甚确。王本作“如享大牢,如春登台”。从**汉简用㕹**、用古字**鄉**不用今字饗,用**大牢**不用太字、用**萅**字不用春字,连续用四个古字看,汉简本所据底本为古老。“而萅登台”,而,如也。俞樾《古书疑义举例》卷四“上下文变换虚字例”:“而,即如也。”此正上文用“若”(如)下文用“而”例。上下文如、而间用,为上古修辞例。帛本“而春登台”、王本“如春登台”皆“主动宾”结构,汉简、帛本同。郑良树引俞樾称河上公本作“如登春台”为“动定宾”结构,郑以河本“登春台”为后人改③,是也。**汉简“而萅登台”**、帛本“而春登台”均为古本之旧。172、173 **简:“我袙(泊)旖(兮)未佻(兆),若婴儿之未眩(咳)**。”“**袙**”帛甲作“泊”,帛乙作“博

① 郑良树著《老子新论》,上海古籍出版社2011年11月第1版,第92页。

② 参见高明《帛书老子校注》,新编诸子集成本,中华书局1996年5月第1版,第317、318页。

③ 参见郑良树著《老子新论》,上海古籍出版社2011年11月第1版,第93、94页。

(泊)”。河上本《老子·异俗》“我独怕兮其未兆”作“怕”字,《经典释文》更言作“泊”字,同**汉简**、帛本从“白”之字,皆当古本之旧。高明引易顺鼎以王注“言我廓然無形之可名”,又《释文》“廓:河上本作泊”,即以王本原作“廓兮其未兆”,今作“泊兮”据河本改,高据帛本否定易说,以今本作“泊”据旧本不误,甚是①。又高明引多种传世本如王本作“我独泊兮”有“独”字,今**汉简本**、帛本皆无“独”字,当古本之旧,有“独”字者当据河本增。**未眩(咳)**,帛甲残,帛乙作“未咳”(hái),《说文·口部》:“咳,小儿笑也。从口亥声。古文咳从子。”傅奕古本、范应元古本均作“咳”。《释文》亦出“咳”字。河上本《异俗》篇今见作“孩”字,河注:“如小儿未能荅偶人时也。”荅偶,对答交流,犹言欬吐(言谈)。郑良树据河注推定河本原作“咳”,不作“孩”②。且唐景福碑河上公《老子》作“咳”字。可知河本从古。今谓**汉简本**“**未眩**”**(咳)**,帛乙“未咳”皆古本之旧。173、174**简:“猷(俗)人昭昭,我蜀(独)若昏;猷(俗)人计计(察察),我独昏昏**。”帛本作“鬻(俗)人”,王本作“俗人”,猷(上古馀纽幽部)、鬻(馀觉)、俗(邪屋)三字上古音理可通,馀邪邻纽,幽觉对转,幽屋旁对转。“若”后状词,叠音状词帛本、王本皆作从“门”之字閒、闆、闽、闷代“昏”字。郭店《老子》无此句。但不用从“门”之字代“昏”字,如甲组30简“而邦慈(滋)昏”,相反,用“昏”字代当用从“门”之字,乙组9简“上士昏(闻)道”、“中士昏(闻)道,若昏(闻)若亡”、“下士昏(闻)道”。可知**汉简《老子》用“昏”字**而不用从“门”诸字,亦古本《老子》用字传统,帛本、王本习用从“门”之字代本字“昏”为另一古本系统。又**汉简本**以“俗”字括注“猷”,很难说“猷”字有“俗”义,仅文字音近假借,或对照今本“猷”字相当于“俗”字而已。如读作“猶人昭昭”、“猶人计

① 参见高明《帛书老子校注》,新编诸子集成本,中华书局1996年5月第1版,第320页。

② 参见郑良树著《老子新论》,上海古籍出版社2011年11月第1版,第95页。

计”,并无不可。今谓以“猷”代“猶”,楚地文献习见用“猷”[①],一般不用“猶”。《诗·小雅·小旻》三章:“我龟既猒,不我告猶。”《郭店楚简·缁衣》引作“不我告猷”。马瑞辰通释:“猶当为繇字之假借,谓繇词[②]。”占筮中的繇(籀)词,即卜辞。或“繇”有“繇俗”(谣俗)之组合成同义语素构词,“繇”之借义亦“俗”也。又“猷”“蜀”同句,亦见于楚人之手,《郭店楚简·性自命出》7简:“猷口之不可蜀言也。”可知**汉简本**173、174**简用“猷”**,不用“犹”、“猷”“蜀”同句,于楚人可寻。以“计”代“察”,用楚地语。《楚辞·离骚》:“瞻前而顾后兮,相观民之计极。”洪兴祖补注:“计,察也。”**“猷”**字用楚人书写法,**“计”**为楚地语,再证**汉简《老子》**抄手为楚人。

5. **汉简《老子》62章176、177简:“道之物,唯詤(恍)唯没(惚)。没(惚)旖(兮)詤(恍)旖(兮),其中有象旖(兮)。詤(恍)旖(兮)没(惚)旖(兮),其中有物旖(兮)。幽旖(兮)冥旖(兮),其中有请(情)旖(兮)。**”全句论“道之物”有两大表达特征,一是以“惚恍有象—恍惚有物—幽冥有情”为序,二是句中、句末语气词用肯定性陈述语气词“旖(兮)”。帛本、王本21章特征一同,唯帛甲“恍惚”作“朢忽”,帛乙作“朢沕”,乃至《鹖冠子·夜行》作“芴芒”,仅用字不同,语序同。帛本、王本特征二不同,帛本作感叹陈述语气词“呵”,王本作“兮”。河上本、傅本特征一亦同,唯用字不同,河上本作“怳忽”,傅本作“芒芴”,特征二亦同,句中用肯定性陈述语气词“兮”,句末已删。上述两大特征:语义表达顺序特征、肯定性(或感叹)语气特征,皆是古本之旧。从古本之旧及今本的变化一是用字的变化,一是句

① 郭店楚简全书共有14个“猷”字,无有“猶”字,它们是:《老子》甲组8简“猷乎其奴”、甲组15简“猷难之”、甲组20简“猷少(小)浴(谷)”、甲组23简“其猷橐籥与”、丙组2简“猷乎其贵言”、《缁衣》46简“猷弗智(知)”、47简“不我告猷”、《五行》39简“猷练也”、40简“猷匿匿也”、《尊德义》24简“猷……之亡”、《性自命出》58简“以猷者也”、《六德》32简“猷……也,少而寮(?)多也”、《语丛三》1简“君猷父也”、2简“猷三军之旅也”。但“猶”字并非后起字。《十三经》已见214个“猶”字,7个“猷”字。可知习用“猷”字是楚人书写习惯。

② [清]马瑞辰撰《毛诗传笺通释》,陈金生点校,中华书局1989年3月第1版,中册,第630页。

末语气词脱落，而语义顺序所反映的思维次第，语义焦点“象、物、情或精”所反映的思维对象，两者即稳定性思维结构则始终未变。嘻！此所以为古本也。俞樾认为“恍惚有物”在前，“惚恍有象”在后，原因是当承上“唯恍唯惚”。以上述古本语序看，俞樾误。高明亦批评之[①]。又《庄子·至乐》“芴乎芒乎，而無有象乎”、《文子·道原》“忽兮怳兮，不可为象兮”、《淮南子·原道》“忽兮怳兮，不可为象兮”，表达方法由肯定陈述变为否定式反问或否定性感叹。郑良树以此否定式为《老子》表达法的另一源流，此“汉以后不传焉[②]”，亦可备一说。**又 176 简“道之物”**，帛本同，郭店简无此句段。王本作“道之为物，唯恍唯惚”。此句过去曾是学术界老子唯物、唯心的争论焦点。今帛本、汉简无“为”字。“之”，助词，**“道之物”**，直译为“道的物状”。正如楼宇烈老师所说，王本 21 章中的“‘有物’、‘有象’均为‘恍惚’之物象，亦即所谓‘無状之状，無物之象’[③]”。“道之为物”，为，动词，读阴平，直译为“道的产生出物”，因助词“之”用在有动词的“主语·之·谓语”句中，即所谓取消句子独立性，助词“之”可不译出[④]，可译为“道产生出物”，宜乎成了争论焦点。**汉简本**、帛本作**“道之物”**，“物”即指物状，物象，物的形式化质料因，下文以“有象”在前紧接之，事属必然。故上文言语义次序不容更改。还应指出的是，**汉简《老子》**等**“道之物”**至**“惚恍有象”**句，确实是老子哲学的关键句子，犹言老子谓“先验的道包含、生成形而上的(物)象”，犹康德反复阐明的“先验逻辑包含纯粹的表象”，因为“只有纯粹直观和纯粹概念才是先天可能的”[⑤]。这是老子哲学最为核心部分，唯物、唯心说分野是其障眼，与其无关。

---

① 参见高明《帛书老子校注》，新编诸子集成本，中华书局 1996 年 5 月第 1 版，第 330 页。

② 郑良树著《老子新论》，上海古籍出版社 2011 年 11 月第 1 版，第 99 页。

③ 楼宇烈《老子道德经注校释》，新编诸子集成版，中华书局 2008 年 12 月第 1 版，第 53 页。

④ 参见何乐士等《古代汉语虚词通释》，北京出版社 1985 年 5 月第 1 版，第 807 页。

⑤ [德]康德著《纯粹理性批判》，邓晓芒译，杨祖陶校，人民出版社 2004 年 2 月第 1 版，第 51 页。

6. **汉简《老子》63 章 179 简:"曲则全,枉则正。"**帛甲作金、定,帛乙作全、汪、正,最近**汉简本**。今王本 22 章作"枉则直",但范本作"枉则正"之"正"字下称:"'正'字,王弼同古本,一作'直'。[①]"可见古王本作"枉则正"。郭店简无此语。帛甲本"定"字即"正"字。《说文·宀部》:"定,安也。从宀从正。"徐锴、朱骏声都以"定"字"正"声。《说文·正部》"正"字的古文作"𤴓",从"二"从"止","二"即古文"上"字。《集韵·去径》以"定、𤴓"二字并出,云:"定,古作𤴓。"可知古"定"字"正"字为同一字,帛甲"枉则定"即"枉则正"。**汉简"枉则正"**为古本之旧。179、180 **简:"是以圣人执一,以为天下牧。"**帛本作"执一"、"以为"、"天下牧",汉简同帛本。郭店本无此。王本 22 章作"是以圣人抱一,为天下式",唐傅奕本作"圣人抱一以为天下式",无"是以",有"以为"。高明以古书多"执一",即"坚持道"、"坚守道"之意,今本多作"抱一"者,如王本 10 章"载营魄抱一"意为精神与肉体合在一起,"抱一"为"合一",于是知帛本"执一"为古本之旧[②],甚是。"以为"二字帛本、**汉简本**、傅奕本同。有"是以"、"以为"者当古本之旧[③]。帛本、**汉简本**都用"牧"字亦古本之旧。用韵当以"一""牧"为韵,不与上文"惑、得"为韵[④]。**汉简本"一"**字后当逗。**180 简:"不自见故明,不自视(是)故章(彰),不自发(伐)故有功,弗矜故长。"**同六十五章 185 **简"自见者不明,自视(是)者不章(彰),自发(伐)者無功,矜者不长"**之谓词否定性表达语序同,皆以"自见一

① [宋]范应元《老子道德经古本集注》,黄曙辉点校,华东师范大学出版社 2010 年 3 月第 1 版,第 40 页。

② 参见高明《帛书老子校注》,新编诸子集成本,中华书局 1996 年 5 月第 1 版,第 341 页。

③ 郭店《老子》虽无此句,但"是以"、"以为"之说不乏其例。例甲组 11 简"是以圣人亡为古(故)亡败"、14 简"是以圣人"、16、17 简"是以圣人居亡为之事"、18 简"是以弗去也"、31 简"是以圣人之言曰"、乙组 1 简"是以早,是以早备(服)"、10 简"不足以为道矣。是以建言又(有)之"、丙组 8 简"是以下(偏)将军"、12 简"是以□"、13 简"是以能辅万物"。郭店《老子》"是以"11 例,"以为"1 例。

④ 汉简《老子》63 章以"盈、新"为耕部、真部通韵,"惑、得"同为职部韵,可知下文当"一、牧"为韵,但不易识得音理。牧,上古明纽职部,一,上古影纽质部,唇音明纽与喉音影纽音是有内部接触的,可参见杨建忠《楚系出土文献语言文字考论》,浙江大学出版社 2014 年 11 月第 1 版,第 267、268 页。又证:医[影之/《广韵》於其切,影之开三平](转下页注)

自视(是)—自发(伐)”为序。由 185 **简“矜者不长”**一句为“**自发(伐)**”句补充,且“伐、矜”义同(自夸)可知,180 **简“弗矜”**句为上句“**不自发(伐)**”之重申、补充,语义上不独立。**汉简本**两简义序是合乎事理逻辑的。帛本 23 篇同 22 篇,皆以“自视(是)—自见—自伐”为序。帛乙第二序次“不自见也故明”除多一个“也”字外同汉简本第一序次“不自见故明”。郭店《老子》无此句段。帛本主词否定式(帛甲“不自视(是)故明(彰)”)三句在 23 篇,谓词否定式(帛甲“自视(是)不章”)三句在 22 篇,王本则主词否定式分别在第 22 章、谓词否定式在 24 章,高明指出,王本经文“显然是因错简而致”[①],并依据帛本改王本成谓词否定系于 22,主词否定系于 23,当可商。**汉简本**次序主词否定在前(第 63 章 180 简),谓词否定在后(第 65 章 185 简),与帛本前后相反,而同王本经文。今谓**汉简本**、王本序次为一传本系统,帛本序次为另一传本系统,可不以帛序次改王序次。又**汉简本** 180、185 **简**,王本 22、24 章均以“自见—自视(是)—自发(伐)”为序,甚合事理逻辑,而帛本有碍。**汉简本**合事理逻辑者为古本之旧欤? **汉简本** 180、181 **简:“夫唯無争,故天下莫能与之争**。”帛本作“不争”,无“天下”二字,王本等传世本作“不争”,有“天下”二字居多。郭店简甲组 5 简:“以其不静(争)也,古(故)天下莫能与之静(争)。”帛本、王本等作“不争”当古本之旧。《淮南子·原道》:“以其無争於万物也,故莫敢与之争。”高明引王念孙以证“莫敢”二字于义有碍,甚是;无“天下”二字者亦不一见,于是以帛本无“天下”二字为旧本,王

(接上页注)《楚辞·远游》:“夕始临乎於微闾。”《释文》:“一云微母闾。”王逸注引《尔雅》,洪兴祖补注引《周礼》均作“医无闾”。微:明微/《广韵》无非切,明微合三平。按:上古影纽字与上古明纽字有关,至中古可以转变为明纽字,影纽与明纽[m]相关。影纽与明纽相系可韵是楚方音特征。此外,入声韵职部与质部为不同韵类的入声韵通韵,虽然音理上甚勉强,但从构词看,职、质韵通。上古有“牧室”一名,为职部、质部韵通构成的近韵相叠的叠韵词,传为武王伐纣时的指挥室名。《国语·越语下》:“今其来也,刚强而力疾。”“刚强”同义语素阳部叠韵词,“力疾”,动作有力而疾速,力,职部,疾,质部,为近义语素近韵部职、质叠韵词。以职、质为韵近可通,正是楚方音特征。今本“天下式”,式,上古书纽职部。与“一”为韵亦可。

① 参见高明《帛书老子校注》,新编诸子集成本,中华书局 1996 年 5 月第 1 版,第 342 页。

本有“天下”二字为“赘改”,甚可商①。180 简**“無争”“天下莫能”**语义逻辑甚是②。

7. **汉简《老子》64 章 182 简:“希言自然。故剽(飘)风不终朝,趋(骤)雨不终日。”**帛本无“故”字,作“暴雨”,帛甲作“飘风”,帛乙作“从艹从剽”之字,亦“剽风”字。“希言自然”,没听说言及(常住不变的)自然本性③,故暴风骤雨不能长久。**汉简本“自然”**后当逗号,有“故”字为确。传世古本傅本、范本,王本皆有“故”字不妄。后人以有“故”字不通者,实源于对“自然”的理解,误以为自然现象。帛本无“故”字,当另有传本。“趋(骤)雨”河上本《老子》作“骤雨”,可知汉简本、河本均始于西汉初,郑良树曾多方求证古本当作“暴雨”④,不为无据,帛本作“暴雨”即可为古据。《庄子·齐物论》有“泠风则小和,飘风则大和”⑤,**汉简“剽(飘)风”**古当习见。郑引王叔岷用《事文类聚·前集》五引《庄子》云“骤雨不终日”,亦当古本《庄子》所存

---

① 参见高明《帛书老子校注》,新编诸子集成本,中华书局 1996 年 5 月第 1 版,第 342、343 页。

② 汉简本 180 简“無争”固然可为“不争”义,“不争”为个别、具体的“两两”之争,“無”作副词;但也可为“没有争斗”、“不存在争斗”,用“無”字更带普遍存在之义,犹“人而無仪”,“無”作否定性动词。今谓汉简本“無争”语义胜,与“天下”二字应。180、181 简“無争”两句犹言“天下大治天下太平,就能无敌于天下”,正合老子宏博精深思致的内在逻辑,也十分体现汉初黄老思想,而非“不争”句“某君不争,故天下没有人能与他争”。后者器局小,并不合老子本义,故《淮南子·原道》有“天下归之,姦邪畏之,以其無争於万物也,故莫敢与之争”之说,《文子·道源》有“圣人不以事滑天下……以其無争于万物也,故莫敢与之争”,两例皆“無争”,两例“故”字后无“天下”二字,而上文皆言“天下……”汉简本殆因全句主词皆为“天下”,谓“天下無争,故天下莫能与之争”也。汉简本“無争”不为无由。

③ “希言自然”句的解释,直接牵涉到有“故”字当否。“希”,王本 14 章“听之不闻名曰希”。“自然”并非由时间、空间构成的大自然,而是自然本性、本真状态、本体之性,道性之源。王本 25 章“道法自然”王弼注:“道不违自然,乃得其性。法自然者,在方而法方,在圆而法圆,於自然無所违也。自然者,無称之名,穷极之辞也。”可见老子的“自然”还是“無名”,是王本一章讲的“常道”“常名”。又老子“希言自然”句,既然不言天道自然之本真的抽象,那就只好讲一讲具体的自然现象暴风骤雨现象。又“希言自然”,可与《论语·述而》“子不语怪力乱神”平行作比,皆不喜欢抽象空洞,而好具体可感之事体事物。

④ 参见郑良树《老子新论》,上海古籍出版社 2011 年 11 月第 1 版,第 106 页。

⑤ 此外,《庄子》杂篇《盗跖》:“心如涌泉,意如飘风。”《天下》:“若飘风之还,若羽之旋。”见《二十二子》第 78 页中左,86 页上右。

用古本《老子》者，且从意义看，以“骤雨”对“飘风”义胜[1]。183、184简：“**故從事而道者同於道，得者同於德，失者同於失。故同於道者，道亦得之；同於失者，道亦失之。信不足，安（焉）有不信**。”这两个“**故**”，都是以“**希言自然**”之道本体为前件（也可说第三个“故”句以第二个“故”句为前件，无妨。）构成的连续因果假言推理。有三“故”甚是。且二“故”的谓词是三“故”的主词，将修辞上的顶针用到了假言逻辑，可知古本《老子》语言之精审、精美。帛本无一“故”，有二“故”，无三“故”，王本有一、二“故”，无三“故”（尚可），王本有一、二“故”与王弼注对“自然”一词的正确理解有关。这里含两“故”的五句话，不同文本的《老子》原文不同，解释多多，以至于高明列举多多，郑良树列表寻迹[2]。与汉简本比，帛本、王本第二句皆作“德者同於德”，依此，则第一个道、德（得）、失，即“者”字前的道、德、失，皆指具体实施中的可感、可知的实践性存在对象，第二个即“同於”后的“道、德、失”指本体存在超验理性对象。如不加区分，“道者同於道、德者同於德、失者同於失”成了毫无意义的同义反复。今谓：这七句话，从事而付之实践的道同於道本体（常道），从事而获得的德同於德性本体（恒德），实施中的失败者同於失去道、德本体；所以矢志于实现道，获得常道，实践道德的失败者失去了常道恒德。最后两句，或以为衍文。**汉简本**60**章**166**简已有“信不足，安（焉）有不信”**，但184**简**非衍文，例见下文对65**章**185**简**的考述。今谓：184**简“信不足”**两句当仍上文，意谓：实施道德的信守不足，哪有什么不可信的常道恒德？意即道德本体的先验存在完全可信。通行本作“信不足焉，有不信焉”，第一个“信”亦指实行道德过程中的信守，第二个“信”亦指坚信常道、恒德。**汉简本**作反问句，通行本作完全否定句。又：北大整理

---

① 郑引王叔岷说参《老子新论》第106页。《事文类聚》宋祝穆辑撰，有文渊阁四库全书本。该书前编卷五“雨”条下引《尔雅·释天》：“暴雨谓之涷。”郭注：“今江东人呼夏月暴雨为涷雨。”“雨”条又说：“疾雨曰骤雨，徐雨曰零雨。”继引《庄子》：“骤雨不终日。”经查，今本《庄子》已无“骤雨”句。《庄子》书唐陆德明《经典释文序录》说其“后人增足，渐失其真”。从意义上说，《老子》既以“飘风”（回风即回旋之风，旋风，甚至是龙卷风）对“雨”，以疾速之“骤雨”对之义胜。刮旋风当时几无见暴雨。

② 参见高明《帛书老子校注》，第346至348页。郑良树《老子新论》，第109、110页。

组以第二个"故"字后的"同於道者"当依帛乙作"同於德(得)者",以"道"字为"德"字之误,且以德、得为假借,非是。又附:**汉简本"得者同於德"**之**"得"**字绝非"德"的借字。帛本作"德者同於德",不同文本源流。

8. **汉简《老子》65 章 185 简:"炊(企)者不立,自见者不明,自视(是)者不章(彰),自发(伐)者無功,矜者不长。"**此五句皆谓词否定,**汉简本 60 章 63 章 180 简"不自见故明"**等四句主词否定句,语序、语义同此。绝非抄写者重复而衍,正古本《老子》口语实录,交谈记叙、文本尚粗之征,乃至为世传本所袭。帛本对应此文者有其 22 章"炊(企)者不立、自视、自见、自伐、自矜"为序的五个谓词否定句。帛本 23 章亦有"不自视"等四个主词否定句对应**汉简本 180 简**,可知帛本内容亦重复。以此例见,王本 24 章"自见者不明"等四句与 23 章"不自见故明"等四句也是重复的。北大整理组已指出"炊"同帛本、王本、傅本"企",同河本"跂",踮起脚跟,是也。用"炊"字似突兀,尤可注意。炊,上古歌部字,企、跂皆上古支部字,歌部、支部音近相通,正是楚方音特征。楚系彝器金文中已见,战国楚简习见,可见西周、战国皆以歌、支两部音近为楚方音特色①。从语音史看,帛本、**汉简本《老子》以"炊"**代"企"或"跂",所据旧本必在上古楚语音歌、支相通的春秋战国时代而不晚。又,**汉简本以"自见""不自见"**为首当有古本旧据②。王本等世传本或"企者""跂者"句后紧接"跨者不行",或以"喘者不久"代"企者"句,以**汉简本**、帛本绳之,恐系后人增窜。

① 参见杨建忠《楚系出土文献语言文字考论》,浙江大学出版社 2014 年 11 月第 1 版,第 274、276 页。书中列出的"以邓匜"即晚近出土的殷周时代彝器。

② 汉简本四个"自"的次序均以"自见"(外在行为的自我逞强好表现。见,现。)为首,而帛本以"自视(是)"(内在心性世界的自我肯定)为首。郭店简《老子》无此"自"句,但甲组 7、8 简:"不以取强。果而弗伐,果而弗乔(骄),果而弗矜,是胃(谓)果而不强。其事好。长古之善为士者,必非(微)溺玄达,深不可志(识)。"汉简本 71 章、帛本 30 章亦见。郭店简《老子》以不自我表现,不张扬,不显山露水(溺玄达)为最要。此可旁证以"自见"为首序为确。

9. **汉简《老子》66 章 187 简:“有物纶(混)成,先天地生,肃(寂)觉(寥),独立而不孩(改),偏(遍)行而不殆,可以为天地母。**”王本 25 章“混成”,帛本 25 章“昆成”,郭店《老子》甲组 21 简“蟲(蚰)成”,昆、蚰(读昆)、混上古皆文部字,可通。纶,今读 guān,《广韵·平山》“古顽切”,上古元部①,与文部音近旁转。《尔雅·释草》:“纶(guān)似纶(lún),组似组,东海有之。”纶(lún)、组(后字)皆官员繫用的青丝绶带,纶(guān)、组(前字)皆海藻类植物。纶(guān),纶(guān)布,又写作“昆布”,可供食用、药用。明李时珍《本草纲目·草八·昆布》引吴普《本草》“纶(guān)布,一作昆布。则《尔雅》所谓‘纶似纶,东海有之’者,即昆布也”。可知“纶(guān)、昆”二字可通用甚古老。整理组以“混”字括注“纶”字,不确,当以“昆”字括注之。今谓:以郭店“蟲(蚰,昆)成”、帛本“昆成”、**汉简本“纶(昆)成”**看,王本等作“混成”者于古无据,为后世窜改。**汉简本“肃(寂)觉(寥)”**二字,帛甲“繡(寂)呵缪(寥)呵”,帛乙“萧(寂)呵漻(寥)呵”;王本“寂兮寥兮”;郭店《老子》甲组 21 简作“敓纆(穆)”二字。今谓:五本十字间上古音音叶音转关系甚明[1]。如此看来,“寂寥、肃觉、繡缪、萧漻”皆为在本义或通假义上的同义语素构成的声韵相系的连绵词[2]。还要申论的是:这五个代表性组合中,王本、汉简本均以幽部和觉部接触相叶,帛本幽部同部为韵,幽觉韵在楚方音中较普遍②,帛本未与。唯郭店楚简“敓纆(穆)”以定纽、明纽叶,月部觉部韵,据杨建忠的研究前者定、明在秦汉楚方音中有接触的,后者则极为罕见,杨举出月物、月质的接触③。应该说,月觉在秦汉楚方音中是有接触的,“敓纆(穆)”本身即其证,故此例宝贵。又:《孟子·告子上》:“富岁子弟多赖,凶岁子弟多暴。”赖、暴以月部、药部为韵,觉[uk]、药[王力沃部 ôk]两韵旁转,几可合成一部。故赖、暴二字韵可

① 古顽切的“纶”字郭锡良先生仍注上古韵文部,亦是。但“顽”字下注上古元部。见《汉字古音手册》(修订本),商务印书馆 2010 年 8 月第 1 版,第 342、344 页。

② 参见杨建忠著《秦汉楚方音声韵研究》,中华书局 2011 年 12 月第 1 版,第 126、127、160 页。

③ 参见杨建忠著《秦汉楚方音声韵研究》,中华书局 2011 年 12 月第 1 版,第 92、164、164 页。

视作月、觉接触相叶之近。**汉简本“不犾(改)”**,帛甲残,帛乙作“不𤥭(改)”,郭店《老子》甲组21简作“不亥”,王本等作“不改”。可知**汉简本**、帛乙本、从“亥”为古本。犾、𤥭、改三字上古皆见纽之部,亥亦改。**汉简本“偏(遍)行”**句对应王本“周行而不殆”,帛乙无此句,帛甲“独立”后仅残三字,亦不可补出“周行”句。论者以帛本无对句,而知王本“独立不改,周行而不殆”为魏晋骈文时代增窜“周行”句成对文[①]。郑良树考《韩非子·解老》化用“周行”句,以先秦古本《老子》有“周行”句,[②],今以**汉简本“独立”“偏(遍)行”**两句十字对文观之,郑说可从。**汉简本“偏(遍)行”**、王本、傅本、范本等多种传世本“周行”句皆古本之旧。唯郑说“周行”句“降至西汉时,一本无此句,盖既帛书本所自出也”[③]可商,郭店《老子》即无此对文,以“蜀(独)立不改,可以为天下母”成文,帛本别有旧籍所据。**汉简本“天地母”**,帛本同。王本、傅本等多种传世本作“天下母”,范本作“天地母”。**“天地母”**为古本之旧,东汉后多作“天下母”,或为据上下文义“天、地、万事万物共称天下有其‘寂兮寥兮’之道”而臆改之,但郭店简作“天下母”,又巧合也。

10. **汉简《老子》66章187、188简:“吾不智(知)其名,其字曰道,吾强为之名曰大。大曰𧞕(逝),𧞕(逝)曰远,远曰反(返)。”**帛本除用“知”字,用“筮(逝)”、帛甲“筮(逝)曰”后有残以外,同**汉简本**。郭店《老子》甲组简次21、22除首句作“未智(知)其名”、其余用了七个古字、俗字以外,余同**汉简本**、帛本,特别是有第二个“吾”字句同,可见**汉简本**、帛本于此为古本之旧。古本范本、傅本作“吾不知其名,故强字之曰道,强为之名曰大”,虽逻辑上作因果句可通,且表果两句整齐可对,但终非古本之旧。**汉简本“𧞕”**,《集韵·去祭》:“滞、𧞕:尺制切。”当为定纽月部。逝、筮皆禅纽月部。定纽和禅纽古代也是

① 参见高明撰《帛书老子校注》,中华书局1996年5月第1版,第349页。
② 参见郑良树《老子新论》,上海古籍出版社2011年11月第1版,第114页。
③ 郑良树《老子新论》,上海古籍出版社2011年11月第1版,第114页。

有接触的[①],但较少见。又:**汉简本用“𢠾(逝)”**较帛本用“筮(逝)”为古老。郭店《老子》甲组简次22以“从氵从𠦝从欠从臼”之字澘对应“逝”字。李零因“从氵从欠”即从“次”(同涎水字,上古邪纽元部),将“四从”之字读作“羡”[②],邪纽元部,以对应“逝”字。以汉简本以“𢠾”通“逝”,帛本以“筮”通“逝”看,郭店简“四从”字也是通假字。赵彤以“四从”之字为“𧮰”字,“或可读为噬”[③],这实际上与帛本以“筮”通“逝”是一致的。“羡”元部与“逝”月部同类对转字,邪纽与禅纽音理上也是有接触的[④]。由以上可知,通假字及其音理是识别郭店“四从”之字的关键[⑤]。汉简本定纽/禅纽,郭店本邪纽/禅纽,元部/月部,郭店本书纽/禅纽,缉部/月部,五者皆为古旧,疑皆楚方音特征待证[⑥]。**汉简本188、189简:“天大,地大,道大,王亦大。或(域)中有四大,而王居一焉。”189简:“人灋地,地灋天,天灋道,道灋自然。”**帛本、传世本皆以“道大”为首。以**汉简本189简**所云,亦当以“道大”为首。**“灋”**,取法,以……为原则。今谓:汉简本两处顺序不同,因性质不同所致,前者是生成论顺序,后者是本体论顺序。前者

① 如某些双音节词语的构成,禅纽加定纽:成丁、成道、善地、成德(端纽)等,定纽加禅纽:奠酬、陶成、陶埴、陶埏(书纽)等。

② 李零著《郭店楚简校读记》,北京大学出版社2002年3月第1版,第10页。

③ 赵彤著《战国楚方言音系》,中国戏剧出版社2006年5月第1版,第141页。

④ 例禅纽加邪纽的古词语“熟习、时序、瑞象、垂涎、石燧”等即是证据。

⑤ 今谓:郭店简字疑即“濕(湿)”字,书纽缉部。书纽禅纽几可合为一纽,缉部与月部音转无疑,又缉部字与月部字可构成同源字即可证之。《书·盘庚中》:“各设中于乃心。”《汉熹平石经》设作翕。设:上古书纽月部;翕:上古晓纽缉部,设、翕同源。相较之,汉简本以定纽字对“逝”之禅纽较罕见。而郭店简以“湿”字缉部对“逝”之月部为对转字,“湿”之书纽(一名审纽)与“逝”之禅纽几为同一纽,声纽近同比韵部更重要。又《郭店简·语丛四》19简:“若齿之事舌,而终弗澘。”原括注为“愦”,今谓“湿”字通“失”。

⑥ 杨建忠已经讲到楚方言音系中定纽/禅纽,元部/月部的接触,参见杨建忠著《秦汉楚方音声韵研究》,中华书局2011年12月第1版,第93、153页。关于缉部/月部,如按王力《汉语史稿》的上古音分类来排列,月部与缉部可构成对转。参见郭锡良《汉字古音手册》(修订本),商务印书馆2010年8月第1版,《例言》5页。而书纽(审纽)/禅纽,同为舌面音,比邻而居,几可为一。关于“设”字用“翕”字,可参见[清]孙星衍撰《尚书今古文注疏》,中华书局1986年12月第1版,第237页。

顺序大体同《太一生水》[①]。郭店《老子》甲组简次22、23两段文字的顺序全同**汉简本**，可知**汉简本**“天、地、道、王”之序正为古本之旧。

以上选取汉简《老子》下经《道经》五十八章至六十六章，经与古帛书本《老子》及诸世传本《老子》的对比研究，引用郭店楚简《老子》等多种文献资料，并上古音理、逻辑法则应用，涵摄今人研究成果等，对汉简《老子》相关表述作出考校，指出其古本之旧、用楚地语、“道”的本体性和日常运用之道的区分，并提供河上本《老子》为西汉早期本旁证等。

文末注释表

[1] 附表:《老子》不同文本前后字与“寂寥”的声纽和韵部对照表

文本	前字	上古声韵	后字	上古声韵	以“寂寥”为准的韵部对比
王本	寂	从纽觉部	寥	来纽幽部	同
汉简本	肃	心纽幽部	觉	见纽觉部	前字后字皆幽觉对转
帛甲本	繡	心纽幽部	缪	明纽幽部	前字幽觉对转，后字同部
帛乙本	萧	心纽幽部	漻	来纽幽部	前字幽觉对转，后字声韵同
郭店本	敚	定纽月部	纏(穆)	明纽觉部	前字月觉通转，后字幽觉对转

[2] 附表:《老子》不同文本中“寂寥”五种自身音理结构简表

文本	词	声纽	音理	再举例	韵部	音理	再举例
王本	寂寥	从/来	邻纽	殂落	觉/幽	对转	告休、告救
汉简本	肃觉	心/见	邻纽	信谨、捃选	觉/觉	同部	戚戚
帛甲本	繡缪	心/明	邻纽	迅迈	幽/幽	同部	忧愁
帛乙本	萧漻	心/来	邻纽	信赖	幽/幽	同部	绸缪
郭店简本	敚纏(穆)	定/明	邻纽	道马	月/觉	通转	祭告、割缩

① 《大(太)一生水》见载《郭店楚墓竹简》，文物出版社1998年5月第1版，第124页。云:太一生水，(以下“反辅”而生成)水反辅太一成天，天反辅太一成地;(以下“復相辅”而生成)天(地)[復相辅]成神明，神明復相辅成阴阳，成四时，成冷热，成湿燥，成年岁而止。关于道，道是天、地之字，之名，以道从事者必托其名，故事成而身长(成圣);圣人从事者亦托其名，故功成而身不伤。从生成论，并发展到从事论的内在次序正是天，地;道，圣。

主要参考文献

北京大学出土文献研究所编《北京大学藏西汉竹书》贰（汉简《老子》），上海古籍出版社 2012 年第 1 版。

高明《帛书老子校注》，中华书局 1996 年第 1 版。

荆门市博物馆《郭店楚墓竹简·老子》，文物出版社 1998 年第 1 版。

楼宇烈校释《老子道德经注校释》，新编诸子集成本，中华书局 2008 年第 1 版。

杨建忠著《秦汉楚方音声韵研究》，中华书局 2011 年第 1 版。

浙江书局汇刻《二十二子·老子》，上海古籍出版社缩印 1986 年第 1 版。

郑良树《老子新论》，上海古籍出版社 2011 年第 1 版。

（本文原载北京语言文化大学《文献语言学》2019 年总第十辑）

《说文段注》在汉简《老子》上经考订中的解释作用例举

1. **汉简《老子》4 章 15 简："夫唯道，善貣且成。"**王本作"善贷且成"，貣、贷古同，**《说文》"贷"字下段注以"贷"字为俗体，"貣"字为古字正体**。帛乙本作"善始且善成"。貣、贷本字义均于文意有碍，帛乙本可取。高明引于省吾以"贷""始"声转，"成"为终义，释句意为"善始且善终"，甚确。今谓：貣，上古透纽职部字，始，书纽之部字，貣、始可成声纽舌音同类准双声，韵部同类对转字，而贷，晓纽歌部，与"始"字终有声纽牙音与舌音、韵部不同类之隔。故汉简本以"貣"通"始"于音理为确。**始，《说文》从女台声，段氏第一部。又段氏《古十七部谐声表》第一部收有"台声、弋声"，无"代声、贷声"，段注可证"貣"与"始"的谐声偏旁音近相关**。又河上公本作"贷"字亦与汉简本"貣"字形近相骈，但解作"借贷"义又与后起世传诸本同误，以此观之，则可能汉简本在前，河上本在后，不必更后于王本。河上本解作"借贷"为后人所窜改。

2. **汉简《老子》30 章 82、83 简："是以居上[而]民弗重，居前而民弗害也。是以天下乐推而弗厌也。"**此处的特点是两"是以"，以"居上——弗重""居前——弗害"为序。由上文第一个"是以"所括"高(上)民必谦下，居前必处后"看，汉简本序甚确。而帛甲本作"居前——弗害”、“居上——弗重”有悖上文序。帛乙本亦同汉简本序,甚是。帛甲、帛乙本无两“是以”,作“故居……天下……”句式。河上本“重、害”之序、有两“是以”,皆同汉简本,是河上本在前汉之证。“天下”句,帛甲“推”作“隼”字,帛乙作“谁”字,“厌”字帛甲、帛乙皆作猒字。**厌、猒二字,《说文段注·甘部》:“猒:饱也,足也。注:“饱足则人意倦矣,故引伸为猒倦,猒、厌古今字**。”可知帛本用字从俗、从古,汉简本多用正字,用后起今字。事实上,作为厌倦、嫌弃意义上的今字“厌”,起始并不晚,《诗·小雅·小旻》:“我龟既厌,不我告犹。”古文字形见于《说文·厂部》小篆字。“猒”书面用例最早有《国语·周语中》:“岂敢猒纵其耳目心腹以乱百度。”古文字最早见于毛公鼎大篆文字,次见于《说文》小篆和《说文》或体字(近籀篆形)。文献用例与古文字形互有参差。汉简《老子》用字求正从今适范,是西汉早期即已开始的文化统一、规范观念的反映。

3. **汉简《老子》32 章 89 简:“善为士者不武,善战者不怒,善胜适(敌)者弗与,善用人者为之下**。”以“不武”、“不怒”、“弗与”为构,帛甲、帛乙本同,王本及诸传世本同以“不武”、“不怒”、“不与”为构。先秦“弗”“不”之别,“弗”字后多及物动词或介词后不带宾语,“不”字后多自动词①。此处汉简本与帛本用法合先秦语法,为存古本之证。汉简本“适”字,河上本作“战”字,帛本、王本皆作“敌”字。以“适”字通“敌”字,银雀山汉墓竹简《孙子兵法·实虚》有“能使适至者,利之也”句,《国语·晋语四》有“非适而君设之”句,韦昭注:“非礼敌而设之如人君也。”适,匹敌。适,上古书纽锡部,敌,上古定纽锡部。**《说文》“敌,仇也。从攴从啻”段注**:“古多假借适字为敌。敌,十六部。”段氏并举数例说之。段《古十七部谐声表》第十六部收啻声、适声,甚是。又 90 **简:“是谓肥(配)天**。”以“肥”通“配”,先秦罕见,当汉代用字,《易·丰·初九》:“遇其配主。”汉帛书本作“肥”。②

① 参见黄景欣《秦汉以前古汉语中的否定词“弗”“不”研究》,载《黄景欣语言研究论文集》,江苏教育出版社 1995 年 11 月版。

② 参见高亨《古字通假会典》,齐鲁书社 1989 年 7 月第 1 版,第 605 页。

可见汉简《老子》“肥”通“配”是西汉早期用例。肥,上古並纽微部,配,上古滂纽微部。**配声、肥声同在段玉裁《古十七部谐声表》第十五部**。说又《说文解字·酉部》“配,酒色也”段注:“**本义如是,后人借为妃字,而本义废矣。妃者,匹也。己,非声也,本当是妃省声,故假为妃**。”可知“匹配”的本字是“妃”字,“匹配”字作“肥”字,实以“肥”字代“妃”字,肥、妃上古同为微部字,且肥为並纽,妃为滂纽,都是平声字。[①]按段注,汉简第90简当作“**是谓肥(妃)天**”。

4. **汉简《老子》33章91简:“用兵有言曰:吾不敢为主而为客,不敢进寸而退尺”**郭店《老子》无。帛甲本仅异于“吾不进寸而芮尺”之“吾”“芮”两处,帛乙本仅“又言曰”之“又(有)”一处,其余全同。**汉简本**、帛乙本尤近。汉简本后两句“主格‘吾’+否定副词‘不’+副词‘敢’+动词‘为’+宾语‘主’”、“否定副词‘不’+副词‘敢’+动词‘进’+宾语‘寸’”,帛乙本亦此构成。帛甲本前句结构同,后句为“主格‘吾’+否定副词‘不’+动词‘进’+宾语‘寸’”。汉简本、帛乙本两句为承接复句,帛甲本为并列复句,帛注以帛甲本“第二个‘不’字下夺一‘敢’字,抄写之误”而补“敢”字。汉简本、帛乙本、王本皆有“敢”字,补之甚确。有“敢”字者为旧本。又汉简本、帛乙本用正字“退”,帛甲本用借字“芮”,先秦“芮”借作“退”罕见。帛书甲本《老子》第九章、第六十九章皆以“芮”字代替“退”字。退,上古透纽物部;芮,上古日纽缉部。音理上有隔,改用本字是进步,亦可知汉简本、帛乙本相系相近而后于帛甲本。《说文》无“退”字,有“復”字,《说文》:“却也,或从内。古文从辵(辶)。”**段注:“他内切,十五部。”《古十七部谐声表》第十五部有復声,有内声**。帛甲用“芮”,汉简本用“退”。帛甲以芮代退,合乎上古音理。如以復、芮、退为序,则汉简本在后甚早可知。

5. **汉简《老子》33章91、92简:“是谓行無行,攘無臂,执無兵,乃**

① 唐作藩《上古音手册》(增订本),中华书局2013年7月第1版,第42页。

适(敌)”,帛甲本作襄、无、敌,帛乙本作无、敌,馀同汉简本,帛乙本、汉简本为古本之旧。最后两句,“执”句在前,“乃”句在后,帛甲、乙皆然,古本旧序。严本、傅本等传世本序作“执無兵,扔無敌”亦古本之旧不误。严本承汉简本。王本倒作“扔無敌,执無兵”,非古本之旧,误。河上本序同王本,作“仍無敌,执無兵”,句序与“仍”字均无据,从严本到王本多作“扔”字,唯两“無”字一循汉简本,甚可贵。汉简本、帛甲、乙本均作“乃”字,传本多有作“扔”“仍”者有误。**汉简本92简作“無适”**,帛甲、乙本两作“无敌”。这几句话的意思是谦退不战,无与为敌。**《说文段注·手部》“攘,推也”注:“古推让字如此作。凡退让用此字,引申之使人退让亦用此字。”段注以“攘”为“讓”的古字,正合《老子》此处文意**。又帛甲作襄,而汉简作攘,**《说文段注》“襄”字下云:“凡攘地、攘夷狄皆襄之假借字也**。”“攘”在退让意义上并不与“襄”字有假借关系。可见帛甲本作“襄无臂”与文意不类,帛甲本用字有误。帛乙、汉简用“攘”字为确。在92**简下文“祸莫大于無适,無适则几亡吾葆(宝)矣”**,帛甲本两作“无适”,帛乙本两作“无敌”。92简3次以“适”字作“敌”字用,帛甲本有2次,帛乙本3次均作“敌”字。“适”作“仇敌”字用有银雀山汉墓竹简《孙子兵法》有“能使适至”,作“匹敌”字用有《国语·晋语四》“非适而君设之”。《说文》“敌”字下段注:“古多假借适为敌。”并举出《史记》、《荀子》、《文子》等书用例,汉简本、帛甲本借“适”作“敌”,皆从古,且用借字从古是主要的。**《说文段注》“葆,草盛貌”注:“《史记》以为宝字。”**可知以“葆”为“宝”,为西汉早期用字习惯。帛甲本作“葆”,帛乙本作“琛”,有含“宝”中之玉字。综合“适/敌、攘/讓/襄、葆/琛/宝”可知,有可能以帛甲本、汉简本、帛乙本为序,或至少可知,汉简本《老子》当在西汉早期,不会过晚于帛甲本。

6. **汉简《老子》38章101、102简:“民恒不畏死,奈何其以杀懼(惧)之也?若使民恒不畏死,而为畸(奇)者吾得而杀之,夫孰敢矣。”**帛乙本近之,作“若民恒且畏不畏死”“使民恒且畏死,而为……”高明校注已定第一个“畏”字衍,是也。帛乙本的逻辑是:民不畏死——无法以杀人惧之——民常畏死——以身试法者处死他们——谁还敢以身试法。事理成立。汉简本的逻辑是:民不畏死——无法以杀人惧之——民常不畏死——以身试法者处死他们——谁还敢以身试法。逻辑上不成立,可知第二个"不"字衍。比照帛乙本删首"畏"字后与汉简本删次"不"字后近同,可知汉简本与帛乙本反映古本面貌。但从帛甲本残"若民恒且不畏死"七字,帛乙本衍一"畏"字,少一"吾"字,而汉简本仅衍一"不"字看,汉简本更近原本。又帛乙本句首句"若民恒",后有"使民恒",形成"假设前提——反问结果——陈述前提——转折性选择结果",一般当假设直接选择,此处语言逻辑上前后相逆,故帛乙本逻辑上颇不顺。汉简本首句"民恒",后有"若使民恒",形成"陈述前提——反问结果——假设前提——转折性选择结果",语言逻辑上前后相承。故帛甲本前残后有"若"字,王本、诸传世本多同汉简本首句无"若",后句作"若使民"。帛注本主张摄取帛乙本上句,而使王本等传世本前后都有"若"字,"尚可构成前后一致之疑问句型",实可不必,汉简本、王本诸传世本前无"若",后有"若"是古本之旧。又从帛本都有"恒"字,汉简本亦有二"恒"字看,皆不避文帝讳,三文本时代当相距不远。**汉简"以杀懼之"**语,帛甲作"愳(惧)",帛乙作"矐(惧)",《说文》无"懼"字,有"愯"字,"愯,惧也。从心,双省声"段注:"与竦音义略近。息拱切,九部。俗本讹作矆。"最后一字是帛乙本用字的俗字繁体,帛乙本用俗字简体。《集韵入药》:"懼、愯,惊也。"《集韵》几以此二字为同一字,且无有以懼字为惧字者。竦,《尔雅·释诂下》:"竦,惧也。"汉简本"懼"字当为《说文段注》中的"愯"字,如是,**则汉简《老子》为"奈何其以杀懼(竦)之也"**。即可改释汉简《老子》懼为竦。**又** 102、103 **简:"恒有司杀者。"**并反复重申不要代有司行刑,代有司行刑是"**代大匠斲也**",结果"**希不伤其手矣**",总是要砍到自己的手指上。综 101 至 103 简,知老子从"民不畏死、民畏死乍办、有司(司事机构,执法部门)执法"等方面,辩证论法治,论政事与执法部门要严格分开,正是《老子》法制思想的闪光部分。

以上用《说文段注》就貣字、厌字、猒字、适字、配字、肥字、妃字、復字、芮字、攘字、襄字、葆字、愯字等的音义，帮助考订汉简《老子》中的有关音义，对河上公原本年代、帛本与汉简本的序次、帛乙本与汉简本的相近关系、帛甲本用字铸错、北大整理组文字注释的修改，等等，作初步蠡测。

主要参考文献

北京大学出土文献研究所编《北京大学藏西汉竹书》(贰)，上海古籍出版社2012年12月第1版。

[清]段玉裁《说文解字注》，上海古籍出版社1981年影印版。

高明《帛书老子校注》，新编诸子集成本，中华书局1996年5月第1版。

郭锡良《汉字古音手册》(增订本)，商务印书馆2010年8月第1版。

洪诚《洪诚文集》，江苏古籍出版社2000年9月第1版。

俞嘉锡《目录学发微》《古书通例》(合订本)，中华书局2007年10月第1版。

中华基本古籍库《老子》文本。

朱谦之《老子校释》，新编诸子集成本，中华书局1984年11月第1版。

(原载《宏德学刊》第五辑，江苏人民出版社2016年11月第1版)

关于陆志韦先生的古音学思想

陆志韦(1894—1970),著名语言学家和心理学家。曾获芝加哥大学哲学博士,1920年回国后,曾在南京高等师范、东南大学心理学系任教授兼系主任。约在30年代中期转向汉语言文字学,以其严密的逻辑推证和实证科学精神,在音韵学、词汇学、语法学等各个领域内都取得了重要成果。①

一　关于上古音研究法

陆志韦1943年着《古音说略》,如以今本②卷首《切韵的音值》一文为全书绪论,则该书的另一名称则是《〈说文〉》音跟〈诗〉音》。历来研究古韵分部大都从《诗经》用韵入手,清儒段玉裁着《六书音韵表》,有《古十七部谐声表》,段云:"视其偏旁以何字为声,而知其音在某部,易简而天下之理得也。"高本汉一再声称在"清代的大师"顾炎武、段玉裁、王念孙等人的基础上前行。高氏晚年分上古韵二十六部③,

① 参见赵宪章主编《南京大学百年学术精品・中国语言文学卷》南京大学出版社2002年5月出版,第261页。并参《陆志韦集》,中国社会科学出版社2003年版,第475页。

② 参见《陆志韦语言学著作集》(一),中华书局1985年版。

③ 参见高本汉《汉文典》(修订本)(原版修订1957),潘悟云等译,上海辞书出版社1997年版,第552至573页。

是同时考察先秦文献用韵和汉字谐声偏旁的结果①。应当说,陆先生的古韵学说是在清儒和同时代学者研究成果的基础上,在吸收和批评高本汉的基础前行的。总的说,陆志韦先生的古音学用《说文》谐声与《广韵》51声类相遇的数量和几遇率,求证上古声纽、韵部、主元音、收声、复声母等,解读了上古音研究中的若干重大问题,形成了特色,取得了显著的成果。

陆先生研究古韵分部的办法,可概括为:在学理分析方面,以综观《诗经》用韵和《说文》谐声为材料,以高本汉为代表的现代语音学说为指导;在历史考虑方面,强调以汉语语音史的考察,含方音材料、域内外对音材料等的参入,形成综合历史观用以求解历史音韵本体。

陆氏宗师清儒而又改进清儒。陆说,古韵分部对读经的价值,"到了段玉裁才有清楚的回答",段氏"假借必取诸同部"的说法也是对的,甚至是严格的,但唯其严格,应用起来却又有许多困难。② 例如,"以"字可以借作"与"字,这样的用例很多,陆举了四个证据:《诗·召南·江有汜》一章"子之归,不我以"/二章"子之归,不我与",正说明"以"借作"与"字用。《仪礼·乡射礼》"各以其耦进"、《书·金縢》"天大雷雨以风"、《礼记·檀弓下》"吾未尝以就公室",这三句中的"以"字均可作"与"字解,假借。《说文》"六书"之假借:"本无其字,以声托事。令长是也。"定义甚是,但举例则是字义的引申。从"使令"到"县令",从"尊长"到"官长",都是引申。清代人一般也都把字义引申和借字表音这两种情况看作假借,段则是严格的。段在第一表内的"古假借必同部说"举出的例证是,《诗·郑风·缁衣》:"适子之馆兮,还,予授子之粲兮。"毛传:"适,之。馆,舍。粲,餐也。"段以前二者为转注,后者为假借。《诗·豳风·七月》六章:"八月断壶,九月叔苴。"毛传:"壶,瓠也。叔,拾也。"段以前者为假借,后者为转注。并说:"粲、壶自有本义,假借必取诸同部。故如真、文(段

① 参见高本汉《中上古汉语音韵纲要》(原版1953),聂鸿音译,齐鲁书社1987年版,第107页。

② 《陆志韦语言学著作集》(一),中华书局1985年版,第62页。

氏第十二部、十三部)之与蒸、侵(段氏第六部、第七部),寒删(段氏第十四部)之与覃谈(段氏第八部),支佳(段氏第十六部)之与之咍(段氏第一部),断无有彼此互相假借者。"段氏"假借必同部"的结论是对的,但还只是由个别例字(如粲/餐、壶/瓠)推出一般结论"假借必同部",逻辑上并不严密。陆先生举的那四个例证,"以"字的本义,据《说文·巳部》"以,用也。从反巳"。巳,蛇字的象形,有藏匿之义,"从反巳"则不藏匿 而有"用"义。"与"的基本义据《说文·舁部》是党与,结盟,这里的"与"作动词用,读去声,"不我与"即"不与我"。"以"与"与"之间难以有什么引申关系,陆的举证是正确的。但段氏"以声"在第一部(之部),"与"声在第五部(鱼部)。这里陆氏的证伪也只是以个别(四例)证一般(假借不一定同部),同样缺乏逻辑的周延性。这种情况,实际上在"以语音个别经验事实求一般语音法则"的古音学研究中很普遍,为克服这种情况,陆创设了"声韵接触分布图表求音通几遇率"法,并有计算公式,以尽可能地弥补周延性不足,寻求逼近真值的途径[①]。就"以"字(上古馀纽之韵/中古馀纽止韵,《广韵》羊已切)"与"字(馀鱼/馀语,余吕切)而言,馀纽即喻$_{四}$,反切上字"余"亦馀纽字,就声纽而言,陆氏图表中的以纽(喻$_{四}$)与以纽相遇达 247 次[②],之部(之咍)和鱼部(鱼虞模)的相遇数均为零次[③]。由图表可知,之部和鱼部的几遇率只能是零,这就有周遍性,不

① 陆先生 40 年代初(1940、1943)提出并广泛使用了的这一方法,参见《陆志韦语言学著作集》第一册 228 页,计算公式在 231 页。又第 101、102、108、113、121、131、132、133、137、140、146、152 页等,都用这一方法求音通相遇。到了 20 世纪 80 年代末,朱晓农博士提出了"离合指数统计法",参见朱晓农《北宋中原韵辙考》,语文出版社 1989 年版。2004 年,杨建忠系统运用朱晓农的办法,分析秦汉楚方言韵部。杨将离合指数区分为"部离合指数"和"辙离合指数",确认了相关计算公式,并把两种离合指数相结合,以检验韵部的分布。参见南京大学博士论文《秦汉楚方言韵部研究》,杨建中撰,第 17、18 页。陆先生四十年代初的方法与朱晓农、杨建忠的方法是一致的,后者更精细、周密,计算的结果更能表明逻辑周延性的增加。陆先生的图表几遇率法同样没有过时,张亚蓉就曾广泛运用求几遇率之法,计算公式也与陆先生相同,见张著《〈说文解字〉的谐声关系与上古音》,三秦出版社 2011 年版。

② 参见《广韵五十一声母在说文谐声通转的次数》,《陆志韦语言学著作集》第一册 228 页。

③ 《陆志韦语言学著作集》第一册,第 131 页。

仅仅那四例。这就是说,段氏第一部与第五部各自独立不相遇合,“以”“与”是假借字,段氏说“假借必同部”需要有修正值。

将《说文》谐声关系看作求上古音,特别是求上古声类的法宝。清儒从上古韵文的韵脚寻求上古韵部,难以在上古声纽研究方面有大的贡献,除了钱大昕“古无轻唇音”和戴震《转语二十章》(今存《序》)以外,几乎没有什么进展。段玉裁重视《说文》谐声关系,但他的目的是经谐声研究上古韵部。晚近学者如王力、周祖谟诸先生,无不重视《说文》,但学术指向往往不在经谐声关系研究上古声类①。陆先生受历史比较语言学理论的影响,尤其是受高本汉的影响,格外重视《说文》与《诗》韵,《说文》与《切韵》系的比较,在古音构拟的学术层次上提升《说文》谐声关系的地位,在上古声纽和韵部两个方面运用《说文》谐声。例如:

陆氏在《说文》和《广韵》中间寻求“声类转变的大势”,主要目的是想找到上古声类。陆氏认为,前人凭经籍异文研究上古声类,“古音永远是一篇糊涂账”②。陆氏找到了一条研究上古声类的新途径,它为什么是可能的呢? 陆说:“《广韵》一字又切、又音的应用和形声字完全相同。一字两读或三四读,和《说文》某‘声’字在《切韵》时期变为两个以上的声类,在音韵史上的意义是一样的。”即使《切韵》《广韵》有某字但《说文》无此字,也没有关系,该字的来历必在六朝以前,甚至晋代以后的俗字,也“未必不保存古音”③。这些,说的是使用材料的音韵史依据,但究否可用,“最后我们可以把这两种资料的统计结果互相校对,看他们是否不谋而合”,这就是计相遇数、求几遇率的方法。概言之,陆先生以《广韵》又切、又音为参照,利用《说

① 例如,王力着《汉语语音史》举证先秦 33 声纽,主要是在学界相关研究成果的基础上,据发音部位、发音方法,由《切韵》上推古音形成的,并没有据《说文》谐声寻求上古声纽或汉代声纽。王先生强调的“声符和它所谐的字不一定完全同部”这一情况,若要利用谐声字来研究声纽,在陆先生看来,就得要设法找出“同部”和“不同部”的统计概率。王说参见《汉语语音史》,中国社会科学出版社 1985 年版。周祖谟《问学集》下册收有《说文》和《说文》学论文 5 篇,主要目的在论版本源流,未及上古声类。参见该书中华书局 1966 年版。

② 参见《陆志韦语言学著作集》(二)中华书局 1999 年版,第 190 页。

③ 参见《陆志韦语言学著作集》(二)中华书局 1999 年版,第 192 页。

文》谐声与又切又音的耦合相遇,并以统计概率为保证,求出隐含于《说文》中的上古声类①。为此,陆氏先列出了表一②,这是使《说文》与《广韵》相遇的表,横列《说文》声列(谐声偏旁相同之字的组列,声列中已包含声首,即声列首字,带头字,有的就是偏旁),纵列《广韵》反切上字51字,即51声类字。横列声列分甲、乙、丙、丁、戊,甲表示声列字只属一个声类,乙表示其他声列字也有某声类者,丁是甲、乙的总和。丙行表示声列中的声首字不属于某声类者,戊是乙、丙的总和。总之,横列是《说文》声列(含声首)的甲、乙、丙的性状,它无疑已是透过字形、字音所设计出的一种分析、评价系统,纵列51声类,纵横交错的坐标系统形成对《说文》声系的综合评估,直接为找出上古声类服务。

总表表一而外,又列衍生表甲、乙、丙……庚各分上下的14张表,详细分析《说文》声列的中的喉牙音、唇音、腭音、舌音、齿音、来母、日母泥母娘母7类声纽。各类声纽列两表,以见它们 在《广韵》相同韵目中的相遇的情况。一般读者不易读懂陆先生的这类列表,原因就在于陆对《说文》材料的运用都是用音韵学史的眼光改造过的,《说文》被声类化了,并进而在与《广韵》的比较中数字化了。段玉裁以音理莅《说文》谐声,求上古韵部,陆先生以音理莅《说文》谐声,经与《广韵》声纽比较求上古声类。以"甲格上下"表③为例说明之:陆的叙述法是"以音理说表"(设为A)和"询表知音理"(设为B)两结合,"甲格上下——喉牙音"中的"破裂音"(舌根音小舌音):A"古苦胡"谐声通转,而"苦胡的关系不很大"。按:上古三声母k-、k‘-、ɣ-通转。B查表古苦相遇数34次,几遇率33.3%。苦胡相遇数

① 《说文》在语音史上的价值可视作上古音,王力先生对此曾予以明确,王先生在《汉语史稿》中说:"公元三世纪以前(五胡乱华以前)为上上古期。"见该书,2004年3月第2版第43页。更重要的是,《说文》谐声隐含的信息是造字时代的信息(后起字例外),谐声系统与上古音有密不可分的联系。

② 参见《陆志韦语言学著作集》(二)中华书局1999年版,第195页。

③ 参见《陆志韦语言学著作集》(二)中华书局1999年版,第202、204、205页。这里的甲格、乙格、丙格等中的甲、乙、丙表示新的声系类别喉牙音、唇音等7大类的序次,"格"是7大类之板块的意思,与表一中的甲行、乙行、丙行并无关系。

6,几遇率20.0。这说明,除了k-、k‘-以外,ɣ -也是上古独立的声母,这正是王力上古33组匣组能予成立的论证过程。又如A“居去渠通转,而渠转去为数最小”。按:上古三声母k-、k‘-、g-通转。B查表渠去相遇数5次,几遇率15.6。这除了再次证k-、k‘-为上古声组外,g-也是独立的声组,这可以成为王力上古32组群组能成立的证据。又如A“破裂音与鼻音:渠通鱼而居去不通鱼。鱼不转居渠。其他都有点小通转”。按:是说上古声母g-与ŋ-通转,而k-、k‘-不与ŋ-通转。但ŋ-不转k-、g-。其余各声组都可能与鱼纽(疑纽)相遇,多多少少存在通转关系。B查表渠鱼相遇数2次,几遇率6.3。这除了再次证g-、k-、k‘-为上古声组外,ŋ-也是独立的声组,这可以成为王力上古32组疑组能成立的证据。“其他都有点小通转”一语,由表上均可看出。这一情况,正可具体说明上古疑纽字的复杂性①。

由以上可知,陆表15张(含表一)的最大用途就是看出《说文》谐声所隐含的声类之间的音通音转关系。陆列出15张表的“应用举例”:校高本汉谐声条例、送气音和不送气音互转、古浊音不送气问题、古音中的介音问题、看出复声母。但最大的期待还是《说文》反映的上古声组有哪些?陆先生既然已证知《广韵》51声类,从表上看《说文》也是在51声类中与《广韵》对照的,上古声类只能在51声类中的相遇数和几遇率中寻找[1]。由此寻找作业可知,陆先生经《说文》谐声得到35组,整一之则有:喉牙音“见溪群疑晓匣影”,舌头音“端透定泥来”,舌面音“章昌船书禅日馀”,舌上音“知彻澄”,正齿音“庄初崇山”,齿头音“精清从心邪”,唇音“帮滂並明”。其中舌上音“知彻澄”,陆先生说:“上古没有腭破裂音相当于《切韵》的知彻澄的。”②这样,去掉“知彻澄”三组得上古声组32组,与王力先生《汉语史稿》32组相同。如此看来,陆氏证《广韵》51声类而非高本汉主张的47声类的目的,归根到底还是为了经《说文》谐声与之通转求得35声组,进而得上古声组32组。

① 参见李开《汉语古音学研究》,上海人民出版社2008年版,第224至228页。
② 《陆志韦语言学著作集》(一)中华书局1985年版,第256。

值得一提的是，陆先生用《说文》谐声与《广韵》51 声类的比照而知有关相遇数、几遇率，在谐声层次看到了具体的音通音转情况，将音理的研究大大地深入推进了。就拿钱大昕的两大发现来说，陆先生说："譬如钱氏'古无轻唇'，'舌头舌上不类隔'，就是武断。'古时'实在没有轻唇，端知实在同声，然而不能单用经籍异文来证明，不管所举的例子有多少。"[①]陆的意思是说，钱虽然说得对，但只知道举经籍异文的个例说明之，缺乏周遍性，故说服力不强。

在语音史的研究中，王力先生认为钱大昕说的"古无舌上音"，只有舌头音，是"绝对可信的"[②]。为此，王先生把端组、知组都拟音为[t]。董同和《汉语音韵学》中的见解大体相同，上古一等、四等的[t]组(端组、知组都在内)，到中古也是[t]，只有二、三等的[t]组到中古变成了[ȶ]，可见 端组、知组在上古的声母同，知组并入端组。方孝岳就有所不同，他的《汉语语音史概要》虽然把知组字在上古看作和端组字一样的舌尖爆破音，知组不过是端组的变体，但是拟成不同的音，端组 t、th、dh，知组则为 ṭ、ṭh、ḍh，或受方音的影响，在某些方言中构拟成腭化了的音 tj、t'j、d'j。[③] 按照方孝岳端、知不同的音值构拟，知组几乎具备了上古自成一个声母系统的可能。从《说文》声组的相遇情况看，据张亚蓉的研究[④]，《说文》谐声中知组和端组相遇数达到 115 次，几遇率为 48.4%，可见上古知组并入端组是合理的。可是知组与知组的相遇数竟然达到 236 次，几遇率也达到了 20.4%[⑤]。陆先生上古端组甲乙丙三种情况下的相遇总数为 295 次

---

① 陆志韦《陆志韦集》，中国社会科学出版社 2003 年版，第 87 页。

② 王力《汉语史稿》，中华书局 2004 年第 2 版，第 87 页。

③ 方孝岳《汉语语音史概要》，香港商务印书馆 1979 年版，第 60 页。有关王力、董同龢、方孝岳端组、知组字在上古情况的比较，张亚蓉已做过比较研究，参见张著《〈说文解字〉的谐声关系与上古音》，三秦出版社 2011 年版，第 139、140 页。本文有关王、董、方三家的说法，参见了张的概括。

④ 文中引用的张著中的相遇数和几遇率，见《〈说文解字〉的谐声关系与上古音》，三秦出版社 2011 年版，第 134 页。和陆先生的统计法相比，张的特点是：用电脑统计，更先进，也更准确；十分重要的是，张直接以《广韵》35 声组与《说文》谐声偏旁对照，一般不以《广韵》51 声类对照。

⑤ 参见张亚蓉《〈说文解字〉的谐声关系与上古音》，三秦出版社 2011 年版，第 134 页。

(74+96+125),知组相遇总数是216次(59+63+94),说的也是这个情形。可见知组相对于端组在上古就有自己的特色,甚至可以说,知组在《说文》表明的上古造字时代,与端组同时存在,它并没有“过逝”。要是和同为舌上音的章组相比,知组和章组相遇为116次,几遇率为31.5%,也并不比知组与知组单独相遇更加优越多少,而章组和端组的相遇数为244次,几遇率为74.5%,远高于知组与端组的相遇,但并没有将章组并入端组[①]。这也说明从《说文》谐声看,知组相对于端组有自己的特色和存在价值,应该说,这与“古无舌上音”是一个问题的两个方面,一方面钱说是正确的,另一方面这不妨碍上古仍有较多的知组个例;我们不要因后者去推翻前者,也不要因前者而否定后者。

二　语音史上的重要建树

陆先生提出了中古《切韵》内(方言除外)和上古全浊声母不送气说。陆的证据依然是谐声跟《广韵》的相遇(陆称之为通转)次数。陆的条例是“居(见纽k不送气)渠(群纽g不送气)互相通转”,相遇次数182(122+60),相遇率(倍数)8.6;“居去(溪纽k‘送气)互相通转”,相遇次数57(48+9),相遇率(倍数)5.3;“去渠互相通转”,相遇次数24(8+16)相遇率(倍数)3.4。可知清音不送气见纽与浊音不送气群纽间的相遇数,相遇率最高。其余“之(章组ȶ)时(禅组ȡʑ)互转”,“陟(端组t)直(定组d)互转”等的情况也一样。当然,也有一些特殊情况,如芳类字与符类字之间的相遇,还有某些方言字特例,但总的说中古浊声母不送气,而“上古的浊音应当跟《切韵》的浊音同样的作不送气”[②]。今天,古浊声母不送气已成为共识,而当年高本汉将全浊声母群母拟作g‘-。王力《汉语史稿》中上古浊声母拟音都是送气的,至八十年代后一律改为不送气。[③] 陆氏四十年代提出的中上

① 参见张亚蓉《〈说文解字〉的谐声关系与上古音》,三秦出版社2011年版,第134页。

② 参见《陆志韦语言学著作集》(一)中华书局1985年版,第14页,第247至251页。

③ 参见王力《汉语史稿》(重排本),中华书局2004年3月第2版,第61、62页,第79至82页。又见郭锡良《汉字古音手册》(增订本),商务印书馆2010年8月第1版,例言第4页。郭先生对全浊声母从送气改为不送气作了说明。

古浊声母不送气,学术史意义重大。

《切韵》没有喻化声母。荷兰汉学家商克(Schannk,S. H.)曾提出:宋人三等字在隋唐以前作腭化(palatalization,舌尖卷起抵住硬腭,或舌位抬起靠向软腭),腭化时辅音会作 j 势或 i 势,高本汉沿袭商克的说法,并始用喻化之名。从发音过程看,喻化是辅音腭化时发生的,喻化就是 j 势腭化(i 势的就叫腭化)。总的说,陆承认有腭化(一般语音中都会有的),不承认有高氏说的"隋唐音有喻化,至宋代才失去,官话遂无喻化"。关于腭化,还要具体分析,陆氏说,马伯乐曾以 k 等喉牙音证说隋唐音辅音三四等关系会腭化,"殊属不当"。陆证:唐代神珙以"何"(中古匣纽开口一等)、"我"(中古疑纽开口一等)、"刚"(中古见纽开口一等)等字 为"东方喉声",以"更"(中古见纽开口二等)、"硬"(中古疑纽开口一等)、"牙"(中古疑纽开口二等)等字为"中央牙音"。神珙以喉牙与"中央牙音"对照,正是说喉音腭化成"中央牙音"(腭音),都是一等、二等字,未及辅音三、四等。这是以唐人说腭化证唐代音的腭化并非如马伯乐三、四等腭化说,特别有说服力。高本汉提出的喻化,应是专指 j 势腭化,且应是"声母+j+介音 i",但这不能成立。陆的理由是:高本汉"辅音性短 i 之前的声母必喻化",但高氏有 tsi̯ĕn、si̯en 之类的构拟,已自相矛盾。陆氏认为,问题还不在于有精清从心邪诸齿头音的三等字,要不要喻化成高本汉的 tsj-、ts‘j-、dzj-、sj-(今知,不需要的,如"精晶"二字中古精纽清韵三等字王力音系拟成 tsĭɛŋ)而在于"隋唐音整体有无喻化之痕迹也"①。陆氏指出:"三等字隋唐已具介音,此为定论。"无需-j-渗入。高氏所设想的三、四等音从上古至隋唐至宋代至近代官话的音变式"kji̯->kji̯->ki->ʧi-"根本不能成立,域外汉音、内地方音中都找不到 kji̯-与 ki-的分别,即只有无喻化的后者,前举"精晶"二字拟音已可说明。陆氏《切韵》无喻化声母说,已被大多数学者所接受,在古音构拟中起重要作用。很显然,高本汉说隋唐音有喻化,是以西语中大量存在的-j-音、-y-音来看待中古汉语语音。还应指出的是,喻化是一般语音

① 参见《陆志韦语言学著作集》(二)中华书局 1999 年 3 月第 1 版,第 479 页。

演变中遇到的现象,陆先生并不否定一般语音演变中的喻化,否定的只是高氏说的那种喻化,陆氏以上古至隋唐至宋代至官话完全由介音本身的演变造成读音不同,始终无有喻化介入。但陆先生为了不至于与否定高氏喻化相混,也就很少再涉及一般语音演变中可能发生的喻化。喻化在一般语言研究中,例如在民族语言研究中,至今仍发挥着重要作用。

在上述相遇关系研究的基础上,陆先生提出了著名的“舌齿音音变公式”,即端、章、精、庄从上古到中古的音变式。上古早期端组到中古端组为 t+ɑ(主元音,下同)>t+ɑ(王力音系 t+a>t+ɑ),上古后期端组到中古知组为 t+ i 或 t+ I(介音,下同)>ʨ +i 或 ȶ+ I(王力音系 t+ĭ>+ȶ+ĭ)。上古早期端组相遇上古章组至中古章组:t+ɑ 或 t+ i 后期 t+ I——→t+i>ȶ+ I (王力音系 ȶ+ĭ>ʨ+ĭ)[1]由以上可知,陆先生在四十年代拟出的端组转知组,端组遇章组转中古章组的公式是可取的,它与王力音系大体上是一致的(其中短音-I-与短音-ĭ-相同),特别是端组转知组。李方桂《上古音研究》端、知二组的演变引进了-r-介音,端组一、四 等上古 t->中古 t-,二等上古 tr->中古端组 ṭ-,三等上古 trj->中古端组 ṭ-。关于端组和章组的谐声,李认为既然谐声发音部位必定相同,但语言中一般总是舌尖塞音端组易发音而数量大,舌面塞音章组较难发音而数量少,舌面塞音是由舌尖塞音喻化而来的,故有:上古端组 ṭ-+喻化-j->上古章组 t̂j->中古章组 tśj-[2]。陆先生不设介音-r-,但他强调上古端组后有介音的 t+i 或 t+I(而不是 t+ɑ 式)到中古变知组。陆也不承认舌尖音的喻化,端组与章组上古均为 t-,这是端组章组谐声相遇的根本原因,与李方桂说同,但端组后带介音构成 tI-,章组后带介音构成 ti-,没有求助于喻化。

《切韵》庄组声母的音值问题,当作舌面音 ʃ 和舌尖音 t 混合音看待。陆先生把中古照二拟作 tʃ 音[3],这一构拟,也是陆的特色研究:

---

① 参见《陆志韦语言学著作集》(一)中华书局 1985 年版,第 14 页,第 256 至 259 页。王力音系据郭锡良《汉字古音手册》

② 李方桂《上古音研究》,商务印书馆 2001 年版,第 11 页。

③ 参见《陆志韦语言学著作集》(一)中华书局 1985 年 5 月第 1 版,第 15 页。

《说文》谐声与《广韵》声类相遇数、几遇率的产物。陆的古音构拟的音值也多半是数字化、计算化的产物,构拟的真值性高,这是发人深思的。谐声系统,照二(庄组)跟照三(章组)很少相遇。陆将几遇率超过2.5倍以上的分组列表,推广之分成两组[1],考虑到内部相遇的不平衡,需用修正值,调整后应作:A组应有“侧(照二)、初(穿二)、士(床二)、所(审二)、此(清)、疾(从)、徐(邪)、以(喻四)”;B组有“之(照三)、昌(穿三)、食(床三)、式(审三)、时(禅)、而(日)、陟(知)、丑(彻)、直(澄)、女(娘)、力(来)”。庄组与精组的关系密切,章组与知组,上古则与端组关系密切。在上文论及的“舌齿音音变规则”中,讲了章组与端组的关系及其相关构拟,其实还应包括庄组和精组。陆氏构拟精组,前述陆氏拟上古端组、章组同为 t+i>中古章组为 tɕ+i 或拟为 ȶ+I(王力音系 ȶ+ĭ>tɕ+ĭ),而精组 ts+i>ts+i,庄组 ts+I>tʃ+I。端组、章组;精组、庄组的上古至中古的变化共同构成“舌齿音音变式”。李方桂《上古音研究》对精组、庄组的密切谐声关系是用介音-r-说明的:上古精组 ts->中古精组一等、四等字 ts-;上古 tsr->中古庄组二等字 ts-;上古 tsrj->中古庄组三等字 ts-;上古 tsj->中古精组三等字 ts-。李的做法,与上古端组如何转变为中古知组的解释法是相同的,都是引进介音-r-。同样,陆不设介音-r-,庄组的构拟基于与精组的几遇率,与精组的比照而精、庄上古介音-i-与-I-的不同,得到庄组混合音音值 tʃ。陆先生的庄组构拟是有重要意义的。今天王力音系无论是上古庄组,还是中古庄组,都构拟成 tʃ-。如此看来,中古章组构拟成 tɕ-或拟为 ȶ-,庄组构拟成 tʃ-,照二与照三不通转可知,但陆总是在上古音和《说文》谐声这两个源头上认知的:既然照二、照三分别出于精组和端组,“精跟端在谐声里本是不很通转的,所以《切韵》的照二照三也不通转”[2]。此外,中古章组(都是三等字)可以有两个介音-i-与-I-,并推广至所有的三等字:“等韵所谓三等母有的在《切韵》联 I,有的联 i。”[3]这也是值得注意的。

① 参见《陆志韦语言学著作集》(二)中华书局1999年3月第1版,第389、390、391页。
② 参见《陆志韦语言学著作集》(一)中华书局1985年5月第1版,第15页。
③ 参见《陆志韦语言学著作集》(一)中华书局1985年5月第1版,第25页。

关于上古韵部,陆著有《古音说略》(1943)和《诗韵谱》(1948),前者把上古韵分成二十二部(多出个至部),后者分成二十一部,各部均明确其收声(韵尾)①。这一做法,表明陆氏继承清儒,经《诗》韵而知分部大要,又经《说文》谐声和《切韵》相遇及中古音理分析而知各韵部之深细、微观、本色、畛域、音值之所在,如收声、主元音、介音、声类等,逻辑指向始终在于将古韵分部推向古韵构拟的新阶段。

《说文》谐声相遇表目,例如陆氏第十三部之部谐声表以"哈、德开口、皆开、麦开、之、职开、尤、屋三、灰、德合、皆合、麦合、职合"13个中古韵为纵横坐标计入相遇数②,描写谐声相遇情况,借知"《切韵》各韵类的主元音在上古音作什么",韵尾是什么等,无不臻于具体而微。在之部各韵相遇的基础上,进而作《切韵》音理分析,最后得到之部从上古音变为中古音的诸多格式,反之亦知之部中古诸韵在上古之部是何音值③:哈 əg>ɒi,灰 wəg>wəi,德 ək>ək、wək>wək,登 əŋ>əŋ、wəŋ>wəŋ,之 iəg>i(ẹ̆)i,职 iək>iĕk、iwək>iwĕk,蒸 iəŋ>iĕŋ,尤 Iwəg>Iəu,屋三 Iwək>Iəuk,东三 Iwəŋ>Iuŋ。从而不难看出上古之部的主元音 ə,介音 i、I,收声 g、k。

《古音说略》是对中古韵分摄作音理分析后订正高本汉的中古拟音,改作陆氏中古拟音,准信度较高,并尽可能寻找上古音值(收声、主元音、介音)。如止摄:含支组、脂组、之组、微组,陆氏订正高氏音后的拟音分别是:支组中古 Iei(王力音系 ĭe,I 同 ĭ,短音)、脂组中古及可能音变 Iĕi(>I)(王力音系 i)、之组从中古及可能音变 i(ẹ̆)i(>i)(王力音系 i)、微组 Iwəi(王力音系 ĭwəi)。陆指出,这四组韵,六朝以前共同点很多,全都收声-i,且是由上古收声-d、-g 变来的,因"隋唐的外国译音也不能给我们多少指示,所以我们不能不借重上古音。最好先研究它们在谐声、《诗》韵所配的是什么入声韵,从此可推求(上古)主元音的性质"④。支配入声韵陌三昔中古音 Iæk、iɛk,可推

① 详见《陆志韦语言学著作集》(二)中华书局 1999 年 3 月第 1 版,第 10 页。
② 参见《陆志韦语言学著作集》(一)中华书局 1985 年 5 月第 1 版,第 101 页。
③ 参见《陆志韦语言学著作集》(一)中华书局 1985 年 5 月第 1 版,第 103、104 页。
④ 参见《陆志韦语言学著作集》(一)中华书局 1985 年 5 月第 1 版,第 44 页。

知支的音变 Iæg>(Iɛi)>Iei 或 Iwæg>(Iwɛi)>Iwei,支部上古主元音-æ-,收音-g;脂配入声韵质韵中古音 Iĕt、iĕt,可由脂的音变而知脂部上古主元音-ĕ-(王力音系作复元音-ei-),收音-d;之配入声韵职韵中古音 iĕk,可由之的音变而知之部上古主元音-ĕ-,后改作-ẹ̆-,陆说此表示从 ə 变来的弱元音(王力音系作-ə-),收音-k;微配入声韵迄韵中古音 Iət,可由微部的音变而知微部上古主元音-ə-(王力音系作复元音-əi-),收音-t 或-d。由以上可知,分摄研究订定中古音,最终还是要分析出上古韵部音值的方方面面。值得注意的是,陆氏用"某中古韵目配中古某入声韵"法,而知某韵上古主元音和收声,将支、之、脂三分。陆还说:"微的主元音非得改成 ə 不可。"陆批评了高本汉将微部拟成 ĕ,再三强调"微应当跟相配的入声迄、物同是中元音之类",微部的"喉牙音是唇音化的,kʷIəi>闽语的 kui,最容易不过"①。如此看来,陆对微部的认识很到位了,主元音作 ə,脂部主元音作 ĕ,脂、微应该分开,皆能独立成部的,但之陆氏二十一部中,只有脂部,没有微部,这是陆先生的一个疏忽。

如果将《诗韵谱》(1948)里的二十一部,加上已认识到但疏忽未立的微部,共二十二部。现检寻陆的两部《著作集》,明各部的主元音,加已明示的收声,列出二十二部的拟音。[2]据所列拟音可知,如去掉收声,陆先生列出的主元音共 9 个。-ɑ 涉及谈部、阳部、元部、鱼部、歌部;-ə 涉及侵部、蒸部、文部、缉部、之部、微部;-ɯ 中部;-o 涉及东部、侯部;-ɐ 耕部;-ĕ 涉及真部、幽部、脂部、至部;-a 涉及叶部、祭部;-ʌ 宵部;-æ 支部。共 9 个主元音,甚至还可以将-ɯ、-ʌ、-ĕ 合并②,成了 7 个,共辖 23 韵部。事实上,陆先生是不主张拟很多主元音的,他曾批评高本汉主元音拟得太多的做法,高在他的《上古音表》中"收-g、-k 的字后元音就多至七种:'u、ŭ、ô、ộ、o、ŏ、ɑ"。前面的介音又有长短,更教情形混乱"③。但陆在古音构拟中也会造成同一韵

① 参见《陆志韦语言学著作集》(一)中华书局 1985 年 5 月第 1 版,第 46 页。

② 参见《陆志韦语言学著作集》(一)中华书局 1985 年 5 月第 1 版,第 139、189、191、200 页。

③ 参见《陆志韦语言学著作集》(一)中华书局 1985 年 5 月第 1 版,第 65 页。

部里构拟了几个主元音的错觉。例如:元部在《广韵》中系寒、桓、山、删、仙、先、元。这些韵都可能与《说文》谐声字相遇,元部七韵都可能因与《说文》谐声相遇而在上古韵部中构拟出不同的音,元音有 ɑ、a、ɐ、ɛ 四个[①],这是必然的,也是毫不奇怪的,陆的相遇研究法必然导出一部中有几个元音,它们是某部主元音的分元音,甚至可以看作上古某个主元音的音素即音位变体而非音位。陆只有 22 部,还有 184 韵(206 韵减去 22 韵)并没有取得上古立韵部的资格,它们的元音当然也只能是音位变体。陆还认为,上古韵分部"原算不得很重要的手续。问题只在乎《广韵》的 206 韵(《切韵》的 193 韵)每一个是怎么从周秦音沿革下来的"[②],如此看来,那些分元音的价值不在于说明分部,而在于说明"沿革",到中古才成为音位。关于后世看作阴声韵的那些韵部,如陆氏的之部、幽部等,陆氏也都收入声-g、-k、-d 等,到中古才收阴声韵尾。事实上,不仅陆氏,高本汉、董同龢、李方桂、丁邦新等都是主张构拟辅音韵尾的,他们认为上古的音节结构本来就是 CVC(辅音+元音+辅音)。陆氏把收声问题看得很重,远比主元音下的工夫多。陆氏以上古的不同收声事关古韵分部[③],尤可宝贵,又涉及谐声"通转",无疑是陆着反复阐明了的一个问题。大约到周末汉初,收声问题才逐步发生变化,直至产生开音节阴声韵尾[④]。

三　关于复声母研究

在陆志韦之前,复声母研究已经取得了较多成果,林语堂、陈独秀、高本汉、董同龢等人,都有成果问世。由前面的缕述可知,陆对中上古音韵的研究,重点还在于声母,"古声母的推考不比韵母的(推考)那样容易"[⑤],复声母是其声母研究全局中的一叶。陆氏复声母研究的特点是:始终将复声母问题放入他的近于逻辑演绎的强大的

① 参见《陆志韦语言学著作集》(一)中华书局 1985 年 5 月第 1 版,第 182 页。

② 《陆志韦语言学著作集》(二)中华书局 1999 年 3 月第 1 版,第 7 页。

③ 《陆志韦语言学著作集》(一)中华书局 1985 年 5 月第 1 版,第 220 页。

④ 《陆志韦语言学著作集》(二)中华书局 1999 年 3 月第 1 版,第 76、220、247 页。

⑤ 《陆志韦语言学著作集》(一)中华书局 1985 年 5 月第 1 版,第 243 页。

音理系统中考验。《古音说略》第十三章《〈说文〉〈广韵〉中间声母转变的大势》,列出了《广韵》51声类与《说文》谐声的相遇,总的情况是在相遇中互系、互谐、互证,但也有些情况较特殊,亟需解释。如喉牙音中的摩擦音出现了呼类、许类(晓纽[x])与莫类、武类(明纽[m])相遇,让人想起"是否复辅音的痕迹"[①]。又如古类(见纽[k])、五类(疑纽[ŋ])与卢类(来纽[l])相遇,居类(见纽[k])、丑类(透纽[t‘])、所类(山纽[ʃ])与力类(来纽[l])相遇,等等。[②] 可见陆氏复声母的提出,是谐声与51声类相遇的产物,且完全是相遇中被量化,计有机遇率的产物,陆氏复声母与众不同,是基于数字化逻辑系统的结果。明乎此,可知陆氏对复声母的慎重,在他的数字化系统中,能用别的办法解释那些脱出常规的相遇例的,就不轻易用复声母来解释。例如,以类(馀纽[ʎ]或[j])跟喉牙音古类、呼类、居类、苦类等,即[k][k‘][x]的相遇甚多,陆氏把它看作"上古音腭化的趋势","跟喉牙音的通 tɕ、t‘ ɕ、ɕ 等同一个来源"。[③] 下文提到的用"喉牙音通唇音"这一解释法来拒绝高本汉的复声母构式 xm-,更是这方面的好例。正因为如此,陆氏在《古音说略》第十四章《上古声母的几个特殊问题》中,只列了两种:

一种是以鼻音和塞音相遇的复声母 ŋk-、ŋg-,陆举了134对相遇例;nt-、nd-有45对相遇例;mp-、mb-有18对相遇例。删除了貌似复声母的 ŋtɕ-、ŋt-、ŋts-、ŋp-;nk-、nts-、np-;mk-、mtɕ-、mt-、mts-等。

还有一种是带l的复声母。拟作代表性的KL(代表kl、kr、k‘l、k‘r、gl、gr,下或同)、PL、T‘L,还有sl、ml、ŋl三种。陆氏在寻求和来母的相遇情况时,以舌根音、舌面音、舌尖音、齿音、唇音24纽(《切韵》36母中的24音位)为横坐标,以《说文》33个来母声首字为纵坐标,尽皆相遇,这就决定了带来纽的复声母的普遍性。另外,陆先生还举来非来母声首字,如"各、京、监、鱼、佥"等,它们也带有一大批读来纽

① 《陆志韦语言学著作集》(一)中华书局1985年5月第1版,第233页。
② 《陆志韦语言学著作集》(一)中华书局1985年5月第1版,第234、238页。
③ 《陆志韦语言学著作集》(一)中华书局1985年5月第1版,第233页。

的字。来纽声首和非来纽声首简直就是上古带来纽的复声母的渊薮,但陆也只是从中归纳成三大类型和三种构成式复声母,可见其慎重之至。陆氏带来纽复声母无 nl-,原因是虽然 n-和 l-的相遇相谐例伙,但这可能是受方言的影响,就像今天下江官话 n-、l-不分那样,并非造字时代周秦音的本来面目,故不能以 nl-为复声母①。此外应该说及的是,因字音、字形的变化,包括多音字、多义字等,陆制的来母字相遇表有较大的局限性,李建强博士在陆的基础上大步推进,不仅重制了《说文》来母声首和非来母声首谐声表,还详列出《经典释文》的来母字音注情况,《广韵》来母字的又音统计表等,从中古反切、音注材料,谐声关系,异文、通假,梵汉对音入手,从离声、离声、罗声等 14 类分析来母字 129 个,最后做出来母字在始谐声时代面貌的蠡测,对特殊谐声问题作了多元解释,复声母是其中解释途径之一②。这一点,在学术思想上又完全与陆先生一致,陆将复声母看作"上古声母的几个特殊问题"中的一个,与用谐声系统《切韵》三等切跟非三等关系来解释《说文》形声字的通转例;用《切韵》古浊音不送气个例来解释上古浊音同样不送气;用鼻音能转同部位或邻近部位的破裂音,来解释一大批相遇相谐例的特殊性,即复声母的存在的可能;用舌齿音的通转解释端知类隔和相关声纽的音值构拟问题;用上古喉牙音跟舌齿音通转来解释喉牙音腭化以外的问题;用喉牙音通唇音来解释不可轻易造成复声母 xm-等等,在同一系列,起同样的作用。陆先生的研究,李建强博士的研究,都说明复声母是一解释系统,既是解释系统,将逻辑真值与功能价值相比,恐怕它的价值性始终是主要的,故可以不在存在论范畴中追问复声母到底是有还是无,应在功能论的范畴中追问复声母的价值和作用。

---

① 参见《陆志韦语言学著作集》(一)中华书局 1985 年 5 月第 1 版,第 281 页。陈大为博士认为"从系统的完整性考虑",应该将 nl-列为复声母。参见陈大为《上古汉语复辅音声母说研究》,南京大学博士学位论文,刘晓南教授指导,电子打印稿 2008 年 5 月,第 25 页。

② 参见李建强博士论文《来母字及相关声母字的上古音研究》,北京大学博士学位论文,指导教师:孙玉文教授。2006 年 12 月,电子打印稿。

注:

[1] 实际操作时利用表一就可以做到,表一见《陆志韦语言学著作集》(二),中华书局 1999 年版第 195 页,又见《陆志韦集》,中国社会科学出版社 2003 年版第 94 页。古类/中古帮组/《说文》声列甲乙丙出现总数,亦即在甲乙丙三种情况下与"古"类的相遇数 179 次,下仿此。苦溪 105、呼晓 76、胡匣 172、五疑 66、乌影 78、居见 123、去溪 77、渠群 99、许晓 112、于匣 52、鱼疑 63、于影 102、侧庄 52、初初 35、士崇 39、所山 63、都端 74、他透 96、徒定 125、奴泥 47、卢来 88、子精 84、七清 69、疾从 45、息心 95、之章 87、昌昌 51、时禅 63、式书 89、食船 23、而日 57、以馀 140、陟知 59、丑彻 63、直澄 94、女泥 30、力来 97、徐邪 55、作精 36、仓清 34、昨从 55、苏心 65、方帮 81、芳滂 61、符并 76、武明 64、博帮 52、普滂 34、蒲并 34、莫明 71. 。不同声类同声组合并:古方博帮 307、苦去溪 182、呼许晓 188、胡于匣 224、五鱼疑 129、乌于影 180、奴女泥 77、卢力来 185、息苏心 160、芳普滂 95、符蒲并 139、武莫明 135、子作精 120、七仓清 103、疾昨从 100。单独相遇者有:居见 123、渠群 99、侧庄 52、初初 35、士崇 39、所山 63、都端 74、他透 96、徒定 125、之章 87、昌昌 51、时禅 63、式书 89、食船 23、而日 58、以馀 140、陟知 59、丑彻 63、直澄 94、徐邪 55。《说文》有两大甚至三大声列与 51 声类相遇并合并后相遇数甚大,显然是可单独存在的上古声组帮、溪、晓、匣、疑、影、泥、来、心、滂、并、明、精、清、从,共 15 组。单独相遇者上古声组见、群、庄、初、崇、山、端、透、定、章、昌、禅、书、船、日、馀(喻)、知、彻、澄、邪,共 20 组。这 20 组相遇数都不小,且大都可以进入 15 组中的牙音组、舌头音组、唇音组等而成声组系列,故陆先生由《说文》谐声与《广韵》声类相遇得声组 35 组。陆赞同钱大昕古无舌上音的看法,除去知、彻、澄三组,得上古 32 组。

[2] 陆氏上古韵部二十三部的拟音,收声直接参《陆志韦语言学著作集》(二)第 10 页,(一)第 76 页。主元音散见书内今检集之并说明所见页码。1. 谈部-ɑm (陆著作集一页 20,陆以"深 ɑ"即元音舌位图上的后低元音 ɑ 为一等韵的拟音。又见一页 182、184。二页 251。王力音系谈部-am)。2. 侵部-əm(一页 182、184、200。王力音系侵部-əm)。3. 中部-ɯm(一页 115、188、189、200。王力音系冬部-wəm)。4. 蒸部-əŋ(一页 51、104、115、200。王力音系蒸部-əŋ)。5. 东部-oŋ(一页 115。王力音系东部-oŋ)。6. 阳部-ɑŋ(一页 38、42、58、115。王力音系东部-ɑŋ)。7. 耕部-ɐŋ(一页 40、111、115。王力音系耕部-eŋ)。8. 文部-ən(一页 48、49、155。王力音系文部-ən)。9. 真部-ĕn(一页 48、49、155。二页 250。王力音系真部-en)。10. 元部-ɑn(一页 20、155、156。二页 250。王力音

系元部-an)。11. 叶部-ap(一页32、33。二页251。王力音系叶盍部-ap)。12. 缉-əp(一页50、60、182、184。二页251、297。王力音系缉部-əp)。13. 之部-əg(一页27、44、47、97、103、104、133、149。二页248。王力音系之部-ə)。14. 幽部-ĕg(一页51、52、149。王力音系之部-əu)。15. 宵部-ʌg(一页42、149。王力音系宵部-au)。16. 侯部-og(一页136、149。王力音系侯部-o)。17. 鱼部-ɑg(一页149。王力音系鱼部-ɑ)。18. 支部-æg(一页44、45、47、149。王力音系支部-e)。19. 脂部-Iĕd(一页44、47。二页250。王力音系脂部-ei)。20. 祭部-Iad(一页177。二页250。王力音系月部-at)。21. 歌部-ɑd(一页38、176、178。二页250。王力音系歌部-ai)。22. 微部-Iəd(一页44、47。二页251。王力音系微部-əi)。附言:陆在其《著作集》一册主张立至(质)部-Iĕt(一页44、76、183。二页250。王力音系质部-et)。但在二册则主张至部与脂部不分开,见二册7页。故本文言陆氏上古韵分部为二十二部。

主要参考文献

冯蒸《汉语音韵学论文集》,首都师范大学出版社1997年版。

郭锡良《汉字古音手册》(增订本)商务印书馆2010年版。

李方桂《上古音研究》,商务印书馆1980年版。

陆志韦《陆志韦语言学著作集》(一)(二)中华书局1985年5月、1999年3月出版,

陆志韦《陆志韦集》,《中国社会科学院学者文选》,中国社会科学出版社2003年4月出版。

孙玉文《上古音丛论》,北京大学出版社2015年第1版,卷一,卷三。

王力《汉语史稿》(重排本),中华书局2004年第2版。

王宁、黄易青《论清儒古音研究中的考古与审音二者的相互推动》,《古汉语研究》2001年第4期。

张亚蓉《说文解字的谐声关系与上古音》,三秦出版社2011年1月第1版。

(本文原载北京师范大学《民俗典籍文字研究》第十七辑,商务印书馆2016年6月第1版)

试论俄籍汉语古音学家斯塔氏的古音学①

——以张兴亚教授译 C. A. 斯塔罗斯京著《古汉语音系的构拟》为例

1 引言

汉语古音学研究如从顾炎武(1613—1682)订定《音学五书》(1680)算起,也有将近三百三十多年历史。中经清代、民国、现当代。纵向中有横向多重,如现当代呈现出纷披复杂的绚丽图景,不仅有内地的古音学家,也有海外的,不仅有国内的,也有国外的。国外古音学研究中,英年早逝的俄国斯塔罗斯京(1953—2005)的研究可谓秀出班行,在古音学如何深入问题上开拓出一条新路。斯塔氏是俄国著名汉语语言学家、古音学家雅洪托夫(1926. 12—2018. 1. 28)的学生。他的代表作之一《古汉语音系构拟》②,中译本是四百多页的大书,作者和译者都令人肃然起敬! 全书紧紧抓住"构拟"(реконструкция),表明作者捕捉到的是从"古韵分部"走向并到达"古音构拟"的时代。作者探究的"构拟"是:中古汉语音系的构拟、上古汉语晚期声母系统(即《说文》声系)的构拟、上古汉语早期声母系统的构拟、上古汉语韵母系统的构拟、上古汉语史的语音变化分期(从构拟出的类型讲分期),既是历时的次序,也是语音内部的共时结

---

① 衷心感谢《语言科学》编辑部和匿名审稿人的宝贵修改意见,如文中还有差错,由作者本人负责。

② C. A. 斯塔罗思京着《古汉语音系的构拟》,张兴亚译,北京大学出版社 2012 年版。

构次序。关于“构拟”,作者也有独到的见解:“历史语言学中的构拟通常被理解为:推求无法用书面文献资料证实的语言(或语族)的某些发展阶段的状况。然而古汉语从公元前10世纪初起就有书面文献,因此,‘构拟’这个术语用到古汉语就具有了略有不同的另一层含义,即可以说这是古汉语文字符号的语音释读。”这很对,古汉语的构拟就是“古汉语文字符号的语音释读”,十分逼真,但“释读”并非“音注”,并非真的那样照着读,而是语音系统存在状况的描述,带有一定程度的形上性,这样就更科学。所以,书中又说:“研究者们构拟公元前10世纪初上古汉语的和某些较晚阶段的音系是有文献资料的,但对于更早时期来说就没有了,因此对更早时期便只能使用通常意义上的构拟,即根据汉语本身较晚发展阶段的信息(内部构拟)或亲属语言的信息(外部构拟),作出关于原始汉语音系的总的假说。”①说到底,上古汉语语音系统构拟,不论有文献依据,还是无直接的文献依据,是对价值本体的寻求,不是对真值,对逻辑真理的寻求②。值得注意的是,书中的构拟(上古“重建”)都尽可能利用“书面文献”,作“古汉语文字符号的语音释读”。

斯氏构拟出中古声纽8类38纽,可与王力《汉语史稿》5类35纽作对照。上古汉语晚期声母的构拟从原始闽语声母切入,重建了两者的“共同汉语”声母系统共56个声母。上古汉语早期声母的构拟以谐声系统为依据,有关上古声母的喉部特征、上古8个唇音声母、舌尖声母的部位特征等都作了详细研究,但消解了复声母。中古汉语韵母的构拟列出了58韵类开口、合口独韵的朝、日、越语对照表,十分可贵。在研究上古介音系统和长短音对立、尾辅音和声调、塞尾音、响尾音的基础上,分上古韵57部,这是个以上古用韵为据,尤重中上古接口的音位系统,故分部细密,与黄侃、王力分部很不一样。

① C. A. 斯塔罗思京着《古汉语音系的构拟》,张兴亚译,北京大学出版社2012年版,绪论1页。

② 即使数学,具有逻辑真理性,且存在于实践之中,但数学中对象的存在也只是可能性,且这种可能性不同于形而上学意义的可能性,而是从数学自身中所理解的可能性。弗雷格说明了数学定理是客观真理,但它没有表明数学定理描述了抽象实体的特殊域。参见《哲学研究》2013年第6期。

斯氏将上古汉语语音史研究纳入了微观视野,竟将上古语音变化分为六个时期。

2 关于中、上古汉语的声母研究

2.1 关于中古汉语声母系统

比较高本汉和继后的李荣《切韵音系》(1952、1956)构拟,列述李荣四大特色:改高氏浊送气为《切韵》时代已不送气,补高未及之 ẓ [ʐ](俟),取消高氏 n(泥)、ń[ȵ](娘)之别,成立匣母[ɣ]。斯还修正了高、李对腭化齿音知[ȶ]、彻[ȶh]、澄[ȡh]、娘[ȵ]的构拟,分别从舌头音改成卷舌音[ʈ][ʈh][ɖh][ɳ]①,并认为对译梵语卷舌辅音即可证明。斯氏将喻三构拟成弱浊喉音[ɦ-]或[ɦw-]、[w-],将喻四构拟成[ɦj-],或遵雅洪托夫构拟成[j-]②。斯氏将中古汉语声纽分成 8 类 38 纽(2 页),可与王力《汉语史稿》5 类 35 纽作对照③。

2.2 关于上古汉语晚期声元音系的构拟。

书中将上古汉语分成晚期、早期。由晚期而早期,以贯彻由中古推上古的传统做法。斯氏说的上古晚期,指的是公元 3 世纪④。书中说,这是原始闽语从先前的“共同汉语”分化出来的时期,故首先着手构拟原始闽语的声母系统。斯氏特意标举求解上古晚期或称中古早期声母从构建原始闽语入手,这是崭新的思路。罗杰瑞(1973、1974)曾在闽方言四个次方言区的基础上加以比较,构拟出原始闽方言声母系统 49 个。斯氏取消了罗氏所谓软化声母(表内 * -p、* -b、* -t、* -d 等)的构拟,取消了罗氏唏音和咝塞擦音、擦音对立的构拟,取消了罗氏 * ɦ-和 * ø-对立的构拟,并补充了 * zh、* jh、* ɣʰ,这样,“罗 49-10 软-6 唏咝合-1‘ * ɦ-和 * ø-合’+3 补=斯氏构

① 王力先生《汉语史稿》构拟成知[ȶ]、彻[ȶh]、澄[ȡh],与高本汉、李荣同,斯的这一构拟待研究。

② 王力先生《汉语史稿》将喻四写作馀母,构拟成[j],郭锡良先生《汉字古音手册》将匣母分成匣母和喻三,喻三作云母,拟音从《汉语史稿》构拟成[ɣ]。

③ 《汉语史稿》(重排本),中华书局 2004 年 3 月第 2 版,第 61 页。

④ 这一分期的说法与王力先生同。王力《汉语史稿》将公元 3 世纪以前(五胡乱华以前)视为上古期。《汉语史稿》(重排本),中华书局 2004 年 3 月第 2 版,第 43 页。

拟的35个原始闽语声母”①。斯氏以白读为依据,列表找出了中古汉语和原始闽语声母对应的系统,并以此对应系统为据,重建了两者的“共同汉语”声母系统共56个声母,还列出了重建该系统所据中古汉语、厦门话、潮州话、福州话、建瓯话、斯瓦迪士百词表、邵武话、梅县话、广州话、雅洪托夫说、泰语、壮语等的全部材料依据②。列重建材料的方法值得注意,全部用叙事法,一一交待材料来源,又于叙事中提出标记性问题,并作出讨论。这样做,不仅反映了斯氏对闽语材料,且对客家话、粤语、台语、历史和当下见存语料的谙熟、善用和有效。

2.3　关于上古汉语早期声母音系的构拟。

术语上,作者把声母叫作起首辅音。还说,上古汉语早期声母的构拟要以谐声系统为据,但“谐声系统相对不那么严格”,给构拟带来障碍。书中指出,无法避免把谐声关系中的偶然联结误作必然性的,而偶然联结的事实又无可怀疑,这该怎么办?那“就必须对上古声母及其相互之间区别的所有项目的构拟提出依据,随后对它们一一作出语音学解释”。这是个上古音构拟的根本指导思想和方法。

2.4　关于上古声母的喉部特征

文中指出在《说文》谐声系统中特征③,清浊、送气不送气通常自由交替,使我们对上古汉语声母喉部特征只能作出哪个都有的结论,但无法知道这些特征产生的年代,可能它们发生得较晚。为了证实上古汉语有那些特征,如喉塞音四种区分都有,就必须借助外部构拟,寻找共同汉藏语来说明。

---

①　C.A.斯塔罗思京着《古汉语音系的构拟》,张兴亚译,北京大学出版社2012年版,第30页,书中多列了1个*z成36声母。

②　C.A.斯塔罗思京着《古汉语音系的构拟》,张兴亚译,北京大学出版社2012年版,第34至62页。

③　由此可知,斯塔氏把《说文》以前的汉语都视作上古汉语早期,国内学术界也大都把《说文》以前(含《说文》)看作上古汉语。可参《汉语史稿》(重排本)中华书局2004年3月第2版,第85、86页,书中讲上古声母时,举例都是谐声字。在讲汉代声母时,也说“汉代声母和先秦声母一样,或者说变化不大”。参见《汉语语音史》,商务印书馆2010年版,第92页。

2.5 关于上古汉语声母唇音声母

书中构拟了 8 个唇音声母,其中双唇塞音 p、ph、b、bh,响音(鼻音、唇浊半元音)m、mh、w、wh,并在外部构拟(原始汉藏语等)中对双唇塞音作出解释,包括上古汉语中如何发生清浊交替和音变的解释。书中列出上古双唇塞音声母字例“表一”77 组,并逐字构拟,成了可供查考的上古谐声字字表。在对音中,因藏语带前缀的字里在清音的位置上发生次浊,这就使藏、汉对音中的清对清、浊对浊发生了变化,需作调整,寻求新的对音公式,并举 35 组例绎解该公式用法的正确性。至于响音,研究法和研究过程大致同双唇塞音。例如:上古互谐的 *m、*mh 与亲属语言藏语、缅语的对音规则,并列出“表二”,例字 35 组,同样成了可供查考的上古谐声字字表。接着,文中对《说文》音位 w、wh、ɣw、ɣ^{h}w 的来源作了研究,指出它们全来自上古的 *w、*wh,并重建 *w、*wh 上古早期至《说文》,至中古的演变规则,列表三 36 组例字以证之。那么,上古的 *w、*wh 又来自何处呢? 经外部对应关系研究,认为它们来自原始汉藏语的唇化小舌音的浊音 q^w、qh^w、Gh^w,还有原始汉藏语的唇化喉塞音^w。以上,我们看到了斯氏研究上古声母双唇音和响音的内在逻辑、思维过程:首先内部构拟,不得不转向外部对音,由上古汉语构拟转致原始汉藏语,由谐声字之实证转向外部对音构拟之形上性的假设。

2.6 关于上古汉语声母的部位特征

上古汉语声母还分舌尖声母(齿音),表四 105 组、表五 35 组;舌尖声母(边音和颤音),表六 43 组、表七 36 组、表八 60 组;舌尖声母(龇塞擦音和腭塞擦音),表九 82 组、表十 45 组;舌根声母,表十一 199 组、表十二 30 组。这四个专题和九张表①的研究思路和查考价值,同唇音声母部分。文中也更注意从《说文》谐声字入手,列出声母表后作针对性讨论,故这四个专题中,有重点研述的课题,值得拈出注意之。如:在雅洪托夫研究的基础上,对谐声系 n、nh、ȵ、ȵh、ɳ、ɳh

---

① C. A. 斯塔罗思京着《古汉语音系的构拟》,张兴亚译,北京大学出版社 2012 年版,表四第 79 至 85 页,表五第 88 至 90 页,表六 95 至 97 页,表七 100、101 页,表八 102 至 104 页,表九 114 至 117 页,表十 119、120 页,表十一 128 至 140 页,表十二 154 至 155 页。

有声母 th、ʈh、s、ʂ作出解释,建立音组 *s-、*sn-、*snr-、*snh-以括后者的上古早期来源(93 页),进而列出上古舌尖音至《说文》、至中古的演变表。又如,因蒲立本和雅洪托夫认定中古的 l-来自上古的 *r-,斯氏进而研制出上古 *r-、*rh-、*sr-、*srh-至《说文》至中古的演变表,书中举出上古 *r-、*rh-、*sr-、*srh-来源于汉藏语等的例字 25 组,十分珍贵。又如,针对表七、表八舌尖声母边音颤音的交替远不如表四舌尖声母齿辅音的交替均匀,蒲立本(1962)曾补齿间音 *δ[ð]、*ϑ[θ],并说他的 *l 可能就是 *r,而 *δ[ð]就是 *l,雅洪托夫发展了此说。斯氏批评了蒲说、雅说,指出了他们的漏洞主要在于没有考虑等的区别,并重申他构拟出的 ṭh-/ḍh-声母系统(表七的声系)和 s-/zh-声母系统(表八的声系),还将 *l 根据等的不同形成上古汉语声母复合性组合如 *l、*lh、*sl、*slh,并举出这些组合的汉藏语对应例证 58 例。此外,斯氏还为表七的声系重建了一套边塞擦音,并作汉语和藏语的对照。又如,针对表九和表十,提出这两类声系间有一批彼此互谐的声系,如辛 sjin 莘 s:亲 ç̣,就两类声系咝音(s-/ṣ-)和唏音(ç̣/ʒ̣-),连同频繁出现的 ç̣h-,寻找闽语对应和汉藏语例证,作出了深度解释,进而得出结论:上古汉语确有一套咝音和一套唏音,但不能重建 *ʂ,因为它早就与 *s 重合,不过,无论是咝音还是唏音,都可和介音 *-r-结合,形成 *sr-和 *shr-,但在带 *-r-的音组里,咝塞擦音和唏(腭)塞擦音也很早(原始汉语时期)就已重合。又如,针对《说文》舌根音声母和表十一中的塞音 gh(只出现于三等)和擦音 x、ɣ(只出现于一、二、四等)互补,解释为 ɣ 来源于上古 *gh。又如,文中对响音 ŋ 和 ŋh 各自的谐声关系系统作了研究,雅洪托夫还重建了上古圆唇化了的 *ŋʷ,但问题并没有解决。在构拟上古声母系统 45 声类的基础上,指出所有响音都可带前缀 s-而构成音组 *sm、*sn、*sr、*smh、*snh、*srh 等,还有跟介音-r-的结合而成 *pr、*mr、*tr、*nr、*kr,甚至还有少数 *kl、*klh 这样的组合。斯氏说,这些都跟上古唇化音 *ŋʷ、*ŋhʷ 问题一样待研究。这里是否有复辅音声母呢?没有说,但斯氏 45 声类中是没有复声母的。斯氏还特别强调上古的送气特征,甚至把送气音-h 看作特殊音位"送气的零声母”,是不送气的 ʔ 的对应形式。

2.7 没有提出复声母

我们要说,斯氏没有正式提出复声母问题,甚至可以说他消解了他的老师雅洪托夫的复声母说。雅洪托夫在他的著名论文《上古汉语的复辅音声母》(1960、1963、2010)①也是在谐声偏旁中论证复声母说的,一种情况是各种辅音与 l 的交替,如翏:胶、嘐,录:剥,䜌:蛮、孪……。这里的所谓“交替”,实际上是指同一谐声偏旁的字有不同声母的读法。试立语音交替式,l-:k-、x-、p-、m-、ʂ-……或 k-、ɣ-、m-……:l-。如要进一步揭示交替式的本质,则谓其前项或后项含有 kl-、xl-、pl-、ml-、ʂl-……否则就不好解释何以能形成与 l-的交替。还有清擦音和浊辅音的交替。例:勿:忽,亡:荒,黑:墨默。雅洪托夫由上述两类的交替:一类是任何声母与其后 l 的组合 kl-、xl-、pl-、ml-、ʂl-……,一类是 s 与其后响辅音的组合 sm-、sng-、sn-、sń-、sl-。斯氏强调 8 个唇音声母的内部交替,从表一至表十二列出的 783 组谐声字表看,都是同样发音部位特征如双唇塞音、鼻音、齿音等各自内部的交替,少有外部交替,并不产生 kl-、sm-这种情况。斯氏把上古汉语谐声系统看成严格的系统,少有出局的情形,也有不规则的交替,但仅仅是不规则交替,没有必要抽绎成复声母,故斯氏表内涉及到 *sl、*sm、*sn 等,仅仅是复合性音组,不是一个声母,音组由带后缀-l 或带前缀 s-构成。应该指出的,斯氏也讲到“赞同雅洪托夫的意见”,有 *sn 这类音,但要说明它的构成的,就要考虑到《说文》成对的鼻音 n 和 nh、ɳ 和 ɳh,这就等于说 *sn“音组”是由“s+n(或+nh、+ɳ、+ɳh)”构成的音组,不是单独一个声母,且只有中古声母 th-、ś-起源于 *sn,清音 s、ś 就来源于 *sn-,而 th-、清音 s、ś 无论就对音的分布、还是交替,都和鼻音无关。*sn 只是一个便于解释的“音组”,不是上古声母构成质料的一个音位。还有,斯氏十二表在分析谐声字时列出的横向同类声母很细很全,如齿音表四列了 12 个齿音声母,表

① 参见雅洪托夫《上古汉语的复辅音声母》,《境外汉语音韵学论文选》,潘悟云编,上海教育出版社 2010 年 10 月出版,291 页。

五又列了 10 个,用如此细密的声母系列来分析谐声字,复声母哪儿还有插足之地?可知斯氏声母系统的微观研究是复声母消解的一个重要原因。综此可知斯氏无复声母有三条:谐声字的同类声母系统内部交替多而外部交替极少,交替中偶见两个辅音构成是音组而非同一音位的复声母,同类声母系统内的声母个数多而密致,足以分析谐声字,没有必要再立复声母。

3 关于中、上古汉语的韵母、韵部的研究

3.1 关于中古汉语韵母系统的构拟

斯氏据《韵镜》的韵图将《切韵》58 韵类 193 韵,不计声调对立的 105 韵母[①],分成六大类韵母,并各含其韵:一等韵韵母有冬(-oŋ)、唐(-âŋ/郭锡良《汉字古音手册》一等拟作-ɑŋ)、登(-əŋ)……豪(-âu/郭一等-ɑu)15 韵,二等韵韵母有江(-åŋ/郭二等-ɔŋ)、耕(-äŋ/郭二等-æŋ)、咸(-ɐm)……肴(-au)10 韵,三等韵韵母有微(-iəi)、废(-iɐi)、殷(-iən)……凡(-iuɐm/郭三等-ĭ wɐm)7 韵。三等韵四等韵统一的韵母有锺(-ioŋ)、之(-iə)、鱼(-iă)……幽(-iĕu)9 韵,三等四等双重韵母有支(-ie)、脂(-i)祭(-iäi/郭三等-ĭɛi)……盐(-iäm/郭三等-ĭ am)8 韵,四等韵韵母有齐(-ei)、先(-en)、萧(-eu)、青(-en)、添(-em)五韵。有些韵是两属的,如庚韵有二等和三等。

3.2 关于中古的一、二、三、四等元音

元音斯氏的研究发现:一等元音同时也是松元音,二等的特征是卷舌化,三等的特征是与一、二、四等松元音对立的紧元音,四 a 等的特征是有腭介音-j-。这些结论的得出有一个共同特点,就是以图示《切韵》(7 世纪初)的《韵镜》(8 世纪)的韵图为终极标准(不排除指出韵图与《切韵》间的矛盾,但对此也寻求合于原委的解释),主要用依据反切构拟出的汉语语音,并旁绍日、韩、越语音求证之,解释之。斯氏以松紧、卷舌化、腭介音为纵坐标,以一、二、三、四、四 a 等为横

---

① 王力先生《汉语史稿》据《广韵》分 61 韵类 206 韵,91 韵母,郭锡良先生校改为 141 韵母。

坐标,揭示"中古汉语早期等特征"。斯氏还提出"对《切韵》各韵的语音学解释"的原则三条,总的指导思想是要把《切韵》研究置于现代语言学范畴,三条是:应注意《切韵》反切的差别,又因仿古取消了某些差别;作为构拟的重要原则,同一个韵类中的元音、韵尾相同,仅由介音、松紧、卷舌形成内部对立;构拟系统可从类型学上加以检测,故中古汉语拟音的修订可据现代方言,朝、日、越语中的汉语借词对音等已有成果进行。斯氏列出了58韵类开口、合口独韵的朝、日、越语对照表,十分可贵。

3.3　关于一等韵主元音

一等。经汉朝语、汉日语、汉越语对音比较,包括南方方音的比较,构拟出一等韵四大主元音 *u、*o、*ʌ、*â[ɑ]及相应的16个韵目的音值。其余二等、三等、四a等、四等的研究步骤大体同,研究二等时还引用鲍照的诗文用韵以说《切韵》时代咸衔、删山同用之由。在五项等第研究完毕后,列出7世纪初中古汉语元音系统表①,并另指出,其中应有松紧对立、卷舌和不卷舌的对立。还列出了《切韵》58韵类的韵表。

3.4　关于中古四声调

斯氏认为,中古四声调,要构拟确切的调值很困难,应"尽可能根据它们的名称描写出近似的发音"。"分布特点"有:入声只出现在收尾-p、-t、-k的音节;开音节只出现在平声、上声、去声之中;尾音与去声、上声的关系,尾音与声调的关系很有限。一是"近似",一是"分布",这正是斯氏研究中古声调的指导思想,涉及声调研究法概括,颇可注意。

3.5　关于上古汉语韵部系统的构拟

基本思路是:据上古诗歌押韵构拟;韵母除主元音以外,还有介音、尾辅音、声调三要素,成为研究的切入点。

3.6　关于介音系统的构拟

上古汉语介音系统和长短元音的对立。斯氏说,中古介音音位

---

① C. A. 斯塔罗思京着《古汉语音系的构拟》,张兴亚译,北京大学出版社2012年版,第19页。

有两个相关的介音-w-和-j-,-w-可分布在四个等,-j-则只出现在喉音声母、唇音声母之后,元音 e 和 i 之前。因中古带介音与不带介音的对立 j-ø 并不来自上古介音的对立,而是来自上古前元音与后元音的对立,又经外部比较材料,中古一、二、四等与元音的长短极有关系,斯氏列出了中古各等的上古来源表①,如说中古一等来自上古"长的非前元音"v̄,中古三等来自上古"短的非前元音"v̆,等等。中古的等来自何处,这一直是引人深思而难得其究的问题,斯氏的简明的回答可说是浮一大白。

3.7 上古的尾辅音和声调

中古的尾辅音 p、t、k、m、n、ŋ 分别来自上古的这些韵尾,但中古的尾辅音 w、j、ø 却另有来头。按蒲立本和雅洪托夫的说法,是上古的后缀-s 的脱落引发中古尾辅音的变化和产生了去声:*-ps、*-ts→-j, *-ks→-j、-ø、-w。斯氏从上古押韵的情况看出蒲、雅之说的问题,修改成完全在上古时期的尾辅音的演变三式,并得出上古没有去声的结论。关于上声,一般认为上古声调系统由平声、上声构成,王力(1957)、董同龢(1944)、雅洪托夫(1959)都这样看,蒲立本(1962)则提出中古上声在上古带喉塞音韵尾-ʔ,梅祖麟(1970)引现代方言材料来证实这一假设,但还不算成功。斯氏则从上古押韵中找到构拟-ʔ 尾的依据。斯氏归纳出的上古韵尾辅音主要有*p、*t、*k、*m、*n、*ŋ、*ċ(ç)、*ø 和后缀*ʔ、*h,后缀也可看作尾辅音。声调则有平声和上声。

韵母中的塞尾音。中古的塞尾音与响音尾音的分布一致,但上古的塞尾音比响音尾音要多。有:*p、*t、*k、*ċ(ç)、*kʷ,还可包括喉塞音*ʔ。这实际上就是入声韵,也包含着入声调。

响尾音。除*m、*n、*ŋ 以外,还有非鼻音响尾音*r(蒲立本构拟的是*δ)。斯氏归纳出上古尾辅音组合系统表,带后缀*ʔ 或其独立成尾的共 7 个,带*h 的同,并指出它们从上古到中古的变化。

---

① C. A. 斯塔罗思京着《古汉语音系的构拟》,张兴亚译,北京大学出版社 2012 年版,第 162 页。

3.8 上古韵 57 部

斯氏上古韵 57 部。用《诗经》、《老子》、《荀子》、《楚辞》研究之,把它们看作共时文献;有后缀 * ʔ、* h 的不另立韵部;入声韵部单列;具体做法以中古韵部绳之四部文献中的韵字,并据谐声字材料,共同确立某字韵部。

第 1 部之部。按中古之部、平上去入、一等二等三等四等,将四部文献中的韵字列入,构拟出它们的中古音,例中古之部一等"ʌj 哉 cʌj"、二等"ä̝j 霾 mä̝j";然后用求最小公倍数的方法(有时还参照学界已有的构拟)从中推出上古主元音构拟 * ə 和尾辅音构拟 * ø;继而列出上古之部一些主要的韵母至中古之部相应韵母的变化式,并对其中的相关历史音韵问题作出解释;列出上古之部全部韵母 21 个至中古的演变规则。以上四步程序,是斯氏研述上古韵 57 部的过程序例。

第 2 部职部。主元音 * ə,尾辅音 * -k,重建为 * ə̆k。和第 1 部比较,在上古韵母到中古韵母的转变中,唇化音节的变化有所不同。

第 3 部、第 4 部幽 A、幽 B。把幽部分成两部,斯氏认为这才符合《诗经》押韵实际情况,斯氏说《诗经》有 100 组韵脚字同部自押幽 A,另有 8 组同部自押幽 B。如以通韵、合韵或以谐声系统为参照,都可说明幽 A、幽 B 的区分明显。幽 A 重建为 * u,可能发音 * əu,但不构成对立。幽 B 与第 6 部沃 B 相类,重建为 * iw。还讨论了中古 a̝w 来源于幽 A 的 * rū 和幽 B 的 * rīw,并由 * rū 和 * riw 看出 * r 可以分布在短 * ū 和短 * ī 之前。因中、上古拟音的对比,发现并申论若干新的历史音韵问题,总体上推进了各部构拟研究深度,这是斯氏古韵分部和重建的一大特点。

第 5 部、第 6 部沃 A、沃 B。与幽 A、幽 B 分立的情况同,沃 A 重建为 * ŭk,而 * uk,可复元音化而成 * əuk,即 * əkʷ,中古二等有 ạuk 可对音。沃 B 重建为 * ikʷ,* ikʷ→中古音 iek,与幽 B * iw→中古音 iew 完全相配。

第 7 部、第 8 部宵 A、宵 B。斯氏指出宵 A、宵 B 分立比幽 A、幽 B,沃 A、沃 B 的分立更复杂,但证据确凿当分,并列述诸家拟音,后将宵 A 重建成 * ăw,宵 B 重建成 * ĕw,前者可对音中古一等 âw,后者可对音中古一等 iew;前者和幽 A(犹 * aw 和 * u、* əu),后者和幽 B 合韵(犹 * ew 和 * iw 之间合韵)。

第 9 部、第 10 部药 A、药 B。因四部文献中的约部字甚少,但《诗经》里有只与宵 A 通韵的字,也有只与宵 B 通韵的字,可证药部当分。与宵 A、宵 B 相应,药 A 重建成 * ăkʷ,药 B 重建成 * ĕkʷ。

第 11 部侯部。高本汉(1940)曾构拟成 * u,但斯氏已将幽 A 重建成 * u,于是采取蒲立本(1962)和雅洪托夫(1959)的做法,重建为 * o。王力(1980、1982)侯部构拟成 * o,幽构拟成 * u。

第 12 部屋部。斯氏以屋部与侯部相配(但未说及音转问题),当重建为 * ŏk。语音演变如上古 * ōk 演变至中古 uk,上古 * rōk 演变至中古 ạuk,上古 * ok 演变至中古 öuk 等。

第 13 部鱼部,第 14 部铎部。高本汉(1940)构拟成 * o,斯氏认为鱼部应与铎部相配(也未说及音转),故同蒲立本(1962)和雅洪托夫(1959)重建为 * ă。王力(1980、1982)鱼部构拟成 * a。铎部斯氏重建为 * ăk,但铎部从上古到中古的音变复杂,如上古 * ak,可与中古对音的有不同分布的韵母,如中古在齿音声母后的韵母、软腭音声母和 r-后的韵母、唇音声母后的韵母、唇化声母后 w-后的韵母,都各不相同,同与上古的 * ak 对音。

第 15 部、第 16 部歌 A、歌 B。(见下)

第 17 部支部。重建为 ĕ,它的演变与宵 B * ĕw→中古一等 iew 类似,但也有不同,主要表现在中古三等的对音上。文中列出了上古支部到中古支韵各等的对音表①。

第 18 部锡部。重建为 ĕk。斯氏以锡部与支部相配(但未说及音转问题)。由 18 部中古对音来比较上古 17 部、18 部的不同,17 部中古的 e、je 分别对音于 * re、* e,说明 e 和 je 上古来源不同。18 部中古的 ek 和 jek 互补分布,上古的 * rek 极少,而 * re 较多。由中古谐声偏

① C. A. 斯塔罗思京着《古汉语音系的构拟》,张兴亚译,北京大学出版社 2012 年版,第 184 页。

旁获知的对音回向上古,以深入上古韵部的研究,避免仅由上古文献中的用韵抽绎韵部的单一性,开辟出古韵分部和重建的一片天地,这是斯氏的重要思路,也是对传统古韵分部和构拟研究课题最富有启发性的智慧。

第 15 部歌 A 重建为*ā̆j、第 16 部歌 B 重建为*ō̆j。15 部中、上古间的对音例、15 部与 13 部的对比、15 部与 17 部的对比,都凸显歌 A 的性质,也等于区分了歌 A、歌 B。15 部和 16 部各自的中上古对音表,再次明确了歌 A、歌 B 的分野。在对 15、16 部不同分布的解释中,发现像*$ŋ^w$ 的重建可推测上古更早时期的音,这对连绵字果蠃、委惰、委佗、委蛇的形成提供了新的解释。

第 19 部脂 A、第 20 部脂 B、第 21 部脂 C、第 22 部脂 D、第 23 部脂 E、第 24 部脂 F、第 25 部脂 G。这一区分,是迄今所见到的对脂部最细密的区分和研究。其中 19、20、21 部上古韵母的重建与 23、24、25 部相对相系可比,而 22 部另有建构。对各部声调的情况、韵母的分布、中古对音都有详说。

第 26 部、第 27 部质 A、质 B,重建为 ə̄t 和 ūt. 第 28 部至部重建为 ī̆ t。

第 29 部祭 A、第 30 部祭 B、第 31 部祭 C,斯氏分别重建为*ā̆ć、*ē̆ć、*ō̆ć。

第 32 部月 A、第 33 部月 B、第 34 部月 C。斯氏分别重建为*ā̆t、*ē̆t、*ō̆t。与祭部的对应关系十分明显,主元音同,仅韵尾不同。

第 35 部元 A、第 36 部元 B、第 37 部元 C、第 38 部元 D、第 39 部元 E,类似前面歌部、祭部、月部的分析,主元音尚同,韵尾不同,故重建上古 35 部*ā̆n、36 部*ē̆n、37 部*ō̆n、38 部*ā̆r、39 部*ō̆r。这五个元部,分别以平、上、去声列出四等的中古例字 85 个的音注和韵母,以与五个部的上古构拟比证,犹以中古音直接推证上古音;这还不够,文中还列出这五元部中古在不同声母后的分布及其韵母 105 个与上古韵母 48 个间的对音。可谓元部中上古韵部比证和研究得以尽矣。

第 40 部文 A、第 41 部文 B、第 42 部文 C、第 43 部文 D,分别重建上古 40 部为*ə̄̆n、41 部为*ū̆n、42 部为*ə̄̆r、43 部为*ū̆r。斯氏说,这

种情况，与 35 部、37 部，38 部、39 部的情况相同，但仅指韵尾对应，主元音不同。

第 44 部真部。上古重建为 ī̆n，但实际上有两类，一类出现在齿音声母后，如天、田、千、人等字，一类出现在唇音或软腭音/喉音声母后，如民、臣、均、滨、驷等字。

第 45 部耕部。上古重建为*eŋ。文中列出了 40 部、44 部、45 部韵母的全部演变规则，亦即各部的中上古音对音规则。

第 46 部阳部。上古重建为*ā̆ŋ，并认为与 14 部铎部*ā̆k 相配（未及音转问题）。

第 47 部东部。上古重建为*ō̆ŋ，可与 12 部屋部*ō̆k 相配（未及音转问题）。

第 48 部中部。上古重建为*ū̆ŋ，可与第 5 部沃 A 部*ū̆k 相配（未及音转问题）。

第 49 部蒸部。上古重建为*ə̄̆ŋ，可与第 2 部职部*ə̄̆k 相配（未及音转问题）。

第 50 部侵 A、第 51 部侵 B，上古重建为*ə̄̆m 和 ī̆m。因极少作韵脚字，甚难区分，但 50 部有“函、参、今、金、林、甚”等声系，51 部有“念、浸”等声系。50 部与 51 部的区分犹 40 部与 44 部的区分。

第 52 部谈 A、第 53 部谈 B，上古重建为*ā̆m、*ē̆m。虽然 53 部韵脚字极少，但两部谐声声系仍区分明确。这两部的划分相似于 35 部、36 部的情形，连韵母的演变也相似。

第 54 部叶 A、第 55 部叶 B，上古重建为*ā̆p、*ē̆p。虽然 55 部韵脚字极少，但两部谐声声系仍区分明确。这两部的划分与 52、53 部的划分相配。

第 56 部缉 A、第 57 部缉 B，上古重建为*ə̄̆p 和*ī̆p。这两部的划分相似于 50 部和 51 部。虽然 57 部韵脚字极少，但两部谐声声系仍区分明确。

3.9 上古汉语韵母构拟系统

斯氏在文中以六个主元音 i、e、ə、a、u、o 为横坐标，以 26 个韵尾为纵坐标，不计介音和主元音长短对立，列出了上古汉语韵母构拟系统表[①]。共有上古韵母119个,其中含韵部57个。斯氏构拟的优点是深入到韵母层次,完成以四声、四等为维度的中上古音对音研究,并指出不同声母后的韵母的分布情形。从中古方面讲,真正做到了从谐声偏旁入手,以详尽的确定的中古韵母推证上古;从上古方面讲,以四部文献中至于细密区分的用韵抽绎出57韵部,完成上古韵母至于中古韵母的演变研究。斯氏的57韵部是以上古用韵为据,找到中古韵母接口的音位系统。唯其尤重中上古接口,故分而细密,与著名的黄侃28部、王力29部、30部有很大不同。从入声韵部本身分立后不涉及音转看,斯塔氏是我们传统所说的考古派而非审音派古音学家。

4 关于上古汉语史的语音变化分期

4.1 上古汉语可分六个时期

过去,我们一般都把上古看作一个整体,不再作分期研究。斯氏把上古汉语分成六个时期(或七个,见后),在有关时期内还再细分为几个时期,这种深层次分析法,我们在前面的专题中,特别是古韵部重建中,我们时刻感到作者的这一思路,所不同的是,这里更明确地以时间为序作纵横分析而贯彻这一深层次分析法。

4.2 原始汉语时期

原始汉语时期,从共同汉藏语分化出原始汉语至公元前11世纪,是“汉字谐声系产生之前的汉语”。研究法:因缺乏足够的文献,“只能通过所构拟的上古汉语早期系统与所构拟的原始汉藏语系统的比较获得”。声母三个主要特点:浊辅音清化和新生,小舌音消失,响音与咝塞擦音的转换。韵母也有三个特点:原始汉藏语*a发展出*ə,新生二合元音*-ia-,韵尾变化*-l>*-j*、*-ɫ>*-n、*-r>*-n。

4.3 上古汉语早期

上古汉语早期,前10世纪以前。利用汉字谐声系统和周代(或

---

① C.A.斯塔罗思京着《古汉语音系的构拟》,张兴亚译,北京大学出版社2012年版,第220、221页。

更早）文献。文中归纳了这一时期的韵母特点5条。

4.4 前古典上古汉语时期

前古典上古汉语时期，前6世纪、前5世纪，利用《诗经》押韵研究韵母系统。声母系统研究虽有较大困难，但经对韵母系统的分析，仍可得到某些认识。文中列出了这一时期的声母、介音、主元音、尾音综合情况表。文中以符号转写为表述法框架，详述了不同声母后的韵母分布，以及从早期上古汉语到本时期上古汉语的声韵母演变规则系统。

4.5 古典上古汉语早期

古典上古汉语早期，战国中晚期，前4世纪左右，利用《老子》《荀子》《楚辞》材料。声母系统仍有困难，但仍可据这一时期产生了介音-w-，从类型学推测出唇化软腭音 k^w 和唇化喉音 $ʔ^w$ 声母不再作为音位存在，即 k^w→kw，$ʔ^w$→ʔw。此外，还有元音复合化如-iu、-eu、-au的发生等。

4.6 古典上古汉语晚期

古典上古汉语晚期，分西汉、东汉语言研究之。斯氏参照蒲立本(1962)对西汉音译词“禅于”“阏氏”“月氏”作研究的做法，得出如“舌根和唇音声母后还保留介音-r-”等五大结论，列出西汉声母系统表，含53个声母。又在罗常培、周祖谟两汉韵部研究的基础上，针对这一时期的押韵规则作出详细解释。东汉的语言研究法与西汉研究法基本相同，如利用译音词、列出声母表、解释押韵规则，还有大量利用《释名》材料，利用台语借词等。借助后二者，发现东汉“韵母里可能发生了独特的复制声元音色特征的过程”，为说明这一“复制”，斯氏列出了西汉、东汉、中古对音表，可见同一音节的不同时期的变化，而“复制”是变化的诱因。此外，东汉依然保留介音-r-也很值得注意[①]。根据对《释名》材料的语音分析，可知东汉是语音变化丰富多彩的时代。

---

① C. A. 斯塔罗思京着《古汉语音系的构拟》，张兴亚译，北京大学出版社2012年版，第240页。

4.7 后古典上古汉语时期

第六个时期:后古典上古汉语时期(上古晚期),又分该时期的初期、中期、晚期研究之。初期:公元 3 世纪。介音-r-消失;响音的清音*m̥、*n̥、*ṇ̊、*ń̥、*r̥、*l̥、*ŋ̥、*w̥ 分别变为*hw、*th、*ṭh、*ś、*th、*th、*h、*hw;由音位*r 变来的 l 成为唯一的流音,可同时对译梵语的 la 和 ra;保留了声母*ź[ʑ],对译梵文 ś[ʂ],梵文中 ź[ʑ]和 ś[ʂ]不构成音位对立,到中古*ź[ʑ]→j。韵母系统据嵇康(223—262)和阮籍(210—263)的用韵建立,归纳出异于东汉的特征 22 条,并作出 10 条解释,最后归纳出东汉至本时期声母变化规则 1 条,韵母变化规则 18 条,并作规则音变举例 22 例,指出这一时期的音韵系统是"所有现代汉语方言的祖语",还提出了两大最为明确的方言演变进程①。不能不承认,斯氏的做法是研究早期中古语音的南针。

第六个时期的中期:公元 4 世纪。中古音变*ź[ʑ]→j 这一时期已经发生,中古声调系统在 4 世纪前后形成。韵母据陶渊明(365—427)和谢灵运(385—433),提出了两位诗人押韵规则共同特征如"唇音声母和介音 w 后韵母 ɨ 从之部转入脂部"等 5 条,并作出 6 条音理上的解释,最后归纳出第六时期的初期至中期的演变规则 15 条,并作规则音变举例 15 例。

第六个时期的末期:公元 5 世纪。响音的送气与不送气的对立仍保留,斯氏以年代坐标 417 年、约 420 年、约 430 年、518 年为标的制表示之。韵母以鲍照(420—466)用韵为例分析出鲍与谢灵运的不同点 4 条,并作出 4 条音理上的解释,最后归纳出第六时期的中期至末期的演变规则 5 条,并作规则音变举例 5 例。

4.8 关于中古汉语早期

附论"中古汉语早期",也可作为上古汉语语音史的第七个时期:公元 6 世纪初至 6 世纪末。声母和上古晚期相比有:一等的*g 发成*gh 在 6 世纪初,而*gh 是*g>ɣ 的过渡。浊送气音和送气响音消

---

① C. A. 斯塔罗思京着《古汉语音系的构拟》,张兴亚译,北京大学出版社 2012 年版,第 252 页。

失，等等。介音-w-出现。韵母：元音的长短让位于松紧，松紧成了中古等的分类的基础。韵尾-k、-ø变化重组，-iŋ、-ik稳定下来。文中列出了上古晚期的末期到中古的语音演变规则系统，并举规则音变例14条。总之，上古再分六个或七个时期醒人耳膜，各时期语音特征的研究经上述多种研究途径而成精密视图。

5 小结

综上所述，斯氏对中上古汉语语音史的研究，可谓做足文章，绵密深细，抽绎规则，列式多多；方法上以四大文献押韵分析为主，辅以共同汉藏语作类型学推求；注重以《说文》谐声、《切韵》音系为标的和维度，上推和裁决音位、音值及其演变，中上古对音处处可见；不同时期的梵汉对比及其他亲属语言对比得窥相关语音铁律。

主要参考文献

Guo，Xiliang（郭锡良）. 2010. Hanzi Guyin Shouce 汉字古音手册［A Handbook of Ancient Pronunciation of Chinese Characters］. Beijing：ShangwuYinshuguan 北京：商务印书馆［Bejing：Commercial Publishing House］

LiKai（李开）. 2008. Hanyu Guyin Xue 汉语古音学［The Study of Ancient Pronunciation of Chinese］. Shanghai：Shanghai Renmin Chubanshe 上海：上海人民出版社［Shanghai：Shanghai People's Press］

Pan，Wuyun（潘悟云）. 2010. Jingwai Hanyu Yinyunxue Lunwenxuan 境外汉语音韵学论文选［Anthology of Chinese Phonology of Area Outside the Borders］. Shanghai：Shanghai Jiaoyu Chubanshe 上海：上海教育出版社［Shanghai：Shanghai Education's Press］

C. A. Staroskin（C. A. 斯塔罗思京）. 2012. Guhanyu Yinxi de Gouni 古汉语音系的构拟［Reconstruction of Pronunciation's System of Ancient Chinese］Zhang Xingya Yi 张兴亚译［Translated by Sir. ZhangXingya］TangZuofan Shending 唐作藩审定［Examined and Approved by TangZuofan］Beijing：Beijingdaxue Chubanshe 北京：北京大学出版社［Beijing：Beijing University Press］

WangLi（王力）. 2004. Hanyu Shigao（Chongpai Ben）汉语史稿（重排本）［Manuscript of the History of Chinese（Anew Compose）］. Beijing：Zhonghua Shuju

北京:中华书局[Beijing:Zhonghua Publishing House]

WangLi(王力). 2010. Hanyu Yuyins Shi 汉语语音史[The History of Pronunciation of Chinese]. Beijing:Shangwu Yinshuguan 北京:商务印书馆[Beijing:Commercial Publishing House]

Yang,Xinzhang(杨信彰). 2005. Yuyanxue Gailun 语言学概论[An Introduction to Linguistics]. Beijing:Gaodeng Jiaoyu Chubanshe 北京:高等教育出版社[Beijing:Higher Eduction 's Press]. It's 1.2:The Function of Language.

Zhengzhang,Shangfang(郑张尚芳). 2003. Shanggu Yinxi 上古音系[The Sound System of Chinese in Remote Ages]. Shanghai:Shanghai Jiaoyu Chubanshe 上海:上海教育出版社[Shanghai:Shanghai Eduction 's Press]

(本文原载《语言科学》2017年5月第16卷第3期,总第88期)

胡小石先生《声统表》解读

内容提要:胡小石先生分上古声纽25类,可与同时代的黄侃古声19纽作比较研究。25纽中的喉音与舌音、齿音间发生递转,喉音与唇音间发生对转,两种音转关系对研究汉语音义相系的双音节词汇有重要指导作用。递转十七表,对转六表,各有体式,并从《说文》选取合其体式的两千三百多字充实其中,蔚成上古声类研究专学。六张附表,可用作相关对比研究和综合审视。
主题词语:胡小石先生《声统表》,上古声纽25纽,递转,对转,附表,学术理路

0 导入

0.0.1 胡小石先生(1888. 8.16—1962.3.16)是我国著名的古代文学研究专家、书法家、诗人;也是古文字学家,代表作[①]有《金文释例》(1928)、《古文变迁论》[②](1933)、《甲骨文例》(1937)等;也是音

① 收入《胡小石论文集》一、二、三编的全部代表作共32篇,语言文字学代表作共15篇,可见于《胡小石论文集》第一编(3篇)和第三编(12篇),续编(二编)无。一、二、三编上海古籍出版社分别于1982年6月、1991年5月、1995年10月出版。

② 名篇《古文变迁论》经周勋初先生推荐,曾收入《南京大学百年学术精品·中国语言文学卷》,赵宪章主编,南京大学出版社2002年5月第1版。

韵学家,代表作有系统研究上古声纽系统的《声统表》(1935年成书,1936年刊出[①]),还著有《广韵正读》[②](1959年始著,已佚)。

0.0.2 胡先生著《声统表》是研究上古声纽的构成,音转规则等课题的。上古声纽的研究,历来被认为是古音学研究中的难题,它比古韵母、韵部的研究要困难得多。何九盈先生说:"关于上古声母问题,没有引起清儒的普遍注意。"[③]自清代乾嘉至民国,最著者仅有三家:戴震(1724—1777)著《声类表》《转语二十章》(已佚,今存《序》[④]),钱大昕(1728—1804)著《声类》[⑤],黄侃(1886—1935)在《音略》中提出著名的"古声十九纽"说。此后,著名语言学家王力先生在《汉语史稿》(1980)提出上古声32纽,又在《同源字典》(1982)提出古声33纽说。胡先生民国年间提出古声纽25类(见1.2.2,附表一),并重在音转(分递转、对转两种)说之,其在古音学史上的地位可知。

---

① 有关《声统表》的成书和刊出,参见三编第536页胡先生《自序》署"乙亥年(1935)八月写竟"。《胡小石文史论丛》第254页载谢建华《胡小石先生年表》"1937年"载:"8月,先生竭数年字精力,钻研声音与训诂之关系,成《声统表》上下卷,发表于《金陵学报》"。《论丛》南京大学出版社2008年4月第1版。今考:《〈声统表〉自序》首刊于1936年《国风》月刊(南京高等师范学校1932年创刊,半月刊,1935年改月刊)8卷4期第130页,署名:胡光炜。《声统表》首刊于1936年《小学研究》(金陵大学文学院国学研究班举办)1至88页,署名:胡光炜。

② 谢撰《年表》"1959年"载:"是年,开始著《广韵正读》一书,其体例以《广韵》(中古音)所载反切为标准音,对照所收集的现代各方言,用声母递转、对转之理,解释其产生变易之原由,可惜只写成平、上、去三部分,未及入声而去世,后遗稿又遗失。"见《胡小石文史论丛》第265页。

③ 何九盈《中国古代语言学史》(新增订本),北京大学出版社2006年6月第1版,第259页。

④ 何九盈先生曾据《转语二十章序》列表归纳出戴震上古声纽30类及其声转关系。见《中国古代语言学史》(新增订本),北京大学出版社2006年6月第1版,第289页"清代词源学"。何先生的列表见本文附表五。

⑤ 钱大昕著《声类》四卷,最初收入清伍崇曜辑,南海伍氏刊本《粤雅堂丛书》初编第四集,道光二十九年(1849)刊。《钱大昕全集》(全十册),江苏古籍出版社1997年12月第1版第一册已收入《声类》四卷,陈文和点校。近人郭晋稀(1916—1998)著《声类疏证》,上海古籍出版社影印本1993年7月第1版,足可称善。郭氏说:"钱氏和戴氏的声转之说,大同而小异。钱氏的双声正转,限于同组,少数近组。"又说:"钱氏的同位变转,戴氏的位同转,皆以声之发送为依据,其立意是完全一致的。"见郭著本《前言》第15页。由本文附表五、六亦可知:位同、同位皆等韵学概念。

0.0.3 胡先生书中不仅有语言文字学专论，还有用它作工具来研究文学艺术的[①]。章炳麟、徐复先生均曾以小学家近名家，以音韵、文字、训诂、校勘为主的考据学属古代名家之学，即古代逻辑学[②]。胡先生不仅以名学即逻辑学为工具研究古代文学[③]，更以语言文字学研究文学，两者的学术精神当为一致，即揭橥研究课题中的内在理路，学问逻辑，即莫砺锋教授在著论和演讲中多次提到的"学理上"、"学理的方面"。

一　关于《声统表·自叙》

1.1.1 《声统表·自叙》阐述的重要的古音学思想，一开头便说："训诂之指，存乎声音。"这句话原出于清王引之《经义述闻》自序引"家大人"王念孙语。可知《声统表》宗师高邮二王之旨。胡先生说，王念孙的这句话，为"近世治小学所必诵之律令"，但"存乎声音"之"声音"包括声类和韵部两个方面。胡先生在理论上的推进在于："实则音义相关，其所主在声不在韵。观古今异语之生，皆韵变而声不变。"接着举证七组用例：

1.1.2 胡先生言古今异语"韵变而声不变"举例：一组例：古言"离娄（来纽[④]歌部/来纽侯部）"、"丽廔（来支/来侯）"，试比较今言

---

① 例如"一编"中的《〈楚辞〉郭注义徵》、《〈远游〉疏证》、《杜甫〈北征〉小笺》、《杜甫〈羌村〉章句释》。即使研究书艺、文学史，也时常用到小学，如"一编"《书艺略论》第205、206、207、208、209、210、211、213页，"续编"（二编）《中国文学史讲稿》第6、7、21、22、23、24、27、28、34、35、36、88、89、90、92、97、98页等。

② 章炳麟《訄书·清儒》称俞樾著《古书疑义举例》"各此条列"徐复注："条列，即条例。"亦条理，著书的体式、内在逻辑。章氏称语言文字学家段（玉裁）、王（念孙）、俞（樾）、孙（诒让）为"经儒"，"卒最精者乃在小学，往往近名家者流"，徐复注："名家，以正名辨义为主。考据家（此处指小学家，训诂学家）皆从《尔雅》、《说文》入手，而亦以考订六书（文字），正名辨物为臬极（最高标准）。古人以字为名，名家综核名实，必以正名析词为首，故考据之文，亦出名家。"犹言小学属名家，考据学属逻辑学。见《訄书详注》，上海古籍出版社2000年12月第1版，第145、148页。

③ 例如"一编"中的《〈楚辞〉辩名》（此文亦曾经勋初先生推荐收入《南京大学百年学术精品·中国语言文学卷》，赵宪章主编，南京大学出版社2002年5月第1版）、《〈离骚〉文例》。

④ 本文注出的上古声纽，必要时注出的上古韵部和上古音构拟，一律按王力音系，具体据郭锡良《汉语古音手册》（增订本）中的音注。郭著商务印书馆2010年8月第1版。

“玲珑(来耕/来东)”、“伶俐(来耕/来质)”。比较结论:声纽来纽未变,韵部已从歌、侯、支部变到了耕、东、质部。二组例:古言“磊谆(重叠堆聚。谆,读 duǐ。来微/端微)”,试比较今言“褦襶(衣服厚重臃肿,读 nàidài,泥之/端之)”、“龙钟(来东/章东)”。比较结论:声纽来纽泥纽旁纽、端纽章纽舌音准双声,声纽基本未变或未变,韵部已从微部变到了之部、东部。三组例:古言“婆娑(有舞貌、醉态蹒跚、盘桓逗留等义项。並歌/心歌)”,又言“媻跚(今作蹒跚,並元/心元)”,试比较今言“白相(方言,俗语,记音字,记音符号,以方音,如以上海话读之自明)”。此外,胡先生还举了四组例,多涉及方俗土语中的说法和方音。胡先生的结论是:“发声同者,义必相近。”这里的“声”,主要指某字的声纽。

1.1.3　关于上古声纽和上古韵部在训诂、求同源字(词)的中地位比较,胡先生说:“言古韵部分合者,自宋迄今,惛然有多歧之苦,然反求诸声,则若网在纲,故今之治诂训者,识声斯可矣。”这主要是指自南宋初年吴棫著《韵补》即有上古韵部及其“通”和“转”的研究,至1935年代古韵分部说诸家不同,难成系统的总体观照,实际应用起来困难尚多。与胡先生同时代的黄侃提出了上古韵部“二十八部”之说,又被责之为“无所不通”。可知“迄今”确有“多歧之苦”种种。如何解决这一矛盾,胡先生给出的答案是:“近儒皆言韵有相转之理,不知声亦有相转之理。”可予重视声转,它已超出今天学术界常讲的声纽之双声、旁纽、准双声等的审定范围①(见本文二、三节)。

1.1.4　《声统表·自叙》阐述的人类语言之“声亦有相转之理”,是从动物发声鸣叫讲起的。胡先生说:“含生之伦,凡以口发音者,其最初但有喉与唇而已。”证据是,喉音类:“虎之鸣虓(读 xiāo,晓纽幽部,声牙音,牙音属喉音类,下同),鹿之鸣呦(影纽幽部,影纽深喉音),雉之鸣雊(读 gòu,见纽侯部,声牙音),雎鸠之鸣关关(见纽元

① 应予指出的是,胡先生讲了声纽音转,并没有因此否定上古韵部之间的通转关系,今天,学术界一般都按王力《同源字典》中的“韵表”、“纽表”分别言韵转、声转关系。参见王力《同源字典》,商务印书馆 1982 年 10 月第 1 版,第 13-20 页。但这样做也不是意味着什么问题都解决了。

部,同上),黄鸟之鸣喈喈(见纽脂部,同上),乌之鸣哑哑(影纽鱼部,声深喉音),鼃(蛙)之鸣阁阁(见纽铎部,声牙音),皆喉也。”唇音类的:“牛之鸣牟(明纽幽部,声唇音),羊之鸣芈(明纽支部,同上),猫之鸣若猫(明纽宵部,同上),皆唇也。”以舌音、齿音发声而鸣者极少。动物以喉音、唇音发声而鸣。人类呢?胡先生说:“人之始生,发音唯喉,故其泣则呱呱(见纽鱼部,声牙音)。及其有知,则先以唇,古咳(孩的古字)提学语,首呼父(並纽鱼部,声重唇音)母(明纽之部,声重唇音),舌齿之音。”此处将上古重唇误作“舌齿之音”,当校正之,但它提醒我们,胡先生虽一再强调上古声纽多喉音、唇音,而并不排斥上古舌音,如端组、照组,上古齿音,如庄组、精组的存在。这是我们应予注意的(又见 1.2.2)。钱大昕曾说:“凡声皆始于喉,达于舌,经于齿,出于唇,天下之口相似,古今之口亦相似也。”[①]胡先生对上古声纽的探寻,应当视同于钱说。胡先生还说:“人緐(繁)于鸟兽,然皆后于二者,古音亦但有喉唇而已。”意思是说,舌音、齿音二者对人类语音来说也是后来才有的,上古或远古仅有喉音、唇音。应该说,光就这句话看,先生之说并不确切,钱大昕“古无轻唇音,古无舌上音(指上古无知、彻、澄)”[②],但上古声纽既有重唇音(见前),也有舌头音端组,也有舌面音照组(照、穿、神、审、禅,还有日纽)[③],更有齿音精组。上古并不缺乏舌音、齿音。但如从胡先生的二十五声纽和卷上递转表、卷下对转表看,胡先生又完全认可上古声纽喉、舌、齿、唇四大声类。

1.1.5 上述说法,仅表明胡先生从汉语中的某些象声词推证上古声纽喉音、唇音的重要,丝毫也不涉及动物“语言”(动物求偶的信息传递)对人类语言的产生有何影响的问题。德国历史语言学家洪

---

① [清]钱大昕《潜研堂集》“文集”卷十五《音韵》,上海古籍出版社 2009 年 1 月第 2 版,第 246 页。

② 钱大昕说:“凡轻唇之音,古读皆为重唇。”又说:“古无舌头舌上之分。知、彻、澄三母以今音读之,与照、穿、床无别也,求之古音则与端、透、定无异。”均见《十驾斋养新录》卷五,杨勇军整理,上海书店出版社出版,2011 年 6 月第 1 版,第 90、100 页。

③ 舌面音照组的提法见王力《同源字典》纽表,郭锡良《汉字古音手册》标音作“章、昌、船、书”。

堡特说过,"越是向史前时期的纵深之处追溯",就越发懂得"语言与人类的精神发展深深地交织在一起,它伴随着人类精神走过每一个发展阶段"①。美国描写语言学家布隆菲尔德则说:"语言的功能很大,使人类区别于其它动物。"②胡先生从汉语象声词走进上古声组,想问题的方法用了中国传统"经验理性"中的"悟",有其思想方法上的合理性、合法性,"悟"得的结论有其可信度。

1.2.1　胡先生在获知喉音、唇音对上古声纽尤其重要的基础上,提出了"递转""对转"两条上古声纽音转规律。这两条音转规律,与戴震、钱大昕深深打上等韵学烙印的"正转""变转","位同转""同位转"规律和"发""送""收"发音规则(见附表五、六)完全不同,胡先生的两转完全是从《说文》的音义相系的代表字出发的,根本原因在此。

1.2.2　一条是"递转"。胡先生说:"凡舌齿字率以喉为初音,由喉转入舌。次转入齿,至齿即止,不更转。其式如阶,此一系也。"(《自叙》)可知"递转"规则是指喉音转入舌、齿。具体说明之,胡先生说:"影(喉)、喻③(牙音)、晓匣见溪诸纽(当含群疑,皆牙音)本无分。"这句话是说,上古喉音、牙音的关系以及与喻母的关系极其密切。又说:"知彻诸纽(当含澄纽,作为上古声纽,可合于端透定,舌头音)极近见溪诸纽(当含群疑,皆牙音)。"这句话是说,上古舌头音与牙音极近,甚是。又说:"泥娘(胡先生以中古36字母言之,故有娘母字,实际上上古无娘纽,合于泥纽,舌头音)、日(舌面音)、来(舌头音)诸纽多自喻(牙音)、疑(牙音)出。"这句话是说,上古舌音泥、日、来纽出自牙喉音喻、疑。又说:"端透诸纽(当含定纽,舌头音)

---

① [德]洪堡特《论人类语言结构的差异及其对人类精神发展的影响》,姚小平译,商务印书馆1999年11月第1版,第20、21页。

② [美]布隆菲尔德《语言论》,袁家骅等译,商务印书馆1980年4月第1版,第1页。

③ 喻纽的归属有不同看法。王力先生将中古喻纽三等归之为喉音,当与晓匣同横行。见王力《汉语史稿》中华书局1980年6月新1版第70页。上古喻纽(王力先生写作餘纽。原为中古的喻纽四等)归之为舌头音,当与端透定同横行,见《汉语史稿》第66页。王力《同源字典》纽表将上古喻纽归之舌面音,与照穿日审同行。本文据胡先生意(见1.1.2)将上古喻纽归作牙音与晓匣见溪同横行,见附表一。

多自影（深喉音）、喻（牙音）出。”这句话是说，上古舌头音出自喉音。又说：“精清诸纽（当含从心邪纽，上古齿头音）多自端透（舌头音）、照审（舌面音）诸纽（当含定，穿船二纽，禅纽）出。”这句话是说上古齿音与舌音关系密切，可成递转关系。此外，还有作为孩提之语提出的“首呼父母”的舌齿音而实为重唇的“帮、旁、並、明”（见1.1.4，1.3.1）按上述说法，如不计入“诸纽”二字所当含的声纽，胡先生分上古声纽 二十五 纽：影、见、溪、群、疑、喻、晓、匣、端、透、定、泥、来、照、日、审、精、清、从、心、邪、帮、旁、並、明。

1.2.3　与同时代的黄侃“古声十九纽‘影、晓、匣、见、溪、疑、端、透、定、泥、来、精、清、从、心、邦、滂、並、明’”[①]相比，二十五纽与之有较大不同：二十五纽有“群、喻、照、日、审、邪”六纽，十九纽无，（胡25纽-胡有黄无的6纽=黄19纽）[②]。此外，如前所说，胡先生25纽从汉语拟声词切入而获最基本音喉音、唇音，以喉音向舌音、齿音递转，喉音与唇音间对转，而求得25纽[③]；黄侃则以中古36纽求古本声，具体做法是从《广韵》206韵中觅得古本韵28部，然后以28部为参照（不是依据，仅仅是逻辑参照，故古本声与古本韵之间不能构成循环论证），以相关例字为判断依据，从36纽中求得古本声19纽，胡先生25纽则与上古韵部的分合毫无关系，这是最大的不同。还有，胡先生25纽有较大的扩张力，“诸纽”之说直接意味着可继续拓展，如后来王力有32纽、33纽之说。黄侃19纽则是固化的，变声17纽已全部合并至本声19纽，无法从古本声19纽再拓展而至于32纽、33纽。

1.2.4　为说明“递转”规则，胡先生举以古今异音、方音说法再证古声纽音转。引《释名·释车》：“古者曰车（上古昌纽鱼部，舌面音），声如居（见纽鱼部，牙音），言行所以居人也。今曰车声近舍（书

---

① 现据黄侃《声韵通例》的附文《与人论治小学书》列出的《广韵》四十一声类中的本声部分制古声十九纽表，见附表二。已剔除四十一声类中的变声部分，黄侃说：“变声与本声同列者，明其在古不分。”附文的原表见《黄侃论学杂著》，上海古籍出版社1980年4月新1版，第155、156页。

② 又，胡先生与黄侃有较密切的人际交往，见谢撰《年表》“1928、1935年”。

③ 如以《声统表·自叙》为主言声纽，仅22纽，考虑到胡先生递转十七表中多处用到从、心、邪三纽的字，故言胡先生分上古声纽25纽。

纽鱼部,舌面音),车舍也,行者所处若居舍也。”可见“车”字上古声纽就有舌音与喉音之递转(此外皆上古韵同为鱼部),胡先生证以“今吴人呼车乃如叉(李荣主编《上海方言词典》‘叉’与‘车’同音,读ts’o53,方音存古音,[ts’-]为上古清纽,齿音)”,此条“车”的昌、见、书、清四声纽,可知上古喉音与舌音、齿音间的递转。胡先生又引《尔雅·释亲》:“夫之兄为兄公(见纽东部,牙音)。”晋郭璞注:“今俗呼兄锺(章纽东部,舌面音),语之转耳。”此例可知喉音与舌音间的音转,又皆东部为韵。胡先生又引《说文·宀部》:“寱(读jì,上古群纽微部,牙音),孰(熟)寐也。从㝪省,水(书纽微部,舌面音)声。读若悸(群纽质部)。”大徐本注音“求癸切”,反切上字“求”亦群纽字。胡先生引方音说:“吴人读水近史。”《上海方言词典》水读sɿ55,史读sɿ35,声纽皆心纽齿音。可知“寱”字例说明了喉音、舌音、齿音间的递转。胡先生说:“北人歌者,于音严铦(读xiān,锋利)团之分,即不许喉舌阑入齿。”指北方人歌唱(唱京戏尤其如此)严分尖音和团音,尖音主要指精组,包括精、清、从、心、邪纽,团音指影纽字,见组、端组、章组。胡先生的意思是说,喉音、舌音与齿音间本可发生音转关系,但北方人歌唱为强调吐字清晰、精准,拒绝很容易发生的音转,严分“铦团”。

1.2.5 由以上可知,胡先生主要通过25纽之间音理、音转关系,声纽本身的发音方法的类别间的递归,并借助于古今语、方音来说明递转规则的。胡先生上古声纽25纽的成立及其与黄侃19纽的对比,甚至比音转规则本身更重要。

1.3.1 胡先生提出的上古声纽第二条音转规则是对转规则。胡先生说:“一为对转,喉径入唇,唇亦径入喉,其式如两极,此二系也。”可知胡先生将其25纽中的影纽、见、溪、群、疑、喻、晓、匣,与帮、旁、並、明之间的音转称为“对转”。两极,喻指从喉至唇,在音表上只能上下两端(见附表一)。

1.3.2 既有递转,又有对转,以及在两转中各纽发音部位的确立,更有25纽,现绘制胡先生上古声纽分类和音转关系表(见附表一)。

1.3.3 胡先生是从对转在汉语双音节构词中的作用来论证对转的。胡先生说:“凡骈字,或以同纽字为之,或以喉、唇二音为之。”关于双音节词,有一类是胡先生说的“同纽为之”,即两语素的声纽相同的双声双音节词(骈字之一)。胡先生举了叠音词:唯唯(喻/喻)、否否(帮/帮)、俗言“糊涂”为马马虎虎(明/明,晓/晓)。实际当然不止叠音这种情况,例双声骈字:补报(汉代,皆帮纽)、补裨(汉代,皆帮纽)、落连(文采飞扬,汉代,皆来纽)、统天(《周易》,皆透纽)、赵盾(《左传》,皆定纽),等等。

1.3.4 另一类是胡先生说的“喉唇音相合者”,即两语素的声纽一为喉音,一为唇音构成的双音节词(骈字之二)。后者胡先生举的例子共有65个①:其中“喉音+唇音”有“幽明、有无、鼋黾、腰腹”4例;“唇音+喉音”有“明暗、飞扬、保养、朋友、俳优”5例;“牙音+唇音”有“晦明、光明、虚无”等29例;“唇音+牙音”有“风雨、辟翕、分合”等25例。此外,“唇音+舌面音”0例,“舌面音+唇音”则有“车马、戎兵”2例。有以上65例中的前63例为证,胡先生骈字“喉音、唇音对转”说

① 现就胡先生举证的65例作出音理鉴定如下:风雨(上古声纽,下同:帮/匣,唇音牙音合)、晦明(晓/明,牙音唇音合)、光明(见/明,同前)、明暗(明/影,唇音喉音合)、幽明(影/明,喉音唇音合)、虚无(晓/明,牙音唇音合)、有无(影/明,喉音唇音合)、开辟(见/滂,牙音唇音合)、辟翕(读xī,闭合。滂/晓,唇音牙音合)、分合(帮/匣,同前)、变化(帮/晓,同前)、飞扬(帮/影,唇音喉音合)、闻见(明/见,唇音牙音合)、并兼(並/见,同前)、研摩(疑/明,牙音唇音合)、撬击(溪/见,唇音牙音合)、负何(荷)(並/匣,同前)、保养(帮/影,唇音喉音合)、比较(帮/见,唇音牙音合)、往复(匣/並,牙音唇音合)、倾覆(溪/旁,同前)、纷纭(旁/匣,唇音牙音合)、丰俭(旁/群,同前)、平均(並/见,同前)、悲喜(帮/晓,同前)、祸福(匣/旁,牙音唇音合)、邦国(帮/见,唇音牙音合)、邦家(帮/见,同前)、君民(见/明,牙音唇音合)、朋友(並/影,唇音喉音合)、俳优(並/影,同前)、歌舞(见/明,牙音唇音合)、刑罚(匣/並,同前)、贸易(明/喻,唇音牙音合)、规模(见/明,牙音唇音合)、方圆(帮/匣,唇音牙音合)、黑白(晓/並,牙音唇音合)、门户(明/匣,唇音牙音合)、舆服(喻/並,牙音唇音合)、车马(昌/明,舌面音唇音合)、冠冕(见/明,牙音唇音合)、冠佩(见/並,同前)、滚冕(见/明,)、衣服(影/並,喉音唇音合)、璧瑗(帮/匣,唇音牙音合)、簠簋(读fǔ guǐ古食器,帮/见,同前)、帷簿(匣/並,牙音唇音合)、毂辐(见/帮,同前)、斧戉(帮/匣,唇音牙音合)、斧斤(帮/见,同前)、戈矛(见/明,牙音唇音合)、镆铘(明/疑,唇音牙喉音合)、戎兵(日/帮,舌面音唇音合)、凤皇(並/匣,唇音牙喉音合)、鲲鹏(见/並,牙喉音唇音合)、鸡鹜(见/明,同前)、凫雁(並/疑,唇音牙喉音合)、虎豹(晓/帮,牙喉音唇音合)、熊罴(匣/帮,同前)、犬马(溪/明,同前)、牛马(疑/明,同前)、鱼鳖(疑/帮,同前)、鼃(蛙)黾(影/明,喉音唇音合)、蜉蝣(並/喻,唇音牙音合)、芙蕖(並/群,唇音牙音合)、胸腹(晓/帮,牙音唇音合)、腰腹(影/帮,喉音唇音合)、魂魄(匣/旁,牙音唇音合)。

确凿无疑义。一段时间以来,学术界研究汉语词汇骈字式时,已忽略喉音、牙音与唇音相系是骈字式的主要构成。这对汉语双音节词的研究显然是不利的。胡先生的喉音唇音“对转”说对汉语词汇研究,汉语表达音乐美的研究有极重要的意义。

1.3.5 胡先生还提出“喉唇对转互易”说,“互易”指喉转唇,唇亦可转喉。胡先生说:“又唇音、喉音字可互相易。”这在上述65例中已见多例,又再以古今语、方俗语12例①以证之。

1.3.6 骈字式双音节词的语义构成,或是两语素同义(近义),或是两语素反义。同义(近义)语素的骈字式,如胡先生举例中的“风雨、光明、虚无、开辟、变化”等,反义语素的骈字式,如“晦明、明暗、幽明、辟翕、分合”等。骈字式双音节词的两语素,胡先生把它们叫做“训诂字”,胡先生说:“凡训诂字不以同纽相训,即以喉、唇对训,毛(亨)郑(玄)传注,及《说文》《释名》,其最著也。”即两语素字在声纽间的关系方面,要么同纽双声“相训”,要么喉、唇相系“对训”。这里的“相训”“对训”固然是指两纽的关系是双声或喉、唇二音相系,但也无妨因“训”字除音训外还有义训,故也可扩展为同义、反义语素之“训”。如前所说,胡先生就“喉唇相对”于双音词研究有重要意义,而双音节词可“喉唇相对”相系构成说,王力先生没有提及,是忽略了的②。

1.3.7 为将上述音学思想贯彻于音义研究实践,胡先生选择《说文解字》中的代表字,分列23部表(递转17,对转6),详述声纽间的音转关系。《声统表·序》称:“兹就许书证其转易,其有所得,列表明之。上卷述递转,下卷述对转,言声母多音者于此,或可睹其条贯

① 这12例及其音理分析如下。胡先生说:“古以雚(读guàn,见纽,牙音)为风(帮纽,唇音),篚(帮纽)之字为胡(匣纽,牙音),父(並纽)或称耶(爷,喻纽,牙音),姑(见纽)今言婆(並纽),屋(影纽)今言房(並纽),鹜(明纽)今言鸭(影纽),夫容(芙蓉)(並/喻)今言荷(匣纽,与並纽互对转,芙蕖亦即荷),本(帮纽)但言根(见纽),目(明纽)但言眼(疑纽,牙音)。吴人呼护(匣纽)龙衔为莫(明)龙,江东有姚(喻纽,牙音)坊(並纽),今讹尧(疑纽)化(晓纽,与坊字互对转)。南楚讳虎(晓纽,牙音),长沙人唇音入喉,读府(帮纽,唇音)如虎,则又改称长沙府为长沙猫(明纽,唇音),府正街为猫正街。”

② 参见王力《同源字典》,商务印书馆1982年10月第1版,第18、19、20页,未提及喉音唇音间能有何关系。

耳。”事实上,不仅看到了上古声纽的分类、音转系统之“条贯”,还看到了《说文》在声纽系统内的重构。段玉裁著《六书音韵表》,将《说文》纳入段氏古韵十七部观止,今见胡先生著《声统表》,直启将《说文》纳入胡氏古声二十二组观止,且已经纳入两千三百多字,可谓音韵学史上双璧,不亦快乎!

二　关于“卷上喉舌齿递转”共十七部表

2.1.1　十七部表的制表体式相同,皆横列为“喉(初音)、转舌、次转齿、附唇音”四栏。“初音”即前述拟比于动物叫声的人类初发声之基础音(见1.1.4,1.1.5)。纵列据收集到的《说文》相应代表字确立栏目数,如第一表纵列25栏,第二表纵列10栏,第三表纵列31栏,等等。同一表内收字栏目次序的排列按《说文》部首字喉音字的次序,及接排相关同音字为序,如第一表栏目次序“异(共部)、有(有部)、颐之左旁颐篆字、下接㠯、矣、台(㠯声,怡)、能(从㠯声,即泥纽蒸部字,熊属)……”,故《声统表》递转栏的排序实际上是“《说文》部首字喉音字次序+接排同声纽的同(近)音字”综合标准。这一标准实际上是内在双重组合标准的不断调整和平衡。它的最大优点是顾及《说文》和《声统表》两个方面,将《说文》音字有序地引人表内。但要贯彻这一内在双重组合的综合标准极为不易,实际排序时也很难做到按《说文》部首序和字序排列(见2.1.2,2.2.1,2.3.1),但胡先生竟然在此理想标准范畴下,十七表共排出1129字[①],是何等艰辛!

2.1.2　第一部表纵1横1“异(喻纽,牙音)”转舌“趩(读chì,透纽,舌头音)”引《说文》“异声,读若敕(透纽,舌头音)”,次转齿“禩(据《说文》称‘祀(邪纽,齿音)之或字’)”。纵20横1“疑(疑纽,牙音)”转舌“癡(透纽,舌头音)”。由上例,第一部表有喉音影纽字转舌头音透纽字,转齿音邪纽字,牙音疑纽字转舌头音透纽字,等等。

---

① 第一部表排出字数(不避重复,下同)81字,二表43字,三表126字,四表31字,五表100字,六表10字,七表115字,八表46字,九表34字,十表64字,十一表23字,十二表54字,十三表24字,十四表89字,十五表164字,十六表76字,十七表50字。《声统表》递转十七部表共收1129字。

亦可知总十七部表,并不一表一纽,逐次而胡先生25纽,而是一表多纽,十七部表内(连同"卷下喉唇对转"六表)总含25纽。虽为一表多纽,但并不杂乱,一表内的舌音以舌头音"透、定(殆字)、来(吏、里字)"等纽为主。一表喉音栏《说文》代表字所属许书部首共部(中华书局大徐本59页)、有部(114页)、口部(台字,30页)等,因有双重标准的调节(见2.1.1),就很难做到完全按许书部首先后,收字先后。

2.1.3 第一表胡先生各栏目内注释文字内的双音节连缀结构或互训结构共29例:喉音栏"怡和(《说文》'怡,和也')、悝(kuī 忧伤,大)病(《说文》'悝,一曰病也')、歫(拒)/止、企/举(《说文》'企,举踵也')、猌(yìn)齗(yín)(犬怒露齿)";转舌音栏"畜牧、殆/危、笞/击、饴糵(niè 麦牙)(麦芽糖)、怠慢(《说文》'怠,慢也')、饙(fēn,蒸饭)饎(chì,熟食)(饎饭糕)、癡/慧、肬/瘤、法式、代/更、忒/更";转齿音栏"萁(yì)/芓(zì)(皆大麻雌株)、洍/汜(《诗》江有洍今作汜)、枱(耜)/臿(挖土器,锹)、徙(运土器)、佀/像、欸(怒声)/訾(呵斥)、涯涘、枲麻、汜(水分岔流出)/别、职事、寺廷、法寺、需(等待)/䇓(xū,待)、斯/析";附唇音栏无例。这些例证,对汉语词语研究,词典编纂,汉语声转之于字义的关系研究,文字音义关系研究,都有重大意义。此外,见一字须从形(含古字、异形等)、音(含古音)、义(含古义)三者把握之,是研读这一结构体的基本要求,胡先生音表着重于古声纽、古义,如同识一字须同时知其音、义。

2.2.1 第二部表纵1横1"珧、铫(上古音二字皆构拟为[ʎiau],喻纽,宵部)。胡先生据《说文·玉部》"从玉,兆声"而今读余昭切,反切上字余为喻纽,尚存古音,推知兆上古读姚;而"铫"字胡先生据《说文》"温器也"。大徐本注"以招切",反切上字喻纽,当"温器";胡先生指出转舌音方为"田器"大锄,甚是,可纠正学界之误。按胡先生之说,如以上古读喻纽宵部的"铫"字(今读 yáo)为"大锄",以上古读定纽宵部的"铫"字(今读 diào)为"烹煮器",则误。横2栏转舌"兆(定纽,胡先生说上古当喻纽)、跳(同前),皆舌头音",因"兆、跳"上古本是喻纽牙音,故能与"踊""躍"(上古皆喻纽,牙音)互为音训。且能构成双音节结构"踊跳"、"跳跃"。又横2栏转舌"旐"引《说文·㫃部》:“旐(定纽,舌头音):龟蛇四游(喻纽),以象营室,游游而长,从㫃兆(定纽)声。”旐,饰有龟蛇的旗。营室,二十八宿名,有西营(室宿)、东营(壁宿)室宿,二十八宿之一,室宿、壁宿共四颗星,称四游①。胡先生说:“(旐,定纽)以初音与‘游(喻纽)游’声训。”次转齿栏、附唇音栏皆空缺。二表舌音以舌头音定纽(旐字、翟字),舌面音日纽(饶、橈字)、书纽(少字)、章纽(勺字)为主。二表喉音栏《说文》代表字所属许书部玉部(中华书局大徐本10页)、金部(293页)、羊部(羔字,78页)、垚部(尧字,290页)、小部(少字,28页)、羽部(翟字,74页)等,可知并不按许书部首先后排序。

2.2.2　第二表胡先生各栏目内注释文字内的双音节连缀结构或互训结构共13例:跳/踊、跳跃、旐/游、饶/饱、橈/曲、烧(日纽)/爇(ruò,焚烧,日纽)、铙(泥纽,舌头音)/钲(章纽,舌面音)、玅(影纽)/急戾(见、来二纽,二字义同,急疾)、秒芒、趍(chí 定纽)赵(定纽)(行走迟缓)、芍(xiào 匣纽,孛荠)/凫茈(並纽,唇音;清纽,齿头音。孛荠)、勺(酌,章纽,器盛物)/包(帮纽,人孕子)(胡先生以此二字为舌面音与唇音对转,并据《说文》和段注列为“同意”即义同)、踊跃(皆喻纽,牙喉音)。以上双音节结构价值同前(见2.1.3)。

2.3.1　第三部表喉音栏收喻纽(牙音,莠、由、酉、育等)、见纽(牙音丩、九、告、谷等)。转舌音收透纽(舌头音,透、醜、丑、畜)、来纽(舌头音,翏、柳)、定纽(舌头音,迪、誳即咒字、笛、宙、妯、轴、条等)书纽(舌面音,收、叔等),转齿音收从纽(齿头音,遒、酋、造等)、心纽(齿头音,秀、脩、修、羞、速等)、邪纽(齿头音,褎袖、岫、俗),附唇音收明纽(繆、矛、庙)、帮纽(包)。前面已经提到胡先生部表内的收字并不按《说文》部首或收字为序(2.1.2,2.2.1),是也。第三表收字多多,可知收字体式当为:从《说文》中选出合喉音栏的代表字(喉音、牙音、含喻纽)列入,然后以递转为要求,选取与喉音栏已经列出的代表字能够发生音转的《说文》中字列转舌音栏、转齿音栏。“声转”之

---

①　今查《中国大百科全书》“天文学”卷彩图44页“星图二”载:室宿星等二等的星(不含变星)有三个:η四、μ二、α一。壁宿一等的星(不含变星)有一个:α二。

“转”,《说文》相应可转的代表字,是构成《声统表》列字体式的两大主题词(2.1.1)。

2.3.2 第三部表双音节连缀或互训结构有,喉音栏:翏(来纽,舌头音)/高(见纽,牙音)(据《说文·羽部》“翏,高飞也”)、酉/就(《说文》“酉,就也”)、酋/绎酒(《说文》大掌酒官)、攸/行(《说文》“攸,行水也”)、匋(《说文》“瓦器也。从缶,包省声”)/包/缶、辀(zhōu 端纽,舌头音,《说文》“辕也”)/辕(匣纽,牙音)、趮(xiòng,晓,牙音)/行(《说文》“趮,行也”)、糗/熬(《说文》“糗,熬米麦也”)、浮游、儥(dú,徒谷切,定纽)/见(胡先生当据《说文系传·人部》和《广韵·入屋》释“儥”为“见”,声训。王筠句读以“儥”为“覿(dí 定纽)”的古字。胡先生释“儥”为“见”,在音、义两个方面都独具识见)、鞠窮(前字 jú 见纽、后字群纽。穷尽)、慉(xù 晓纽,扶起)/起(溪纽)。转舌音栏:瘳(chōu,透纽,舌头音)/瘉(喻纽,牙音)(《说文》“瘳,疾愈也”)、谬(liáo 来纽,舌头音)/空谷(二字分别为溪纽、见纽,皆牙音。《说文》“谬,空谷也”)、飂(liù 来纽)/高(见纽)风(《说文》“飂,高风也”)、妯(定纽)/动(定纽)(《说文》“妯,动也”)、轴/持(定纽)(《说文》“轴,持轮也”)、醜恶(前字昌纽,舌面音;后字影纽,喉音)、緧(qiū 清纽,齿头音)/马纣(定纽,舌头音)(此训据《说文》)、条枝(前字定纽,舌头音;后字章纽,舌面音)、条鱼、絛(透纽,舌头音)/扁(帮纽)绪(《说文》“絛,扁绪也”)、收捕(前字审纽,舌面音;后字並纽,重唇音)、脩(同髾,读 chōu,透纽)/昳(chōu 昌纽,舌面音,失意视貌)、厹(qiú 群纽)/蹂(rǒu 日纽,舌面音)(《说文·厹部》“厹,兽足蹂地也。象形,九声”)、腐(並纽)/殠(chòu 昌纽,舌面音,腐臭)、充(昌纽)/长(生长,端纽)、高(见纽)(《说文》“充,长也,高也”)。转齿音栏:岫(邪纽,齿头音)/山穴(匣纽,牙音)(《说文》“岫,山穴也”)、脩(心纽,齿头音)/脯(帮纽)、筱(心纽,齿音)/小(心纽)(胡先生据《说文·竹部》“筱,箭属小竹也”训“筱”为“小竹”,并云“筱、小声训”)、滫(xiǔ 心纽,齿音)/久泔(二字皆见纽)

（胡先生据《说文·水部》“滫，久泔也”释之①）、藚（xù，邪纽，齿头音）/舄（xì，心纽，亦齿头音）②朝（定纽，舌头音）/廟（明纽，唇音）（《说文·广部》有“尊先祖貌也，从广朝声”，胡先生云：“从朝声。”以朝、廟音义相系）。以上共33条目。

2.3.3　由2.3.2、2.2.2、2.1.3的举例可知：凡字义有联系者，必有声纽、声音上的联系；反之，它的逆命题：有声纽联系者，字义上则必有相同（近）或相反之合，而这是不正确的。胡先生对有声纽联系是否就能构成意义上的同义或反义联系，是有严格的选择的，这个选择就是看其有无字书上的证据，有字书证据者（今词典学一般称之为“广义书证”）能成立，无字书证据则不能成立，文中引例的括注就能说明之。故胡先生的声转关系不可能是“无所不转”，而是“有证能转，无据毋转”，有严格限制的。这无疑是《声统表》的又一定则。

2.3.4　由2.3.2、2.2.2、2.1.3的举例，可知胡先生递转十七部表的体式、构成、研究法等。为简要综观十七部全貌，现列出十七部简表（见附表三）。如要对胡先生第四部表至第十七部表表作个案研究，仍然可采用上述第一至第三部表的研究法。

三　关于“卷下喉唇对转”共六表

3.1.1　喉唇对转表六表的体式，从表面上看与递转十七部表的体式就有所不同。六表用文字表述成列，虽然整齐成列，但没有制表格，而十七表是用表格列述的。十七表涉及喉、舌、齿、附唇四栏，六表虽也横列喉、舌、齿、唇四项，但舌音、齿音两项无有一例，完全是空项，实际上只有喉音、唇音两项。六表收字从大的方面说，也以音、义相系为原则，特别是六表中的第三表、第四表。音指合乎喉唇对转，

① 此字下胡先生注：“滫：用初音，训久泔。”“初音”指第三表喉音栏“攸”字之音上古喻纽，本文已列喻纽为牙音，与“久泔”见纽同为牙音。可见胡先生处处据《说文》论音，甚是。本文列喻纽为牙音，不列为舌面音亦是。本条实际上是胡先生论喻纽上古音性质的条目。

② 胡先生据《说文·艸部》“藚，水舄也，从艸賣。《诗》曰：‘言采其賣’”释“藚，从賣声，由舌转齿，与水舄为训”。引《诗》出自《魏风·汾沮洳》“彼汾一曲，言采其賣”，賣，毛传：“水舄也。”即泽舄，药名，亦可作菜。胡先生说“由舌转齿”指“賣”之定纽转“藚、续”之邪纽，亦合解释语中的“泽舄”字心纽。又第三表“次转齿”音栏有“续，从賣声”释之。

义当指两音节对待之字的字义近同,并至少有广义书证证其音义,但实际上两对待字的字义的联系不少是不明显的,甚至根本无联系,特别是第一表、二表。应该说对转六表体式实际上与递转十七表内在体式有较大的区别,递转字两字之间是意义联结较为明显,故胡先生制表时前字、后字都尽可能标上意义及其所据的出处,六表中第一、二表中两字的意义上的联系不明确,甚至无联系,故胡先生制表时则一、二表前字不标意义,更无出处,后字才单方面标意义及其所据。尽管两种表的性质及收字、制表体式不尽相同,但我们对其作研究方法基本相同,即尽可能地寻找两字的音和义,看出其深层次的妙处。此外,因为意义上的联系并不明确,故对转表中排出的对转字,不能看作同源字。六表例字共收1223个①。

3.1.2 第一表从喉音向唇音作单向音转。单向,制表时在做法上并不强调,也不标记前字的意义所出。例:

> 釁→虋。釁,上古晓纽。表内未出现意义所据。今考《说文》言其本义“血祭”,但《说文》云“釁”字“从分,分亦声”下段注:“分声,故釁或为薰。”《国语·齐语》有管仲“三釁三沐”见桓公之说,“三釁”即“三薰”,反复涂上香料。“薰”亦晓纽字,香草义。釁(非“血祭”之本义)、薰或可与“虋”意义上有一定联系;虋,上古明纽。胡先生引《说文·艸部》:“虋,赤苗,嘉穀也。从艸釁声”。又引《诗》作“穈”,见《大雅·生民》“维穈维芑(qǐ良种穀子)。”毛传“穈,赤苗也”。
>
> 弋→必。弋,上古喻纽。表内未出现意义所据。今考《说文》言其本义木橛,短木桩子,古代叫杙,读yì。必,上古帮纽。《说文·八部》“分极也。从八弋,弋亦声”。“从八弋”下段注:“树臬而分也。弋今字作杙”。今谓“臬”亦木柱,木桩,门橛义。可知弋、必二字的意义联系。

① 对转第一表收字50个,二表66个,三表645个,四表447个,五表7个,六表8个。六表共收1223字。连同十七部表收字1129个,《声统表》共收递转、对转代表字2352个。《说文》全书收字共9353个。可知据胡先生能将《说文》按上古声纽重新排过。

为→皮。为,上古匣纽。表内未出现意义所据。今考《说文·爪部》以"爲"字为母猴形。《说文》古文已拟设为两母猴相对形,取其一无妨视作象"皮"字去"又"字后的剩余形体。《说文》既以"皮"是"为"的省声字(见下文),二字的音、义联系虽然不明确,但从古文形体和省声说尚能看出一定联系。皮,上古並纽。胡先生引《说文·皮部》:"皮,剥取兽革者谓之皮,从又,为省声"。"为省声"下段注:"符羈切,古音为、皮皆在十七部。"符,並纽。为,上古匣纽歌部。今谓:皮,上古並纽歌部。段氏十七部正是歌部。可知"为→皮"正是牙音转唇音,且同为歌部字。

黑→默。黑,上古晓纽,表内未出现意义所据。默,上古明纽。胡先生引《说文·犬部》:"犬暂(猝也,突然)逐人也。从犬黑声,读若墨。"段注"默"字亦作"嘿"(mò)。两种写法均可看出与"黑"字意义上有一定联系。

3.2.1　第二表从唇音向喉音作单向音转。例:

每→诲。每,上古明纽,无意义所据。诲,上古晓纽,牙音。胡先生引《说文·言部》:"诲,晓教也。从言每声。"唇音"每"的意义无关牙音"诲"字。

微→岂。微,上古明纽微部。表内未出现意义所据。岂,上古溪纽微部。胡先生引《说文·岂部》:"岂,还师振旅乐也。从豆,微省声。""微省声"当指"微"字中间部分"𡵂"的读音,郭店简《老子》乙组4简:"𡵂(美)与亚(恶,醜),相去可(何)若?"𡵂、美,上古明纽脂部。上古脂部与微部极近,旁转。古以"羊大为美",亦以"微小为美"(嬍、𡵂皆美的异体字)。但是,岂与𡵂的声纽、韵部关系仍难以说明"微、岂"的意义联系。《说文》释为"振旅乐"的"岂"字段注:"经传皆作恺。""岂、恺"是军队打了胜仗凯旋而归时的盛美乐曲,可知"岂"与"微"的意义上的并不明确的少许联系。又《说文·艸部》"豈(qǐ),菜之美者"亦见"岂"与𡵂、嬍的联系,从而窥见与"微"字的意义上的少许联系。

3.2.2 第二表与第一表一样,只在后字上标义,前字不标义,再次表明前字对转后字的单向性。也再次表明对转与递转的体式有所不同,对转的后字与前字在意义上一般并无明确关系。

3.3.1 第三表题为"唇音对转训喉者"是指喉音字作为被训字,以含有唇音字的训释语来训释它。它已不存在第一表"喉音字对转唇音字"中的代表性唇音后字,只是解释语中含唇音字。例:"芽,萌芽也。"按:芽,疑纽,牙音,解释语中有"萌"字,明纽,唇音。"荒,芜也。"按:荒,晓纽,牙音;解释语"芜"字,明纽,唇音。第三表收字数为六表之最。

3.3.2 第三表既然言喉音与唇音间的对转关系,又喉音被释字与解释语所含的唇音字意义联系明显增多,故三表用来构成和识别音义相系的双音节词语(骈字)就成为可能。前举"萌芽"、"荒芜"已是适例。又例:

表三第61条:"诘,问也。"诘,上古溪纽,牙音。问,上古明纽唇音。二字音转,义近,有骈字"诘问"。

表三第66条:"革:兽皮治去其毛曰革。革,更也。象古文革之形。"胡先生解释语据《说文·革部》[①],胡先生意为被释字"革"(见纽,牙音)与解释语中的"皮"(並纽,唇音)字对转,义亦近。此条可有骈字"皮革"、"更革"、"皮毛"。

表三第411条:"规:有法度也。"胡先生解释语据《说文·夫部》,胡先生意为被释字"规"(见纽,牙音)与解释语中的"法"(帮纽,唇音)字对转,义亦近。此条可有骈字"法规"、"规度"、"度规"、"法度"。

3.4.1 第四表题为"喉音对转训唇表",可谓与第三表相反,是指唇音字作为被训字,以含有喉音字的训释语来训释它。它已不存

① 此处胡先生的引文已据许惟贤整理本《说文解字注》校勘过。许著见江苏凤凰出版社2007年12月第1版。

在第二表“唇音字对转喉音字”中的代表性喉音后字，只是解释语中含喉音字。例：“福，祐也。”按：福，帮纽，重唇音，解释语中有“祐”字，匣纽，牙音。“步，行也。”按：步，並纽，唇音；解释语“行”字，匣纽。两例均以含喉音字的解释语来解释唇音字。第四表收字数仅次于第三表。

3.5.1　第五表题为“从喉声字或从唇声字表”，本表以喉音字或唇音字为前字，亦以喉音字或唇音字为后字。前字、后字一般都同音同义，并前字皆引字书作广义书证，后字作同音同义之说明。例：

> 剁(yì)/劓(yì)。前字胡先生引《说文·刀部》：“剁，刑鼻也。从刀臬声。《易》曰：‘天且剁’。”指《周易·睽卦》：“其人天且劓。”东汉许慎见到的古本作“剁”，今本作“劓”。两字同，皆上古疑纽月部字，牙音。许慎作“臬声”，臬，上古亦疑纽月部字。三字上古声纽韵部同，古音构拟剁字[ŋĭa¯t]，劓字[ŋĭa¯t]，臬字[ŋiăt]，前二字同，第三字略有差别。后字“劓”下胡先生说：“剁或从鼻。”从以上三字的音义考释看，胡先生的说法是对的且合乎自立的体例。剁、劓二字都是喉音字。合体例“或从喉音字”说。
>
> 餴(fēn)/饙(fēn)。前字胡先生引《说文·食部》：“滫饭也。”并称此字为从食，右偏旁为声。餴字下有“饙”字的《说文》古文称从贲，或从奔。“饙”字下胡先生说：“饙或此贲。”饙，上古帮纽字，唇音。餴/饙二字同字异形，皆帮纽，唇音。合体例“或从唇音字”说。

3.6.1　第六表题为“从唇声字或从喉声字表”，本表以唇音字或喉音字为前字，亦以唇音字或喉音字为后字。前字、后字一般都同音同义，并前字皆引字书作广义书证，后字作同音同义之说明。第六表与第五表并无大的区别。例：

> 吻/脗(wěn)。前字胡先生引《说文·口部》：“口边也从口勿声。”《说文》古文“脗”字下称：“吻或从肉从昏。”可知“吻”与

《说文》古文的隶定字"㬅"是同一字的异形字。"吻"、"㬅"二字皆上古唇音明纽字。此例合乎"从唇声字"体式。第六表未举出"或从喉声字"例。

3.6.2　由以上可知,第五表、第六表对识别古今字,异体字有实际作用和指导意义。为综观《声统表》卷下"喉唇对转表"六表,现列简表(见表四)。

四　小结

4.1.1　由文中可知:据《声统表·自叙》并适当参照了上卷十七表和下卷六表,分上古声组二十五纽,可与黄侃古声十九纽(见附表二)媲美并作比较研究,见出二十五纽的特色。最大特色是不固化,不封闭,易拓展。

4.2.1　由文中可知:卷上递转十七部表、卷下对转六表共收字2352个,按相关音理排出,殊不易。两表极富原创性,除了集结上古声纽,形成颇富学术个性的两大系统外,递转表对音义相关的双音节词语(骈字)研究,对转表对骈字研究,对古今字、异体字研究都有实际指导作用,对同源字的研究也有启发作用,例如同源字的确立是否要考虑到上古声纽的递转和对转问题,而此前同源字的确立一般是不考虑上古声纽系统的内部音转的。声纽系统内部的系统音转问题未引起足够的重视,涉及较少(见1.3.6)。更多的只是考虑了声纽与声纽之间的一对一的可能发生的有兼容度的音转变化,如两两之间的双声、旁纽等。

4.3.1　由文中可知:《声统表》尽可能取《说文》字排列,于《说文》,胡先生在上古声纽框架下排列《说文》代表字,如同段玉裁在上古韵部十七部基础上重新排列《说文》字。于《声统表》,胡先生视《说文》为音书。学界对《说文》性质或视作义书,或视作形书,胡先生视作音书研究之,取用之为语料制《声统表》,诚为有识之举。

4.4.1　戴震《转语二十章序》音序音转表,钱大昕《声类》音序音转表有其共同点(见0.0.2《声类》脚注):为强调音理而以等韵学的语音分析法为内在审音的理路,戴震的声位说,钱大昕的发音方法说,都不同程度受到等韵学语音分析法的影响(见 1.2.1)。胡先生《声统表》则完全从《说文》谐声音义出发,特点明显。为便于观照或作更多的比较研究,可利用附表一、三、四与表五、表六作对比。

4.5.1 《声统表》属于古音学,但按章炳麟、徐复的说法,语言文字学与上古名辩有脱不尽的干系。胡先生的语言文字学是他的名辩思想的组成部分,成为他研究学术的科学理路不可分割的组成部分。

(2019 年 12 月)

主要参考文献

胡小石著《胡小石论文集》,上海古籍出版社 1982 年 6 月第 1 版。

——《胡小石论文集续编》,上海古籍出版社 1991 年 5 月第 1 版。

——《胡小石论文集三编》,上海古籍出版社 1995 年 10 月第 1 版。

——《胡小石文史论丛》,周勋初编,南京大学出版社 2008 年 4 月第 1 版。

王力著《汉语史稿》(第二章),中华书局 1980 年 6 月新 1 版。

——《同源字典》,商务印书馆 1982 年 10 月第 1 版。

郭锡良编著《汉字古音手册》(增订本),商务印书馆 2010 年 8 月第 1 版。

李开、顾涛编著《汉语古音学史》,上海古籍出版社 2015 年 11 月第 1 版。

文末附表

表一　胡小石先生上古声纽 25 组及其音转关系表

音理		部位		胡先生上古声纽 25 组						
基本音		喉音	深喉	影						
			牙音	见	溪	群	疑	喻	晓	匣
转音	递转	舌音	舌头	端	透	定	泥	来		
			舌面	照			日		审	
	对转	齿音		精	清	从			心	邪
		唇音		帮	旁(滂)	并	明			

表二　黄侃上古古本声十九纽分类及位次表

部位		上古古本声十九纽					
		清	浊	清	浊	清	浊
喉音		影		晓	匣		
牙音		见		溪			疑
舌音	舌头音	端		透	定		泥
	半舌音						来
齿头音		精		清	从	心	
唇音		帮		滂	并		明

表三　胡先生上古声纽《声统表》上卷"递转"十七部表简表

部表	总字数 1129	喉音		转舌音		转齿音		附唇音	
		代表字	声纽	代表字	声纽	代表字	声纽	代表字	声纽
第一表	81	异	喻	趩	彻	禖	邪	否	帮
第二表	43	尧	疑	饶	日			秒	明
第三表	126	由	喻	迪	定	岫	邪	矛	明
第四表	31	殶	见	殳	禅	数	山		
第五表	100	户	匣	妒	端	所	山	牡	明
第六表	10	卺	见	蒸	章				
第七表	115	今	见	贪	透	岑	从	品	旁
第八表	46	炎	匣	谈	定	翜	山		
第九表	34	甬	喻	通	透	诵	邪	庞	並
第十表	64	京	见	谅	来	襄	心	亡	明
十一表	23	型	匣	呈	定	井	精		
十二表	54	匀	喻	申	书	进	精	必	帮
十三表	24	员	匣	屯	定	循	邪	文	明
十四表	89	琼	群	炭	透	产	山	蛮	明
十五表	164	介	见	旨	章	自	从	尾	明
十六表	76	技	群	支	章	赐	心	弭	明
十七表	50	也	喻	施	书	随	邪		

表四　胡先生上古声纽《声统表》下卷"对转"六表简表

表次	字数 1223	体式	前字				后字			
			字	纽	释语或字	字纽	字	纽	释语或字	字纽
一表	50	喉转唇	弋	喻	语✓	×	必	帮	语✓	×
二表	66	唇转喉	八	帮	语×	×	佾	喻	语✓	×
三表	645	唇对转训喉	眼	疑	语✓目	明	×	×	×	×
四表	447	喉对转训唇	福	帮	语✓祐	匣	×	×	×	×
五表	7	从喉或从唇	劓	疑	语✓	×	劓	疑	语✓	×
六表	8	从唇或从喉	邠	帮	语✓	×	豳	帮	语✓	×

表五　何九盈制戴震《转语二十章序》36声母上古30声纽音序音转表

章数	声类	声位	三十六字母，上古声纽三十类			
			清	次清	浊	次浊
1	喉音	一	见			
2		二		溪	群	
3		三	影			喻微
4		四	晓		匣	
5	舌音	一	端			
6		二		透	定	
7		三				泥
8		四				来
9	腭音	一	知照			
10		二		彻穿	澄床	
11		三				娘日
12		四	审		禅	
13	齿音	一	精			
14		二		清	从	
15		三				疑
16		四	心		邪	

续表

章数	声类	声位	三十六字母,上古声组三十类			
			清	次清	浊	次浊
17	唇	一	邦			
18		二		滂	並	
19	音	三				明
20		四	非敷		奉	

表六　郭晋稀制钱大昕《声类》36 字母上古 25 声纽音序音转表

出	送		收	
	清	浊	内	外
见	溪	群	疑晓	影喻匣
端知	透彻	定澄	泥娘	来
帮非	滂敷	旁(並)①	茫(明)微	奉
照	穿	床	审	日禅
精	清	从	心	邪

说明:钱大昕《声类》卷四有"同音通用""音近通用"例,且皆强调文献据证。后者胡先生同例。

(原载南京大学古典文献研究所主办《古典文献研究》23 辑上卷,江苏凤凰出版社 2020 年版)

① 钱大昕以上古並纽作"旁"纽,也是于古有据的。上古"旁"字构拟为[baŋ],並纽阳部字;中古"旁"字读步光切,"步"亦並纽字。王本《老子》第十六章"万物並作,吾以观复",汉简本《老子》五十九章亦"竝(並)作",帛书甲、乙本均作"旁作",郭店简《老子》24 简"万勿(物)方(旁)作"。

段玉裁《戴东原先生年谱》叙录

段玉裁(1735—1815)撰《戴东原先生年谱》(以下简称《段谱》),未见著录撰年,今据赵航(1937—2013)《段玉裁评传》称:《段谱》写成于嘉庆十九年(1814)①。《段谱》称戴震出生在雍正元年(癸卯)农历十二月廿四(己巳),卒于丁酉(乾隆四十二年)五月二十七日晡时(申时,下午三时至五时)。对应公历②,戴震生于1724年1月19日,卒于1777年7月1日。

研读《段谱》,可将其内容可分两大块:一是生平行年并学术事迹(多系可分疏于相应年份者),二是在文后集中补叙戴在四库馆校书和撰写《四库总目提要》相关篇目,并及其他相关学术成果(多为难以确指其著述年代,难以分疏于各年份之下者)。简言之一为生平和学术事迹,二为学术综述。

一　生平行年学术事迹部分

“雍正十年壬子”(1732年,十岁,虚岁,下同):事及戴震十岁(虚岁,下同)“乃能言”,试推本其“盖聪明蕴蓄者深矣”! 几敬畏贤者而

---

① 赵航《段玉裁评传》,江苏人民出版社2009年版,第19页。该书称:“嘉庆十九年,段已80高龄,乃成《戴东原先生年谱》,并汇辑先生手迹为《东原先生札册》。”

② 参见李开《戴震年谱》“1724年”有关说明。《戴震语文学研究》,江苏古籍出版社1998年版,第219页。

为播誉之言。过目成诵,孜孜以求,善疑好问,刨根究底,是少年戴震蒙学品格。

"乾隆四年己未"(1739年,十七岁):戴震十六七岁以前,"凡读书,每一字必求其义",得许慎《说文解字》而"大好之,三年尽得其节目","节目"者,内在构成和学理也。又取《尔雅》、《方言》、汉儒传注文字等参伍考究,做到"一字之义,必本六书,贯通群经以为定诂,由是尽通"。少年读书法,后来成了有清一代的学风。戴又尝曰:"经之至者道也,所以明道者其辞也,所以成辞者字也。必由字以通其辞,由辞以通其道,乃可得之。"即"以字通辞,以辞通道",是戴首倡的学术理路,谓之18世纪中国语言哲学可也。段评之为"此则先生说经竱(zhuǎn,齐等)本肇始于小学,而其敏且专可知矣"。又引据戴丁酉年(1777)正月《与段玉裁书》,戴十七岁时"有志闻道,谓非求之《六经》、孔、孟不得,非从事于字义、制度、名物,无由通其语言",并说宋儒讥训诂而轻视语言文字,是抛弃渡河之舟楫,登山之阶梯,以致学问凿空,"为之三十余年,灼然知古今治乱之源在是"。治学通于治世,语言文字通于治学。清代高扬语言文字的大旗而治种种学问,肇始竱本,堵塞乱源,用意何其深邃。本年度还说及戴于《十三经注疏》能"全举其辞",于疏文"不能尽记",而"经注则无不能倍(背)诵"。

"乾隆七年壬戌"(1742年,二十岁):自邵武归(两年前曾在邵武课学童),同邑程恂"一见大爱重之",赞其为"载道器也",并说:和你相比,那些"巍科硕辅"(科第高官职大)就"诚不足言"。对当代大儒江永则"一见倾心,取平日所学就正焉"。

"乾隆九年甲子"(1744年,二十二岁):冬至成《筹算》一卷,为乾隆年间的基础数学书。内容含乘法、除法、分数、开平方、勾股等,为治经之士览观。增改后更名《策算》。为学习《九章算术》之发轫。

"乾隆十年乙丑"(1745年,二十三岁):孟冬撰《六书论序》,段以亡佚之著《六书论》系于该年。戴以转注为"字之用",犹训诂中的互训。

"乾隆十一年丙寅"(1746年,二十四岁):段以《考工记图注》系此,实为《考工记图》上、下①。

"乾隆十二年丁卯"(1747 年,二十五岁):是年仲春成《转语》二十章,今仅见《转语二十章序》。后人有以戴震《声类表》即为《转语》二十章者。

"乾隆十三年戊辰"(1748 年,二十六岁):娶孺人朱氏。段有《诰封孺人戴母朱夫人八十寿序》赞之。

"乾隆十四年己巳"(1749 年,二十七岁):段以《尔雅文字考》十卷系此,并推测该书成书当在戊辰、己巳(1749)、庚午(1750)之间。今该书已亡佚,仅存《尔雅文字考序》。《序》谓"儒者治经,宜自《尔雅》始","六艺之赖是以明也"。

"乾隆十七年壬申"(1752 年,三十岁):注释《屈原赋》成。其年戴家中乏食,处困而亨,闭户成《屈原赋注》。段以"《勾股割圜记》以西法为之注"系此,或为是年著论该书之始②。

"乾隆十八年癸酉"(1753 年,三十一岁):是年,《诗补传》成,有序,在癸酉仲夏。《诗补传》又称《戴氏诗经考》、《毛诗补传》。戴谓"平生所志,所加功,全见于此"。

"乾隆二十年乙亥"(1755 年,三十三岁):是年戴诉讼族豪侵占祖茔,反受其诬,避祸入都,寄居京中会馆,衣服无有,饮食不继,而"歌声出金石"。受纪昀、王鸣盛、钱大昕、王昶、朱筠等延誉荐赞,"于是声重京师,名公卿争相交焉"。礼部侍郎秦蕙田闻其善天文历算,"即日命驾,延主其邸",朝夕讲论,"以为闻所未闻",并收《勾股割圜记》于《五礼通考》,奉为"古今算法大全之范"。春,以《方言》写于宋代李焘《许氏说文五音韵谱》之上。后著《续方言》,入四库馆后有《方言疏证》。夏,纪昀为序《考工记图注》,冬,纪昀为刻《考工记图注》成。夏,有《周礼太史正岁年解》两篇,《周髀北极璇玑四游解》两篇。秋,有《与方希原书》,提出"理义、制数、文章"学问三分说,开后

① 参见李开《戴震年谱》"1746 年"。《戴震语文学研究》,江苏古籍出版社 1998 年版,第 226 页。

② 参见李开《戴震年谱》"1758 年"。《戴震语文学研究》,江苏古籍出版社 1998 年版,第 234 页。

人“义理、考据、词章”三分之先河。秋，有《与王内翰凤喈书》，将破假借与文献据证相结合，说《尚书·尧典》“光被四表”为“横被四表”，学界纷纷证助之。秋，有《与姚孝廉姬传书》，提出治学务求“十分之见”，并辞谢姚鼐从师之意，以为古之友已分师之半，师友同道，“无妨交相师”，段赞：“先生学高天下，而不好为人师”也。

“乾隆二十一年丙子”（1756 年，三十四岁）：寓京师王安国第，教授其子王念孙从读。

“乾隆二十二年丁丑”（1757 年，三十五岁）：在盐业转运使卢见曾雅雨扬州司署内见到惠栋。1766 撰《题惠定宇先生授经图》溯述之。孟夏，有《大戴礼记目录后语》言及是年春正月卢文弨以其《大戴礼记》校本示戴，戴“又得改正数事”。是年仲秋，钱大昕为举《尚书》“横被”一证，可知仲秋在京。由《沈学子文集序》云丁丑年获交久居扬州的华亭（上海松江）人沈沃田大成，且“同处一室者，更裘葛”，可知是年冬出京旅扬。见惠栋已是“冬日可爱”之时。段以《与是仲明论学书》系此，有误①。是年修《金山志》一册，段称为盐运使卢见曾（雅雨）此时“属先生渡江所为”。戴曾抄录其中一节赠段，并谓段云：“余山上偶见奇景，修此一段。”方志、方言、语言文字，本可同列。见奇景而修此，亦哲士难得之雅兴。

“乾隆二十三年戊寅”（1758，三十六岁）：秋，托名“歙人吴行先名思孝”为序刻《勾股割圜记》成。吴序云：“今夏初，戴君以所为《勾股割圜记》示余，读其文辞，始非秦汉已后书。”又称：“乾隆二十三年著雍（戊）摄提格（寅）壮月（农历八月），歙吴思孝书于存存书屋。”②《勾股割圜记》大体上是 1752 年开始构思，1755 年寄居京师纪昀家时著述，至是年夏初定稿。夏，在扬州。段谱引吴序记其后曰：“总三篇，凡为图五十有五，为术四十有九，记二千四百十七字，因《周髀》首章之言衍而极之，以备步算之全。”《割圜记》勾股律“勾 3 股 4 径 5”之说，即 $3^2+4^2=5^2$，首见于《周髀》。亦言《勾股割圜记》以《周髀》为

① 《戴震集》该文下已明标“癸酉”（1753），甚至可能更早些，参见李开《戴震年谱》“1753 年”。《戴震语文学研究》，江苏古籍出版社 1998 年版，第 231 页。

② 见《戴震全集》，清华大学出版社，1992 年版，第二册，第 661 页。

起点。《周髀》传为周公所作,一说为西汉末年的著作。但不管出于何人之手,它是我国第一部天文历算经典。

“乾隆二十四年己卯”(1759 年,三十七岁):秋九月,为王兰泉(王昶 1724—1806)舍人作《郑学斋记》,表彰王氏崇汉贬宋。时王昶在京任内阁中书科中书舍人。段谱:“是年,先生北闱乡试,相传考官欲令出门下,而以不知避忌置之。”北闱乡试,每三年在京举行一次的考举人的科举考试,多在秋八月举行。据此,可知戴震是年八月在京,九月或仍在京,秋冬之交到扬州。[①] 秋,有《书小尔雅后》一文,[②]考《小尔雅》“豆四谓之区,区四谓之釜”,合齐国旧量,不合田陈氏新量,是谓的论。

“乾隆二十五年庚辰”(1760 年,三十八岁):段谱对这一年客居扬州时的学术活动甚明,大端有四:夏,有《沈处士大成戴笠图题咏序》[③]。冬,有《与卢侍讲绍弓书》,论校对《大戴礼记》事。段谱据此以考戴震行止。《大戴礼记》有卢见曾雅雨堂刻本,为卢文弨先行校本,刻成后戴震“复细校之”,故有“庚辰冬、辛巳夏两与学士之书[④],胪举应改之字”。段谱云:“今考雅雨堂刻本,凡庚辰札内所举者,已皆剜板改之,皆先生所为也。其辛巳札内所举,皆未之改,则先生已离扬之故也。用此知先生庚辰岁馆于扬矣。”冬,又有《与任孝廉幼植书》[⑤],箴任大椿“毋轻议礼”。段谱:“《礼经》所谓兄弟与昆弟,立文大不同,至先生而其义始著。”冬,《屈原赋注》刻成。段谱证之以辛巳夏《再与卢侍讲书》“去冬刻就《屈原赋注》,属舍弟印送”语。《屈原赋注》含《注》七卷、《通释》二卷、《音义》三卷,凡十二卷。此书为歙人汪梧凤氏刊板并跋语。段谱以此书成书于壬申(1752 年)以前,段称:“壬申,先生年三十耳,而所诣已如此。”后孔继涵刊刻《戴氏遗书》时,“虽已刻者皆重刊,独此书但有歙汪氏刊板而已,愿好古者广

---

① 参见李开《戴震年谱》“1759 年”。

② 《戴震集》里的《书小尔雅后 》一文,已明说出该文写于“乾隆己卯秋”。

③ 见《戴震集》,第 212 页。

④ 见《戴震集》,第 60、62 页。

⑤ 见《戴震集》,第 177 页。

其传焉”。段氏灼见,汪刻本底本一直赖以流传至今而未易,于研戴极可贵。

“乾隆二十六年辛巳”(1761年,三十九岁):段谱重申戴校《大戴礼》一事,褒赞戴震于《大戴礼》之伟功巨绩:“盖《大戴礼》一书,讹舛积久,殆于不可读,先生取雅雨堂刻一再雠校,然后学者始能从事。”1773年入四库馆后又“取旧说及新知悉心校订,其书上于先生既殁后一月”,后来孔广森在此基础上作《〈大戴礼记〉补注》。

“乾隆二十七年”壬午(1762,四十岁):江永(1681.8.30—1762.4.6)卒于家,戴震作《江慎修先生事略状》,“次其治经要略、著书卷数”。第二次参加乡试,考中举人。卷文受到主考官称赞,“文笔古奥,定为读书之士”。

“乾隆二十八年”癸未(1763年,四十一岁):春,入都会试,考进士,不第。有《诗比义述序》[①]。不第后居京新安会馆,段玉裁等从其讲学。是时秦蕙田闻江永和戴震于中古韵和上古韵有识[②],奏请乾隆帝刊正韵书,荐戴震和钱大昕任其事,乾隆以韵书“相沿已久”而未允。段谱以戴震“深明音韵”,列出成于是年的论韵之文四篇。又段谱考得戴震佐助江永参定《古韵标准》分古韵十三部当在壬午年以前。至丙申(1776)戴震《答段若膺论韵》[③]又叙及此事。段谱:“是年,往江右,有《凤仪书院碑》。”夏,戴震离开北京,在江西瑞州(今高安)作此文字。被段称为“先生大制作”的《原善》上、中、下三篇,《尚书今古文考》、《春秋改元即位考》三篇,皆癸未(1763)以前,癸酉(1753)甲戌(1754)以后十年内著作,段谱记载了戴本人对“大制作”三篇的写作体会和评价。又《学礼篇》十三首,即《记冕服》等十三记[④],段疑癸未前或癸未后作不定。另可系于癸未前著作者有《法象论》等六种[⑤]。

① 见《戴震集》,第194页。
② 具体解释参见李开《戴震年谱》“1763年”。
③ 见《戴震集》,第78页。
④ 见《戴震集》,第34至50页。
⑤ 参见李开《戴震年谱》“1763年”。

"乾隆二十九年"甲申(1764 年,四十二岁):段谱无任何记载,空缺。是年为明代(1368—1664)灭亡一百周年。乃甲申百年祭[①]。

"乾隆三十年"乙酉(1765 年,四十三岁):秋八月,有自定《水经》一卷本。段谱引戴自记文字[②],并加评析为"别经于注,令经、注不相乱,此卷最为明晰"。一卷本可从觅得令《水经》经文和注文分开的三大条例[③],功莫大焉。1774 年"召入四库馆纂修,此书纲领,不外乎是,特于讨论字句加详耳"。一卷本和自记文字均被段手抄珍藏。是年入都过吴地,有《题惠定宇先生授经图》[④]一篇。

乾隆三十一年丙戌(1766 年,四十四岁)入都会试不第。段谱追述癸未曾当面请业于戴,戴南归后又以札问安,自称弟子。戴于是年至京后面辞之,后又以札面辞之,并奉还"自称弟子"的原信。戴札有云:"在吾兄实出于好学之盛心,弟亦非谦退不敢也。古人所谓友,原有相师之意,我辈但还古之友道可耳,今将来札奉缴。"直至己丑(1769)段氏谒戴而"勉从之",获允。朱文正公珪(朱筠弟)盛赞此事云:"汝二人竟如古之师弟子,得孔门汉代之家法也。"戴是年入都时借得《礼记注疏》七十卷本,与唐、宋《志》合,其余无不六十三卷本。戴校之,令"其字句不同处,今本脱去连行无考处,一一完善"。程晋芳、姚鼐、段玉裁皆各临缮一部。着《声类表》四卷成,段评之为"凡韵书之源流得失,古音之由渐明备,皆檃栝于此"。段刻此书于蜀中。癸巳(1773)后又取段氏《六书音韵表》支、脂、之三分说补入《论古音》卷内[⑤]。按戴谱,《声类表》前后刻于广东和曲阜,"二刻与前刻详略不同"。是年,段亦入都会试,见戴云:"近日做得讲理学一书。"即《孟子字义疏证》。孔继涵刻成后段始得窥见,段揭橥其实质为"就《孟子》字义开示",使人知宋儒言说"人欲净尽,天理流行"之"语

① 参见李开《戴震年谱》"1764 年"。

② 见《戴震集》465 页,并可核见该书内《书水经注后》一文,该书第 131 页。

③ 参见李开《戴震评传》,南京大学出版社,2006 年修订后印本第 265 至 270 页。

④ 见《戴震集》213 页。

⑤ 今收入《戴震全集》第五卷内的《声类表》九卷之卷首《答段若膺论韵》称:"大著内:第一部之、咍,第十五部脂、微、齐、皆、灰,第十六部支、佳分用,说至精确。"见《戴震全集》第五卷第 2526 页。清华大学出版社 1997 年 7 月第 1 版。

病”,“所谓理者,必求诸人情之无憾,而后即安,不得谓性为理”。可谓一语道破,戴学精髓为“人情”、情感思致,即所谓“情感哲学”。是年不第后寄居户部侍郎裘文达公曰修府邸,裘命其子孙皆从师戴震,故后直隶总督裘行简为戴震徒。是年注《诗》之《周南》《召南》,名《杲溪诗经补注》,段特明“杲溪”二字仅有区别其他注《诗》作品之意,不作别号,故天下亦仅称其“东原先生”而已。先是,癸酉(1753)成《诗经补传》,丁丑(1757)到扬州后与是仲明交流此书信息,仲明索要此书未获,仅书信与仲明论学而已,原委于“子恐于斯未信”。是年注成《二南》后改“补传”为“补注”,且《二南》着录者无昔日《诗补传》文字。段谱评述之称:“先生所谓‘每憾昔人成书太早,多未定之说’者,于此可见。”意即从《诗补传》到《诗补注》化十三年时间(1753—1766),且后者自否决、自剔出前所修撰文字,反复修改,历时弥长,自我否定,精益求精,诚可贵。

乾隆三十二年丁亥(1767年,四十五岁)一至四月间曾与寄居户部侍郎于雯峻府邸的段玉裁晤面。序友人屈鲁传刻《九章算术》,戴曾访求该书达二十余年之久而未得,丁亥年因同乡曹编修文埴前往翰林院《永乐大典》观之,见该书“离散错出”,“思缀集之”而未能,出都后竟“恒寤寐乎是”,直到癸巳(1773)夏奉召入都,与修《四库全书》,乃得“尽心纂次,订其讹舛”。是年出都后冬又入都,冬有《送右庶子毕君赴巩秦阶道序》①。

乾隆三十三年戊子(1768年,四十六岁)是年应直隶总督方恪敏(1749—1768在任)之聘,修《直隶河渠书》一百一十一卷,“乐此不疲”,会方氏薨而未成。戴云“予书经水、支水先后延接,皆按地望地脉次第,不可稍移”。后莅事者余萧客,难以识此条理。戴殁后该书被人窃为己有。《戴谱》有详述②。

乾隆三十四年己丑(1769年,四十七岁)第三次入都会试不第,为余萧客作《古经解钩沉序》③,提出著名的语言哲学原理“以字(词)

① 见《戴震集》,第207页。

② 见《戴震集》,第468、469页。

③ 见《戴震集》,第191页。

通词(辞),以词(辞)通道",乃有清一代学风之本。夏,与时任山西布政司使的朱珪交游,客其署中。秋,应汾州太守孙和相聘修《汾州府志》,"为之考订累日月",是年成,三十四卷。段盛赞之为"修一志而大经以明,非细故也","以为修志楷式"。

乾隆三十五年庚寅(1770年,四十八岁)有代作《记洞过水》①。夏,段玉裁奉调任贵州玉屏县知县,戴时在山西,有信到京勉之:"想风气未开,未必不可施政教也。"在山西有代某作《应州续志序》等十篇②。是年,有为孔继涵《重刊五经文字久经字样序》,冬,有《查氏七烈女墓志铭》。是年,在京俟辛卯恩科会试。

乾隆三十六年辛卯(1771年,四十九岁)是年第四次会试不第,修《汾阳县志》,翌年段玉裁到京于戴居处见到此书,且"举一条相示"叙说之。又有代人作《董愚亭诗序》③。

乾隆三十七年壬辰(1772年,五十岁)是年自汾阳入京,第五次会试不第。戴、段相晤于洪榜寓宅。是年主讲浙东金华书院,刊自定《水经注》,次年未及四分之一,而奉召入都,在都踵成之,为不用校语本。聚珍版为依旧时卷次全载校语本。段谱将两种版本对照之,重点表彰自刻本,言其书例之优,123条水流"每水一篇,以河江为纲,按地望先后,分属于河江左右为次。得之者可以撇弃校订,专壹考古善长(郦道元字)之书"。聚珍版为四库之官版书,"经注相淆者悉更之"。段称当"合二本无憾矣"。为序任大椿《尔雅注疏笺补》。会试南归与广东籍胡亦常同舟月余。春有《孟子赵注跋》。是年菊月(农历九月)有《孟子字义疏证》之原稿本《绪言》④,程易田有丙申影抄本。

乾隆三十八年癸巳(1773年,五十一岁)春,在浙东主讲金华书

① 见《戴震集》,第140页。

② 这十篇文章可见《戴震集》第471页总说,文见第138、133、222、231、239、240、181、248、249、216页。

③ 见《戴震集》第211页.

④ 《绪言》成书过程可参李开《戴震年谱》"1772年"。又有论者将《绪言》明确置于1769年,并以此为戴公开攻击宋儒的开始。参见孔定芳《论戴震学术思想之三期变化》,《哲学研究》2014年第1期第24页。

院,段谱举戴着中言两处自明之。因四库馆正总裁于敏中等举荐,仲秋以举人被特邀至四库馆任纂修官①。

乾隆三十九年甲午(1774年,五十二岁)十月,在四库馆校《水经注》成。段谱概述了戴氏区分经、注的三大体例②,并称其例功伟至于"迎刃分解,如庖丁解牛,故能正千年经、注之互讹,俾言地理者有最适于用之书"。段谱还叙述了如何看待正确四库戴校本和杭州赵一清本的关系,洵为"学问深醇,即未相谋面,所言如一"。是年,校《九章算术》成并有案语。参丁亥年。段谱称其"乃尽心排纂成编,并考订讹异",并为原书注中"补图,以成完帙",从此,"古九数之学大显"。又是年得校宋张淳《仪礼识误》,又其余四种算经《海岛》、《孙子》、《五曹》、《夏侯阳》。戴谱乙未年下亦胪述校《海岛算经》,校《仪礼失误》,可资参酌比核互补。又是年十月,校有《五经算术》二卷,举经籍"待算乃明者列之",有《提要》。段谱称戴二十二岁时撰《策算》举经籍中资于算例推衍之,"正与古人用意不谋而合"③。

乾隆四十年乙未(1775年,五十三岁)是年第六次会试不第,奉命与乙未贡士一体殿试,赐同进士出身,授翰林院庶吉士。

乾隆四十一年丙申(1776年,五十四岁)段谱仅列年份而未述史迹④。

二　综述戴震著述部分

段谱称:戴"在四库馆所校定之书,进呈文渊阁本,皆具载年月衔名,聚珍板亦载之,而杭州文澜阁写本不载,故不能详者,类述于此。大抵皆癸巳(1773)以后、丁酉(1777)以前五年所定也"。但有的著作已明确列于前相关年份下,如《孙子算经》、《夏侯阳算经》等,所据不同,此处多据文澜阁本。今可据前列和此列互参之。且两者重点不同:前一部分谓生平和学术行年可也,此一部分谓学术著述系列。

① 另是年学术和行止,可参李开《戴震年谱》"1773年"。

② 参见《段谱》该年。又可参李开《戴震评传》265页至278页对相关问题的说明。

③ 另是年学术和行止,可参李开《戴震年谱》"1774年"。

④ 可参李开《戴震年谱》"1776年"而略知当年事迹。

为循“年谱”体式一贯，综述学术系列亦皆置于戴氏卒年下：

乾隆四十二年丁酉(1777年，五十五岁) 一曰《周髀算经》，已见1758年提及。戴称，此古盖天之法，汉至明代，皆主浑天。明代西法传人，言“地圜”(地球表面)“地法覆盘，滂沱四隤”(按：崩颓，水流动)，亦即通常所说的“三分陆地四分水”构成貌；南北极地；赤道带；东西半球时差；新式历法据地球绕太阳公转周期为365又1/4日而定。等等。戴、段均误指西法出于中法：“西法出于周髀，所谓天子失官，学在四夷者欤?”原“刻本脱误，多不可通。古本五图，而失传者三，讹舛者一”，戴一一为之补正。后学者因可得而研究从事之。有提要一首。文澜阁记为乾隆五十二年(1787)二月。

二曰《孙子算经》，唐代选举志规定修目，与《五曹算经》一年习肄。有谓“孙子”即孙武，戴辨其误。有提要一首。文澜阁本未标年月。

三曰《张丘建算经》，亦唐算科十经之一，久佚。

四曰《夏侯阳算经》，戴厘为三卷，有提要叙及夏侯阳其人。聚珍板云乾隆四十一年(1776)二月校上，浙江阁本五十年(1785)五月。

五曰《五曹算经》，戴校成“绝无仅有之善本”，有题五十一年(1786)六月校上者。

六曰《仪礼释宫》，宋李如圭撰，有提要，聚珍板四十二年(1777)三月校上。

七曰《仪礼集释》，宋李如圭撰，有提要，聚珍板云四十七年(1782)二月校上。

八曰《项氏家说》，有提要。

九曰《蒙斋中庸讲义》，有提要。

十曰《大戴礼》，有提要，四十六年(1781)六月校上。

十一《方言》十三卷，有提要，聚珍板四十四年(1779)五月校上。

十二著《仪礼考正》。

十三作书与段论韵，丙申(1776)春。

十四作《六书音韵表序》并札，是在丁酉(1777)正月上旬。

十五丁酉五月《与段书》。

十六《声类表》九卷,作于丁酉五月上旬,段评之为“今音古音无不兼综”。

又十七丁酉年四月《答彭进士绍升书》,明阐《原善》《孟子字义疏证》之说。

十八丁酉正月十四日作书与段玉裁明白申斥时人循宋儒“以己之意见不出于私为理,是以意见杀人,咸自信为理矣”;“此犹舍字义、制度、名物,去语言、训诂,而欲得圣人之道于遗经也”。戴震欲以“体民之情,遂民之欲为得理”,即以民情、民欲救赎生民;欲以语言文字救赎被扭曲了的学理,由此和盘托出。

十九丁酉四月二十四日作札与段述初秋南归之志及《孟子字义疏证》不得不作之由在于“正人心之要”。

二十丁酉五月二十一日作书与段,实为永诀之书。

二十一《原象》《迎日推策记》孔继涵刊《戴氏遗书》合为一。段说《原象》一至四篇为戴氏之《释天》篇,以《尧典》、《周礼》、《洪范》命题而大致毕举天行之道,五六七篇为《勾股割圜记》上中下篇,第八篇则为矩测望之详。《迎日推策记》系旧作,段合《释天》抄写于癸未(1763),可知成书在壬午(1762)前。至晚年,戴合九篇为《原象》,以为《七经小记》之一。段称“天体算法全具于此”。

二十二《原善》卷上、中、下为《戴氏遗书》第九,合为一册。段于癸未前抄写熟读。至丙戌(1766),戴“援据经言疏通证明之”,学理上“仍以三章分为建首、比类、合义”,尽合“古贤圣之言理义”之法,铸就《孟子字义疏证》(参前“乾隆三十一年丙戌”),亦为《七经小记》之一。段以为“先生之学,上承孔、孟,于此可见”,于《原善》、《疏证》评之,引人注目,在于戴段之心于此相印、相通矣。

二十三《续天文略》[①],分为“星见伏昏旦中”等十目,虽未成全本,但“以此发明《释天》,已令学者畅然满志矣”。

二十四《大学补注》一卷,《中庸补注》一卷(未写完)。皆癸未前

① 今可见《戴震全集》第一册有《续天文略》二卷:卷上、卷中,清华大学出版社1991年版。

所为。言理与《原善》、《孟子字义疏证》"无纤微不合者"。并认为《大学》之"亲民""格物",《中庸》之"致中和""上下察"等 涉及方法者"尤可补先儒之不到"。亦戴段心相印之证。

二十五《学礼篇》,拟为《七经小记》之一,未成书。段推测其例"盖将取《六经》礼制纠纷不治,言人人殊者,每事为一章发明之",并举出《记冕服》至于《捍决极》凡十三篇"是其体例也"。戴尝言"此等须注乃明"。

二十六《水地记》,共七册,孔继涵仅取非残可读者刻为一卷,一说未成书。研究法与众不同。段称:"盖从来以郡国为主而求其山川,先生则以山川为主而求其郡县"。这与戴叙《水经注》"因川源之派别,知山势之逶迤",《汾州府志》"以水辨山之脉络"相承续。该书犹"合天下之山为一山,合天下之川为一川",古来遗经史志中的"建制沿革之纷错,无不安置妥贴,至赜而不乱"。亦《七经小记》之一,使经书言地理者稽此。

二十七《训诂篇》亦《七经小记》之一,终有《转语》二十章,亦未果。但诸多训诂书如《方言疏证》等,可稍窥涯略。此后段补述戴氏所言"七经"之范围,又言《七经小记》犹"经学要义"之纲纪、学理:"治经必分数大端以从事,各究洞原委,始于六书、九数,故有《训诂篇》,有《原象篇》,继以《学理篇》,继以《水地篇》,约之以《原善篇》,圣人之学如是而已矣。"又言戴对完成此举的信念和信心,及终未能成的遗憾。

二十八《手批段玉裁六书音韵表》,距临终前十馀日成。段详述其事。

二十九丁酉(1777)有《与丁升衢杰书》二篇,述天象历算之精仪,后刻于段氏经韵楼。

段述戴殁后京师同志挽联称:"孟子之功不在禹下,明德之后必有达人。"段氏以为"先生之所学,无愧此语"。

三十《唐宋文知言集》上、下二册。段述戴言集上"理与辞俱无憾",集下"不惟其理,惟其辞"。段抄目录珍藏,"观其别裁,可以见先生古文之学之一斑矣"。

三十一孔继涵刻《戴氏遗书》十五种,一百九十多卷(含未刻成者),段详列其目录。

三十二《文集》十卷,为孔继涵刻《戴氏遗书》之二十三。

三十三《戴东原集》十二卷,段刻于经韵楼。段辨十卷本、十二卷本与十五种之间的目次收列、交叉关系,又述丁升衢氏新发现的戴着,校勘经过和段氏终校,为戴学目录学史重要史述。

段述戴氏义理、考据、词章三分说,述戴“于性与天道,了然贯彻,故吐辞为经”,于学问三分“知无所蔽,行无所私”,浩气、精义、修辞无不超迈前人。

三十四《经义》十八首。吴江任兆麟抄赠段氏。江沅以为“名家未有能过之者”。姚鼐以为同归有光,文集“当附刻经义”,段则认为“如震川及先生经义,皆当附于文集也”,意即戴于经义已蕴藉涵咏为天成妙文,义理、文章对接无缝,经义亦是美文。又借戴自评说戴,为文举重若轻,“用口气一吹嘘,便使大石软如绵”,例言人性之作,如《绪言》《原善》等则左右当时舆论,影响深远,“至今犹仿僾(仿佛)当日音响云”。

三十五“璇玑玉衡”之制器。《虞夏书》观天文之器,汉以后失传,“而先生神晤于四千年之下”,详其制于《原象》第四章。曾指点巧匠为之,并称可知“法物之尚存”。

三十六段于丙戌(1776)亲见戴自制地图段探寻其存,没而不得知。

除胪列以上三十六种着论外,另又缀述戴震言学术的语录,常以“先生言”提其首为语段标记,如:“先生言:‘为古文,当读《檀弓》……’”如此而有三十六则。可类述之:如以“先生言”或段落挑起之首编出序号1—36,则:

治学类:有1、8、9、10、12、13、18、23、24、29、31、32,共十二条。如已举第1条“为古文,当读《檀弓》”。又如第8条:“先生言:为学须读《礼》,读《礼》要知得圣人礼意。”

学人类:有2、3、4、11、15、17、36,共七条。例第2条言及阎若璩、顾炎武,事理学理类：有 7、14、16、19、20、21、22、33、34、35，共十条。如第 14 条："总须体会《孟子》'条理'二字，务要得其条理，由合而分，由分而合，则无不可为。"此实中国古代逻辑思想要旨。

学术批评和实践类：有 5、6、25、26、27、28、30，共七条，例第 5 条评价朱熹《四书集注》，第 28 条致信段玉裁，言贵州玉屏"想风气未开，未必不可施教化也"。

（2014 年 6 月于澳门科技大学）

（本文原载《段玉裁全书》，江苏人民出版社 2015 年 8 月第 1 版，第肆册 311 页"叙录"。又载于汪良发、潘定武主编《2014 全国戴震学术研讨会论文集》，黄山书社 2015 年 9 月第 1 版）

段玉裁《戴东原集覆校札记》叙录

乾隆四十五年(1780),段玉裁在四川巫山县任上"称疾致仕",第二年年初即回到金坛,专事学业。段撰《戴震年谱》称:"《文集》十卷,为《戴氏遗书》之二十三,孔氏微波榭所刻也。《戴东原集》十二卷,玉裁自蜀归后,刻于经韵楼者也。"孔继涵初刻《戴氏遗书》,仅收戴著十五种,其中《东原文集》十卷,段氏重订为十二卷,增收了《遗书》刊落的散篇论著。《续修四库全书》收《戴集札记附覆校札记》正是段氏覆校经韵楼刻《戴东原集》十二卷时所撰,且卷一至卷十二均有所校,署称:"刻版既成,不欲多剜损,故笺其后如此。得此书者尚依此。研朱校改,以俟重刊。乾隆壬子(乾隆五十七年,1792)八月段玉裁记。"

段氏所校,于《戴东原集》卷一得 13 条,卷二得 11 条,卷三得 21 条,卷四得 8 条,卷五得 3 条,卷六得 2 条,卷七得 1 条,卷八得 14 条,卷九得 1 条,卷十得 8 条,卷十一得 7 条,卷十二得 3 条。共得 82 条。其中除了文字本身的校改之外,如卷三"古,故训"条段校:"本作古,训诂。"不少条目都是由文字校改进而涉及学理或学史的。例如:

卷一第 1 条"故训"段校:"本作训诂。按《汉书・儒林传》:'训诂举大义。'郑君序《周礼》考:'训诂捃秘逸。'不必倒为故训,故亦不必改为诂也。"此条说明:故训就是训诂,一般都写作训诂。训诂这一术语的内涵。卷一第 3 条"小注"条下:"案语非也。《古文尚书》与欧阳、夏侯《尚书》同出周时，互有优劣，不必株守古文。”此条言段氏《尚书》学思想。这里的《古文尚书》指真《古文尚书》，非梅书。卷一第五条“异词”：“本作辞，全书内皆同。按辞者，说也。从𤔔辛。𤔔辛犹理辜也（按：𤔔：同乱，治，理。辛：罪，犯法。辜：罪）。凡文辞字多用此。词者，意内而言外也。从司言，凡发声助语之词多用此。二字截然分别。”此条说行文之“辞”与助语之“词”的区别。

卷三第7条“法”字下：“本作灋，先生书多用灋字，不当改，后仿此。”此条明戴震用字习惯，由用一字亦不忘称“先生”，更知段对戴的的始终尊重之意。

卷四第3条“欣隐焮迄”：“本作焮隐欣迄，蒙上文而言，故曰焮隐欣迄。又先焮于隐者，由去而上而平也。声音之理，平上为一类，去入为一类。”第4条“欣隐焮迄”：“本作隐焮臻栉四字，上文云：惟上声隐韵、去声焮韵，兼二等三等。其二等𧖣龀等字即臻栉二韵之上去也，亦以字少不别立部目，此正臻栉与隐焮关通之理也。故欣隐焮迄宜与真谆臻轸準震稕质栉术同用，而不当与文吻问物同用，使隐焮与臻栉相关通者。至于隔绝此条，所改四字，大误。”此二条详辨音韵理，并音韵之于校勘之重要，亦借此可窥段本人音韵学思想之一端，乃段氏上古韵部纠正戴震，力主真、文相别音理辨析之原始也。

（本文原载《段玉裁全书》，江苏人民出版社2015年8月第1版，第肆册349页“叙录”）

段玉裁《汲古阁说文订》叙录

《汲古阁说文订》今见两种，一种是收入《续修四库全书》的五砚楼藏版，一种是收入据学海堂本影印的《清经解》第八十五种段注《说文解字》十五卷下《汲古阁说文订》。学海堂本《说文注》为重刻本，以《说文》卷次为卷，不另分卷，视《说文订》为《说文注》不可分割者；经韵楼《说文注》为原刻本，另分卷，《说文》第十五卷下为《段注》第三十卷，《六书音韵表》为第三十一、三十二卷，亦视《六书音韵表》为《说文注》不可分割者。两书相骈，固可知《说文订》之重要可比《六书音韵表》者。或谓前者是《说文注》的文献基石，后者是《说文注》的内在音理，诚是也。依学术发展史视之，《说文注》是小徐本《说文繫传》的继续和发展，《说文订》是大徐本《说文》的验核和订补。总之，《汲古阁说文订》为不可小觑之书。本叙录据《续修四库全书》本言之。

段氏《说文订》，是对明末常熟毛晋（子晋）及其子毛扆（斧季）之汲古阁得"宋始一终亥小字本"，而"以大字开雕"的刊刻本（汲古阁本《说文》），进行校勘平议。好古如明末顾炎武，曾感叹"《说文》原本次第不可见"，误以为"今以四声列者，徐铉等所定也"，惜其未得见毛氏刊刻之大徐本。汲古阁本问世之前，自北宋至明末近七百年内《说文》有三种本子，一为徐铉大徐本，一为徐锴小徐本，一为李焘改编大徐本的《五音韵谱》本。段玉裁《汲古阁说文订序》云："自铉书出而锴书微，自李氏《五音韵谱》出而铉书又微。”明代多有刊刻李书，“刊刻铉书者绝无”。在大徐本日见式微中，校刻大徐本的《汲古阁说文》的问世是一件好事。但毛斧季“识见驽下，凡小徐佳处远胜大徐者，少有所采掇，而不必从者，乃多从之”，坊间“以为拱璧”，其实“缪戾多端”。校订《汲古阁说文》的学术史重任落在段玉裁的身上。底本是友人周锡瓒（漪塘）提供的汲古阁初印本，上有毛斧季亲署“顺治癸巳（1653）汲古阁挍改第五次本”，参校本有：王昶所藏宋刊小字本，周锡瓒所藏宋刊小字本（后为孙星衍于嘉庆十四年重刊宋本的底本，即今中华书局影印陈昌治本的祖本），周锡瓒所藏明代叶石君（万）所钞宋本小字本，明赵灵均（均）所钞宋本大字本（汲古阁仿刻本），宋刊《五音韵谱》大字本、互异之三小字本，还有明刊《五音韵谱》，及《集韵》《类篇》称引铉本者，不下十数种。段氏大规模校勘的目的，“所以存铉本之真面目，使学者家有真铉本而已矣”，说到底，是为了尽可能地恢复许书的原貌。

《说文订》全书条目收 315 条（据赵航教授）。最重要的内容是：经校订恢复和维系许书义例，而义例是其内容的集中体现，成书之骨架，亦所谓内在学理逻辑。段氏围绕义例的校勘法有：

其一，强调许书“随举以见例”，删汲古阁《说文》误增字，以存许书之真。例《上部》“帝”字下：“辛示辰龙童音章，皆从古文上。”今查大徐本同。汲古阁本“依小徐于辛下示上剜补言字”，即增加了个“言”字。段订：“《说文》随举以见例，云辛，则从辛之辛，言在其中矣，何烦补乎！”今按：“辛”的古文字象舌头形，辛辣字当为指事字。“言”的古文字“口”形上方正是“辛”字，象舌从口中伸出，故谓。

其二，遵从许书引书格式例，后人不得妄改。例《艹部》：“芐”字下：“《礼记》铏毛：牛，藿；羊，芐；豕，薇。”今查大徐本同。段订：“两宋本、叶本音皆作‘记’，赵本作‘曰’，《五音韵谱》及毛（扆）本从之。按许所偁者《公食大夫礼记》文也，《韵会》亦作《礼记》，《集韵》《类篇》不云‘记’者，妄删之耳。”

其三，维系许书引书文本通例，不得以后人见书改窜之。例《牛部》“牿”字下：“《周书》曰：今惟牿牛马。”今见大徐本同。汲古阁本

“剜补淫舍二字于今惟之下,以同《尚书》”。同样,又《足部》“跻”字下,《言部》“諅”(忌)字下,《人部》“僁”字下,皆剜改。段订:“许所引皆不与今《尚书》同,而悉依今《尚书》改之,斧季之愦愦甚矣。”又:《巾部》“带”字下类此校例。《人部》“俦”字下类此校例。《山部》“崵”字下类此校例。

其四,许书不以古释古例。例《目部》“眂”字下:“眂,眂皃。”今见大徐本:“眂,眂皃。”段注本:“眂,视皃。”段订:“两宋本、叶本如此,不可通。惟赵本作视皃,《五音韵谱》从之,近是。《见部》(‘视’字下)云:‘眂者,古文视也。’许说解中不应用古文,疑此有脱误。《广韵·支韵》云:‘眂眂,役目也。’恐此当云‘眂眂,视皃。’”《说文订》的这一成果被吸收到《说文注》,并申论之。

其五,许书内证无某字例当从之。例《目部》“瞀”字下:“氐目谨视也。”今见大徐本同。段订“两宋本、叶本皆作氐,赵本作低。按许书无低字,多用氐字为之,故‘昏’字下曰:‘从氐省声,氐者,下也。’后人不解,尽改氐字为低,为底。即如上文瞤字下云:低目视也。计古本必亦作氐目矣。”又:《髟部》“髯”字下类此例。《髟部》“从髟从刀易声”字亦此校例。《水部》“滥”字下类此校例。

其六,许书从毛传释字例不可改,并由许书类比例可以许证许。例《㫃部》“旟”字下:“错革画鸟其上,所以进士众,旟旟,众也。从㫃与声。”今见大徐本同。段订:“(毛扆)初印本如此,宋本、叶本、赵本、《五音韵谱》、《集韵》皆同。今(五校本)依小徐剜去一旟字,不知旟旟字当作与与,与与,众也。与《小雅》‘我黍与与’同。《说文》多为浅人不解而妄改。此条当云:‘所以进士众,从㫃从与,与与,众也,与亦声。与‘旅’下‘从从,从,俱也’相类。《小雅》毛传曰:‘旟旟,所以聚众也。’许本之说字。”今按:“旅”字右下方甲文、金文、《说文》古文皆作“从”字形。又:《人部》“佻”字下类此校例。

其七,当严辨字形,以《说文》校《说文》例。《禾部》“柘”(石dàn)字下:“稻一柘为粟二十升(斗之讹),禾黍一柘为粟十六升太半升。”今查大徐本作𣁬字,斗字的隶书。段注本径直作“斗”字,正确。段订:“初印本如此。叶本、赵本、《五音韵谱》同。《集韵》升作外字,形之误也[今按:《集韵》以外(升、陞)的俗体字外字形为升字]。《类篇》升皆作斤,则不可通矣。今剜改二十升(𠂇)作二十斤,十六升(𠂇)作十六斤,而太半升(𠂇)则不改。按隶书斗字多作𠂇(今按:《石门颂》作此字形,即𠂇字),故讹而为升。毛氏不知改升为斗,而乃改升为斤乎!《米部》曰:粟重一秙为十六斗太半斗,稻重一秙为粟二十斗。字形不误,何不以《说文》挍《说文》也!”又:《衣部》“卒”字下类此校例。

其八,以《说文》同部意义次第,亦即语义逻辑顺序检校之。《疒部》“痑”字下:“瑕也。”今见大徐本同。段订:“初印本如此,宋本、叶本、赵本、《五音韵谱》、《类篇》皆同。惟《集韵》及小徐瑕作‘瘕’,非也。今剜改同小徐。按《说文》同部之字以义为次第而类。书之上文云:瘕,女病也。远隔三十字。假令痑训瘕,则当列于瘕篆后矣。”又:《水部》“澥”字下强调共名与别名之异,亦类此逻辑例。《女部》“娈”字下亦可类此校例。

其九,补大徐本之阙例。《页部》“颀”字下:“头佳皃,从页斤声。”今查大徐本无此字,段注本已补入此字。段订:“按今铉本无此字,而《集韵》《类篇》皆引《说文》‘颀,头佳皃’,《集韵》《类篇》所据皆铉本也。然则铉本本有此篆此解而转刊脱之耳。此与《手部》‘揅,摩也,从手研声’,亦铉本本有,故《集韵》《类篇》引之正同。毛本补‘揅’而未补‘颀’,故著之。”今查大徐本亦无“揅”字,段注本除了在“摩”字下与“揅”互训外,还补出“揅”字。今谓段注本《说文》除了增补“颀”字,“揅”字,重申《说文订》所论,及于增补之由外,更就二字形音义阐发至于尽善。

其十,以谐声偏旁之古音理校订例。《龙部》“龕”字下:“龙皃,从龙合声。”今查大徐本同。段订:“初印如此,宋本、叶本、赵本、《五音韵谱》、《集韵》、《类篇》皆同。”但毛扆剜改成从含从龙,改合声作含声,段称“绝无所本”。而唐代《九经字样》作从今从龙之字,段称:“合声当作今声,正与古音合。”不意有改为从含从龙者。今按:段氏《六书音韵表》二《古十七部谐声表》第七部“平声侵部”有谐声偏旁今声、合声,无含声。“含”字从口今声,但不作谐声偏旁用,故谓。

又:《女部》下从女从属之字类此校例。

以上十条,皆就段氏围绕许书义例而作校勘言之。但也可知段氏《说文订》其他特色。

如"择善从优"的原则,可由其五见之,《说文订》从两宋本、叶本皆作"氐",拒赵本作"低"。究竟何者为优,又以许书"昏"字下"从氐省声,氐者,下也"为参证。

又如"音形义相统一"的校勘原则。可由其一、其七、其十知之。其一含辨古形,其十辨古音,其七固为严辨字形例,但不作"升"字,不作"斤"字,皆因于义大碍。文云"《类篇》升皆作斤,则不可通矣",作为重量单位,稻一石仅二十斤,有违常理,故"不可通矣";如作"升"字,稻一石仅二十升,亦于义不通。

又如校勘与补缀相一致的原则,即所谓斠补,其九见之。《说文段注》补出"颀"字、"犫"字,其功甚巨,正源于《说文订》。

又连类而及,综合校勘的原则,可由其二、其三见之。

(本文原载《段玉裁全书》,江苏人民出版社 2015 年 8 月第 1 版,第贰册 203 页"叙录")

段玉裁《戴东原先生年谱》要综

段玉裁(1735—1815)撰《戴东原先生年谱》(以下简称《段谱》),未见著录撰年,今据赵航(1937—2013)《段玉裁评传》称:《段谱》写成于嘉庆十九年(1814 年)[①]。《段谱》称戴震出生在雍正元年(癸卯)农历十二月廿四(己巳),卒于丁酉(乾隆四十二年)五月二十七日晡时(申时,下午三时至五时)。对应公历[②],戴震生于 1724 年 1 月 19 日,卒于 1777 年 7 月 1 日。

研读《段谱》,可将其内容可分两大块:一是生平行年并学术事迹(多系可分疏于相应年份者),二是在文后集中补叙戴在四库馆校书和撰写《四库总目提要》相关篇目(入文澜阁本,不载年代,难以分疏于各年份之下者),并及其他相关学术成果。简言之一为生平和学术事迹,系于雍正元年至乾隆四十一年;二为四库戴氏学术综述,系于乾隆四十二年。以年代携生平和学术是《段谱》基本做法,如反过来,集中事迹和专题看不同年代的著论,则有利于专题深入。

有关古代语言文字本体。《六书论》三卷今存《序》(乾隆十年,年号下同,以下只标年序)、《答江慎修论小学书》(十年)都提到"六

---

① 赵航《段玉裁评传》,江苏人民出版社 2009 年版,第 19 页。该书称:"嘉庆十九年,段已 80 高龄,乃成《戴东原先生年谱》,并汇辑先生手迹为《东原先生札册》。"

② 参见李开《戴震年谱》"1724 年"有关说明。《戴震语文学研究》,江苏古籍出版社 1998 年版,第 219 页。

书”中的转注,以互训为转注。并明确以前四书象形、指事、会意、形声为造字之一大端,以转注、假借为用字之一大端。前四书造字之本,后二书用字之法,“六书”体用关系说源此。有《尔雅文字考》十卷(十四年),序称“余谓儒者宜自《尔雅》始”,以小学为学术“始基之矣”。有《转语》二十章,今存《序》(十二年)。段谓“昔人既作《尔雅》、《方言》、《释名》,先生谓犹缺一卷书,创为是编,用补其阙,俾疑于义者以声求之,疑于声者以义求之”。扬雄《方言》研究(二十年),将《方言》写于宋李焘《许氏说文五韵韵谱》之上方,段说:“先生知训诂之学,自《尔雅》外,惟《方言》。《说文》切于治经,故傅诸分韵之《说文》取其易检。”入四库馆后著有《方言疏证》。戴尤重语言文字,以为“经之至者道也,所以明道者其辞也,所以成辞者字(词)也。必由字(词)以通其辞,由辞以通其道,乃可得之”,以语言文字为通经之始,“为之三十余年,灼然知古今治乱之源在是”。(四年)有《书小尔雅后》一篇(二十四年)。著《声韵考》四卷成(三十一年),段以之为“凡韵书之源流得失,古音之由渐明备,皆檃栝於此”。有《与段玉裁论韵书》,阐述古音研究中的若干重大问题(四十一年)。著《声类表》九卷(四十二年五月上旬),有《手批六书音韵表》一部(四十二年五月中旬)为戴绝笔之作。

有关古书注疏。《考工记图注》成,并有《后序》(十二年),纪昀作《序》(十三年)。于穷困乏食中著《屈原赋注》,含《初稿》、《赋注》、《通释》、《音义》三卷,全书约二十万字[①](十七年,二十五年冬刻成)。《勾股割圜记》以西法为之注(十七年,二十三年刻成)。有《诗补传》并《序》[②]。又有《周礼太史正岁年解》二篇、《周髀北极璇玑四游解》二篇(二十年夏)。

校勘。有《大戴礼记目录后语》(二十二年)云:校卢文弨校《大戴礼记》,且两校卢校本(1760、1761),改正多处。癸巳(1773)入四库馆后续之呈出,后为孔广森撰《大戴礼记补注》所本。自定《水经》

---

① 参见李开《戴震年谱》“1752 年”有关说明。《戴震语文学研究》,第 229、230 页。

② 详参李开《戴震年谱》“1753 年”有关说明。《戴震语文学研究》,第 230、231、232 页。

一卷(三十年秋八月),段云:“令经、注不相乱,此卷最为明晳。后召入四库馆纂修,此书纲领,不外乎是,特於讨论字句加详耳。”入四库馆后,文渊阁本,1774 年十月,校《水经注》成呈出,段概述其经、注分开之三体例(三十九年)。校九章算术成,从此,“古九数之学大显”(三十九年)。校唐代明算科《五经算术》成呈出,有《提要》(三十九年十月)。校《海岛算经》成呈出,有《提要》(四十年四月)。校宋张淳《仪礼识误》,有《提要》(四十年二月)。

经学和哲学著论。约 1753 至 1763 著《原善》上、中、下,《尚书今文古文考》,《春秋改元即位考》三篇。戴有著述感言。又 1763 年前后有《学礼篇》十三首(即“十三记”)(二十八年)。段本人入都会试(三十一年,1766)见告戴著《孟子字义疏证》,“所谓理者,必求诸人情之无憾,而后即安,不得谓性为理”。著《杲溪诗经补注》等①。《孟子字义疏证》原稿名《绪言》,有壬辰(三十七年,1772)菊月(农历九月)写本。钱穆曾考定《绪言》草创于 1769 年秋前。丁酉年四月有《答彭紹升书》,令儒、释、道各还其本,不必互相冒充,段以“有此而《原善》、《孟子字义疏证》之说愈明矣”(四十二年)。可归之为《七经小记》之一有《原象》等九篇,之二有《原善》、《疏证》,之三有《学礼篇》“十三记”,之四有《水地记》,之五有《训诂篇》(四十二年)。

学问之道。《与王鸣盛书》说《尚书》“光被四表”为“横被四表”(二十年秋),段称“可见训诂之学,凡一字必徵之古,而靡不条贯”。又《与姚鼐书》论治学当求“十分之见”,否则“徒增一惑,以滋学者之辨也”(二十年)。有《与方希原书》,大旨论文章必求其本,更有所谓大本,即道也。“以圣人之道被诸文,如造化之终始万物也”,且道与艺有别(二十年)。江永卒,有《江慎修先生事略状》,述其治经要略和著书卷数。有论韵之文三种,并助江永定《古韵标准》(二十八年)。丁酉正月作书与段氏,称十七岁即有志闻道,当以字义、制度、名物通其语言为根本。并谴责宋儒“以理杀人”;四月作书与段,以生平注述最大者为《孟子字义疏证》,“此正人心之要”,当下尽以己私

① 详参李开《戴震年谱》“1753 年”有关说明。《戴震语文学研究》,第 230、231、232 页。

见为公"理",而祸斯民,故《疏证》不得不作(四十二年)。

重要行止、交游、言论和史事。因讼族子豪者侵占祖茔险遭治罪,只身入都,寄旅歙县会馆(二十年)。受纪昀、王鸣盛、钱大昕等延誉,"于是声重京师,名公卿争相交焉",纂修文献的史官秦文公蕙田闻其善天算历法,命驾延主其邸,朝夕讲论《五礼通考》"观象授时"门,以为闻所未闻;全载《勾股割圜记》三篇,作为古今算法大全之范;且《通考》"全书往往采先生说"。馆京师王安国宅,教授公子王念孙(二十一年)。晤见惠栋于扬州盐运司卢雅雨署内(二十二年)。后入都过苏,有《题惠定宇先生授经图》(三十年)。1757 年冬至至 1758 年夏皆在扬州(二十三年)。冬有《与任大椿书》,箴其论礼,并使《礼经》"兄弟"与"昆弟"之别始著(二十五年)。1763 年首次入都会试不第,有《诗比义述序》,居新安会馆讲学,(二十八年)。明代(1368—1664)灭亡一百周年(1764,二十九年甲申),《段谱》无记。1766 年面辞,复于札内辞段玉裁称弟子(三十一年),并称:"古人所谓友,原有相师之义,我辈但还古之友道可耳。"直至己丑(1769)戴才勉从之。朱文正公珪赞之曰:"汝二人竟如古之师弟子,得孔门汉代之家法也。"教授裘文达公子弟,同年,戴自制地图(三十一年)。至京师有《送毕沅序》(三十二年)。应直隶总督方恪敏之聘,修《直隶河渠书》一百一十一卷,以"经水、支水先后延接,皆按地望地脉次第,不可稍移"为体例,后被吴江王履泰窃为已有,易名《畿辅安澜志》进呈(三十三年)。应汾州太守聘修《汾州府志》三十四卷,段称其"为修志楷式"(三十四年)。有代作《应州续志序》等十三篇(三十五年)。后修《汾阳县志》(三十六年)。第五次会试不第,段晤戴于洪榜宅,后又主讲浙江金华书院,刊刻自定本《水经注》,不用校语本(三十七年),后四库馆踵成之者全载校语本。南归时与广东顺德胡亦常同舟月馀。1773 年秋到京,因于敏中、纪昀、裘曰修之荐入四库馆任纂修。入四库馆后,有《与段玉裁蜀中书》,称纂次《永乐大典》内散篇及于《仪礼》、算经者(三十九年)。第六次会试不第,赐同进士出身,授翰林院庶吉士(四十年)。段述戴殁后京师同志挽联称:"孟子之功不在禹下,明德之后必有达人。"段氏称"先生之所学,无愧此语"(四十二年)。另有以“先生言”为话语标记,载戴震语录36则(四十二年)。

四库文澜阁写本戴氏学术综述

戴在四库馆校定之书,进呈文渊阁本,皆具载年月衔名,聚珍本亦载之,但杭州文澜阁本不载实际成书年月,多署戴震身后,故段氏将其类述于乾隆四十二年丁酉年(1777年戴震卒年)下:

《周髀算经》,为算学十书之首,戴谓此书用“古盖天之法”,而汉迄于元明,皆用浑天。明代中叶后欧西新法传入。有《提要》,浙阁本五十二年二月。《孙子算经》,有《提要》,浙阁本未写年月。《张丘建算经》,亦唐代明算科十经之一,有毛晋汲古阁影钞宋版,详加校勘,补旧有图,尚缺四图,补脱字,有《提要》,浙阁本署五十二年三月。《夏侯阳算经》,原书已不可读,寻绎编次,有《提要》,浙阁本署五十年五月。《五曹算经》,散见《永乐大典》,戴使之逐条完善,还原旧观,成绝无仅有之善本,署“五十一年六月恭校上”。段以戴校算经五种:九章、海岛、孙子、夏侯阳,皆王锡阐、梅文鼎未见之书。此外,有《仪礼释宫》,有《提要》,聚珍本已署“四十二年三月恭校上”。《仪礼集释》,有《提要》,聚珍版署四十七年二月。《项氏家说》、《蒙斋中庸讲义》、《大戴礼记》、《方言》,皆有《提要》,以上十一种,段谓“所校官书”,戴“鞠躬尽瘁,死于官事可也”。文澜阁本皆署戴身后进呈日期,段一一辨明,亦实将校定原书(有的已不成其书)之著作权归还戴震。师生之情,段氏忠诚,可感也夫。

(2014年8月)

周锺灵师著《韩非子的逻辑》一书《序言》《绪论》注释

序　言

§0.0.0.1－1 这本书叫做《韩非子的逻辑》①。韩非子有两种涵义[1]:一指韩非子[2]这个人,一指《韩非子》[3]这部书。逻辑[4]也有两种涵义,一指客观存在是思惟[5]规律和思惟形式;一指以客观存在的思惟规律和思惟形式为对象的逻辑学。这样,《韩非子的逻辑》就可以有四种涵义[6]:(一) 韩非子这个人的思惟规律和思惟形式;(二)《韩非子》这部书中所表现的思惟规律和思惟形式;(三) 韩非子这个人的逻辑学。(四)《韩非子》这部书中所表现的逻辑学。

[注释] [1] 涵义:同“含义”。鲁迅《华盖集·咬文嚼字二》:“字面虽然改了,涵义还依旧。”涵:包容,包含。清段玉裁《说文注·水部》:“涵训容者,就受泽多之义而引申之。”唐杜牧《九日齐山登高》:“江涵秋影雁秋飞,与客携壶上翠微。”[2] 韩非子:韩非(约前280—前233)。子,古代对老师的尊称。有类孔丘的学生尊称孔丘为孔子,孟轲的学生尊称孟轲为孟子,荀况的学生尊称荀况为荀子。韩非子是韩非的学生或信徒对韩非的尊称。《史记·老庄申韩列传》中的

① 《韩非子的逻辑》,周锺灵著,人民出版社1958年8月第1版。周锺灵(1918.12.20—1993.12.20),南京大学中文系教授。语言学家,逻辑学家。曾专注于康德哲学研究。

"韩非列传"是有关韩非最早、最完整的一篇传记。传记开头说:韩非,是战国时期韩国众公子中的一个。喜欢循名责实的审察名号与事物,言论与实际是否一致的"刑名法术之学",而推本于黄帝、老子。韩非一与人交谈就犯口吃(结巴子),不善于说话,但擅长撰论著述。与李斯同为荀况的学生,李斯认为自己不如韩非有才干。传记最后说:"李斯使人遗(wèi 给)非药,使自杀。"[3]《韩非子》:韩非著。最早的善本有宋乾道黄三八郎本(已佚),今存清人吴鼒(zī)影刻宋乾道黄三八郎本,也是五十五篇的足本,虽有吴本人个别擅自改动处,但仍是保存宋刻本原貌最多的善本。清黄丕烈藏《述古堂影宋钞本韩非子·跋》直称吴本为乾道本,可知其善。周锺灵师在上世纪50年代末、60年代初著有《韩非子新注》(师母彭战璐誊抄,原拟中华书局出版,后未刊)。[4] 逻辑:一门以推理形式为主要研究对象的科学。它是近代西方语词"logic"、"logik"、"logique"的音译。亚里士多德只在定义三段论推理时使用拉丁语系有"逻辑"之音义的词,但他主要只是在"议论"、"论证"的含义上使用,即使使用有"推理"逻辑含义的词,也只是指"分析"和"分析学"的。逻辑作为一门科学即逻辑学,不仅研究个别的正确推理形式,还研究各种正确的推理形式之间的关系,并提出正确的推理形式的系统理论,从这个意义说,逻辑就是推理形式系统,逻辑学就是关于推理形式系统的理论。现代逻辑学已建立多种逻辑推理形式系统。[5] 思惟:今一般写作"思维"。从前一直写作从二"心"字的"思惟"。[6] 这四种涵义分别将韩非子其人、《韩非子》其书、逻辑、逻辑学一一对应作出的推论,其本身作为推理形式,就是将相关语义一一对应的逻辑形式。

[段旨] 本段叙说"韩非子"的两种含义,"逻辑"的两种含义;叙说《韩非子的逻辑》的四种含义。四种含义是语言哲学的逻辑推理的结果。值得注意的是,文中特别强调逻辑和逻辑学的客观性,规律和形式的客观性,至今意义不凡。

§0.0.0.2-2 韩非子是法家[1],不是逻辑学家[2],《韩非子》是法家的著作,不是逻辑学家的著作,我们所谓《韩非子的逻辑》,是指韩非子这个人写作《韩非子》这部书所具体运用的思惟规律和思惟形式。

[注释][1] 法家:战国时期以法治为思想核心的学派。其思想先驱和创始人有管仲、商鞅等人,战国末韩非是法家思想集大成者。法家思想的与早期封建生产关系的产生和发展相联系。[2] 中国古代多以"刑名之学""形名学""名学"表逻辑学意蕴,这里说韩非不是逻辑学家,就意味着说韩非不是形名家、名

家。战国形名家代表人物是邓析、惠施、公孙龙。但法家与形名家的关系密切,《史记·韩非列传》就说韩非“喜刑名法术之学”,故可寻觅韩非子其人其书所具体运用的逻辑和逻辑学。

[段旨]《韩非子的逻辑》书名所指。

§0.0.0.3-3 关于材料问题,需要有两点说明:

(一) 考据问题。《汉书·艺文志》法家最早著录《韩子》五十五篇[1]。现在存在的《韩非子》虽然也正是五十五篇,有些篇章却不一定可靠。王先慎[2]在《韩非子集解》[3]里说:“《初见秦》、《存韩》二篇,系后人汇集[4],《饰令》一篇,全载《商君书》[5],《奸劫弑臣厉怜王》,《国策》以为荀子书,《韩诗外传》同[6],以五十五篇为非自作误。”[7]可是这些篇章中并没有什么特殊的思惟规律和思惟形式,就是不采用它们作为材料,也不足以妨碍我们来阐述韩非子的逻辑。为了慎重起见,避免引起无谓的争论,我们就不采用这些篇章作为材料。

[注释][1]《汉书》卷三十《艺文志》第十“法家”:“《韩子》,五十五篇。”原注:“名非,韩诸公子,使秦,李斯害而杀之。”[2] 王先慎:清光绪年间经学家,湖南长沙人。王先谦(1842—1917)从弟。[3]《韩非子集解》,今可见于中华书局版《诸子集成》第五册。[4]《初见秦》指韩非初次求见秦昭襄王(即秦昭王,前306—前251在位),但据史韩非未见过秦昭襄王。《存韩》从开头至“攻伐而使从者见焉,不可悔也”为韩非上秦王政(前246—前211在位)书。下文全为李斯言。[5]“饰令”当作“饬(chì)令”,旧时上级命令下级。《商君书》,亦可见于中华书局版《诸子集成》第五册,此版不题商鞅撰。内第十三篇为《靳令》即《饬令》,内容大多相同,但也有不同处。[6]《奸劫弑臣厉怜王》:当写作“《奸劫弑臣》‘厉怜王’”,“厉怜王”指《奸劫弑臣》篇的最后一节,《战国策·楚策四》、《韩诗外传》卷四均以为孙子(荀子)答春申君书。周勋初先生认为“这段文字与全文内容关系密切,文意相连,似是韩非原作。”(见《韩非子校注》修订本)“厉怜王”三字,《奸劫弑臣》:“谚曰:‘厉怜王’……此谓劫杀死亡之主言也。”三字意为麻风病人虽然可怜,但看到被劫杀的君主,觉得比自己还可怜,因而同情君主。[7] 这段引文见《韩非子集解》署黄三八郎印《韩非子序》“五十五篇十馀万言”

下王先慎注文。

［段旨］材料取舍，不采用《初见秦》、《存韩》、《饬令》、《奸劫弑臣》中的材料。

§0.0.0.4－4（二）故事问题。《八奸》、《十过》、《说林》、《内储说》、《外储说》、《难一》、《难二》、《难三》、《难四》等篇中叙述了许多先秦时代流行的故事。这些故事本身也表现了一些思惟规律和思惟形式，我们不能把它们和韩非子自己的议论文[1]中所表现的逻辑同等看待。虽然这两者之间是应该加以区别，而且事实上也是有区别的；但是由于：（一）这些故事都是服从了韩非子的逻辑方法用来说明问题的；（二）这些故事很可能经过韩非子的重新组织和剪裁；（三）这些故事既然都是叙述性的，逻辑的分量就不很多，因此它们也就融合在韩非子的逻辑中成为它的一个组成部分了。我们不可能把这些故事从韩非子的整个逻辑中排除出去，所以采用它们作为材料，用来帮助阐明韩非子的逻辑。

［注释］[1] 除了《八奸》等九篇故事和前述《初见秦》、《存韩》一部分、《饬令》小部分、《奸劫弑臣》一部分等，属韩非自著论文者有：《难言》、《爱臣》、、《主道》、《有度》、《二柄》、《扬权》、《孤愤》、《说难》、《和氏》、《亡征》、《三守》、《备内》、《南面》、《饰邪》、《解老》、《喻老》、《观行》、《安危》、《守道》、《用人》、《功名》、《大体》、《难势》、《问辩》、《问田》、《定法》、《说疑》、《诡使》、《六反》、《八说》、《八经》、《五蠹》、《显学》、《忠孝》、《人主》、《心度》、《制分》，共37篇。

［段旨］继续讲材料取舍问题。《八奸》等九篇故事（实为十四篇），仍采作研究韩非子逻辑的材料。

§0.0.0.5－5 我们既以阐明了《韩非子的逻辑》的涵义及其所根据的材料，也就确定了它的内容和范围。我们是专从逻辑的观点来处理问题的，只限于形式逻辑[1]的范围里来论述思惟规律和思惟形式。虽然在形名问题[2]上要涉及哲学上的认识论[3]问题，但是并不着重研究韩非子的认识论。虽然在矛盾问题[4]上也可以看到一些辩证法[5]的现象，但是并不着重研究韩非子的辩证法。

［注释］［1］形式逻辑(formal logic)是研究演绎推理及其规律的科学，它包括对于词项和命题形式的逻辑性质的研究，提供有效推理和非有效推理的检测标准。形式逻辑已有两千多年的历史，19世纪中叶以前的形式逻辑是传统逻辑，19世纪中叶以后发展起来的逻辑是现代形式逻辑，通常称为数理逻辑或符号逻辑。《韩非子的逻辑》研究方法主要还是传统逻辑方法，这与研究对象本身的逻辑又基本一致。［2］形名问题：前注已述韩非不是形名家，不是名家。韩非持法家立场谈论形名问题：中心论题是《定法》阐述的"循名责实"，按照名去责求实。它是一种"术"(方法)，云："术者，因任而授官，循名而责实，……此人主之所执也。"［3］认识论(theory of knowledge)是研究人类认识的本质及其发展过程的哲学理论，亦称知识论。它包括认识的本质、结构、与客观世界的关系、认识的前提和基础、认识的发生、发展过程及其规律、真理性标准，等等。《韩非子·解老》提出了"缘道理以从事者，无不能成"；"弃道理"的"前识者，无缘而妄意图也"的朴素唯物论的认识论原理。［4］《韩非子》最早用说故事的方法提出了"矛盾"这一概念，见《难一》。［5］辩证法(dialectics)是关于自然、社会和思维发展的最一般规律的科学。是科学的世界观和方法论。中国古代的辩证法表现为以阴阳二气的互相对立和互相依存的作用来说明天地万物的产生和变化。现代科学的哲学则讲究辩证法、逻辑与认识论的统一。

［段旨］《韩非子的逻辑》主要是指从形式逻辑入手研究其思维规律和思维形式，尽可能不涉及或少涉及认识论和辩证法问题。

§0.0.0.6－6 思惟形式和语法结构[1]的关系却是值得注意的。由于思惟语言是不可分割的[2]，因此思惟形式和语法结构，尤其和语法结构中的句法结构[3]有着极为密切的关系。我们是通过先秦古汉语的语法结构来研究韩非子的思惟形式的。虽然不能为语法结构所拘束，但是必须注意到它和思惟形式的相应关系。反之，虽然不能忽视这种相应关系，但是我们毕竟是研究韩非子的逻辑，而不是研究韩非子的语法结构中的句法结构。

［注释］［1］语法结构：语言要素语素、词、词组、句之间各各互相结合而形成高一级语言线性结构单位的结构规则和结构关系。［2］一般认为，语言是思维的物质外壳，思维是语言的逻辑轨迹和脑分子运动。［3］句法结构：语法结构的一种，是指组词成短语(词组、小句)或句中的词与词之间的结构规则和结构

关系,还应包括同一复句内的分句之间的结构关系。

[段旨] 由语法结构中的句法结构来探求思维形式,是本书的一大命意。可见本书是以语法结构和形式逻辑之间的关系为基本点的语言哲学。

§0.0.0.7－7 形式逻辑是全人类共通的初步的[1]思惟规律和思惟形式的综合,因此,在阐明韩非子的逻辑时也就不能不采用一般逻辑学上的阐述思惟规律和思惟形式的术语。我们仍旧要从思惟规律、概念、判断和推理这些方面来加以论述,因为我们不能设想有完全不能用一般逻辑学上的术语来描述的韩非子逻辑[2]。但是我们却不能牵强附会,削足适履,更不能捕风捉影,无中生有;否则,那就不是实事求是,探求真理的态度了[3]。

[注释] [1] 说形式逻辑是初步的,因为还有辩证逻辑;形式逻辑被比作初等数学,辩证逻辑被比作高等数学。[2] 一般逻辑学,主要指形式逻辑。这句话告诉我们,形式逻辑涉及的思维规律、基础理论、基本术语是研究韩非子逻辑的最重要的逻辑工具,舍此别无他法。[3] 这句话强调运用形式逻辑研究韩非子逻辑时应有的科学态度。

[段旨] 用西学中的形式逻辑的思维法则和基本术语来研究韩非子逻辑,但要实事求是,不能搞牵强附会。

§0.0.0.8－8 我们的意图在于如实地阐明韩非子的思惟规律和思惟形式,有就是有,没有就是没有。譬如说,由于《韩非子》不是逻辑学的著作,因此它的逻辑学说就非常少。我们在《韩非子》中找不到"下定义的方法"[1],"概念的种类"[2]、"周延问题"[3],以及"三段论式的规则"[4],当然就不能向壁虚造;但是,这并不等于说《韩非子》中没有定义,没有三段论式。我们仍旧可以把《韩非子》中所见到的定义和三段论式加以分类和叙述。

[注释] [1] 形式逻辑下定义的方法一般采用"属+种差"的方法。例如:人(被定义概念)是会制造工具并使用工具进行创造性劳动(种差)的高等动物(属)。"属+种差"成为定义概念,这样,被定义概念 ＝ 定义概念。[2] 形式逻

辑的概念种类分单独概念和普遍概念,例如“李时珍”和“人”;集合概念和非集合概念,例如“词汇”和“词”,“分子”和“水分子”;具体概念和抽象概念,例如“黄金”这个概念,“一锭黄金”和“黄金是闪闪发光的贵金属”,前者是具体概念,后者是抽象概念;正概念和负概念,例如“物质文化”和“非物质文化”。[3] 周延问题是指判断者对主项外延与谓项外延之间关系的一种认识。对任何一个给定的直言全称来说,主项(S)外延包含于谓项(P)外延之中,故任何一个肯定判断的谓项都是不周延的。即全称肯定判断主项周延,谓项不周延。此外,全称否定判断主项周延,谓项周延。特称肯定判断主项不周延,谓项不周延。特称否定判断主项不周延,谓项周延。[4] 三段论式又名演绎推理直言三段论式,它包括大前提(P,前提中的大项,又称大词,大词还包括结论中的宾词。例“凡金属都导电[P]”)、小前提(S,前提中的小项,又称小词,小词还包括结论中的主词。例“铜[S]是金属”)、结论(C,S—P,由主词S和宾词P组成C,例“所以铜[S]能导电[P]”)三大组成部分,形成图式M—S,P—M,如将处于对角线位置的两个M消项,则有结论S—P,即C = S+P。三段论中还有个中词,又称中项(M,例中的“金属”),中词不出现在结论里,故应该消去M。三段论式规则就是指S、P、M之间的关系。共有五条规则:其一,S、P、M三项缺一不可。其二,作为演绎推理,中项M至少周延一次,以确保中项的媒介作用,否则无法建立大、小项之间的联结。其三,大、小前提S、P不周延的项,结论C中也不得周延,否则不能保证中项M发挥作用,不能保证推理的正确性。其四,前提与结论的质的规则:两个否定的前提因中项与大小项外延互相排斥,便不能得出结论;前提之一否定,结论也一定否定;结论否定,前提之一必定否定。其五,前提与结论的量的规则:两个特称的前提不能得出结论;前提之一是特称的,结论只能特称的。此条可确保“中项周延”、“大项不扩大”、“小项不扩大”以得出正确结论。以上五条,均涉及中项M的作用,三段论规则说到底是中项规则。

[段旨]《韩非子》虽然没有形式逻辑中的一些思维规律,但不等于没有这些范规律,我们依然可以把相关范畴用到对象研究中去,加以分类和叙述。

§0.0.0.9-9 其次,我们从《韩非子》中所见到的思维规律和思维形式也是不平衡的,因此,就不能完全依照一般逻辑学上的项目来给以逐项的叙述,只能少的就少说些,多的就多说些。譬如说,韩非子善于运用矛盾律[1],二难推理[2]特别多,假言推理[3]也很多,我们就应该多叙述一些。又如:直言三段论式很少[4],尤其是选言三段论式[5]几乎可以说没有，我们也只能根据客观事实，少的少说，没有的就不说。

［注释］［1］矛盾律：要求在同一时间，同一条件下对同一事物的认识与论断不能自相矛盾。矛盾律，实际上是“不矛盾律”。公式：A 不是非 A。［2］二难推理：是由一个选言判断和另一些数目相同选言判断的选言肢相等的假言判断作为前提的演绎推理。又叫假言选言推理。它在辩论或批判性演讲中使对方陷入尴尬境地。简单二难推理肯定式公式：如果 A，则 C，如果 B，则 C；或者 A，或者 B；所以，C。［3］假言推理是演绎推理之一种，它根据假言判断中的前件和后件的依存关系而推出结论。前件，以假言判断作大前提，后件，以直言判断作小前提，结论是直言判断推理式。例如，充分条件假言推理中的依存关系为前件肯定，公式是：如果 P，则 q；是 P，所以，q。又如，必要条件假言推理中的依存关系为前件否定，公式是：只有 P，才 q；非 P，所以，非 q。又如必要条件假言推理中的依存关系为后件肯定，公式是：只有 P，才 q；是 q，所以，P。又如，充分条件假言推理中依存关系为后件否定，公式是：如果 P，则 q；非 q，所以，非 P。［4］直言三段论式就是通常所说的三段论，由大前提 P，小前提 S，结论 C，即 S—P 组成。这里说的“很少”是指大前提 P，小前提 S，结论 C 三者俱全的标准式三段论，实际语言表达中常常是省略大前提的。［5］选言三段论式推理是指由三段论选言推理，但大前提是选言判断，而小前提和结论是直言判断。分不相容选言推理和相容选言推理。前者的肯定否定式“或者 A，或者 B，A，所以非 B”，前者的否定肯定式“或者 A，或者 B，非 A，所以 B”。相容选言推理仅有一种正确的推理形式：否定肯定式“或者 A，或者 B，非 A，所以 B”。

［段旨］预判《韩非子》思维规律和思维形式的几种常见的不平衡情况。

§0.0.0.10－10 另外，韩非子的逻辑有它自己的特点，我们也要表明出来。譬如说，他的矛盾律和亚里士多德逻辑的排中律[1]相当，但又是不同的。他的二难推理、假言推理也和一般逻辑学上的格式[2]有着差异的地方。有时候他把直言推理和假言推理联合在一起运用，至于推理形式上的省略现象，那更是数见不鲜[3]的。我们认为形成这些情况的原因是由于《韩非子》不是逻辑学的论著，而是发表法家学术思想的论著。因此，我们必得如实地从这个具体的论著中来阐发它的思惟规律和思惟形式上的特点，这一方面和上下文义有关,一方面和古代汉语的语法结构有关。形式逻辑虽然是全人类所共通所有的,但由于语言不同就有表现形式上的差异。韩非子是运用古代汉语来表达逻辑思惟的先秦思想家,那末他的论著《韩非子》中所表现的思惟规律和思惟形式上的特点也正是我们所要着重叙述的韩非子的逻辑了。

[注释] [1] 亚里士多德:古希腊哲学家。原书写作“亚里斯多德”,今按通行译写法一律改成“士”字。亚氏在《形而上学》一书中确立了“相反律”即矛盾律,还确立了“相反不容间体”的排中律。排中律:要求在同一时间,同一条件下对同一事物的两个矛盾的判断不可能都是真的,也不可能都是假的,必定是一个判断是真,一个判断是假,必须肯定其中的一个。排中律,实际上是排除两真或两假律。公式:是 A,或者是非 A。[2] 逻辑格式是指用符号来表示逻辑规则和逻辑关系的样式。形式逻辑二难推理的逻辑式除了前述简单肯定式之外,还有:简单否定式(又称简单破坏式),公式是:如果 A 则 B,如果 A 则 C,不是 B,也不是 C;所以不是 A。又复杂二难推理肯定式:如果 A 则 B,如果 C 则 D:是 A 或 C,所以是 B 或是 D。又,复杂否定式(又称复杂破坏式),公式是:如果 A 则 B,如果 C 则 D;不是 B,也不是 D;所以不是 A,不是 C。形式逻辑假言推理的逻辑式除了前述充分条件假言推理两种,必要条件假言推理两种以外,还有充分必要条件假言推理四种形式:肯定前件就肯定后件式;否定前件就否定后件式;肯定后件就肯定前件式;否定后件就否定前件式。[3] 数见不鲜:数,读 shuó,屡次。即“屡见不鲜”。鲜,读阴平。

[段旨] 简述韩非子逻辑的几个特点。

§0.0.0.11－11 本书只是对于韩非子逻辑的初步探索,一定会有疏漏和缺点的,希望并欢迎专家们给予[1]批评和指正。

[注释] [1] 给予:给,读 jǐ,供应上。

[段旨] 写作本书的态度。

第一章 绪 论

§1.0.0.1－12 韩非子是先秦诸子中最后的一个思想家。他是韩国的公子，生在战国[1]末期。他的生平事迹和学术思想载在《史记·老庄申韩列传》[2]里。《汉书·艺文志》"法家《韩子》五十五篇"下的注解[2]对他的生平事迹有着最为扼要的叙述："名非，韩诸公子，使秦[4]，李斯害而杀之。"他使秦的年月和他的卒年，《史记·秦始皇本纪》"十四年"下说："韩非使秦，秦用李斯谋，留非，非死云阳[5]。"《六国表》[6]"秦始皇帝十四年"下也说："韩使非来，我杀非。"秦始皇十四年，即韩安王六年，公元前二三三年。《韩世家》[7]却说"王安五年，秦攻韩，韩急，使韩非使秦，秦留非，因杀之。"韩安王五年，即秦始皇十三年，公元前二三四年。这两种说法相差一年。他的生年不可考。大约估计，他生于公元前二八〇年左右，卒于公元前二三三年[8]。

［注释］［1］战国：公元前475—前221。这一时期主要有秦、楚、齐、燕、赵、魏、韩等国。［2］指西汉司马迁著《史记》中的老子、庄子、申不害、韩非合传。今中华书局1982年第2版《史记》卷六十三已作《老子韩非列传》，韩非事迹载《韩非列传》。［2］这里的"注解"指班固的原注，非颜师古注文。［3］诸公子：指众多公子中的一位。［4］使秦：出使秦国。［5］云（雲）阳：古县名。秦置，治今陕西淳化西北。秦始皇筑甘泉宫于此。［6］指《史记》卷十五《六国年表》。所引文字见《史记》中华书局1982年第2版二册754页上栏。［7］指《史记》卷四十五《韩世家》。所引文字见《史记》中华书局1982年第2版六册1878页。［8］韩非生卒年，据锺灵师考证，当为约前280年—前233年，《中国大百科全书》1987年版"哲学"卷韩非（约前280—前233）。1999年版新《辞海》韩非（约前280—前233）。陈奇猷《韩非子新校注》2000年10月版附《韩非生卒年考》称"韩非卒年六十五左右而生于韩襄王末年"，故韩非（约前296—约前231）。周勋初《韩非子校注》（修订本2009）称韩非（约前280—前233）。

［段旨］韩非生平事迹简介。有关生卒年的考证尤可值得注意。

§1.0.0.2－13 韩非子是法家思想的集大成者。《史记》说他"喜刑名法术之学，而其归本于黄老"[1]。这就是说，他的具体的学术思想是法家，他的基本的哲学观点是黄老哲学[2]。《史记》里又说他"善著书"，"观往者得失之变，故作《孤愤》、《五蠹》、《内外储》、《说林》、《说难》十余万言”[3]。这些篇目都存在于现在的《韩非子》里[4]。

[注释][1]这几句话见《史记·韩非列传》。法家申不害力主人主用严格的办法督责臣下,谓之“术”,商鞅著书谓之“法”,统称“刑名”(刑事法令类的文字),还有法家慎到“重势”(权势),故称韩非所喜法、术、势兼具之学为“刑名法术之学”。“黄老”,谓黄帝、老子。黄帝是古代传说中的亦神亦人的圣帝明君,也是伟大的思想家和发明家,被尊为古华夏族的始祖。[2]黄老哲学:始行于战国而盛行于西汉。假托黄帝、老子立说,故名。其特点是提出了“道生法”说,主张道与法相结合,还吸收了阴阳家、儒家、墨家、名家的思想。突出“刑德”观念,力主以恩威并重治理天下。汉初曹参、陈平、窦太后皆其信奉者和实施者。《汉书·艺文志》假托黄帝书21家,除《黄帝内经》外已全部亡佚。又有以《韩非子》中的《解老》《喻老》为道、法结合的典范。1973年12月在长沙马王堆发现的汉墓帛书本《老子》乙本前载有四种古佚书:《经法》、《十六经》、《称》、《道原》,学界定为黄老之学的代表作。[3]这些话见于《史记·韩非列传》,载中华书局本1982年第2版七册2146、2147页。[4]司马迁既称韩非学说为“刑名法术之学”,又推本于黄老,这里举出的《孤愤》《五蠹》等当视为道、法结合的著作,故不当仅《解老》《喻老》为韩非的黄老之学。按司迁之说,《韩非子》全书是道法融合论著作,是奉行黄老之学的著作。

[段旨]韩非是法家思想集大成者,其哲学思想又可推本于黄老之学。

§1.0.0.3-14 我们既不研究韩非子的具体的法家思想,也不研究韩非子的哲学观点。我们只用逻辑观点来探索韩非子在他的论著中所运用的思惟规律和思惟形式[1]。现在先综合地叙述一下韩非子逻辑的特点及其价值[2]。

[注释][1]本句中的“逻辑观点”主要指形式逻辑观点,本句中的“思惟规律和思惟形式”主要指形式逻辑的。[2]这里的“价值”是应该包括逻辑真值以外的逻辑本体的价值观的。

[段旨]重申以形式逻辑研究《韩非子》,揭示《韩非子》中的思维规律和思维形式,逻辑特点和逻辑价值。

第一节 韩非子逻辑的特点

§1.1.0.1－15 先秦诸子[1]中研究逻辑科学的学派叫做名家[2]。韩非子是宣扬法家思想的法家，不是名家。因为他不是名家，所以他没有有系统的逻辑科学。这个否定性论断就决定了韩非子逻辑的肯定的一面[3]。作为他的逻辑的总精神和总概念[4]来说，他的逻辑是具体的实践的逻辑[5]。他的逻辑是运用在法家思想体系中的思惟规律和思惟形式。在他的全部论著中很少见到纯理论的抽象的[6]有关逻辑科学的学说。但是由于他深刻而细密地观察了历史现象和社会现象，因此他在表达法家思想时就能够运用那些具有根本性质的思惟规律和丰富多样的思惟形式[7]。他的逻辑不是空洞无物纯理抽象的逻辑，而是结合实际具体运用的逻辑。从这一个基本的大前提出发[8]，我们再来分别地阐明他的逻辑的特点。

［注释］［1］春秋末期孔子建立儒家学派，是先秦诸子的开始，战国时期思想活跃，出现“百家争鸣”的局面，儒家学派最有影响的代表人物是孟轲和荀况，继后有墨家、道家、名家、法家，阴阳家等，统称“诸子百家”。先秦诸子是可与古希腊哲学相媲美的先秦哲学的历史文化称说。［2］名家：先秦以研究思维形式、思维规律和名实关系等逻辑思想为主的学派，代表人物有尹文子、惠施、公孙龙、后期墨家等。以“名”为研究对象，“名”既是逻辑概念，也是语言文字的单位。因观点不同，名家内部分成两派，一派主张“合同异”，以惠施为代表，代表性说法是“万物毕同毕异，此之谓大同异”，“氾（泛）爱万物，天地一体也。”一派主张“离坚白”，以公孙龙为代表，代表性说法是“白马非马”“坚白石二”。今存名家完整著作仅《公孙龙子》，余零星见于战国和西汉时期的传世文献。［3］否定性论断指“不是名家”、“没有有系统的逻辑科学”，肯定的一面指下文韩非子逻辑的性质只能“是具体的实践的逻辑”，即具体应用和产生实际效用的逻辑。［4］逻辑的总精神和总概念：即逻辑思想。［5］“具体的实践的逻辑”一说，今天已用“实践哲学”、“实践逻辑”这样的术语来概括。［6］这样说实际上以西方形式逻辑为参照点而言说，即形而上，形式化，乃至数字化、符号化的逻辑抽象。［7］这句话告诉我们一个极重要的历史哲学原理，对历史和社会的感性认知和知性体察有助于逻辑理性的形成和升华。故马克思说：“我们仅仅知道一门唯一

的科学,即历史科学。"[8] 这里所说的"基本的大前提",就是古代"实践哲学"或"实践逻辑"原理。

[段旨] 有关韩非子逻辑思想的否定性论断和肯定性的古代"实践哲学""实践逻辑"原理。

一 思惟规律上的特点

§1.1.1.1-16(甲)矛盾律的建立。韩非子是先秦诸子中第一个提出矛盾律这条规律的思想家。这矛盾律是他从生动具体的历史现象和社会现象的观察中得出来的[1]。《难一》和《难势》中都明确提到这条规律,两次都用"此矛盾之说也"来论证"贤尧"和"圣舜"的两个不两立以及"贤"和"势"的不两立[2]。《孤愤》和《奸劫弑臣》中也都充分地运用了这条规律来分析具体的社会现象[3]。他虽然没有能够深刻地理解事物的内部矛盾,但是确切地有意识地观察到历史事件中和现实社会中的矛盾现象[4]。因此,我们甚至可以说韩非子的矛盾律具有了一些初步的辩证思惟的萌芽[5]。

[注释] [1] 韩非子矛盾律来自何处,植根于韩非子实践逻辑和实践哲学。[2]《难一》讲的第二个故事中说到:"舜之救败也,则是尧有失也。贤舜,则去尧之明察;圣尧,则去舜之德化:不可两得也。"紧接着讲了楚人誉盾"不可陷"又誉矛"无不陷"的故事,并说:"今尧、舜之不可两誉,矛盾之说也。"《难势》以"复应之曰"为语言标记的第五段在讲了楚人誉盾又誉矛的故事后说:"夫贤之为道不可禁,而势之为道也无不禁,以不可禁之贤与无不禁之势,此矛盾之说也。"[3]《孤愤》以势孤力单和无比愤慨之情揭露了当时韩国两种政治力量的尖锐对立:维护君权、主张法治的"智法之士"与结党营私盗窃国柄的"当涂之人"是"不可两存之仇"。《奸劫弑臣》即奸邪、劫杀君主之臣。文中称:欺君"擅主之臣"的产生是人主"非有术数以御之,非参验以审之","擅主之臣"一步步发展到劫主弑君,而欲"尽其智力以陈其忠"的法家之士"不得奉法以致其功"。通篇贯穿着国家利益与奸臣私利、奸臣与法家之士的不可调和的矛盾对立分析。[4] 前者指本体性矛盾,后者指存在性矛盾,两者是具有同一性的,认识两者都需要辩证思维。[5] 这句话是说韩非子已开始从形式逻辑思维走向辩证逻辑思维初阶。

［段旨］韩非子矛盾律举例，及其辩证逻辑初阶性质。

§1.1.1.2－17（乙）因果律[1]的阐述。韩非子虽然没有明确地提出因果定律，但在他的论著中却对因果现象有着丰富的阐述。例如《十过》的十条大纲就是十个表示因果关系的假言判断，他并且分别地用了具体生动的历史事实来论证这十个命题[2]。《亡征》更是一篇特殊结构的议论文，整篇文章是由四十七个表示可能性的假言判断组织而成的[3]。他虽然没有逐条地用历史事实来给它们说明，但这四十七个假言判断和《十过》的十个假言判断一样都是从观察了历史事实而归纳出来的结论[4]。《史记》说他“观往者得失之变”，正好给予我们这个论点[5]一个有力的证明。“得”的结果应该有造成“得”的原因，“失”的结果也应该有造成“失”的原因，《十过》和《亡征》就是阐明“过”和“亡”的原因及其结果之间的因果关系的。正由于韩非子善于“观往者得失之变”，无怪乎他能够深刻地丰富地阐述因果关系和因果现象了。

［注释］［1］因果律：表达因果逻辑关系的法则，常用“因为……所以……”前因后果表达式。假言判断“如果……那么……”也可用来表可能性的因果逻辑关系。周著曾就“韩非子因果关系从历史事实经归纳法得出”的结论，明显受康德哲学影响。休谟视因果关系以经验归纳为根据，但没有必然的和确实的根据，因而只是一些观念上的联系。休谟的因果关系观念联系说不断受到人们的责疑。康德则把因果关系确定为一些范畴和规则，在他的“规则性理论”中，因果关系是一种规则性事例（经验事例），因果关系及其说明，因果关系和决定论，因果关系和必然性关系，因果关系在自然规律中的作用，等等，无不受到关注。总之，康德把因果关系视为源自经验的“规则性事件”，是必然性关系，在自然规律中发挥作用，当然也是思维规则和逻辑定律。康德说：“因果性的命题”属于综合判断的，“数学命题是分析的”，但如果综合判断、因果命题与普遍的经验论相联系，则数学“也将会因此而被卷入其中”（杨祖陶、邓晓芒《康德三大批判精粹》人民出版社2001年版284页），可见在康德那里，由经验论引出的因果法则是何等重要。［2］《十过》是说历代君主因为有十个过错，所以造成“穷身”“亡国”“绝世”之祸。如说：“四曰，不务听治而好五音，则穷身（走上末路）之事也。

五曰,贪愎(bì 固执)喜利,则灭国杀身之本也。”并用十个生动的历史故事分别说明之:“奚谓好音?昔者卫灵公将至晋……奚谓贪愎?昔者智伯瑶……”[3]《亡征》,讲亡国的征兆,列举47种,从政治、经济、文化、思想、军事、外交等方面,总结历史上许多政权兴衰存亡。如说:“凡人主之国小而家大,权轻而臣重者,可亡也。简法禁……可亡也。”皆可合乎“如果……那么……”可能性因果律。[4]这句话重点强调即使无历史故事的《十过》的十个假言判断也具备历史实践哲学性质。[5]这个论点:指《亡征》47种、《十过》10条都是假言判断形成因果关系。

[段旨]韩非子《十过》、《亡征》共57条皆用假言判断表达因果关系,是韩非子对形式逻辑因果律的运用。

二　推理形式上的特点

§1.1.2.1－18(甲)二难推理。由于韩非子明确地建立了矛盾律,因此他善于运用矛盾律。由于他善于运用矛盾律,因此产生了丰富多样的二难推理的推理形式[1]。我们可以说:二难推理的推理形式是和矛盾律的思维规律有着极为密切的联系的,因此二难推理是建立在矛盾律的基础上的[2]。这二难推理的推理形式集中地表现在《难言》、《说难》、《难一》、《难二》、《难三》和《难四》里[3],而这些篇名里都有个“难”字,这倒很有趣味地暗合二难推理的命名了。

[注释][1]形式逻辑有五大层次:概念、判断、推理、思维律、运用于证明和反驳。如用第二层次判断来说明二难推理,则二难推理是由一个选言判断和另一些数目相同选言判断的选言肢相等的假言判断构成的,故又叫它假言选言推理。这里,周著用思维律来说明推理,用矛盾律来说明韩非子的二难推理,这与通常所说的二难推理别称假言选言推理是一致的。[2]这句话说明了二难推理的一般思维规则是矛盾律,这一见解颇有创新性,因历来多以假言选言判断说二难推理。[3]《难言》,读nán,陈述向君主进言的困难。《说难》,读shuì nán,进说国君之困难。《难一、二、三、四》,读去声,nàn。诘难,驳难。前两篇的“难”字虽读阴平,但两篇都有矛盾律。如《难言》,是韩非上韩王书,陈述法家之臣向君主进言的困难,难在屡遭反对派的曲解和诬蔑,法家之臣“度量虽正”、“义理虽全”,而君王轻信反对派而“未必听也”、“未必用也”。用复杂二难推理公式绳之密合:“如A(度量正)则B(国君信馋不听),如C(义理全)则D(国君信馋不

用)；是A(度量正)或C(义理全)；所以，是B(国君信馋不听)或D(国君信馋不用)”。

［段旨］韩非子多矛盾律，故多二难推理。

§1.1.2.2－19(乙)假言推理。由于韩非子善于观察因果现象，善于阐述因果关系，因此他常常运用假言推理。假言推理的推理形式也是富于变化的，多种多样的：有混合式的假言推理[1]，有纯粹式的假言推理[2]，也有联锁式的假言推理[3]。这假言推理的推理形式是和思维规律上的因果律互相联系的[4]，因此，假言推理是建立在因果律的基础上的。假言推理散见在许多篇目中，而联锁式的假言推理却集中地突出地表现在《解老》里。《解老》是用演绎推理的逻辑过程论证老子的学说，常常在前提和结论的中间排列着许多中项，因而形成了联锁式的假言推理[5]。这些联锁式的假言推理是以因果关系间的联系性作为根据的。

［注释］［1］假言推理：参见§0.0.0.9－9注［3］。应指出的是，混合式(指不同判断式合用)因果关系假言推理，例《有度》：“奉法者强，则国强；奉法者弱，则国弱(前件，因，大前提，假言判断)。……其国乱弱矣，又皆释国法而私其外(后件，果，小前提，直言判断)，则是负薪而救火，乱弱甚矣(结论)！”事实上，此混合式假言推理合于“充分条件假言推理中的前件肯定式”：如果P，则q；是P，所以，q。［2］纯粹式因果关系假言推理，构成该推理的三段论都是假言判断。例《主道》：“疏贱(有功，则)必赏，近爱(有过则)必诛，则疏贱者不怠，而近爱者不骄也(结论)。”文中论人君之道当赏罚分明为大前提，前“疏贱”两句作“后件，小前提，假言判断”；如把前“疏贱”两句看作“前件，大前提”亦可，小前提则据文义补出：如果疏贱者思有功，近爱受宠者思有过……。［3］“联锁式的假言推理”指有两个或两个以上纯粹的假言判断构成的假言推理，故它也可看作纯粹式因果关系假言推理的一种。例见上。周著以语言逻辑术语因果关系、混合式、纯粹式、联锁式来说明假言推理，较之于“假言推理是以假言判断中的前件和后件的依存关系而推出结论”的纯逻辑说法有所不同，但由以上比较可知，实质还是相同的，且用“因果关系”来说明假言判断，更合乎汉语表达实际，也更简明。［4］这里再次强调逻辑推理与思维律之间的必然联结，更直接地强调假言推理

与因果律密不可分。因果关系律本质上属于逻辑推理,但在周著中几乎成了继同一律、矛盾律、排中律之后的又一思维法则,这是值得注意的。在使用因果律说明假言推理时,既可视因果律为思维法则,又可视因果律为逻辑推理。[5] 以《解老》开头为例,大前提是“上德不德”,精神不游荡于外,顺应客观而“无为”,结论是“上德不德,是以有德”。小前提至少由七个因果关系思维律“……,则……”组成,或称经七个因果关系“……,则……”推理而得出结论。中项,这里显然是指因果律组成的小前提,或直接看作为得出结论而作出的若干因果关系推理。

[段旨] 韩非子逻辑假言推理三分:混合式、纯粹式、联锁式。因果律既是思维法则,也是逻辑推理。

§1.1.2.3－20 总之,韩非子的逻辑是具体的逻辑[1]。它的特点是:(一) 在思维规律是建立了矛盾律和阐明了因果律。(二) 在推理形式上善于运用二难推理和善于运用假言推理。把这两方面联系起来看:由于建立了矛盾律,因此善于运用二难推理;由于阐明了因果律,因此善于运用假言推理。我们说:韩非子逻辑思维规律上的特点和推理形式上的特点是互相关联的,甚至可以说它们是一个有机的统一体。

[注释] [1] 这里把韩非子的形式逻辑说成具体的,主要指韩非子的两大思维规则和两大推理法及其密切联系,包括它们在行文中的具体运用。关于逻辑的具体性,就在于它是“关于世界的全部具体内容及对它的认识的发展规律的学说。换句话说,逻辑是对世界的认识的历史的总计、总和、结论”(列宁《哲学笔记》89、90 页)。形式逻辑的具体是抽象的具体,它并不排斥和否定形式逻辑的超越性、高度抽象性和形式化。下文又说韩非子将思维规律和推理形式“互相关联”,形成了“一个有机的统一体”。关于推理的具体性,列宁曾对黑格尔的说法“一切事物都是推理,即通过特殊性而与单一性相联系的某种一般的东西”表示关注和重视(《哲学笔记》第 188 页)。具体性,关联性,统一性,是韩非子逻辑在其运用最多的两大思维规则和两大相应推理层面上的三个特点。

[段旨] 从韩非子特有的思维规则和相应推理上层面上总结韩非子逻辑的特点。

第二节　韩非子逻辑的评价

§1.2.0.1－21 我们已经说过韩非子不是名家，他没有把思惟现象作为对象来进行研究[1]，因此他没有系统的逻辑科学的理论和学说。由于这个理由，如果按照逻辑科学的全部系统[2]来衡量，那么韩非子逻辑是很有缺点的，很不完备的。

［注释］［1］这里周锺灵先生已就“思维现象”的研究为例，提出了“对象研究”这一普遍概念。［2］就思维规则而言，除了矛盾律、因果律以外，还有同一律、排中律、充足理由律，推理除了演绎推理之二难推理、演绎推理之假言推理以外，还有直接推理、演绎推理之直言三段论推理、演绎推理之选言推理，归纳推理，类比推理，等等。应该说，上述种种思维规则和推理法则，《韩非子》中均有涉及，下文第二节第一专题就讲到韩非子“常常生动地把各种推理形式综合地灵活地运用在一起”（周著原书第10页），但无疑，用得最多的还是那两大思维规则和两大推理法则。

［段旨］韩非子并没有建立系统的逻辑科学的理论和学说。

§1.2.0.2－22 正由于韩非子是法家，我们就不能用专门研究思惟现象的名家的标准来要求他，也就不能用逻辑科学的体系来要求他，科学对象的不同决定了学术门类的不同，法家和名家的界限是非常清楚的。如果要求法家的韩非子具有名家的逻辑学[1]，那就混淆了学术的界限。

［注释］［1］名家对思维现象和逻辑学的研究主要有：春秋末年的名家邓析最先提出了辩说活动中的名辩思想“刑名之辨”和“两可之说”。名家惠施和公孙龙曾经是当时最有影响的名辩家。惠施提出“历物十事”，主要探讨名实关系，他在“善譬”中阐述了以“所知”去类同，推知其“所不知”的类推原则和方法。公孙龙从理论思维的高度提出了“唯乎其彼此焉”的逻辑正名原则，认为“彼”之名必须专指彼之实，“此”之名必须专指此之实。他通过对“白马非马”这一命题的具体分析，论证了种名（“白马”）与属名（“马”）在概念内涵外延方面的种属差别。公孙龙关于“名”的分析，把先秦名辩思想引向纯逻辑探讨层面，为中国

古代逻辑科学的建立和发展作出了重要贡献。

[段旨] 从负面说韩非子不是名家,只是法家,这就决定了不能用逻辑科学体系来要求他,研究他。

§1.2.0.3－23 但是我们却不能够说韩非子没有逻辑,因为他虽然缺乏系统的逻辑科学理论,可是在他的论著中却运用了非常深刻的思维规律和非常丰富的思维形式。这就是我们所说的韩非子的具体的逻辑[1]。

[注释] [1] 这句话回应了第一节第二专题末段中“韩非子的逻辑是具体的逻辑”的说法。

[段旨] 从正面说韩非子逻辑为什么是非常深刻的、丰富的,也是具体的。

§1.2.0.4－24 现在我们从两个方面来评价韩非子的逻辑。(一) 从他的具体的逻辑上来评价,也就是从他的逻辑的性质上来评价,也就是只限于从他的逻辑的内容和范围上来评价[1]。(二) 用名家的逻辑学来评价,也就是用系统的逻辑科学来评价[2]。当然两个作为评价的标准是有主次的:用具体的逻辑为标准来评价是主要的一面,用逻辑学的标准来评价是次要的一面[3]。

[注释] [1] 这第一项内容从韩非子逻辑的性质、内容、逻辑边界(范围)来评价,显然是从逻辑本体的真值寻找它的价值。[2] 这第二个评价标准确立为“名家的逻辑学”,此处把它说成是“系统的逻辑科学”是有偏颇的,但作者的用意是明确的,把中国传统自身的“名家的逻辑学”作为评价韩非子逻辑的参照系标准,近似易比,易发现异同、得失、高下。无疑,设置这一参照系标准是有优势的。[3] “具体的逻辑为标准”指以韩非子中矛盾律、因果律和相应的二难推理、假言推理的运用为标准,实际上仍是以西学形式逻辑的运用为标准,它是评价的主要标准;名家名学逻辑参照标准是次要评价标准。这样,本体真值而价值的评价标准/西方形式逻辑标准/主要标准;中国古代逻辑和逻辑学学家名家、名学评价标准之参照系标准/中国古代逻辑传统/次要标准,形成两大评价系统的分野,一是本体论评价标准,一是参照系评价标准。

[段旨] 评价韩非子逻辑的本体论标准和参照系标准,前者是主要标准,后者是次要标准。

§1.2.0.5－25 我们应该认识:具体运用的逻辑和科学系统的逻辑虽然有所不同,但是并不是完全相异,毫无关系。它们二者之间是互相适应的,是有着有机的联系的[1]。我们不能认为科学系统的逻辑才是科学的,而具体运用的逻辑是不科学的[2]。因为世界上没有可以离开具体事物的纯粹抽象的东西[3]。我们更不能采取狭隘的逻辑观点,认为只有象[4]名家的科学系统的逻辑才够得上逻辑的称号,而具体运用的逻辑不配叫做逻辑。如果这样,那就把逻辑的涵义看得太片面了,太偏狭了。我们认为抽象的逻辑科学和具体的逻辑运用都是逻辑[5],而韩非子的逻辑是具体的运用的逻辑,因此我们主要的应该从具体的方面来给它评价。

[注释] [1] 上段讲两大逻辑标准的评价检测作用,这里讲两大逻辑标准自身间有性质、状态上的关联,是互相适应、有机联系着的。[2] 这句话主要着眼于一般意义讲的:并非科学系统的逻辑才科学,由抽象上升为具体的抽象具体逻辑更是科学的。如联系上文,则可知前者指名家名学逻辑,后者指韩非子二律二推理。[3] 从原理上讲,任何哲学抽象都离不开具体存在物。马克思说:“具体总体作为思想总体、作为思想具体,事实上是思维的、理解的产物;但是,决不是处于直观和表象之外或驾于其上而思维着的、自我产生着的概念的产物,而是把直观和表象加工成概念这一过程的产物。”(《马克思恩格斯全集》30 卷 42、43 页)[4] 象,当作“像”字。[5] 这两种逻辑科学的区分,无妨把它们看作抽象理性逻辑科学和实践理性逻辑科学的区分,研究和评价韩非子逻辑要用实践理性逻辑科学。

[段旨] 两大逻辑科学,即抽象理性逻辑科学和实践理性逻辑科学之间的关联,研评韩非子逻辑当用后者。

一 用具体运用的逻辑来评价

§1.2.1.1－26 作为具体的逻辑看,韩非子逻辑的内容是丰富的,成就是伟大的。我们在前一节中所叙述的韩非子的特点也就是他的逻辑优点[1]。现在我们更进一步来阐述韩非子逻辑的光辉成就。这可以从以下几个方面来说明。

[注释][1] 指周著第一节中分两个专题阐述的韩非子思维规律上的两大特点(矛盾律、因果律)和逻辑推理形式上的两大特点(二难推理、假言推理),特别是第二专题最后一段对韩非子逻辑特点的小结,最为简明、显豁。这里明谓要从特点中聚焦、升华出优点来。

[段旨] 言明要从实践理性逻辑视角来评价韩非子逻辑,要从韩非子逻辑的特点中聚焦和升华出它的优点。

§1.2.1.2-27(甲)演绎推理和归纳推理[1]的联合运用。由于韩非子的论著是具体的作品,因此常常生动地把各种推理形式综合地灵活地运用在一起[2]。《解老》里有一个典型的例子:

"凡物之有形者,易裁也,易割也[3]。(直言判断[4]作为结论。)何以论之?有形则有短长,有短长则有小大,有小大则有方圆,有方圆则有坚脆[5],有坚脆则有轻重,有轻重则有白黑。(联锁式的假言推理[6]包括在小前提里。)短长大小方圆坚脆轻重白黑之谓理。(归纳法包括在小前提里。联锁式的假言推理和归纳法共同作为小前提。)

理定而物易割也[7]。(假言判断作为大前提。)"

[注释][1] 归纳推理和演绎推理是两种相反方式的推理。归纳推理由个别性前提推出一般性结论。如说某事物 1 有某种性质、某事物 2 有同样的某种性质、……某事物 n 有同样的某种性质(没有例外),推出某事物必有某种性质。演绎推理由对客观事物认识的一般原理推出个别对象。如说凡金属皆能导电,铜是金属,所以铜能导电。这是直言三段论演绎推理。如前所说,二难推理、假言推理、选言推理,都是演绎推理。[2] 既把韩非子逻辑定位在富有具体运用功能的实践理性逻辑,其具体是抽象上升而来的具体,这里又道出韩非子逻辑具体性的另一种含义:韩非子逻辑具体地存在在它的行文中;生动具体的行文又决定了只能"把各种推理形式综合地灵活地运用在一起",语言表达决定了逻辑推理

方式的综合多样,逻辑方式的综合多样决定了语言表达的深化严细。[3]《解老》以"物之有形者"则"易裁""易割",《老子》第二十八章"大制不割"王弼注:"大制者,以天下之心为心,故無割也。"得其反则"易割"。三十章"物壮则老,是谓不道,不道早已。"四十二章"万物负阴而抱阳"。五十八章"是以圣人方而不割"。[4] 直言判断:直接反映客观事物具有或不具有某种属性的判断。例:《红楼梦》的作者是曹雪芹。《儒林外史》的作者不是蒲松龄。[5] 坚脆:坚硬和柔嫩。脆,非易折、易碎义,是"胞"字的俗写,柔软细嫩。"坚脆"与文中"短长、小大、方圆、白黑、轻重"同构,都是反义构成。[6] 联锁式假言推理是指两个或两个以上的因果句构成的假言推理并列联合在一起。[7] 这句话的意思是:理确定了万事万物也就容易决断了。韩非子的这句话也是从实践哲理去讲的。如从纯粹哲思看,则有笛卡尔的"我思故我在",更有康德在肯定一切普遍性知识理念存在和产生于经验知识的基础上,则更进一步认为,一切普遍知识原理都是先验的。先验是先于经验而作用于经验的意思。"理定"之说,《老子》第三十九章"昔之得一者,天得一以清……万物得一以生",五十一章"是以万物莫不尊道而贵德"。

[段旨] 以《解老》为例,说明《韩非子》行文中多诸思维规则和推理方式,特别是演绎推理和归纳推理的综合运用,此亦为韩非子实践哲学之一端。

§1.2.1.3－28 这个推理的全部结构是一个属于演绎推理的假言三段论推理[1]。结论先出而前提后置,在形式上和印度因明[2]的三支[3]作法相同。我们可以把这个论式加以简化来和因明对比一下。

凡物之有形者,易裁也,易割也。(结论。相当于因明的宗。)

有形则有理。(小前提。相当于因明的因。)

理定而物易割也。(大前提。相当于因明的喻中的喻体。)

[注释] [1] 假言三段论推理是用假言判断作大前提,用直言判断作小前提(上文举《解老》例"有形则有短长"等六句看作联锁式假言推理,从思维原则看,它们也都是直言判断),用直言判断作结论的推理形式。[2]因明学即印度的逻辑学,它产生于4至5世纪,约6世纪随佛教传入中国,"因"在梵语中有理由、原因、知识缘起之意,"明"在汉语中有阐明、研究、学说之意。印度佛教学者商羯罗主著《因明入正理论》一书,贞观二十一年(647)玄奘在长安译出,玄奘的大弟

子窥基据老师的讲解撰《因明入正理论疏》;贞观二十三年,玄奘又将商羯的老师陈那无著《因明正理门论》译出。近人吕瀓1927年与释印沧合著《因明正理门论本证文》。[3]三支,因明学的思维范畴名,分喻、因、宗三支,分别相当于三段论中的大前提、小前提、结论三大块。

[段旨] 将《解老》引例简化后与印度因明对照。

§1.2.1.4-29 在这个演绎推理的小前提中,包括了一个联锁式的假言推理和一个归纳推理。这个归纳推理。这个归纳推理一方面综合了整个联锁式的假言推理作为小前提;同时在另一方面又有用作说明大前提的作用[1]。如果我们把大前提看做相当于印度因明的喻中的喻体,那末这个归纳推理也就相当于印度因明的喻中的喻依[2]了。象[3]这样的演绎推理和归纳推理的联合运用,不但有丰富具体的内容,而且有着生动灵活的形式[4]。

[注释] [1] 这两句话说归纳推理之于小前提、大前提的作用,是用推理方式说思维原则,从逻辑到逻辑。但联系上下文的实际语言表达内容,就极易理解。"短长大小……"六项正是上文作为小前提的联锁式假言推理,"之谓理"三字,与下文作为大前提的"理定而物易割也"形成顶针式表达,故说"这个归纳推理"又可说明大前提。[2]大前提作喻中的喻体(指"理定而物易割也"一语),小前提中的归纳推理(指"短长大小方圆坚脆轻重白黑之谓理"一语)为喻中的喻依甚明。喻依:因明学术语,喻体的依据、基础。由此可见,书中"如果……喻依了",与上一句"这个归纳推理……大前提的作用"意义是相同的。"如果"句从因明学的喻体(大前提)和喻依(小前提)的关系说归纳推理,"这个"句从小前提和大前提说归纳推理的作用。[3]象,当作"像"。[4]指《解老》引例中联锁式假言推理和归纳推理共同作小前提,还可承上启下,共同说明大前提。这里的"内容"演绎推理和归纳推理本身的内容,也指《解老》引文中的语文表达内容,"形式"指逻辑推理形式。可知周著注意到从语文和逻辑的耦合言说事理。

[段旨]《解老》引例中的小前提中的归纳推理既作小前提,又助大前提。大小前提对应于印度因明。演绎推理和归纳推理的联合运用的逻辑价值。

§1.2.1.5-30(乙)辩证思惟的萌芽。先秦哲学家老子是具有辩证思惟[1]的思想家。《史记》说韩非子的思想"其归本于黄、老",

那末韩非子具有初步的辩证思惟是不难理解的。他的辩证思惟有两个来源:(一)理论上,他接受了老子哲学思想的影响。(二)实践上,他生活在战国末期政治经济发生剧烈变动的时代里,观察了过去的历史现象和当时的社会现象。老子的辩证思惟是客观现实的反映。韩非子既接受了老子的哲学思想,又能够"观往者得失之变"。这就决定了他具有初步的辩证思惟。

[注释] [1] 老子的辩证思维:"道"是老子辩证思想的核心,以"道"为起点展开生成论、发展论,《老子》四十二章"道生一,一生二,二生三,三生万物"。进而认为自然和社会都是变动不居、发展变化的,第五章"天地之间其犹橐籥乎?虚而不屈,动而愈出"。认为天地万物,诸如家庭、天地、阴阳、有无、刚柔、强弱、祸福、奇正、兴废等,都是由两个互相排斥,但又互相依存,互相补充,互相转化的对立面构成的,第四十章"反者道之动,弱者道之用,天下万物生于有,有生于無",第四十二章"万物负阴而抱阳,冲气以为和",第五十八章"祸兮,福之所倚,福兮,祸之所伏","正复为奇,善复为妖"。如此等等。

[段旨] 韩非子哲学思想中的辩证观点及其来源。

§1.2.1.6-31 他的辩证思惟主要表现在《解老》里。老子的"祸兮,福之所倚,福兮,祸之所伏",表现了祸福互相倚伏互相转化的辩证思惟。韩非子在《解老》里运用了联锁式的假言推理来论证祸福倚伏的矛盾转化的规律。《解老》说[1]:

"人有祸则心畏恐,心畏恐则行端直,行端直则思虑熟,思虑熟则得事理,行端直则无祸害,无祸害则尽天年,得事理则必成功,尽天年[2]则全而寿,必成功则富与贵,全寿富贵之谓福,而福本[3]于有祸,故曰:祸兮,福之所倚[4]。以成其功也。"

这是论证了祸转化为福的辩证过程。又说:

"人有福则富贵至,富贵至则衣食美,衣食美则骄心生,骄心生则行邪僻而动弃理,行邪僻则身死夭,动弃理则无成功,夫内有死夭之难而外无成功之名者,大祸也,而祸本生于有福,故曰:福兮,祸之所伏[5]。”

这是论证了福转化为祸的辩证过程。

[注释][1]这段话和下一段话解释了《老子》第五十八章里的说法。[2]天年:自然的寿命。[3]本:来源。[4]所倚:依存、产生的地方。[5]所伏:埋伏、隐藏的地方。以上两段,共有15个“……则……”因果关系句构成的假言判断,形成了联锁式假言判断。

[段旨]韩非子继承老子作辩证思维举例。

§1.2.1.7-32 韩非子用形式逻辑的假言推理论证了事物间矛盾转化的发展过程。假言判断是阐明因果关系的[1],而祸福是表示矛盾关系的。在这里,韩非子把因果关系和矛盾关系这两对范畴联系起来了[2]。这使我们意味到矛盾转化也是循着因果规律而转变的。这个矛盾转化过程被韩非子用了好几个逻辑上的中项表现出来。孤立地看祸福是看不出它们之间的因果关系的,也看不出它们之间的矛盾转化。但韩非子在他的实践观察里[3],他确实认识到它们两者之间的因果关系和矛盾转化的过程,由这一面的祸或福作为因转化为它的对方的福或祸作为果。否则,我们是不可能想象和理解他能够这样生动具体而又深刻细致地论证祸福的互相倚伏的,同时也不可能设想他能够运用这样复杂的联锁式的假言推理形式。韩非子的这样的辩证思惟,启发我们思索事物间的因果现象及其矛盾现象这二者之间的相互联系和相互关系。

[注释][1]这句话是说思维法则因果关系,构成了假言推理。[2]这句话告诉我们,辩证法的矛盾转化与形式逻辑思维规则因果律之间的联结。矛盾律与因果律同属思维规则,但矛盾转化已越出形式逻辑边界进入辩证法。康德把因果关系范畴看作最重要的范畴,“凡事总有原因”是一切认识和科学研究上的“先验”前提。康德的“二律背反”是他的先验辩证论,包括有限与无限,因果与机遇(包括原因和结果之因果关系本身),自由与必然,等等。“先验”的“背反”,

实际上都是客观事物的矛盾的反映。可知,康德先验辩证论本身就包括因果关系。又,有云:万有引力之于物重体重,犹因之于果的关系。因果关系是型式,型式与内容在一定的关系中成为真理的认识(见郑昕《康德学述》,商务 2011 年版第 254 页),真理的认识必然是辩证的认识。应该说,周著尤重因果关系,提升为思维规则,又认为韩非子把因果关系与矛盾转化的辩证法相联结,都与周本人受康德哲学影响,以康德哲学审视韩非子逻辑有关。[3] 这句话强调韩非子的实践哲学对于他从因果律进入朴素辩证法的决定性作用。

[段旨] 韩非子用因果关系之假言推理,论证了"祸福"等矛盾转化关系的朴素辩证法原理。而这又与韩非子本人的实践观察有关。

二　用科学系统的逻辑来评价

§1.2.2.1－33 这是从名家的角度来看的,那么作为系统的逻辑科学来说,韩非子的逻辑是很不完整的。这样的评价虽然已经超出了他的具体的逻辑的本身的性质和内容范围之外,但是也有着一定的必要性。我们既然在阐述逻辑,就必须把韩非子的具体逻辑和名家的逻辑科学对照一下[1]。这样不但不会损害二家之美,反而可以见出长短。我们用名家的标准来看韩非子逻辑,那么名家逻辑所长正是韩非子逻辑所短。

[注释][1] 如前所说,周著过分看重"名家的逻辑科学"。名家逻辑也存在许多不足,主要有:一方面,公孙龙关于"名"的分析,把先秦名辩思想引向纯逻辑探讨层面,为中国古代逻辑科学的建立和发展作出了重要贡献;另一方面,将马的颜色白色与马的实体内容马本身分割开来,不仅有违情理,理论上也说不通。亚里士多德认为,共相,相,关及事物的性质,就存在于个别事物之中,亚里士多德谓之形式,并认为,任何事物都是由形式和质料构成的,缺一不可,不可分离。按亚氏,马之白色与马之质料不可分离,"白马非马"显然不能成立。要是按照柏拉图的理念论,超越于一切事物之上的理念是共相(不再区分形式和质料),按此,超越于一切马之上的马的颜色抽象和马的概念抽象都是理念,不可割裂,按照理念论,把马的颜色抽象与概念抽象割裂开来,"白马非马"也是说不通的。顺便说及的是,现代科学和哲学中说的形式化和形而上,并非分离形式因和质料因,形式化包括对质料实体在内形式化,也并非将理念从客观存在的本体中分割开来。第一哲学的形而上包括了本体论、存在论。概言之,形式化和形而上

是就思维对存在的关系而言的,不是就形式因与质料因的关系,也不是就本体与理念的关系而言的。此外,名家的指物论如以现代科学和现代哲学的符号论审视之,也有大的欠缺。名家指物论以某物的“指”为物名,以某物实体内容为“所指”、“非指”,始终是散名的“指”“所指”“非指”,并非本体论、存在论、价值论层面上的符号和符号论。此外,名家重在散名,儒家重在礼名,申商之法重在刑名,韩非子法家重在形名。周著以散名说为标准论说法家形名说,也自有其对象性质上的重大差异。尽管如此,但为了研究的深入,在具体作比较研究时,以讲名理、逻辑最多的先秦名家为相对标准衡量韩非子逻辑,以各显其短长,也是可以的。

[段旨] 主张用名家散名逻辑来评析韩非子形名逻辑。

§1.2.2.2－34 具体运用的逻辑和科学系统的逻辑虽然是有联系的,但却是有区别的。正由于韩非子逻辑只是具体运用的逻辑,因此他不注意逻辑理论的探索和逻辑学说的阐述。他的逻辑缺乏完整的科学体系,他没有能够建立起逻辑科学来。这是讲韩非子逻辑的局限性。

[段旨] 韩非子逻辑缺乏完整的科学体系,这是它的局限性。

§1.2.2.3－35 我们已经叙述过韩非子的具体的逻辑中所表现的伟大成就,但是,他的逻辑为什么只限于具体的逻辑而没有能够提高一步建立成完整无缺的逻辑科学呢?要回答这个问题似乎是非常容易的:就是由于他是法家,不是名家。可是我们要进一步问:为什么韩非子不可以既是法家而又兼做逻辑学家呢?墨子不是既是墨家的创始人同时又是逻辑学的建立者吗?从这一点来说,韩非子是不及墨子的。

[注释] [1]墨子(约前468—前376)后于孔子,其哲学逻辑思想,除了认识论、表达论意义上的“三表说”(三项原则“本之者、原之者、用之者”)之外,还有墨辩逻辑。一是概念之名的分类逻辑《经上》“名:达、类、私”,达:大类概念,大共名;类,类概念,共名;私,个体概念,散名。如:“动物、马、白马”三级。《小取》篇纠正了公孙龙“白马非马”说的错误:“白马,马也。乘白马,乘马也。”意即“白

马是马”。二是关及判断、推理的《小取》“以名举实”“以说出故”，意即以概念反映事实，以命题言说推出结论。三是《经上》“谓，移、举、加”之说，此乃如章士钊所言“逻辑所称”的“命题”“谓词”“宾词”，亦严复译称“五旌”之“类、种、种差、固有非本质属性、偶有性”。由以上可知，如果说孔子的名学是正名，墨子的名学则是名辩，它包括了概念分类、判断构成、以经验事实为依据的推理。此外，《墨辩》中还有辩证逻辑，《经上》：“辩，争彼也。辩胜，当也。”在争辩中获胜，那是论证合理之故。古希腊把论争视为修辞学和辩证法相结合的辩论术，《墨辩》中的“争彼”、“辩胜”也是这种性质的。《经下》又说：“谓辩无胜，必不当，说在辩。”孙诒让间诂引张惠言称：“辩必有胜，谓辩无胜者必其辩不当，故当反求其辩也。”更值得注意的是，《墨子·经下》是一篇完整的逻辑哲学的论文，涉及名辩名例形式逻辑和争辩论证辩证逻辑的方方面面，共得八十条，均以“相关概念抽象的逻辑表述+说在某”来表述。

［段旨］韩非子逻辑不及名家逻辑，更不及墨辩逻辑。

§1.2.2.4－36 韩非子的逻辑只是限于具体的运用，未能建立科学的系统的原因，是他的法家的功用主义的观点，把一切辩论都看作是没有用处的。《外储说左上》说：

> “人主之听言也，不以功用为的[1]，则说者多棘刺白马之说[2]。不以仪的[3]为关[4]，则射者皆如羿[5]也。人主于说也，皆如燕王学道也，而长说者皆如郑人争年也。是以言有纤察微难而非务也，故李、惠、宋、墨皆画策也[6]。论有迂深宏大非用也，故畏震瞻车状皆鬼魅也[7]。言而拂难坚确非功也，故务、卞、鲍、介、墨翟皆坚瓠也[8]。”

［注释］［1］的：箭靶子，目标，标准。［2］说者：游说之士。棘刺之说：把棘刺的末端雕刻成猴子，指无用之说。白马：即“白马非马”说。［3］仪的：箭靶子，仪范标准。［4］关：关键，准则。［5］羿（yì）：夏代东夷族有穷氏部落的首领，射箭能手。［6］李，当作“季”，指季梁，一作季良，杨朱的朋友。惠，惠施，宋人，曾任魏惠王的相国。宋，指宋钘（jiān），一作宋牼（kēng），宋人，黄老学派。墨，墨翟。策：当作“荚”。这句话是说：因此言谈有精细明察微妙艰深但并非当务之

急的,所以季、惠、宋、墨的学说不过是些画了图像的荚,虽然微妙艰深,但不值得提倡。[7]畏,当作"魏",魏牟。震,当作"长",长卢子。瞻,当作"詹",詹何,楚国的隐士。车,当作"陈",陈骈。状,当作"庄",庄子。以上五人皆道家。这句话是说:议论有深远阔大但不切实用,所以魏、长、詹、陈、庄的学说都不过是画图上的鬼魅,虽然变化无常,但都是些任意杜撰。[8]言而:行动上有。言,行。拂难:碰硬。拂,违逆,不顾。坚确:坚定不移。务,务光。卞,卞随。鲍,鲍焦。介,介子推。墨翟:墨子。一说墨,当作"伯",伯夷,翟,当作"田",田仲,陈仲子。以上五人为古之清高廉洁之士。这句话是说:行动上敢于碰硬,坚定不移,但没有什么实际效用,所以务、卞、鲍、介、墨翟都是些坚硬的葫芦,心地坚实而无用。

[段旨] 举《外储说左上》的片段说明韩非子否定名家和墨辩等诸家之学,过分强调学问的功利作用。

§1.2.2.5－37 这里很典型地表现了韩非子的功用观点。他所提到的墨翟是最伟大的逻辑学家,惠施是著名的辩者,白马之说是名家公孙龙的命题。这一切都被他加以否定和排斥。他把他们的学说一律称之为"非务""非用""非功"和"不以功用为的""不以仪的为关"。接着他就叙述了许多历史故事用来证明他的功用观点。"白马之说"的故事更为显得生动而有趣味[1]:

> "兒说[2],宋人善辩者也。持白马非马也,服稷下之辩者[2]。乘白马而过关,则顾白马之赋[3]。故籍[4]之虚辞,则能胜一国;考实按形,不能谩[5]于一人。"

[注释] [1]"兒说"这段话仍见于《外储说左上》。[2] 兒说(ní yuè):春秋时宋人,见《吕氏春秋·君守篇》,为早于战国公孙龙的"白马非马"说的创始人。[2] "服"字后夺一"齐"字。服:说服。稷:稷门,齐国都城门名。齐国有稷下学派,辩说之士集于稷下,齐宣王时尤盛。[3] 顾:通"雇",缴纳。赋:赋税。[4] 籍:jiè,通"藉",借。[5] 谩:欺骗,蒙蔽。

[段旨] 既从负面说韩非子否定排斥名家、墨辩之学,又从正面举证《外储说左上》里的故事,以说韩非子倡功用之说。

§1.2.2.6－38《问辩》和《显学》里也同样的表现了这种观点。《问辩》说：

“或问曰：辩安生乎？对曰：生于上之不明也。……夫言行者，以功用为之的彀[1]者也……今听言观行，不以功用为之的彀，言虽至察，行虽至坚，则妄发之说也。……坚白无厚之词章而宪令之法息[2]。故曰：上不明则辩生焉。”

《显学》说：

“今之新辩，滥乎宰予，而世主之听，眩乎仲尼[3]。为悦其言，因任其身，则焉得无失乎？是以魏任孟卯之辩，而有华下之患，赵任马服之辩，而有长平之祸[4]。此二者，任辩之失也。”

［注释］［1］的彀(gòu)：箭靶子，目标。［2］坚白：指公孙龙“离坚白”说，认为“坚白”两种属性都可离开具体的石块而存在。无厚：惠施的哲学命题，平面无厚度，无体积，但面积仍可大至千万里。章：通“彰”。［3］滥：虚浮，失真。乎：于。比……还要……。宰予：孔门弟子，善言辞。眩：xuàn，受迷惑。“世主”一句是说国君听“新辩”的话，比听孔子的话还受迷惑。［4］孟卯：战国齐人，因善辩被魏国任命为相。华：古地名，华邑，又名华阳，在今河南新郑市西北。华下之患：公元前273年，魏国任用孟卯攻打韩国，秦将白起救韩，在华阳歼灭十五万魏军，孟卯败逃，魏国割地求和。马服：战国时赵地名，在今河北邯郸市西北。赵名将赵奢封于此。公元前260年，秦将白起攻赵，战于长平(在今山西高平市)。赵王中了秦国的反间计，任用无实战经验，只会纸上谈兵的赵奢子赵括为大将，以代廉颇。秦歼灭赵军四十余万，赵括被箭射死。

［段旨］举《问辩》中的辩例和《显学》中的故事以说韩非子论定辩家无用。

§1.2.2.7－39在这里韩非子所谓“辩”的内容是非常广泛的，包括了一切知识的辩论。他并且把“辩”和“法”对立起来。他是法家，无怪乎他要全部否认辩的用处了。具有逻辑科学意义的“辩”当然也属于当然也是属于“辩”的总范围里的，毫无疑问的也应该是被排斥的东西。

[段旨] 韩非子辩家与法家的严重对立,造成他排斥逻辑科学意义的“辩”。

§1.2.2.8-40 总之,我们对于韩非子逻辑的评价有两个方面:

(一) 否定的方面。由于他全部排斥“辩”,因此也完全否定名家和辩者的逻辑理论和逻辑学说。这就使他不能象[1]墨子一样建立起完整无缺的逻辑科学来,同时也使他没有能够把思惟现象作为研究的对象。这也就使他的逻辑只能限制在具体运用的范围里。

(二) 肯定的方面。韩非子的逻辑是具体的逻辑。这是他的逻辑特质。在这个范围里,他的成就是伟大的。他运用了深刻的思惟规律和丰富的思惟形式,并具有初步的辩证思惟。这都是他遗留给我们的宝贵遗产,我们应该珍惜它,继承它,并且把它加以发扬光大。

[注释] [1] 象:当作“像”。

[段旨] 对韩非子逻辑评价的否定方面和肯定方面。

语言理论　语学语史

《汉文经纬》与《马氏文通》比较研究

1 引言

在马建忠(1845—1900)著《马氏文通》(1898,以下简称“马著”)问世即将迎来 120 周年之际,姚小平教授翻译的德国甲柏连孜(1840—1893)《汉文经纬》(1881 莱比锡魏格尔出版社[①]/2015.10 北京外语教学与研究出版社)出版,这对于将两部东西方汉语语法开创性巨著作比较研究,有极为重要学术史意义。不仅如此,由于《汉文经纬》的特别巨大的宏观维度和特别细致的微观深入,将对汉语史上的许多具体问题的研究,诸如理论语言学与汉语史研究的结合等多个课题[②],无不展示西人眼睛“蓝眼珠中看到的是否不同于黑眼珠中看到的”(章炳麟提问语),甚至可以说,《汉文经纬》廓开了汉语语法、词汇、语音、文字研究的新视域。李娟(2003)重在经验事实的考求,寻觅到《马氏文通》与中西语言学研究传统的切切实实的关联。

---

① 《汉文经纬》扉页上还署题以下文字:“光绪七年立即州位玖书铺”。经请教姚小平教授,告知“立即州”“位玖”已见于德文的版权页,“立即州”即 Leipzig,“位玖”即 Weigel。可知题款为“莱比锡州魏格尔出版社”。于是知光绪七年(1881)或尚未有“莱比锡”“出版社”“魏格尔”之译名和叫法。何人署题恐已失考。

② 据笔者初步归纳,有以下四十五个专题均可作比较研究,它们是:理论语言学与汉语史研究的结合、研究方法、各地方言、日语汉音吴音唐音、汉语声韵母构拟、四声的历史、汉字史、汉语不是词根语言、扬雄《方言》、域外汉语、汉语字和词的区分、同源(转下页注)

2 马著和甲著的共同学理形而上研究法和语用观

马氏和甲氏生活的年代大致相同;甲著问世的年代比马著早十七年,两书问世的年代也大致相同。马著甲著有共同的内在学理逻辑。

马著《序》称,学问都有它的“一成不变之例”,“上稽经史,旁及诸子百家,下至志书小说,凡措字遣辞,苟可以述吾心中之意而传后者,博引相参”,古往今来,能做到这些的根本原因,即其内在的形式因,在于“要皆有一成不变之例”。然而,“天下事之可学者各自不同,而其承用之名,亦各有主义而不能相混”,那怎么办呢?马氏的做法,搜取经传史志,诸子策论,历代文词,为之字栉句比,做到“比例而同之,触类而长之”,“皆有以得其会通,辑为一书,名曰《文通》”。可见,“文通”一词,不仅是书名,也是马著全书的内在逻辑概括的总名。在马著《后序》中,针对他人的诘问:“吾子之于西学,其形而上者性命之精微……”而你却在那里“不出所学以乘时,何劳精敝神于人所唾弃者为”,马氏说:“天下无一非道,而文以载之,人心莫不有理,而文以明之。然文以载道而非道,文以名理而非理。文者,所以循是而至于所止,而非所止也,故君子学以致其道。”马氏的回答是,他所做的工作是在寻求那个得以“文以载道”的“非道”“非理”“非所止”,即借以表达成文,完成“文以载道”的文法,归根到底,它也是“道”,文法之“道”。在马氏的心目中,“非道”“非理”“非所止”这类文法之“道”,与西学之“形而上者性命之精微”是不矛盾的,同一的,故马氏

(接上页注)词和语音上相关联的词、词和词类的划分、作为句法的一般词序规则、可以作为语言哲学的隐而不露的表达方式、语法例外和逻辑因素等的分析、静词及其结构关系分析、动词及其结构关系分析、静词与动词句法功能比较、分词、汉语的格、副词作定语心理主语和谓语、词的叠音和重复、句子顺序、助词的分类及其逻辑心理一般修辞作用、代词作为特殊词类的形态、代词性小词十二组、与第二人称代词有关的助词五组、疑问副词古今、动词性助词九组、尾助词十二组、划分词类的一般原理和词的范畴、句子语法特征和修辞特征、在句子成分中观照词类构造、词类扩展、数词的表达法和进制法、并列专论、代词分类、省略缩简、单句主谓宾论、心理主语和倒装、系词情态十七纵论、疑问副词个案九例、复句和句子组合论、文体学范畴韵律对仗重复渐进文字游戏引文。

本人既熟谙“形而上者”,又在汉语语法研究实践中热衷于寻求“一成不变之例”,即“形而上”的“文法之道”。亚里士多德曾认为:“一切知识都在寻求有关在其自身范围内可以认识的东西的每一个的本原和原因。”(转引自聂敏里 2016:77)并把寻求“本原和原因”的思想方法叫作“静观的思维”。应该说,马氏寻求的“一成不变之例”,即“形而上”的“文法之道”,完全具有亚里士多德所说的用“静观思维”来寻找的“本原和原因”的性质,它就是亚氏本人在其《形而上学》一书中提出的“形式因”。

甲著则强调须遵循“一般规律”:“我觉得应该尽可能按照这样的思路来展开阐述:通过个别的事例认识一般规律,从类似的现象中寻找共同特征。”内在学理当然一般是不会说出的,只是留待作者仔细体会,甲著《前言》说:“关于这一点(指“一般规律”),书中并未随处指明,读者对此应能谅解。”但甲氏始终强调逻辑对研究问题的重要性:“在处理新现象时,逻辑乃是基本的前提。”如果说,强调“一般规律”、“共同特征”、逻辑的重要是方法论层面上的内在学理,当它们被运用到某个具体问题的研究时,就成了方法学或研究方法层面上的学理逻辑问题。甲著《前言》说:“相较之下,我所提出的综合系统却是崭新的。即使不考虑这一系统在科学上的合理性,人们也能充分体会到它的实用价值。”这种“综合性系统”是如何形成的?它作为“科学上的依据只能是取决于中国人的语感,根据这种语感,同一语法表达的不同手段是等义的或同义的,可以互相替代”。语感,是经验的产物,甚至还是经验本身,说不上是经验论的抽象。这里,甲氏在叙述他的研究方法时,似乎不是以西方学者的口吻在说话,仿佛完全是中国学者的身份,因为中国人对语言的第一把捉,或者说最初理解就是经验层面上的语感。

从甲氏生活的年代看,正是 19 世纪德国青年语法学派活跃的年代。这个新语法学派导源于 J. 格林(Grimm,1785—1863)等人的历史比较语言学,但走得更远。1878 年布鲁格曼(Brugmann,1849—1919)等人提出:经格林 1822 提出的语音演变规律,维尔纳(Verner,1846—1896)1875 年提出的补充说明,语音演变规律已近乎完美,可证语音演变按规律进行无例外;既然"无例外"了,音变可按类推作用求解。问题是,语音演变不仅是自然的,心理的,首先还是社会的,历史的,其中既有必然,也有偶然,变化情况丰富多样,因而不可能用"无例外"一语了断之,同理,仅仅按自然规则或心理规则的类推来寻找音变是不可靠的。可见,青年语法学派的学术误区在否定语音变化的社会历史作用,一言以蔽之否定了语言的社会本质和历史发展。青年语法学派的活动中心在莱比锡大学,甲柏连孜 1878 年开始在莱比锡大学任教。看来甲氏没有,至少是著论甲著时没有受新语法学派潮流的影响。如上文所说,青年语法学派首领提出"语音演变规律无例外、语音变化按类推"两大纲领在 1878 年,甲著出版在 1881 年。甚至还可以说,甲氏也没有受到青年语法学派的前辈 J. 格林、A. 施来歇尔(Schleicher,1821—1868)所倡导的历史比较语言学派的多少影响。这个学派认为,梵语有些词形比古希腊语距离原始印欧语更遥远,或如其言,进而推出古希腊语是研究印欧语的范本。甲著 1953 年版何可思《序言》说:"在甲柏连孜以前,人们一直无意识地受到一种成见的左右,即认为应该根据拉丁语的模式衡量每一种语言,建立每一语法。甲柏连孜第一个彻底摆脱这种成见,认识到了一种印度支那语言的特性。在本书中,他尝试在语言的比较研究和历史考察的基础之上理解汉语,首先处理语音、文字和语言史,然后深入探索语法。"一是摆脱成见,二是摆脱成见后转向汉藏语、汉语,三是转向后开展对象研究的大规模的比较研究和历史考察。

甲氏转向汉语,不能不说是受到从莱布尼茨(Leibniz,1646—1716)以来一直仰慕康熙大帝,仰慕中国文化的影响。以莱布尼兹先验主义为出发点的康德(Kant,1724—1804),其思想受到中国程朱理学思想的影响,与中国传统文化有脱不去的干系。朱高正(2011:10)认为,康德所讲的"自由",即超越于一切经验要素之上,使用纯理要求,变成实践能力,使本然的理获得贯彻实施的能力的说法,与儒家的"克己复礼",朱熹"近乎天理之数而无一毫人欲之私",是相向而行,渐近并能完全达到一致的;康德所讲的"自由律",是一个主体其行为所依据的普遍有效的法则,这又与儒家的"己所不欲,勿施于人"

相表里。

甲氏转向并致敬、致思于中国传统文化，除了赓续莱布尼兹、康德以来的德国文化中的中国热传统外，直接的原委是他子承父业，并加入了18、19世纪以来的一批汉学家的行列。何可思的《序言》说，甲氏的父亲汉斯（Hans C. Gabelentz，1807—1874）1830年出版过研究满语语法的专著。19世纪的满语对汉语北方官话，乃至普通话（mandarin 音译：满大人）的形成都产生过重要影响。何序还说，甲著之前，从18世纪中叶的马若瑟（Joseph de Premare）的《汉语札记》到19世纪的硕特（Schurter）、恩德利希（Endlicher）、儒莲（Julien）的语法研究，都对汉语语法现象“作了系统、明白的解释”，但对汉语语法结构等仍“不甚了了”，很需要有人继续汉学家们的对象研究，甲著正是应运而生。

此外，如果要深入到康德哲学的核心认识论问题，来求解甲氏注重一般规律的思想方法和甲著形上分析的内在学理逻辑，则应注意康德的另一个对感觉经验的超越“物自体”（“自在之物”）。作为认识对象，“物自体”既然超越了感觉经验，就决不是客观的外物，而是纯粹理性化了的设定，是经过先天的时空形式整理过的感觉材料。作为知识系统，在认识“物自体”过程中又经过主体所具有的先验范畴的加工，而形成的具有普遍性的必然知识，这种知识与客观万物无直接关系，它是人类主体范畴所赋予的。无论是作为认识论的“物自体”，还是作为知识系统的“物自体”，都是形式化了的存在物和存在自身，都是纯粹理性的逻辑系统（纯理逻辑）。而这两点，都是对柏拉图以来的西方传统客观理念的升华，为概念表述的形式化，数字化，为概念内容的纯粹理性，纯理逻辑的确定从理论上和操作实践上打开了方便之门，为任何对象的研究走向现代科学境域铺平了道路，甲著的规模宏大的汉语语法研究也不例外。有谓：德国两大哲人的区别，康德哲学是经形而上建立范畴，黑格尔哲学是经形而上进行推理。范畴是处于不同层次中的对象化事物在某层次中的最高类别，语言研究主要就是对研究对象进行分类，故语言学家洪堡特，包括索绪尔都受到康德的影响[①],姚小平(1995:153)说,康德在洪堡特那里留下"印痕",连索绪尔某些方面也"痕像康德"。甲柏连孜也是如此。

此外,康德的"物自体"认识路径和知识追求,除了与前面所讲的使用纯理要求的"自由",道德理性的"自由律"有关以外,还与直接关及"物自体"概念的人类认识的"知性"阶段有关。康德把人类的认识划分为三个阶段:感性、知性、理性,而非仅有感性和理性两个认识阶段。什么是知性认识阶段?它介于感性和理性之间,知性重视经验,这与感性认识尤其接近,又重视经验理性,这与理性知识又有点接近。感性材料经过感性直观的认知和加工,有了空间共存和时间先后,但还是个别现象的认识,知性认识能充分运用人类的先验统觉能力,用知性范畴将感性材料进行加工,使它们具有尚属有限的,低层次的带规律性的联系,而不再是感性阶段的仅仅对个别现象的认识。康德的形而上的先验判断,即确立"物自体"的过程,在知性阶段进行并完成,到理性阶段则运用"物自体"来展开纯理批判。康德知性阶段的认识对象和原材料是经验材料。反之,"经验"这一概念"在康德认识论中有不同的含义,它既可以指感性印象或感官的直接知觉材料,又可以指作为知性加工之结果的'关于对象的知识';前者指直接的感知,后者还包含了知性对直接知觉的加工改造作用"。在康德那里,经验被赋予了一切先天知识以客观实在性。康德说:"一切知识都是从经验开始的",但"却并不因此就都是从经验中发源的",这是一种通过感官印象的接受物和固有的知识能力的"复合物",它被称作是先天的[②]。按照乔姆斯基的说法,语言就是这种能力的"复合物"。康德哲学是知性经验形而上学说,语言研究恰恰就是要对语言经验材料作形式化概括和分类。

---

① 姚小平教授曾指认洪堡特"对系统或'有机体'的特性的分析,也见于康德的著作(例如《判断力批判》)",他在将索绪尔与洪堡特作了大量比较研究之后说(姚小平 2005[1993]:172):"在德国,康德哲学及其思维方式的影响至为深远,这种影响在洪堡特的语言哲学中留下的印痕,是不难发现的。现代有人认为,在德国完成学业的索绪尔某些方面很像康德,这种看法不能说毫无道理。"

② 康德知性阶段的认知基础"复合物",被称作先天的或先验的,其本质也是"自在之物",亦即"物自体"。

在内容上,甲著第一卷“导论和概述”,第二卷“分析系统”,第三卷“综合系统”。甲著全书的主体骨架是这两大系统。无独有偶,康德哲学在知性认识中把判断分为“分析判断”和“综合判断”,并把这两大划分看作知性批判的典范。康德的“分析判断”是以形式逻辑的矛盾律为基本原理的,其谓词和主词的联结借助于同一性来思考,它不能给知识增加什么新的内容。说白了,是对知性阶段所获的经验材料加以分析整理,剪裁加工,建立起分析系统。综合判断就不同了。如前所说,“综合判断”能“扩展”、“发现”新的经验知识,具有“创新潜能”,其内在逻辑机制是主词的独立性,谓词与主词的联结按照具有辩证特性的“二律背反”来思考。甲著的两大系统与康德的两大知性判断,在理论上都是处理经验材料,这里没有什么不同。

甲著的分析系统,旨在通过经验材料的分析,弄清完全针对,而不脱离研究对象的“应该怎样从语法上理解汉语”,即“汉语有哪些语法现象,其意义何在?这类语法现象必定遵循汉语结构的基本规律,需要根据这些基本规律来把握,予以有机的梳理”(甲著 §270)。甲氏的分析系统是同一平面的直线方程系统。从甲著“分析系统”下挈内容看,主要有:句子成分与句子之间相互关系的确定、词类的定义、句子与句子成分的界限。甲著的这一“分析系统”完全是从汉语语法经验材料出发的对象事实的描写系统,从经验材料的整理中抽绎出若干规则供学习汉语者使用。例如,周法高 Chou(1994[1959])举出的甲柏连孜认为代词“之”和训“往”的“之”是有意义上的关联的,就是这种“分析系统”的产物。在分析比较中对矛盾律的运用,对同一性的贯彻都比较明显。不能说没有获得新知识,但这些新知识都是在汉语语法经验事实材料及其整理模式范围之内。甲著“分析系统”与康德经验知性阶段的“分析判断”是一致的。

甲著的“综合系统”,则可以逸出汉语经验事实材料之外。他的“分析系统”的任务在于,“根据各种现象的内部联系和多样化的意义来解释一种语言中的现象”(甲著 §897)。而他的“综合系统”的任务在于,“指出一种语言拥有哪些手段来达到自己的目的,语言现象和语言手段都具有语法性质,但从哪个方面着手考察语言,视角必有区别”(甲著§897)。可见前者重在从对象本身的构成要素间的联系来解释对象本身,后者从对象实现自身的手段来构造它的自身系统,了解它的功能,实现其价值评估。甲氏说,“综合系统”的“实用价值非常显著,它要处理语言的使用,为此必须全面了解可供支配的表达手段。不仅如此,它还要探讨语言的理解,即怎样理解听到的话语或读到的内容,这就需要知道,为表达同样的思想还有可能使用哪些习语,为什么偏偏选用这一而不是那一表达”。他还指出,“综合系统”的理论意义首先就在于“如何去评价一种语言的富足和精妙”。(甲著§898)从其内容看,“综合系统”下挈的内容讲了句子成分、单句、复句,文体学等。有理由认为,甲氏的“综合系统”的语法研究有了“用”的元素,它已经提到“话语理解”、习语使用、表达法的选择、语言评价等课题。显然,语言自身的构造与语言功能不同,语言系统的逻辑真值与价值实施也完全不同。总之,甲氏“综合系统”的逻辑起点是汉语表达论,与“分析系统”的逻辑起点是汉语结构论完全不同。有鉴于此,可以说甲氏的“综合系统”是个抛物线方程,有要素可随时沿切线方向逃逸,已经具备内在创新机制。在康德那里,以经验材料和经验理性为基础的“综合判断”是“发现一切纯粹知性概念的线索”,不仅如此,它还包含有“创新的潜能,因为它作为扩展性判断超出了主词中所包含的知识”。甲著“综合系统”中的创新机制,正是康德“综合判断”的“创新潜能”在具体的对象研究实践中的体现。

由以上可知,莱布尼茨、康德以来关注中国文化是德国的传统,康德受到儒学的多方面影响,“物自体”无论从认识论还是知识论方面看都是形而上、形式化和纯理逻辑的,而在知性阶段对“物自体”知识系统的追求尤其需要重视经验知识,则格外引人注目。甲柏连孜《汉文经纬》致力于汉文化研究,用西方一贯的形而上作为学理逻辑,处处重视汉语经验表达材料,对汉语经验系统作形上分类研究全覆盖,不正是莱布尼茨、康德学路的题中应有之意吗?更有甚者,甲著全书骨架用以统摄汉语经验材料的“分析系统”与“综合系统”,正与康德着眼于经验的知性认识阶段的“分析判断”和“综合判断”有千丝万缕的内在联系。

上文讲及《马氏文通》用形而上方法致思于汉语文法，这除了马氏十六岁(1861)就开始学洋务，此后长期襄理之，从译籍、原版中摄取甚具神学彼岸世界形相的形而上方法必不少量，更不必说他受到莱布尼茨(G. W. Leibniz)的影响，更深受法国唯理主义哲学家笛卡尔的影响。但从他“读上海所译书”到“学其今文字与其古文词”看，并不排除马氏在著论汉语语法书时，会更多地从中国传统文化中摄取甚具经验抽象特征的形而上方法。古代外国和古代中国都经历了德国历史哲学家雅斯贝尔斯所说的“人类的轴心时代”。古希腊的荷马史诗、柏拉图、亚里士多德时代，我国的《诗经》、《楚辞》、先秦诸子时代都是人类文明大奠基的“轴心时代”，期间有许多共同的文化成就，形而上的思维方式即是其中之一。亚里士多德在其名著《形而上学》建立他的第一哲学(神学)，作为认识世界和主体思维的最重要的工具就是形而上学，亦即形而上思维方式，形上逻辑哲学。它的位置在物理学之后，故而它要求对世界的各种事物的概念来源和意义作出抽象的界定、分析、和论证，诸如本质、形式、原因、结果、共相，等等，从抽象到抽象，从概念到概念，从而建立起具有逻辑真值意义上的对象的形式化系统。中国古代有丰富的形而上逻辑思想，一部《周易》正是形而上渊薮。每个卦，例如未济卦，由卦名“未济”，卦形体䷿，卦形体说明“下坎上离”，爻数“初六、九二、六三、九四、六五、上九”，内容有卦辞“象征事未成，勉力可成或亨通”、综其一卦的彖辞、象辞、各爻后的象辞四项。这前三项卦的名、形、数都是形而上的，卦的内容也很抽象，有的还是隐喻的，也是形而上的，如把卦的内容四项看作对具体实事的说明和描摹，则也可把它看作形而下的。《易·系辞上》则进一步说：“形而上者谓之道，形而下者谓之器。”宋绍年(2010:462)曾指出：梁启超曾说，马氏光绪二十一年(1895)在上海撰写《文通》时，和他比邻而居，亦有商榷，马氏多“食戴学之赐”。戴震之学，有西学因子，更多者还是中国传统的国学。马著觅“一成不变之例”，与甲著一样有“形而上者性命之精微”，不必全出西学，恰恰可出于国学精微处！

前面谈到甲著“综合系统”的创新机制孕育着语用思想，它直接表现为汉语语法的应用,为汉语教学服务,为汉语学习服务。甲著的《前言》说:“我丝毫没有为了科学地把握对象而牺牲教学的目的。相反,由于汉语是一门对记忆力要求很高、对逻辑思维要求极严格的语言,一种系统的教学方法也就应该是最合适、最有裨益的方法。”这不仅是说甲著直接服务于汉语教学,而且出于西哲的理论敏感,竟然站到了思维科学的角度对教学法作出审视。同样,马著的初衷就是要使“童蒙入塾能循是而学文焉,其成就之速必无逊于西人”,像西方人一样尽快学通本国语言,然后“及其年力富强之时”学习现代科学,最终达到富国强兵,“能自群,不为他群所群”,而自立于世界民族之林。

3　马著和甲著在汉语词类划分问题上的比较

马著从卷一至卷九都是讲词类的,大致相当于甲著的“分析系统”,马著卷十“论句读”是专讲句法的,大致相当于甲著的“综合系统”。卷三讲主次、偏次、宾次等,实际上也涉及句法问题。马氏说:“凡句读中名代诸字之为表词起词者,皆居主次。”但这是为讲词类的性质而设置的。马著《正名》卷之一已开宗明义将汉语词类分为实词和虚词,实词分为名字、代字、动字、静字、状字五类,虚词分为介字、连字、助字、叹字四类。甲著第二卷分成静词(含形容词、名词等)、动词、副词、代词、助词(又分与第二人称代词有关的助词、动词性助词、尾助词),第三卷内还有数词。在“分析系统”的“词类的定义”中的“词的范畴”中,列出“对词类的划分”的“框架”:感叹词、摹声词、指代词、名物词、部位—关系词、数词、属性词、动作词、否定词。这九类,既是词性“范畴分析”框架,也是词类。作为“范畴分析”,我们又不能不提到康德。如前所说,康德哲学的核心就是经形而上而建立范畴。作为思维形式的“范畴分析”,康德视范畴为以统觉的统一性为基础的对杂多经验元素作出综合,为了达到这个目的,分析中常常需要引进堪称“第三者”的中介物。甲氏词性“范畴分析”的中介物,恰恰就是语法关系,还有少量的词的意义成分。可见问题不在于分出几类,而在于分类标准。

马著凡词类多叫“字”,甲著凡词类都叫词,这是两书在语法术语上的不同。马氏叫“字”，大致有两个原因。一是汉语书面语第一感性直观就是一个个的方块字，极易将汉语本体构成词与汉语记录工具字相混，直到今天，“字本位”还有很大市场，不是没有原因的。二是马氏对词类的理解主要从概念出发，不完全是从语法功能出发的。例如，马氏说：“名字所以名一切事物者。”“名字分两宗，一以名同类之人物，曰公名。一以名某人某物者，曰本名。”公名又分为群名，“所以称人物之聚者”，通名，“所以表事物之色相者，盖离乎体质以为言也”。而通名“往往假借静字”（形容词用作通名）而形成，如“心之精微，口不能言也；言之微妙，书不能文也”句，“精微、微妙”静字作通名。同例“假借动字”，如“圣贤之能多，农马之知专故也”句，“能、知”动字作通名。同例“假借状字”，如“天之苍苍，其正色耶”句，“苍苍”状字作通名。马著还讲了以“四声别义”来识别词类，如“比”字，皋比，虎皮，名字，当平读，作动字用读上声，等等。静字、动字、状字作通名用，四声别义区分词类，都是在概念和语法关系（语音也可归入语法关系）的双重考虑中予以辨明的。正如前面讲到《易》卦卦辞彖辞象辞等概念内容也是形而上那样，马氏对名词的定义主要从概念出发不违反形而上思维原则，对通名语法关系的考虑，四声别义以说词类，更是从形而上观念出发的了。

甲著在句子成分的同位关系中讲名词，分析出种关系：“通称名词意义较狭窄 + 通称名词意义广泛”例如“官 + 人 = 官人（官员）”（§296）、“专有名词+通称名词”例如“孔 + 夫子 = 孔夫子”、“通称名词+专名”例如“帝+舜 = 帝舜”（§297）、“数量词+名词”例如“一群+羊 =一群羊”（§298）、“被衡量被计数对象+数量”例如“从者+数百人 = 从者数百人”（§298）。以上经“语义关系、举例而达于同位语法关系”来讲名词，名词处于语义关系和语法关系的双重掌控中。

甲著在主谓关系中讲名词，分析出来的关系有：“名词性静词或词组作主语+名词性静词或词组作谓语”例如“人多+君子稀 = 人多君子稀”（§300）、“名词性静词或词组作主语+名词性静词或词组作谓语+形容词性的第二谓语”例如“人命+事+重 = 人命事重”（§301）。由这两个分析式可知，甲著在主谓关系中论名词完全置名词于语法关系中。事实上,“西方传统语法研究从根本上讲是立足于句子,研究句子的形式与意义的关系”,甲著将名词置于同位关系、主谓关系中考察,正是此传统。马著在起词、止词、转词等句法构造中研究相关字(词)类,亦此西方传统的借鉴。

如前所说,甲著在词性“范畴分析”中的中介标准是语法关系。名词在同位关系、主谓关系中的具体表现已可说明此点。下面是甲氏借助句法为中介,来对名物词作进一步的词性“范畴分析”的不一般的做法:

名词词性“范畴分析”中介手段之一句法中的语义功能。甲著指出,在名词的语义功能上,“名物词一般就作为名词发挥功用”,而在句法中,语义功能有变:“在用为属格时与形容词相近;在用为状格时与副词相近;在担任谓语时与中性动词相近。”(§851)

名词词性“范畴分析”中介手段之二“替换”。甲著说:“当一个名物词能被替换为‘以’乙(宾语)‘为’甲这一构式时,便是一个主动动词,并且大都是使成动词或派生自名词的动词,其意义可以有规律地生成。”(§852)可分三种情况说明:

其一,“所+名物词”式(§531),甲氏例:《庄子·秋水》“因其所然而然之,其所非而非之”、《史记·仲尼弟子列传》“子之所难,人之所易,子之所易,人之所难”、《韩非子·奸劫弑臣》“是以主有所善,臣从而誉之”、“人主之所是(非)也”。可替换成:以然为然、以难为难、以善为善、以是(非)为是(非),甲氏以“所然”“所难”“所善”为“所+名(动)”的名词性结构,替换后“然”“难”“善”都成了主动动词。此条的价值是,“所+N(V)”结构替换成“以N为N”后,可看到N或“所+N(V)”在新的构式“以N为N”中N或“所+N(V)”的性质变成了动词或动词性结构,其理论意义是说汉语词性和词性的变化应在替换中深入考察。

其二,当名物词与后随的代词构成一个句子成分。甲氏例:韩愈“孔子之作《春秋》也,诸侯用夷礼,则夷之,夷而进于中国,则中国之”。甲氏将“夷之”“中国之”,都看作是“名词+代词”,甚至未取“词类活用”说,更非“词无定类”说,而是“词有定类”说。应指出的是,甲氏采取这种分析法，目的是要看出短语的“语法组织”即结构正是要作结构考察。此条的理论意义在于，甲氏在句子中考察词组，在词组的词与词相结合的语法语义关系（方光焘先生曾把这种结构式叫作“广义形态”，亦可知甲氏语法分析式的形态学意义）中考察名词的词性。诚然，短语结构的考察也可以有别的目的，周法高则从“语法组织方面”看出“复词和仂语的不同来”。但甲柏连孜短语结构考察出手不凡，既关词性，又及形态。

其三，甲柏连孜说：“当名物词的后面跟有另一名物词时，二者便一起构成一个动词性的句子成分，类似于不定式。这时，两个名物词必须位于句子成分的末尾，上下文能决定前者与后者不是并列关系、属格关系或定语修饰关系。”（甲著（§852）甲氏例：《中庸》二十章“为天下国家有九经，曰：修身也……亲亲也……子庶民也”。甲氏说的正是“子庶民”结构，视为“名+名=动词性句子成分≈西语动词不定式”，式中“名+名≠并列关系≠属格关系≠定语修饰关系”，式中“名+名”结构分布在句子末尾。由此条可知，甲氏在句子构成中考察语法关系，在语法关系中考察词组和确定词组内部构成要素的词的语法性质。十分清楚的是，“子庶民”既是个被命名了的“名+名”结构，“子”的名词性质不变，只是整个“名+名”结构在句子中的语法功能成了“动词性的句子成分，类似于不定式”。甲氏这样做，其实是紧扣词的语义语法而寻求出“其转变的关系来”。

此条的价值还在于：从“名+名”结构的确定、列述的三个结构关系名称、“名+名”结构的位次分布，连同“其一”用替换法作深层次考察确定词性，“其二”在类似于“广义形态”的“词与词相结合的语法语义关系”考察词性五大分析方法看，可知甲氏已知道用结构语法研究汉语语法。18、19世纪世界语言学中心在德国，结构观念也早就有了[①]。

---

① 受到梅耶的称赏的德国葆朴（1791—1867）的历史比较语言学，受到布龙菲尔德的高度赞扬的格林（1875—1863）的历史语音学说，处处打上康德哲学烙印的洪堡特（1767—1835）的理论语言学命题“语言的内在形式”的研究等，都有结构分析观念的成分。甲氏用结构观念研究汉语语法，实在是与德国18、19世纪语言学传统中（转下页注）

以上以名词为例,来说明甲氏对汉语词的认识完全是词本位的;甲著汉语词类划分是根据词在语法、语义结构中的语法性质、语法功能来划分的。正如甲氏自己所说:“在分析性的研究中,要想确定一个词属于哪个词类,进而弄清这个词与句子中其他成分的关系,了解这个词的基本意义经常是一个必要的前提。”(§849)甲氏始终认为,语法语义关系是划分汉语词类的标准,这里所说的“基本意义”,主要也是指词的语法意义,词与词结合时产生的语义关系意义,当然也包括可予部分参考的词义,但这不是主要的。这样做的结果,汉语词类划分后某词的词性是确定的,是“词有定类”,不是“词无定类”。从一般学理上说,任何对象物的性质的确定,对象物与对象物之间的关系的制约造成的规定性,远比对象物自身存在的经验性质更为丰富和确定,更具关系化、形式化和限定性。正是在一般学理和语法对象研究的语法学原理的双重指导下,甲氏批评了洪堡特的错误说法。洪说:“在汉语里,上下文的含义是理解的基础,要想弄清语法构造,常常必须根据上下文进行推导。动词只能根据动性意义来识辨。在欧洲古典语言中,人们首先解释语法,分析句子构造,然后才到词典里寻觅词,这种方法决不可能用于汉语。理解汉语始终必须从词的意义开始。”甲氏批评说:“这种说法有点过分了。根据目前拥有的语法知识,我们在知道词的具体意义之前经常已能了解词类和词的句法关系。”(§849)

马著凡词都叫作字,或以为马著“字本位”,非也。叫什么并不重要,问题是名称的术语含义。马氏的“字”这个名称的术语含义是汉语语法中的词(word),而不是方块字(Chinese character)。至于由误读马著“字本位”,进而推出马著“词无定类”,亦非也。说马著“词无

(接上页注)的早期结构观念投缘的。就是结构主义大师索绪尔(1857—1913),也不能说与甲氏(1840—1893)完全无缘。索绪尔晚于甲氏十七年,1876年留学德国莱比锡大学,1880年在莱比锡大学以《论梵语中的绝对属格的用法》一文获博士学位,1881年转赴巴黎高等研究院任教。甲氏1878年被聘为莱比锡大学东亚语言教授。索绪尔结构主义语法理论的创制中亦受到康德的影响,参前引姚小平说。

定类”的一个重要依据就是“假借”说。马氏说:“动字既类,其用不紊,其为体也无方,名字、代字、静字、状字皆假借焉。”[1]意思是说,成立动词词类后,它的作用是清晰不乱的,但动词词类本身的组成却不一定是动词,在具体语料中,名词、代词、形容词、副词都可借作动词用。马氏举例甚多[2],但用意很明确,是名词、代词等权借作动词用。“假借”二字,实可转译为“活用”,某他类词“假借”为动词,实际上是说某他类词“活用”作动词。现代汉语的词性在词汇学、词典学中确认,古代汉语的词性多在语法学、修辞学中确定。《现代汉语词典》第五版(2005 年 6 月)完成了词性标注工作,这是汉语词类问题研究的突破性进展。古汉语词性研究在语法研究层面上引进“词类活用”概念,是必要的。

甲著对词类活用问题涉及得较少。在“动词与动词”专题中未提及,在“静词与动词”专题仅“类比”(§356)中提及:“在有些搭配中,名词位于动词在前,体现某种方式的类比。”甲著举出针对主语的类比:“庶民子来”、“鲸吞”、“鸟兽散”、“蚕食天下”,针对宾语的类比:“今知君之犬马畜伋”、“父(兄)事之”。甲氏没有把“子、鲸、鸟兽、蚕、犬马、父(兄)”看作副词,而仍是“静词+动词”结构中的静词(名词)。“针对”云云,无非是一语义设定,“类比”是修辞手法。此式可知甲氏用语义设定和修辞将名词词类活用问题化解了。前面讲到甲著以“子庶民”为“名+名”结构类西语不定式,也是化解法之一。又甲著还说:“动词概念是以名词的形式发挥功用,便构成不定式”,如“听讲”,“讲”是动词不定式(§360)。又如“二生一死”、“无思不服”中的“生、死、思、服”则是带有名词性的动词分词(§367)。以上可知甲氏用西语动词不定式,动词的分词来化解动词活用问题。如此等等。

以上说明,甲著用种种解释性方法[3]来消解汉语词类活用。甲柏

---

① 限于篇幅,这里仅举动词说明之,其他各类词的活用亦例伙,分类亦多。

② 马著就名词作动词用举了 52 例,形容词作动词用举了 28 例,重叠式形容词作动词用 19 例,副词作动词用 11 例。

③ 有关用解释性方法研究汉语语法的必要性,以及近三十年来用此方法研究语法取得的成就,陆俭明教授已有详论。

连孜19世纪就已运用的解释性方法,是有方法论价值的。无独有偶,有关解释性方法研究汉语的必要性,陆俭明(2001:462,465)说,随着语法理论的进展和信息时代的到来,"迫切需要对种种语法现象作出理论上的解释",包括"从认知角度来探索人类语言的机制"的解释。考甲著之"解释",可知无论是马著还是甲著,都是词本位,汉语词可分成不同类别,词有定类。可见马著和甲著在汉语词类问题上,共同点是主要的,不同点是次要的。后者产生的原因是:马著的学理逻辑形而上视概念名理均为形而上,如前所说,这在理论上也是正确的。马著深受清学考据学的影响,梁启超(1937)说:马著"是把王(引之)、俞(樾)之学融会贯通之后,仿欧人的文法书把语词详密分类组织而成的"(转引自宋绍年2010:463)。既重王、俞之学,文字音形义是其关注对象,音形义在形而上的现代科学的理性思维中被考察,又在传统的训诂学传统中被厘定,马氏词类"假借"即活用说是现代科学理性与传统国学双重交织下的产物。甲著的科学逻辑形而上则落实在纯粹以西方语言学、语义语法学研究法观察汉语词类,音形义问题不居显要位置,用语法、修辞之法淡化之,消解之。马、甲二著相较,皆显然矣!诚亦是矣!

4 结语

末了,我们回到章太炎问。那是个黑箱问题。从黑眼珠看汉语与从蓝眼珠看汉语,马氏、甲氏二人看到的是同一对象的许多共同点,没有什么不同。看到的相异点是少数,相异也并非同一事物的感性直观相异,而是分析认识、处理方法上的相异。黑箱问题以语言为认识对象,以语言研究中的复杂内容为论证材料,似可予揭秘,语言揭秘似更有说服力。这或许是本文的副产品。

(2017年6月)

(本文原载《当代语言学》第20卷2018年第3期。主要内容又刊于《中国社会科学文摘》2018年12期,总第180期)

引用文献

Chou, Fa-kao(周法高), 1994[1999], A Historical Grammar of Ancient Chinese Part 2: Morphology, Part 3: Substitution. Taiwan: The Commercial Press. (1994 [1959], 周法高,《中国古代语法》第二册《构词编》、第三册《称代编》。台湾:商务印书馆。)

甲柏连孜(Gabelentz, Georg von der)著,姚小平译,2015,《汉文经纬》。北京:外语教学与研究出版社。原著:1881, Chinesische Grammatik, mit Ausschluss des niederen Stiles und der heutigen Umgangssprach. Leipzg: Weigel.

Kant, Immanuel 2004 [1871] *Critique of Pure Reason* Translated by DengXiaomang, Checked by YangZutao. Beijing: The People Press. Pp. 699 - 1, Pp. 699 - 60. [2004[1871],康德《纯粹理性批判》,邓晓芒译,杨祖陶校,北京:人民出版社,699 - 1, 699 - 60 页。]

Li, Juan(李娟). 2003. *The connection between Ma's Grammar of the Chinese Language and the linguistics research traditions in China and the West.* In YaoXiaoping (Ed.), *Ma's Grammar of the Chinese Language and the History of Chinese Linguistics.* Beijing: Foreign Language Teaching and Research Press. Pp. 380 - 50. [2003,《〈马氏文通〉与中西语言学研究传统的关联》,载姚小平主编《〈马氏文通〉与中国语言学史》,北京:外语教学与研究出版社,380 - 50 页。]

Li, Kai(李开). 2010. *A Philosophical Approach to Theoretical Linguistics.* Nanjing: The Nanjing University Press. Pp. 222 - 42. [2010,《理论语言学哲理研究》,南京:南京大学出版社,222 - 42 页。]

Lu, Jianming(陆俭明). 2001. *Some challenges in the research on Chinese grammar.* In Shen Yang (Ed.), *Selected Works of Lu Jianming.* Changchun: The Northeast Norman University Press. Pp. 482 - 462, 482 - 465. [2001,《汉语语法研究所面临的挑战》,载沈阳编《陆俭明选集》,长春:东北师范大学出版社,482 - 462 页,482 - 465 页。]

Ma, Jianzhong(马建忠). 2010 [1898]. *Ma's Grammar of the Chinese Language.* In *The Academic Masterpieces in Contemporary China Series.* Beijing: The Commercial Press. Pp. 473 - 86, 473 - 191, 473 - 197. [2010 (1898),《马氏文通》,《中华现代学术名著丛书》,北京:商务印书馆,473 - 86 页,473 - 191 页,473 - 197 页。]

Nie, Minli(聂敏里). 2016. *Aristotle's Division of the System of Scientific Knowl-*

edge. *Philosophical Reserches* 12:129 - 72,129 - 77. [2016《亚里士多德对科学知识体系的划分》,《哲学研究》12 期,129 - 72 页,129 - 77 页。]

Song, Shaonian(宋绍年). 2010. *Ma Jianzhong and Ma's Grammar of the Chinese Language*. In *Ma's Grammar of the Chinese Language*. *The Academic Masterpieces in Contemporary China Series*. Beijing: The Commercial Press. Pp. 473 - 465. [2010,《马建忠与〈马氏文通〉》,载《马氏文通》,《中华现代学术名著丛书》,北京:商务印书馆,473 - 465 页。]

Song, Shaonian(宋绍年). 2010. Ma Jianzhong's scholarship: A chronology. In *Ma's Grammar of the Chinese Language*. *The Academic Masterpieces in Contemporary China Series*. Beijing: The Commercial Press. Pp. 473 - 453 [2010,马建忠先生学术年表,载《马氏文通》,《中华现代学术名著丛书》,北京:商务印书馆,473 - 453 页。]

Yao, Xiaoping(姚小平). 1995. *Wilhelm von Humboldt: Humanistic Research and Language Research*. Beijing: Foreign Language Teaching and Research Press. Pp. 235 - 153. [1995《洪堡特——人文研究和语言研究》,北京:外语教学与研究出版社,235 - 153 页。]

Yao, Xiaoping(姚小平). 2005[1993]. *The German origin of the linguistics theories of Ferdinand de Saussure*. In Zhao Ronghui(Ed.), *The Research on Ferdinand de Saussure in China*. Beijing: The Commercial Press. Pp. 495 - 166, 495 - 172. [2005(1993)索绪尔语言理论的德国根源,载赵蓉晖编《索绪尔研究在中国》,北京:商务印书馆,495 - 166,495 - 172。]

Zhang, Tingguo(张廷国) and LuoZhengdong(罗正东). 2016. *Kant's Synthetic a Priori Judgment and "A third Thing"*. *Philosophical Reserches* 12:129 - 80,129 - 81 [2016《论康德的先天综合判断与"第三者"》,《哲学研究》第 12 期,129 - 80,129 - 81 页。]

Zhu, Gaozheng(朱高正) 2011 From Kant to ZhuXi: *The Minister of Lecture in the White Deer Hollow Academy*. HangZhou: ZheJiang University Press. Pp. 311 - 10. [2011 从康德到朱熹:白鹿洞讲演录,杭州:浙江大学出版社,311 - 10 页。]

寻求汉语和汉语语言学的科学发展之路

——何九盈教授最近语言研究述评

在我国改革开放三十多年后的今天,汉语和汉语语言学发展的路在何方?学术发展的新时代和学科本身的发展的内在理路,都提出并要求回答这一问题,何先生的三本书很好地满足了这一需求。何九盈先生的三本书[①]提出和回答了汉语研究和汉语语言学研究中的一系列重大问题,包括:150 多年来中国现代化进程中的语文转向问题,普通话发展史问题,全球化时代的汉语意识含母语意识、传播意识、民主意识、规范意识问题,史前时期语言史研究,即重建华夷语系的理论和证据问题。上述四大问题的提出和回答,引领着汉语和汉语语言学的科学发展之路。

一　在中国现代化进程中考察语文转向

何先生着有《中国古代语言学史》和《中国现代语言学史》,并有多种版次[②],可称对古今学术史的研究暂告一段落。在古今汉语本体

---

① 这三本书是指《中国现代化进程中的语文转向》,语文出版社 2015 年 8 月第 1 版;《全球化时代的汉语意识》,同前;《重建华夷语系的理论和证据》,商务印书馆 2015 年 11 月第 1 版。

② 何著《中国古代语言学史》有河南人民出版社 1985 年 9 月第 1 版,广东教育出版社 1995 年 9 月第 1 版、2000 年 6 月第 2 版,北京大学出版社 2006 年 6 月新增订本第 1 版。《中国现代语言学史》有广东教育出版社 1995 年 9 月第 1 版,2000 年 9 月第 2 版,2005 年 4 月第 3 版。

研究中,150多年来现代汉语书面语(文学语言)的研究具有特殊重要性:它处于现代汉语的形成和发展时期;它是书面语,书面语比口语稳定,业经文人加工更带规范性,更能体现现代汉语质料因;一百多年来的书面语历史从未有人问津,亟待研究。何先生对“现代化中语文转向”这一课题的研究提出了三个主题词:是什么和为什么(什么是“语文转向”,它为什么会发生),怎么样一(中国语文转向的五个阶段),怎么样二(现代汉语书面语系统的三个来源)。就课题本身而言,提法也很值得注意:语文本身的提法 是“语文转向”,不提“语文现代化”,而“中国现代化进程”是“语文转向”的外部大环境,两者的关系是内本质和外环境的关系,何先生认为“语文现代化”这个提法毛病很多,“决定不采用”。但这并不妨碍我们必须在现代化进程中考察语文转向。

在中国现代化进程中聚焦一百多年的汉语书面语发展,提出了19世纪的汉语存在的六大问题。语文教育老化,以经史子集为主要内容的语文教育“与现代化基本无关”;书面话语老化,正宗的文言文造成言与文的严重脱离,不仅缺乏科学符号、方程式,危及现代科学的发展,还影响汉语走向世界;应试文体老化,美其名曰“代圣人立言”的八股文造成一代又一代的语言奴隶;19世纪的汉语没有语言规范,操方言听不懂,亟待在现代化进程中制定规范实行规范;语言观老化,从孔夫子时代就有的“三缄其口”,到20世纪上半期依然铭心的“敬惜字纸”的神秘观之类,都不利于表达现代新思想、新见解,更不利于现代社会中的文化普及,自由阅读;汉字老化,在“语”和“文”不当废的前提下,在解决了技术层面上的许多难题之后,汉字依然有形体和读音的规范化问题。总结以往是为了面向未来,书中说:“总结百余年来的经验,汉语是可以转向的。汉语具有稳固性、灵活性及丰富性这样的特点,故它的词汇、语法、语音都能在不打乱原来系统的前提下实现现代性转向。”[①]这73个字,字字珠玑,掷地有声。这是在近百年来中国现代化进程的语文现代性转向中大批有识之士艰难

① 见何著《中国现代化进程中的语文转向》,第19、20页。

摸索,历尽曲折,痛苦失败,代价高昂的基础上,总结出来的一条唯一正确道路:不搞语文革命,实行改良,“不打乱原来系统”,科学发展,实行汉语汉字内部的“现代性转向”。这与鼓噪了一个多世纪的“改习‘万国新语’(世界语)”,“走世界文字拼音化道路”的主张完全不同,与直到 20 世纪 90 年代才废止的“文字改革”的提法也完全不同[①]。这是新时期语文建设和语文转向的铭座,值得我们牢牢记取。

1862 年以来的“语文转向”的五个阶段,促成了现代汉语书面语的形成,当然也是今天实行语文“现代性转向”的历史借鉴,是不能不加以研究的。这第一个阶段(1862—1894)的起点是京师同文馆开始翻译“夷语”“夷文”的年代。开始于翻译,正好是处于弱势的汉语面对强势的英语,汉语“转向”一开始就在“语言竞争的紧张而又尴尬的局面”中进行;翻译是彼之现实的急需,又正好说明中国的现代化开始于“学习西方语言”。这两件事那时几乎合成了一件事,直接指向都在汉语,实际进程都在忙于翻译,实际参与者都有传教士、洋教习,直接结果是“中国士大夫的语文观念发生了数千年来未有的大变化”,“时文、八股、乃至文言文的地位,开始受到挑战”。语文转向的第二个阶段(1894—1917)以甲午海战中国惨败为起点。洋务运动失败后,维新派将洋务派主张的“物质技术变革发展为社会制度政治思想的变革”,与此伴随的语文转向“开始进入自觉阶段”,被胡适认为功劳盖过孙中山、黄兴“武汉革命”的梁启超“新文体”(新民体),“导致中国语文转向,导致吾国思想界之革新,实为‘第一大功臣’”,它是行将到来的五四“文学革命”的先导。和第一阶段主要还停留在语文转向本身相比,第二阶段已“成为思想转向、社会转向的最重要的物质力量”,成了塑造新思想、新社会的“重要媒介”和哺育新人成长的“精神资源”[②]。语文转向的功能和价值大至于此!第三阶段

① 直到 1985 年 12 月 16 日,国家才发出《关于中国文字改革委员会改名我国家语言文字工作委员会的通知》。规定国家语委的工作职责是:“贯彻执行国家关于语言文字工作的方针、政策和法令,促进语言文字的规范化、标准化,继续推动文字改革工作,并做好有关的社会服务工作。”“继续”一句的说法,明显是不妥当的。

② 见何著《中国现代化进程中的语文转向》,第 41 页。

(1917—1949)。当回到历史的在场,何说:"在现代汉语书面语发展的历史上,1917 年是永远值得纪念的一年,这是中国语文转向最为关键的一年。"因为这一年的 1 月 1 日,陈独秀主编的《新青年》二卷五号发表了胡适的《文学改良刍议》,"郑重地提出了以白话代替文言的主张"。梁启超 1902 年写《新民说》,胡适 1917 年写《刍议》都得益于现代化语境,其时梁避难日本已五年,胡适留美已七年,"有这样的国际语境为背景,有跨语境的比较知识,是二人思想得以超出国人的客观有利条件"。《刍议》问世后的对立面,老辈有林琴南、严复,同辈有以吴宓、梅光迪、胡先骕为代表的东南大学"学衡"派。对"学衡"派,何主张报之以"同情",没有理由对他们"深恶痛绝"。争论的焦点落到了"欧化"问题上。何先生认为,"欧化"是随翻译跟进的,而翻译"对现代汉语的转向,对现代汉语书面语的形式发展,关系极为密切"。为此,何认为:"现代书面语的发展过程,在相当程度上是欧化过程。不加分析地反对欧化,对汉语的发展并没有什么积极意义"。[①]这是深思熟虑的高明之见,实际上将中西语言文化交流视作现代汉语的发展的一大途径,而不囿于当下实际生活的和继承传统。作为九十多年后的历史评鉴,对"学衡"派的容忍态度,乃至于对林琴南、桐城派的评价,不管当年有何尖锐矛盾,"都应取实事求是的态度",旨在找到传统与现代之间的张力,而这正是一国的文化发展,特别是语言内部"现代转向"的内在逻辑和内生动力所在。再则,语文改良完全不同于权力制度、社会制度的改革,改良的对象是知识本身,改良的手段是知识的更替和更新,语文知识、文化知识"软实力"与权力制度、社会的物质性存在的"硬实力"不同,不具备"排他性"和"独占性",围绕知识"软实力"进行的改良,"欧化"和本土,世界和民族,传统和现实,继承和创新之间,只能是合作共谋,共赢共生的关系。这是中国现代化进程中中国语文的"现代性转向"的科学发展定则。第四阶段(1949—1979)。书中总结出新中国成立后前十七年的语文建设的七大成就:白话文当了家、推广普通话、实施《汉语拼音方案》、整

① 见何著《中国现代化进程中的语文转向》,第 57 页。

理汉字字形、大规模的方言调查、出版了《新华字典》和《现代汉语词典》、普及语法修辞知识。书中把十年内乱对汉语的破坏概括为“语言暴力”,这当然是内涵丰富、表达贴切的“一名之立”。第五阶段(1979—)。何认为这是截断中流,遥接“五四”的“重新启蒙”阶段。作者顺手摘录了2003年11月11日《北京青年报》70处用例中的新词新语,当然,“至今已觉不新鲜”。对“英语热”、网络语言带来的“母语危机”如何疗治?大批“垃圾”写家制造的语言污染能否根除?都表示严重关切,体现了作为一名语言学家的历史自觉和担当。更为重要的是,作者以正确的历史观看待新时期以来所发生的一切。“言论竞赛”“多语症”毕竟要比“万马齐喑”“言者有罪”的年代“顺乎潮流合乎民情”,“语文转向是千千万万人的日常活动,‘泥沙俱下’是正常的”。作者期待着“鸣其善鸣者”的出现,期待着“新时期的语言大师”,符合现代汉语规范化的“经典作品”的出现,并预言一定会出现。作者举出了1981—2003年的语文转向中的“成绩卓著”的大事,以激励人们维护汉语的尊严,发展汉语的竞争能力。

伴随着中国现代化的进程,现代汉语书面语如何发展?作者研探现代汉语书面语的三个来源,实际上寻找它的发展路径。以北方方言为基础的口语、百余年来的翻译文本、两千多年来的古汉语文本,是其三大来源,三大来源的综合系统、良性互动是其发展路径。不过,学术指向如此,但具体说事却是带着强烈的问题意识来展开的。

口语:这在常人看来都说不上是术语的太普通的说法,在何先生那里成了大学问,作了全面而精深的研究。何将口语的研究始终聚焦在普通话,而非其他,如口语与书面语的关系等。又分1956年界定并开始实际推广的现代汉语普通话,与历史上的(1955年以前,金元明清)普通话(官话)。因界定和推广都是人为的,当年的学术争论和拟议的实际做法的多元(如说各地的蓝青官话)是不可避免的①。

① 何先生在书中指出将某种“基础方言”提升为普通话的难度,涉及可视作“规范”典范作品问题,实际上只能是语焉不详的;普通话定义的争论,王力和罗常培、吕叔湘的文章都谈到,参与者有鲍明炜、林焘、王力等,参见何着《中国现代化进程中的语文转向》,第148—157页。

历史上的普通话诸说多门[①],东北官话？南京官话？北京官话？到底主落谁家,当然需要铨评论衡者的历史哲学和语言哲学的眼光。何先生提出了一个重要理论原则:官话的性质与地位是两回事,性质取决于基础方言,地位取决于政治,更取决于文化[②]。而讨论的论题正是官话的性质,不是地位。作者肯定了东北汉语官话对北京官话的形成起了重要作用,认定辽金时代的幽燕方言是现代北京话的来源[③]。这还不够,作者上溯至南北朝时期的河洛方言,它是历史上的雅言、正音、官话、通语等共同普通话的总根源,由它先后向南京、北京派生,形成"一源三京"的汉语共同语历史发展总格局[④]。口语,现代普通话,竟有如此深厚的历史渊源和底蕴,成为现代汉语书面语的来源是无可争辩的。十分重要的是,北京话被选为全国标准语的契机是"中国现代化进程中的语文转向"[⑤],威妥玛 1847 年研究北京话,说明其时北京话已走上世界,是鸦片战争(1840)后的道光年间。经一系列的精深研究而走到"北京话走向世界"原委说,使貌似理论预设的"契机"说特别富有求实精神,富有内在学理的性质,中国现代化进程始终是汉语发展,共同语演变,普通话形成的促进机制。这个范导性逻辑不会变,研究汉语发展的视觉窗口不会变。

翻译文本,前面第三阶段已经谈到它的价值。翻译到底是"话语殖民"引进了语言侵占,还是"促进了现代汉语新思想新文体的形成"？答案是肯定的。翻译带来的"新名词、新句法",总是会"习非成是",融进汉语本体。那些"话语殖民"论者的可笑故事说明,"语言塑造思想",塑造新型的士大夫,淘汰"旧式的古典的士大夫","这是不以个人意志为转移的"。"促进"论者、"融进"论者的故事讲到内行人动情体验的一幕:英汉词典是"我的衣食父母",对借之引进新名词、新概念、新思想的双语词典"常怀感激之情"[⑥]。

---

① 参见何著《中国现代化进程中的语文转向》,第 157—160 页。

② 参见何著《中国现代化进程中的语文转向》,第 165 页。

③ 参见何著《中国现代化进程中的语文转向》,第 145、186 页。

④ 参见何著《中国现代化进程中的语文转向》,第 144、186—239 页。

⑤ 参见何著《中国现代化进程中的语文转向》,第 177、180 页。

⑥ 参见何著《中国现代化进程中的语文转向》,第 104 页。

古汉语文本。何先生将文言作为现代汉语书面语的来源之一，分成两种关系：生成关系、养成关系。前者指许多文言成分早已存在于现代书面语中，不可或缺；后者指任何文化人个体都需要具备一定的文言素养，需要经历一个“文言养成教育”阶段，尤其适宜在年轻时进行。不论是前者还是后者，都集中到“汉字跟文言的关系更亲”上去。而“汉字永远是中国文化既古老又年轻的根据地”①。作者澄清和批评了流行了近百年的若干糊涂说法，不失为一帖早就该开出的、太迟了一点的清凉剂。它们是：批评反对文言文养成教育，结果使“白话文日益走向贫困化，粗糙化，以致‘白’而不‘文’”②，提倡尊重文言文的养成教育价值和地位；批评盲目反对“文白夹杂”，提倡“文白融合”；批评“平民化主义”，提倡“运用新的美的文学语言”（例如梁实秋）写作真正的“新文学”而非“通俗文”；批评盲目反对读经，谈读经色变，提倡和表彰对古书对旧学的敬畏精神；批评胡适“不要用文言”认死理的做法，也是五四以来的学术通病，提倡文史哲工作者要有“训诂学素养”，切忌因“废文言”而“不得其本”，作无“根”之谈；批评将文言与白话的关系看成你死我活的“复辟”与“反复辟”的荒谬关系，提倡与古人“接轨”，融古今中外于一炉。“大雅久不作，吾衰竟谁陈”？过去的话题太沉重，但“俱往矣”，这六个“批评和提倡”，难道不是我们今后前进的路标吗！

二　全球化时代汉语走向世界的实践理论意识和策略

全球化的泛泛之论聒耳盈闻，何先生说全球化走了三步棋。第一步（1492—1543）揭开大序幕，从 1492 年哥伦布航海原本想来中国结果发现了新大陆，到 1543 年波兰哥白尼研究天体，比利时维萨里研究人体，提出了新世界观。而 1405 年就航海下西洋的中国始终没有走上近代化，原因有如汤因比所说：中国始终没有形成中产阶级。第二步（1544—1999）欧洲资产阶级“君临天下”，包括“君临”西方本

① 参见何著《中国现代化进程中的语文转向》，第 117 页。

② 参见何著《中国现代化进程中的语文转向》，第 108 页。

土和殖民东方,期间经历法国大革命(1789),鸦片战争(1840),两次世界大战(1914—1918,1939—1945),中日甲午战争(1894)和抗日战争(1931—1945)等。这步棋下的时间最长,最精彩,现代化的成败得失大都麇集于此,也最值得研究。第三步(2000—)以冷战结束、信息化、全球经济一体化为特征。第二步棋局中的中国角色,汉语角色,当然会全方位进入作者的认知关注。总的看法是:第二步棋局中中国由败转胜,汉语由弱变强,“阻碍中国社会发展的蒋介石政权被赶出了大陆,中国初步赢得了棋局上的主动权”①。这是一名资深学者对第二步全球化棋局的深邃发见,十分可贵。具体的看法,则通过对全球化思想家王韬的评注逸出,无不可观。更有甚者,可从中窥见作者通过对全球化三步棋的研探,预设了一个可将世界史、中国近现代史及其一系列重大历史事件的尽行纳入、予评予判的逻辑系统:顺应全球化还是逆反全球化。在全球化背景下的汉语实践理论意识和语言策略也绝不能例外。全球化的一二棋局中充满着“火与剑”,第三局虽然冷战结束,但正如亨廷顿说:“随着冷战的结束……人们需要一个新的框架来理解世界政治,而‘文明的冲突’模式似乎满足了这一需要。这一模式强调文化在塑造全球政治中的主要作用,它唤起了人们对文化因素的注意 在人类历史上,全球政治首次成了多极的和多文化的。”汉语意识“是在国际语言竞争的形势下提出来的”②。在全球化时代,在“文明的冲突”战已经打响的年代来考问汉语的前途和命运,再次体现了语言学家的历史自觉和担当。

关于汉语母语意识。为了确立汉语的母语意识,作者追寻了意大利人、德国人、法国人、俄国人、美国人、犹太人的母语意识,他山之石,可以攻玉;还缕述了台湾的两次母语危机,海外华人尤重华文教育之母语意识,大陆内地母语意识的种种乱象,历史的反思,可觅自我定力。作者抱着与德国哲人海德格尔“语言是人类栖居的家园”同样的意识,说:“语言就是传统。语言是传统的家园,人栖居于家园,

① 参见何著《全球化时代的汉语意识》,第 8 页。
② 参见何著《全球化时代的汉语意识》,第 14 页。

也就是栖居于语言。”“语言文字是中国传统文化的根。”[①]

关于汉语传播意识。书中认为，任何语言都有两种身份，一是母语，一是外语。汉语是我们自己的母语，又是他者的外语，即第一语言与第二语言。书中从理论上阐述了语言传播和语言接触的关系："语言应用角色的转换始于语言接触，语言接触的过程就是语言传播的过程。"[②]语言接触的决定要素是目的，目的决定传播方向。目的分商贸的、宗教的、跨文化对话的。书中将汉语传播意识的发展过程分成三个阶段，一是闭关锁国时期(1723—1840)，即从康熙逝世翌年至鸦片战争。二是国门洞开时期(1840—1949)，是外国人夺门而入，开放是被动的，消极的，汉语作为主体几无传播意识，书中称之为“客体传播”。三是西方封锁时期(1949—1966)，作者历数这一时期的传播成果有“接纳外国留学生”等七项[③]。四是改革开放时期(1978—)，作者总结了“对外汉语教学”学科兴起等三项成就，在第三项成就“汉语正全面参与国际意义竞争”中，继外部条件之后，作者进行了“自查”:从20世纪50年代解决了普通话标准音问题到90年代制定汉语水平考试(HSK)、本世纪初开始向国外派遣传播汉语的志愿者，形势备受鼓舞，作者称之为“主体传播”。传教士和汉学家们的汉语传播，从英国人马礼逊到福建人黄嘉略，共讲了22人[④]。书中评价他们的汉语传播功绩称:无论他们的传播有何目的，“其终极结果都有利于东学西渐”[⑤]，决不以历史上的“帝国主义分子”、“文化侵略”视之。作为有中国语言学史深厚功底的学者的撰著，以人物带史、带论，构架独运，卓荦可观，史识独到，考正周至，是难得一见的“传教士汉语传播简史”。

---

① 参见何著《全球化时代的汉语意识》，第76、78页。此外，何先生对海德格尔也有专门的评介，见该书179、180、181页。

② 参见何著《全球化时代的汉语意识》，第99页。

③ 参见何著《全球化时代的汉语意识》，第119—121页。

④ 这22人是:马礼逊、米怜、郭士立、麦都思、理雅各布、伟烈亚力、艾约瑟、傅兰雅、威妥玛、李提摩太、裨治文、卫三畏、丁韪良、马若瑟、雷慕沙、儒连、安托尼·巴赞、沙畹、伯希和、马伯乐、葛兰言、黄嘉略。见何著《全球化时代的汉语意识》，第125—177页。

⑤ 参见何著《全球化时代的汉语意识》，第175页。

关于汉语民主意识。就命题的内涵而言,是由语言的规律性和存在性决定的。前者如洪堡特所言,“语言的规律性决定语言对人的影响”,同时,它也“决定着人对语言的反作用”,反作用只能是“一种自由性原则”。后者如存在主义哲人海德格尔所言,“语言是存在之家”,“看家人”是些“思者与诗人”。洪堡特认为,语言的健康发展,生生不息,既要靠“民众”,又要靠“伟大的精神人物”即语言“存在之家”园里的“看家人”,这两路人马,“民众”说话,“看家人”撰文,都要通过“民主”才能发挥作用,亦即民主始终是科学的前提和条件之谓。就命题的外延而言,对外来词、翻译词要讲民主,不能盲目排斥;对国内少数民族语言要讲民主;从历史上看,春秋战国时代是语言民主的黄金时代。如此等等。何先生说他的语言民主意识受到赵元任的影响,赵说语言“演变的最大的社会力量”就是常说的“习非成是”,错的“次数多了,什么错误都会变成正确”①,这一过程就需要饱含民主意识的宽容。学者固然是“记录用法”,评判对错的,但教员教学生却是“什么语言适合什么场合”,这里就有个“容错度”,也是“习非成是”的运动态,民主意识是必不可少的。何还说受到了美国学者丹尼尔的影响,丹尼尔以自己的语言民主理论否定了传统的英语语法教学,评判对与错,好与坏,应持以下“信念”:“人民的声音就是上帝的声音。”②事实上,语言民主说是语言理论的经典理论,美国结构主义描写语言学派的代表人物萨丕尔和布龙菲尔德提出的一些原则“却符合尽人皆知的民主常识”:尊重口语描写口语、着力描写英语新兴的惯用法而不对传统用法设置对错正误界限、讨伐旧的语法学家将“语法”变成了“蒙昧主义的同义词”③,等等。法国语言学家房德里耶斯《语言》专门写了“表情语言”专章,认为对“任何语言”都要区分“表象分析所提供的东西”即逻辑的要素,说话者增加的东西,即表情的要素;“观念的表达从来就是不能脱离感情色彩的”④。撇开逻辑

① 参见何著《全球化时代的汉语意识》,第187页。

② 参见何著《全球化时代的汉语意识》,第189页。

③ 参见何著《全球化时代的汉语意识》,第189、190页。

④ [法]房德里耶斯《语言》,商务印书馆2012年6月第1版,第165页。

的要素不谈，表情的要素只能是心理的、自由表达的。逻辑的要素呢，房氏认为决不能说荷马、柏拉图使用的语言比后世牛顿、达尔文使用的语言来得高级或低级，“他们都在各自的语言中找到了思想的适当表达”[①]，“对于有思想要表达的人，语言是从来不拒绝为他服务的”，可见语言为人类的服务是民主的，一视同仁的。反过来，人类对语言的选择、使用，也应该是民主的，思想家、哲学家也能使用被认为“低档次”的布列塔尼亚语来表达得明白易懂[②]。更不用说思想家、民众都在使用同一种发达的语言(例如汉语)来表达，都能把自己要表达的内容适当地表达出来，工具对象的服务是民主的，其使用者主体在使用工具时的价值观、功能观，难道不应当是民主的吗？何先生提出语言民主的目的，是要呼唤“白话文学的成熟，典范作品的出现”，“风格各异的语言文字巨匠”的产生[③]。

书中还讲到了规范意识。细味行文，何先生汉语的母语意识充满着对传统的敬畏和对现状的忧虑，汉语传播意识充满着对历史的忆念和对现实的信心，汉语民主意识充满着对此创新命题的研绎和对未来的憧憬，汉语的规范意识充满着对既往的肯定和对前路的祈愿。四大意识的展布，都是在形上层面上讲理论，在经验层面上讲事实和成果。无论是形上理念还是形下经验，都是围绕汉语和汉语文化进行的，但没有仅仅停留在汉语文化层面上。四大意识的提出，“任务本身，只有在解决它的物质条件已经存在或者至少是在生成过程中的时候，才会产生”[④]。四大意识，乃至何着任何一个问题的提出和解决，都是在现代化背景下进行的，因而都在文化自觉的汉语民族文化意识与民族复兴的国家意识形态之间充满着张力。习近平总书记说:“实现中国梦必须弘扬中国精神。”“中国精神”成了新的理论生长点和新的思想境界，何著关于汉语和汉语语言学一系列重大理论和实践问题的提出和研究，都是可以经由“民族文化”和“民族复

① [法]房德里耶斯《语言》，第405页。
② [法]房德里耶斯《语言》，第405页。
③ 参见何著《全球化时代的汉语意识》，第196页。
④ 《马克思恩格斯文集》，人民出版社2012年版，第2卷592页。

兴”之间的张力而归向“中国精神”的。

三　史前语言史研究：重建“华夷语系”

重建新的“华夷语系”,这是史前语言史研究的重大变革。

中华大地的华夷四大集团,何先生以《淮南子·齐俗》已见端倪:“三苗髽(zhuā 做成发髻)首,羌人括领,中国冠笄,越人劗(zuān 去发,一说同剪)发,其于服一也。”这是西汉时认定的四大集团。四大集团拥有四大语族:苗蛮语族、百越语族、羌戎语族、华夏语族。这四大语言集团是新石器时代的中晚期形成的。新石器时代的中晚期正是中华始祖轩辕黄帝的时代,伏羲氏制作八卦,仓颉造字,具茨山岩画产生的年代①。

何先生申述重建“华夷语系”的三点理由:一是 20 世纪 80 年代以来考古寻根取得了好成绩,中华文明起源研究进入了崭新的阶段,不应该再对“颇有影响的基因寻根的语言论再保持沉默了”;二是直到 20 世纪七八十年代,美国的白保罗和马提索夫着《汉藏语概论》仍将壮侗语、苗瑶语排除在汉藏语之外,仍坚持汉语与苗瑶语之间只有接触关系,没有亲属关系,这完全缺乏朱德熙先生所说的最起码的“用独立的眼光去研究汉藏语系语言”②。三是为提出全新的“华夷语系”具备一大理论预设和三证合一的研究方法。理论预设:华夷本一家。“三证合一”即口传历史、亲属语言、考古文化三种证据互相支持,互相印证。书中围绕“一设三证”作了较深入的研究,这当然是直接服务于那了不起的、轰然巨响的“一名之立”:“华夷语系”的,也是对四大语族“先在论”或“存在论”的一个初步交代。

理论预设:华夷本一家。华、夷“二元”与“一家”是有逻辑矛盾的。按照王夫之的说法,太昊以上犹禽兽,黄帝以前中国犹夷狄。是一万年以前新石器时代的农业革命使中国逐步走出了“犹禽兽”、“犹夷狄”的初始“一元”,开始了华、夷二分,唐尧、虞舜、三代造就了中原

① 有关具茨山岩画的报道,见《光明日报》2014 年 1 月 7 日《国学》版:《中国早期文明路线图:黄帝于具茨之山》。

② 参见何九盈著《重建华夷语系的理论和证据》,商务印书馆 2015 年 11 月版,第 35 页。

地区的核心文明,成为华夏文明辐射四方的根据地。《孟子·滕文公上》说的"用夏变夷"随之发生,"变"之核心,大大小小的部落的"万国"中的夷言当然会在"变"之列,更不用说战争、流放在"用夏变夷"中的作用。在早期文明的大发展,语言大融合中,完全没用纯粹的华种、华语,或夷种、夷语,都是"杂种",唯其华、夷皆"杂",可证文明发展、语言融合中的主力部队华、夷,夏、蛮之间的相亲,相杂,相融,相合。国外有人说苗瑶、侗台与汉语只有接触,非亲缘关系的说法是根本错误的。

"三证合一"之首:口传历史。华夏族的文字的历史,从甲骨文算起不过三千多年。而口传的历史从伏羲氏、女娲算起也在万年以上。问题是这批史料的可靠性,科学性如何。质疑声有二:材料本身矛盾重重,大一统帝王世系已对史料过滤、剪裁过。何先生认为这两者都不奇怪,问题是如何利用这些材料,研究史前华、夷之变,语言消长融合,"由原始时期的口耳相传到周秦时代变成'书传之本'",不能认为晚出的"书传之本"是战国时代的伪造。即使如司马迁《五帝本纪》受到战国五行观念的影响,所用的来自原始时期的口传史料"仍然是无价之宝,一语千金,是我们研究华夏族及华夷语系的极珍贵的资料"①。王国维曾举王亥之名见于卜辞,证明如《山海经》《竹书纪年》等"古代传说存于周秦之间者,非绝无根据也"。何指出,俞敏先生 1980 年发表的《汉藏两族人和话同源探索》一文对华夷语言的重建有重要价值,只是还要加上亲属语言、考古文化两种。

"三证合一"之二:亲属语言。亲属关系的判断靠同源词,但因汉语缺乏形态,不能像印欧语那样抓住形态搞同源论证,只能另谋出路。何先生发现:有一批原始华夏语的底层词,它们同时也是华夷语系中的核心词,在亲属语言中同样信息可通。如伏羲氏的母亲:华胥氏。古文献中又写作"华苏"、"赫胥"、"赫苏"等。华胥之国在秦陇高原,伏羲氏母华胥履大人迹,生伏羲氏于成纪。成纪为古西戎地。古西戎来自远古华胥氏、伏羲氏。数千年间古西戎不断向云南、贵

① 见何著《重建华夷语系的理论和证据》,第 48 页。

州、四川一带迁徙,乃至南方语言翻译工作者称为“象胥”。黄帝的元妃嫘祖这一氏族成为羌戎族、华夏族的渊源。如此等等。这里,考古学的细硬精准工夫依然可为那些古老久远的神话传说找到令人信服的证据。

“三证合一”之三:考古文化。考古文化五证对史前语言史的研究是有纲领性意义的。一证中国人的祖先不是来源于东非,而是东亚大陆的土著居民,是北京猿人的后裔;二证“五帝”实有其人而非虚构;三证四大语族与考古文化区系的划分基本一致;四证华夷语系中有一个失落了两千多年的北狄语族;五证新石器时代的文字萌芽时期刻画符号多多,实在是史前文明涌动时期的创设。其中第四证以红山文化考古发现为依据,重构“以燕山南北长城地带为重心的北方”考古文化区,对两千多年来的传统文明观念产生了巨大的冲击力。原来以秦长城为槛,以燕山为界,槛外、界外皆北狄,皆外族异种,槛内、界内的北狄都是外来入侵者,“非我族类”,只有文化破坏,没有文化创造。现重构后取消槛、界,五帝时代后世所说的“北狄”也是华夷语系之内,“系我同类”,共同创造史前文明和语言。何先生回答了该文化区内的族群是谁、五帝与红山文化的密切关系、自系于炎帝或黄帝族群的鲜卑人参与文化共创、戎狄始末及其在史前史上的存在和文化地位等问题,为史前华夷语言研究找到了大幅空间。

在本书的开头,何先生就宣布放弃“汉藏语系”这个概念①,这与重建“华夷语系”是一致的,是一破一立的关系。但书中找不到从此废弃“汉藏语研究”这样的字样。相反,在谈到俞敏先生1980年发表的《汉藏两族人和话同源探索》一文时,认为“堪称典范之作”,俞的研究方法“很有前途”,只是还须加上“亲属语言、考古文化三者共证”②。可见何先生并没有废弃或取消“汉藏语研究”,只是相关话题太沉重,水被搅得浑之又浑,不得不放弃“汉藏语系”这个概念。但

① 在《重建华夷语系的理论和证据》一书的《序》中,何说:“我为自己庆幸,白首衰年,求得真知,彻底放弃‘汉藏语系’这个概念。”放弃在学界已经使用了将近二百年的“汉藏语系”(印度支那语系、藏汉语系等)概念。

② 见何著《重建华夷语系的理论和证据》,第51、52页。

是,皮之不存,毛将焉附,连“语系”这个概念都没有了,还研究何为?研究何用?事实上,李方桂先生1937年就把汉藏语系分为汉语和侗台、苗瑶、藏缅四个语族。我们认为,可以不放弃“汉藏语系”这个概念,它牵涉到包括藏语在内的一大批民族语言与汉语的亲缘关系问题。不放弃,须改造,须仿照“华夷语系”重建法,来重塑“汉藏语系”同源词研究中的若干重要原则,使汉藏语研究重新回到李方桂、邢公畹等先生开创的正确的轨道上来。“汉藏语系”“华夷语系”是两个并存,互补,并行不悖的研究系统。

主要参考文献

除脚注涉及的以外,尚有:

[瑞典]奥吾尔德等着《语言学中的逻辑》(英文版),北京大学出版社2006版。

何九盈着《语言丛稿》,1-77页,商务印书馆2006年版。

黄易青、王宁、曹述敬著《传统古音学研究通论》,商务印书馆2015年版。

孙宏开、江荻《汉藏语系研究历史沿革》,丁邦新,孙宏开主编《汉藏语同源词研究》(一),1-116页,广西民族出版社2000年版。

孙玉文著《上古音论丛》,2-159页,北京大学出版社2015版。

王力著《汉语史稿》,70-208页,中华书局1980年版。

(与乔永教授合作,原载北京师范大学文学院主办《励耘语言学刊》,中华书局出版,2017年第2辑,总第27辑特稿)

从语言哲学看话语体系理论

话语体系理论是语言哲学的重要组成部分，它从属于语言哲学。也可以说，语言哲学的重心始终在话语体系内，它的研究和重构应当在它所属的语言哲学母体中得到说明。我们拟建构出社会、语言哲学、话语体系、核心话语权四层级图像模式，分别为外接圆、等边三角形、内切圆、内切圆同心小圆。以《周易·乾》为例说明中国古代语言哲学内含话语系统，话语系统与语言哲学三端点语言、思想、世界关系密切，与外接圆社会相呼应。我们以《荀子·正名》为例说明古代语言哲学有关“正名”即制定话语系统的理论依据和一般方法，“后王之成名”则关及核心话语权。

一　语言哲学和话语体系的逻辑位置及图像模式

20 世纪西方兴起语言哲学，一般说有三个原因。一是源于维也纳学派的分析哲学，分析哲学的立足点就是语言逻辑分析，经过卡尔纳普（1891—1970）、蒯因（1908—2000）等人的努力，分析哲学蔚为大观，连现象学、存在主义哲学有时也被归入其谱系；二是 20 世纪初发生的西方哲学的“语言学转向”（linguistic turn），这是西方哲学的一次根本性转折，标志着哲学家将语言取代意识，语言与社会的关系取代主、客观关系作为哲学的中心议题。“语言转向的最大特点是以现代逻辑的方法对语言进行分析，其直接结果是形成了语言哲学”，而语言哲学"是从现代逻辑这样一种科学的眼界出发,运用它所提供的一系列科学的系统的方法来分析语言",从而带来了哲学研究在对象、方法以及内在精神各方面的转变和偏移[①]。还有第三个原因,那就是近现代语言学自身的发展,从 19 世纪德国的历史语言学,洪堡特语言"世界观"和破解人类"创造性"之谜的学说,到当代乔姆斯基转换生成语法和语言先天能力的学说,除了从理论语言学本身进行研究以外,还需要从哲学层面上作出概括,这就使语言学带上了科学哲学的性质。陈嘉映《语言哲学》列出的索绪尔和乔姆斯基专章,就既可从语言哲学角度看,是对他们两人的语言理论作出的语言哲学改造[②];也可从语言理论角度看,对他们两人的语言理论作出了哲学概括,使理论语言学成了带上了科学哲学性质的新学问,成了门类科学的科学哲学,而这种理论语言学科学哲学,恰恰也是语言哲学的内容之一。这正如西方语言分析哲学所指明的那样,以语言为对象作哲理逻辑研究,这是一种语言哲学(philosophy of language),以语言学为对象作哲学层面上的概括,也是语言哲学[③](linguistic philosophy)。

在中国古代,既没有"哲学",更没有"语言哲学"这样的名称。有人以为,中国古代哲学的合法性都成问题,更遑论中国古代语言哲学。这是一种误解,"语言哲学"以经验事实材料的记述和解释为主,而哲学以形而上的思辨为主。上述"语言哲学"的两种情况,中国古代都不乏其例。以语言、语言中的词为研究对象的"语言哲学",如孔子、荀况以及名家的"正名"说,《孟子·公孙丑上》的"知言"说,墨辩名言说,道家的道说和名言说,名家的"白马非马"说,《指物论》中的

---

① 参见王路《论"语言转向"的性质和意义》,《哲学研究》1996 年第 10 期,第 59 页,61 页。

② 参见陈嘉映《语言哲学》,北京大学出版社 2003 年 5 月第 1 版,第五章"索绪尔",第十三章"乔姆斯基"。

③ 例如,Roger Lass:Historical Linguistics and language change. Cambridge University Press1997. 就是这样一种性质的书,This is critically discussing the underlying assumptions of historical linguistics and some of their philosophical implications. 参见《历史语言学》上海外语教育出版社 2003 年 2 月第 1 版,第 116 页。

符号说,等等。以古代语言学为对象的,除了对孔子、荀子、庄子等人的语言学说的哲学改造以外,还有对语言文字学著作本身的哲学概括,如《尔雅》将天地万物分成19类,扬雄《方言》对历时性(“绝代语释”)和共时性(“别国方言”)的自觉意识,《说文》对汉字如何产生的思想方法上的反思,乃至《释名》对名号的阐释和应用,等等,都在中国古代语言哲学研究的视域之内。清人戴震(1724—1777)提出的“以字(词)通词(辞),以词(辞)通道”,可谓最有代表性的“语言哲学”,他的《孟子字义疏证》,就是经解释《孟子》“字(词)义”来阐述孟子思想的“语言哲学”著作。如此等等,均可说明中国古代语言哲学合法性几乎是不证自明的命题。中国古代哲学的合法性问题则要复杂得多。

无论是西方语言哲学,还是中国古代语言哲学,都将以下说法作为自己的出发点,或者说逻辑起点。语言世界、主体思想世界、客体物质世界形成世界三分,语言表达思想,思想阐述客体,客体世界既是经验的存在,又始终掌控在语言的表述中。如以语言为中心命名之,则是语义等边三角形(见文末附图)。三角形底边两端是主体思想和客体存在,顶端是语言。语言和思想,语言和世界,世界和思想的三个端点距离相等,足以彰显语言世界的重要:语言处于主体思想、客体世界的顶层。

这还不够,还应看到一个更重要的界面,那就是说语言是社会的,思想意识是社会的,那客体世界中社会存在不用说是社会的,即使是自然界,马克思主义视域内的自然是人化了的自然,并非本来的自然存在,因而也是带有社会性的。如此看来,亟须在世界三分的等边三角形上加上个外接圆面。这个外接圆与世界三分的端点(均具社会性)相接,它是社会的[①]。

这还不够,外接圆的圆心,即等边三角形的质心,可等距离连接三端点,或者干脆以此圆心(质心)作一等边三角形内切圆,它与“语

① 关于语义三角形和社会外接圆,参见《当代语言哲学导论》“译者序言”第1页。该书为[美]威廉·G·莱肯(Willian G·Lycan)着,陈波、冯艳译,中国人民大学出版社2011年2月出版。但这里的说法与原书已有不同。

言——思想”边，与“语言——世界”边，与“世界——思想”边都相切，这内切圆就是话语系统。内切圆的同心小圆，就是核心话语。圆心连接三端点，表明核心话语对世界三分点和整个社会的维系及对它们的影响。为什么内切圆是话语系统？它与三边相切，圆心与三端点相接即能说明：

等边三角形顶端语言端直接话语体系，这没有问题，因为语言与话语密不可分；底边右端点（左端点也可）思想直接话语体系也没有问题，如同马克思所说的：“一个时代的统治思想，就是统治阶级的思想。”这里的“思想”简直就是话语霸权。底边的左端点外部世界（社会和自然）似乎是绝对的外部存在，与话语体系无关，其实不然。亚里斯多德把辩证法的任务规定为探究一切事物的初始原理的东西，即那些“貌似绝对的外部存在”的初始物的探究要靠辩证法（didlectic），或称“拯救现象法”（saving phenomenon）来把握。辩证法的实施，其一是搜集，搜集某一问题（关于对象物的）诸多现象，一切可广泛接受的信念，尤其是权威说法，把“所说的东西”（对象物及关及对象物的话语）和“受尊重的意见”（权威话语）都作为辩证论述（形成关于事物、对象物的话语体系）的出发点。其二是分析，分析对象物和关于对象物的种种话语间的疑难困境（aporia）。其三是推理和得出结论，努力把那些所说的东西（话语和物的结合）和有威望的意见中（权威话语）的真理性因素保存下来，指明其偏颇，提出自己的解释框架（新的话语系统）。[①] 再则，围绕存在物的把握不仅有现在时的当下话语，还有过去时和潜在隐藏的话语。可与亚里斯多德辩证法并行不悖的是海德格尔的解构法。一提到“解构”，就觉得有些异样和可怕，其实，作为后现代时期最著名的语言哲学大师，海德格尔的解构和亚里斯多德辩证法一样，“都是一种批判的考察，并且都充分尊重一切爱智慧的优秀成果”，海德格尔从不断定他人的观点或理论

---

① 以上说法，可参见陈治国《海德格尔现象学方法的历史之源及其核心结构》，《哲学研究》2014 年第 2 期第 68 页。文中提到的亚里士多德第一哲学（形而上学）原理对存在论知识的获得，提供最终的解释以“摆脱无知”，同样可以说明对经验世界具体事物的认识过程与话语系统运动过程密切相关。参见该文第 67 页。

完全错误（话语否定），而恰恰要在同他们的争执（话语交锋）中指明其已经暗自承诺的东西（属过去的话语）或想说却未说出来的东西（属过去的也是隐藏的话语）[①]。据此，语义三角形底边左端（放在右端也可）的经验事物世界的任何存在物，我需认知的任何对象物的把握都是一个话语系统的实施过程，这里不仅有当下的现在时话语，也有过去时话语；不仅有显性的话语，也有隐性的话语。总之，经验事物本身及其认知都是离不开话语的。如此看来，切于三端点连线的内切圆内周流上下，特别是与圆心相接的均含语言特质的三端点，及其“圆心——三端点”连线，均可明示内切圆是个话语系统，内切圆的同心小圆，最靠近圆心、质心，是核心话语所在。

我们认为，上述“语言哲学视野下社会、话语体系图像”，较好地说明了三者的关系，各自的位置，及各要素间关系，是一综合语言哲学、社会、话语体系的图像模式。

二　以《易乾》为例说明话语体系内切圆相切于语言哲学三角形

话语体系与语言哲学关系及其密切。如前所说，中国古代语言哲学极其丰富。《周易》被公认为最富含中国哲学的典籍。第一篇《易乾》的第一句话就是代表性的语言哲学说法。

《周易》上经《乾卦》的第一句：“☰乾：元，亨，利，贞。”是《易》本经的构成式：“卦符+卦名→卦义”。此式当是我国先民叙事说理一般逻辑式，与西方迥异，有明显的汉语、汉字特色，阴阳八卦符号唯属中华姑不论，方块字卦名配说阴阳符，下承有神秘性的卦义，形成带有普遍性的语义构成式（《易》本经皆此式例），构成式内部八卦符号、汉字符号、神秘语义符号丝丝入扣，均有一定的本体性和形上性。这第一句的意思是：《乾》卦象征天，元初，亨通，和谐，纯正。“元，亨，利，贞”四字，是说原始大“天”之体的性质的。《子夏传》称之为“四德”，“德”亦性，质性。符号、名称后直奔主题演说其性质，是古先民

① 参见陈治国《海德格尔现象学方法的历史之源及其核心结构》，《哲学研究》2014年第2期第69页。

的语文逻辑和表达格式。十分重要的是,这"四德",既有自然性,也有人文性,和谐有利,守贞而求纯正、坚固,永远立于不败之地,人文性极强。本来,《周易》不是纯自然哲学,而是借自然变化之理以教人伦,人文性是题中应有之意。"四德"即"四性"的获得,是天道、人文共同具备的变、变化机制的产物。"乾"符因变而生就元始之天,因变而得亨通,因变而得和谐有利,因变而纯正坚固。如此看来,《易》乾卦第一句话的构成式、构成式内部结构要素的形上性,内构要素相互间的关系的解释和言说方法、"四德"即四质性、"四德"的自然性和人文性、变动不居的运动状态等,都可说明中华古文明中的语言哲学的合法性、内部构成的复杂性、相关内容的深邃性、内构要素的语义逻辑指向的哲理性。

如用上述语言哲学图像模式来衡论之,卦符、卦名为"语言","四德"含客体世界,也含主体思想,如硬要分属之,则自然性居多的"元、亨"是客体世界,人文性居多的"利、贞"是主体思想。"语言"符号卦符、卦名的语义指向是"四德"。不过,历代研《易》的人也很少有人单独研究卦符、卦名,把语言和思想区分开来的,训诂的目的是弄清字义、词义,最终目标仍然是指向思想意谓和内涵的,子夏关于"四德"的解释就是最好的证据。正如英国语言哲学家奥斯汀所说:即使在具体问题上,语法性与哲理性也很难区分,它们只是权借语法,如词序、语气等方便表述,形成个陈述,很难说语法能起到决定性作用。起决定作用的是语法陈述出来的语义所指系统①。内切圆话语体系所包含的主要是语法陈述出来的语义系统,这里就是指"元、亨、利、贞"四德。这不仅是《易乾》文本中的话语体系构成,而且是超越时空的话语系统。"四德"是对世界本真和普遍性思想的认同和概括。这么说,是否三角形顶端的"语言",《易乾》里的卦符、卦名就不重要了呢?不是,正如爱因斯坦所说:每个理论都是正确的,只要能把符号与观察到的联系起来。事实上,《易》的卦符、卦名(都是语言符号)

① J. L. Austin. How to do things with words. Pp. 1-2. second edition. Harvard University Press. 1975.

都是经验世界的种种事实被积淀到形上逻辑世界中去。弗雷格则以语言哲学中任何表达式都对应着指称和命题,中国古代宝典《周易》中的任何卦符、卦名,爻符、爻名,无不如此。

在《易》学史上,乾卦首句四字即“四德”的解释广为学界所接受。《子夏传》、唐孔颖达《正义》、唐李鼎祚《集解》皆然。但均可齐一于乾卦的《彖传》和《文言》。旧说《十翼》为孔子所作,未必可信,但有孔子的意见在内当无疑义,子夏为孔门弟子,继承师传,传至后人,本无可怪。《易》乾彖云:“大哉乾元!万物资始,乃统天。云行雨施,品物流行。大明终始,六位时成,时乘六龙以御天。乾道变化,各正性命,保合太和,乃利贞。首出庶物,万国咸宁。”彖传本身就是诠释性的,传(zhuàn),古代的解释体裁。彖传对“元、亨、利、贞”的解释本身就是古代解释学。重点不在文字音形义,而在语言表达的内容哲理义。但光看到解释学体裁可指其语言哲学远远不够,还要看到诠释所取的维度。这里,子夏的“四德”已演化为四季,以四季为维展现其理路。伟大呀,天地之始!开春的阳气助万物生长,统领天下;夏天晴间多云,厚云阴雨,甘霖雨露使万物生生不息;阳光明媚,转运终始,秋天来临,乾卦六爻是六时位,万物在不同季节和环境中渐次进展,就像乾阳之气按时乘着六条巨龙驾驭大自然;大自然变化又迎来冬天,万物各自正定性命,保全太和元气,以利守持正固,等待来年生长。阳春之气周流不息,万物生生不息,天下万方安宁顺昌。乾卦六爻被解释成自然天地运行图,一年四季时序变化图,万物生生不息无穷尽图,简言之,天地、四季、万物,无不蕴藉涵育于六爻符号。《文言》对此四字的解释,更明确地紧扣“四德”,但非自然之性,而是社会存在和社会道德属性。“元者,善之长也;亨者,嘉之会也;利者,义之和也;贞者,事之干也。君子体仁足以长人,嘉会足以合礼,利物足以和义,贞固足以干事。君子行此四德者,故曰‘乾:元、亨、利、贞’。”乾卦几乎就是君子的人品、德性的应然。符号直接语言解释和叙事,语言解释叙事直接天地自然和社会人事。这正是乾卦,也是六十四卦的切切实实的语言哲学所在。其表层,语言符号直接自然哲学和社会德性,为二端;其深层,形成语言哲学统一体包含,为一端。在这两个层面中，语言哲学不会是对自然、社会的全面揭示，而是经语言符号对自然、社会点到为止的指示。语言哲学是点化哲学，一般哲学是形上和实践哲学，两者并不相同。

乾卦爻辞本身的语义指示外，“十翼”中的《文言》、《象辞》都有对爻辞的再解释。以卦、爻辞说卦符、爻符，重在形上性指示内涵，“十翼”文字羽翼展翅，重在外延拓展，外延拓展极易与社会实践之需要相一致。为此，针对卦象卦辞、爻象爻辞所作的带有社会实践性的诠释，格言式的语录特别多，它们无不是从具体语境、情景中超拔出来，升华为超时空的警句，世世代代用作社会人生实践的铭座，成为历代构建当下价值观念系统的天然元素和文化基因，直到今天仍有强劲的生命力。《易乾》爻辞“九三，君子终日乾乾，夕惕若，历无咎”已是。《易传》里更多，《乾象传》解释卦象的“天行健，君子以自强不息”、“以美利利天下”、“刚健中正”，解释爻象的“君子进德修业。忠信，所以进德也；修辞立其诚，所以居业也”、“君子进德修业，欲及时也，故无咎”、“同声相应，同气相求……各从其类也”、“贤人在下位而无辅，是以动而有悔也”、“君子以成德为行”、“君子学以聚之，问以辩之，宽以居之，仁以行之”、“知进而不知退，知存而不知亡，知得而不知丧，进退存亡，而不失其正”，如此等等。这里仅举《易乾》，六十四卦里这类处己、处世的语录不知凡几，收集起来，足以编一本《周易进德修身语录大全》。也就是《周易》语言哲学中的话语体系，说白了，无非儒家话语霸权系统。它超越时空，一直用了三千多年，至今还在不断引用，无论是语言还是思想内核内质都有缵承不辍之处。

三　以《荀子·正名》说明内切圆同心小圆核心价值话语体系的建构

在中国古代语言哲学中，有关小圆心核心价值话语体系及话语权理据，则多见于诸子。荀子《正名》篇是阐述这一理据的代表作。

先秦把“正名”演为专论长篇的，唯荀子一人。“正名”从语言学看，就是用词得当，《论语·子路》“名不正则言不顺”意即“用词不当说话就不顺”。从逻辑学上看就是“使概念明确”,概念,作为移置于人脑中的事物(列宁语),必须反映客观世界,必须准确无误。从社会学、政治学看,就是正名分,确立个体或机构的地位。《荀子·正名》较《解蔽》有更强烈的语言哲学色彩。从语言哲学看,“正名”就是提出适合时代潮流和社会发展,符合科学原理的话语系统。简言之,“正名”就是构制话语系统,尤其是核心话语系统。

《荀子·正名》之名,最值得注意的,是立足于“后王之成名”,即法“后王”的名理逻辑思想。理由是,当时的“后王”制定的刑名从商,爵名从周,文名从礼,礼即周代的《周礼》、《仪礼》,都是有历史依据的。散名,即万事万物中的个别事物之名。“则从诸夏之成俗曲期”,即按中原各国的约定俗成,以便于“远方异俗之乡,则因之而为通”,能自由地作言语交流,这是客观的求实的态度。

有关“人”的各种各样的概念,即所谓“散名在人者”,要按照现实中的人来确定其各种概念的内涵,这与上古三代就没有什么关系。如说什么是“性”? 因荀子主张“人性恶”,故此处就非一般地讲人性,荀子说:“生之所以然者,谓之性,性之和所生,精合感应,不事而自然,谓之性。”杨注:“人生善恶,故有必然之理,是所受于天之性也。”可见荀子讲的“正名”之“性”是人的天性,理性。具体做法是立足人的“天之性”,扩大“天之性”的社会外延,至于情、虑、伪(作为)、事、行、知、智、能、病、命,等等,都是“散名之在人者也,是后王之成名也”。其中“正利而为谓之事”,“正义而为谓之行”等说法,提倡正当谋利,正义行为,至今仍不过时。新时期“后王”的正名,一受“天之性”和社会之理的支配,二受变化了的时代的支配。唯此,荀子才说:“故王者之制名,名定而实辨,道行而志通,则慎率民而一焉。”“名定而实辨”,孔子的“正名”已做到;“道行而志通”,则是荀子受制于“天之性”和理性、社会规范、时代变化而“正名”的成果。内切圆的话语系统,内切圆同心圆内的“后王之成名”,与人们所要认识的语言、思想、事理世界,与外接圆整个社会,关系密切。唯此,荀子才说:“正名,故壹于道法而谨于循令矣,如是则其迹长矣。”正名受制于人的天理之性和社会规范之“道”,制法、循法、守法,把握住最核心的话语权，才能“其迹长矣”，做到长治久安。“迹长功成，治之极也，是谨于守名约之功也”，长治久安，是治天下之最高目标，它与“谨于守名约”，按话语体系，尤其是按核心话语权系统引领天下是密不可分的。

关于“制名之枢要”，即制定话语体系的关键。荀子以“状同异所、状异同所、状变实同”三者为“稽实定数”之所在，为“制名之枢”，两物形状相同而实质不同，或形状不同而实质相同，形状改变了而实质并没有变，如此等等，即不为表象所误，须抓住实质，为核准事实，确定本真，制定核心话语的关键。尽管“名无固宜，约定俗成谓之宜”，认识对象的本质，对确定事物之散名无价值，事物的名称只是“约定俗成”，但对“后王之成名”，确定名分、名号、名誉地位、名职，都是十分重要的。稽实定数，制名之枢，体现了荀子正名的根本价值所在：为新兴统治者“后王”服务。

荀子还批判了所谓“语治”，即空谈治世，这与“正名”毫无共同之处。要想经“语治”而“去欲”，一是不可能，空谈岂能治世？二也不必要。人的合理的欲望是社会进步的动力，对幸福生活的追求是推动人类文明进步最持久的力量。此外，“凡语治而待去欲者，无以道欲，而困于有欲者也。”后两句杨倞注：“无道欲之术，而反为有欲者所困也。”真是入木三分！总之，“去欲”“无欲”既是反人性的愚蠢之见，也是欺骗别人，谋取私欲的障眼法。面对全社会的人人有之的欲望，正确的办法上用礼来节制私欲，“以法治国，以礼治心”，这是治国之道的两个方面。还有一个更宽广的途径，更好、更高明的办法，就是把个人的欲望，梦想，引导到与实现全社会、整个国家、民族的欲望、梦想结合起来。这种“引导”当然是有条件的，这只有当代中国才具有这样的条件。“中国梦”的提出，是三千年中华文明智慧的结晶，是当代核心话语系统的最重要的组成部分。

从《正名篇》紧扣道本体和名理导欲实行论看，它应该有什么样的结尾呢？今本的结尾是：“无稽之言，不见之行，不闻之谋，君子慎之。”杨倞注称“此三句不似此篇之意，恐误在此”，《说苑》有其结尾“无类之说，不戒之行，不赞之辞，君子慎之”。是否就合原意呢，未必。今谓:“合道之名,导欲之行,‘度制’枢辞,君子说(悦)之。”合道导欲,谨于度制,制定为天下君子所喜闻乐见的“正名”系统、话语体系,庶几可合乎!

(与乔永合作。本文原为参加中央党校科研部、中国社会科学院科研局2014年10月召开的“全国哲学社会科学话语体系建设理论研讨会”参会论文,收入内部交流的《论文汇编》。乔永同志参加了会议。后又正式刊于赖永海主编《宏德学刊》第七辑,2017年秋季号,商务印书馆2017年12月第1版)

主要参考文献

1. 《周易》(十三经注疏本),《荀子》(二十二子本)。

2. [美] 威廉·G·莱肯(Willian G·Lycan)《当代语言哲学导论》,陈波、冯艳译,中国人民大学出版社2011年2月出版。

3. 钱冠连《语言全息论》,商务印书馆2002年4月第1版。

4. 王艾录、司富珍《语言理据研究》,中国社会科学出版社2002年4月第1版。

5. (中国台湾)王文方《语言哲学》,台北三民书局股份有限公司2011年5月。

6. 邢福义《语言哲学与文化土壤》,《光明日报》2014年5月6日第16版“国学”专版。

7. J. L. Austin. *How to do things with words*. second edition. Harvard University Press. 1975.

8. Scott Soames. *Philosophy of language.* Introduction, Part 1: A century of work in the philosophy of language 1. 11\1. 12\1. 13. Copyright © 2010 by Princeton University Prees. Published by Princeton University Prees.

附:语言哲学、社会、话语体系、核心话语体系的相互关系图像模式

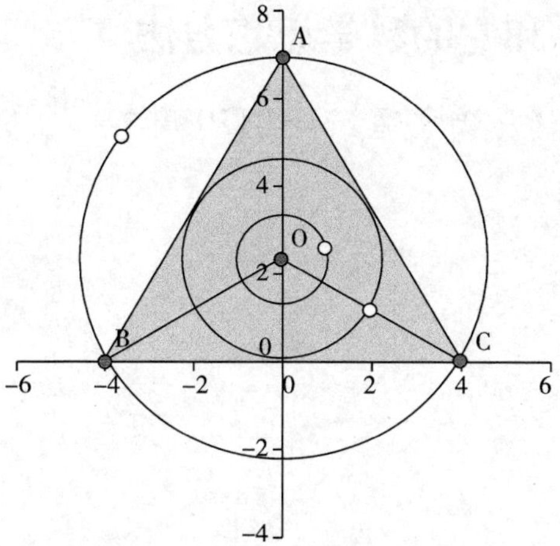

附图说明:等边三角形 ABC 表语言哲学系统,A 点表语言,B 点表客观世界,C 点表思想理念。内切圆表话语系统,内切圆的同心圆表核心话语系统,外接圆表社会。圆心 O 与三点的连线 OA、OB、OC 跨越内切圆和同心圆,表明语言、客观世界、思想,以及外接圆(也可用圆 ABC 称说之)社会,与话语体系、核心话语体系的密切联系。

《马氏文通》和它的科学思想方法

——纪念《马氏文通》诞生120周年

今年(2018)是《马氏文通》(1898年商务印书馆排印本)问世120周年。120年来,研究、纪念《马氏文通》的著论不在少数,朱德熙先生盛赞其"作为第一部系统地研究汉语语法的书,能有如此的水平和规模,已经大大地出人意表","只要看《文通》问世二十余年以后出版的一批语法著作,无论就内容的充实程度论,还是就发掘的深度而论,较之《文通》多有逊色,对比之下,就可以看出《文通》的价值了"[①]。吕叔湘先生曾指出《文通》的三大特点:一是"收集了大量的古汉语例句,大约有七千到八千句。比它后出来的讲古汉语语法的书好像还没有一本里边的例句有它的多",二是"不以分类和举例为满足,他要尝试指出其中的规律",三是"作者不愿意把自己局限在严格意义的语法范围之内,常常要涉及修辞"[②]。朱、吕两位先生的说法,大体可代表一百多年来学术界对《马氏文通》的汉语语法学成就的评价。总之,《文通》在汉语语法研究史上有很高的地位,功不可没。至于《马氏文通》的内在的科学逻辑,科学思想方法和一般方法论,则并没有引起多大注意,而这恰恰是《文通》的骨架,具有永久性

---

① 朱德熙《〈汉语语法丛书〉序》,载《马氏文通》前,《汉语语法丛书》版《马氏文通》,商务印书馆1983年9月第1版。

② 吕叔湘《重印〈马氏文通〉序》,载《马氏文通》前,《汉语语法丛书》版《马氏文通》,商务印书馆1983年9月第1版。

价值和启发的精髓。

一 《文通》研究汉语语法的科学逻辑

《文通》的语法学成就是经科学思想方法的实际运用取得的，科学思想方法落实和体现在语法研究中。体现在何处？又如何体现？

一是作为全书的方法学贯穿和成就，《文通》一开头就提出现代逻辑学术语“界说”①，且有专论概念之名的章节。

其一，《文通》开宗明义，提出了逻辑学概念“界说”，作为全书的逻辑基础和起点。“界说”即定义。《文通》开头说：“凡立言，先正所用之名以定命义之所在者，曰界说。”又说：“界之云者，所以限其义之所止，使无越畔也。”“惟名义一正，则书中同名者必同义，而误会可免。”应该说，“界说”的提出和“汉语词”新概念在全书的展开相匹配。在全书《序》中，甚至把正名提出的语法范畴比作佛学的基本理念“根”“尘”“法”“相”、法学的基本法律用语、军队建制的“令，司官之式”，皆各“自为条例”，立为法式。

其二，结合名字的界说，引出古代正名之“名”论述之，转换而成为现代逻辑概念章节，成为《文通》将汉语语法与逻辑学相结合的早期样板。书中《实字卷·名字》章说：“名字共分两宗，一以名同类之人物，曰公名。”例如“禽兽”既指禽，又指兽。“一以名某人某物者，曰本名。”如江、淮、河、汉各指一水。在实际语言表达中，书本里有“本名为公名者”，例《孟子·尽心上》“附之以韩魏之家”，“韩魏”本名，用作富家代称为公名。又有地之公名用于指人，例：《史记·货殖列传》“天下熙熙，皆为利而来”之“天下”指天下之人。地之本名亦可指人，例韩愈《送杨支使序》“知其主可以信其客者，湖南也”句中的“湖南”指在湖南做官的人。《文通》更将公名分成两大类，一曰群名，如师、旅、邻、里、乡、党，二曰通名，如《论语·学而》以“温、良、躬、

① 佛经中已有“界”的概念，无“界说”概念。《大乘义章》八末：“界别为界。诸法性别，故名为界。”“界”只涉及“性别”，还没降到性质本身。明徐光启笔录(译)《几何原本》卷一首“界说”三十六则云：“凡造论先当分别解说论中所用名目，故曰界说。”《马氏文通》处处立界说，大量使用，才真正将下定义之“界说”运用到国学研究。

俭、让”言夫子德行。进而将通名与词性相联结,称“通名往往假借静字”,例《汉书·张敞传》“夫心之精微,口不能言也;言之微眇,书不能文也”里的“精微”“微眇”,被视为静字作通名。还有“假借动字”作通名的,例韩愈《上于相公书》“圣贤之能多,农马之知专故也”句中的“能”“知”被看作动字作通名。上文名分公名、本(专)名,及本名为公名;地之公名、本名均可用来指人,固然是修辞格指代,但说的是公名、本名使用中的语义变化;公名分群名、通名;通名由静字、动字为之,四大要点既言名学逻辑,又说语义语法(词类),成了《文通》语义语法与逻辑相结合的风景线。

二是确立了从汉字入手的“语素文字”即“汉字词”本位。这就为汉语语法研究找到了对象,找到的基本立足点和进入语法大厦的入口。

其一,《文通》以“汉字词”为本位,取得了一系列古汉语语法学成就:

汉语是孤立语或称词根语,它的重要特点是汉语与汉字相适应,大体上一个音节对应于一个方块字。陈梦家曾说:“汉语决定了汉字,也决定了汉语法。不仅如此,汉语也决定古代汉字长期停留在象形的形符系统上而没有走上音符文字的道路。”[①]如此看来,汉语、汉字、汉语语法应当是三位一体的。这就决定了研究古汉语语书面语的语法必须从汉字入手,但语言与文字,汉语与汉字是有重大区别的,汉字研究属文字学,从形音义入手,从“六书”入手研究之,汉语研究的传统方法从音韵、文字、训诂切入,但汉语研究的现代科学方法则是从词、词组、句子切入的。切入点不同,但又必须面对汉语汉字相适应,难分难解这一事实,要解决这一令人纠结的问题,最简明便捷的方法就是将汉字看作一个个的词,这是有条件这样做的,因为如前所说,大体一个字对应着一个音节。正如 20 世纪七八十年代解决汉字进入电脑那样,马建忠在 19 世纪末解决汉字进入汉语语法的难题。只不过前者具体可见,工具化,后者抽象不察,思辨化。美国语

① 陈梦家著《殷墟卜辞综述》,中华书局 1988 年 1 月第 1 版,第 77 页。

言学家布隆菲尔德在20世纪30年代曾以“用一个符号代表口语里的每个词,这样的文字体系是表意文字(ideographic writing)”,汉字恰恰就是表意兼有表音的文字。布氏从语言学而非从文字学的角度看,认为这个名称“很容易引起误解”,当表意文字进入语言以后,文字已不再“代表实际世界的特征(‘观念’),而是代表写字人的语言的特征;所以不如叫作表词文字或言词文字(word-writing 或 logographic writing)”。[①] 意思是说,“表意文字”一旦进入语言以后,它就成了语言中的词,可以叫它作“表词文字”或“言词文字”。简称“词文字”。赵元任1959年在《语言问题》中曾把进入汉语中的汉字叫作语素文字[②]。《马氏文通》中的“名字、动字、静字”中的“字”已经不是那个“六书”名义中的“字”,而是进入语言之后的“词文字”或“语素文字”,本质上已经是词,可以把它叫作“汉字词”。

其二,以“汉字词”为正名指向,建立了汉语词类划分系统。第一层次划分成实字和虚字,第二层次将实字划分成名字、代字、动字、静字、状字,将虚字划分成介字、连字、助字、叹字。形成了汉语词类架构九大类,且各各成立界说。从来的古汉语研究音韵、文字、训诂都是以“六书”方块字为单位的,从马氏开始改从“汉字词”为单位,这是巨大的学术史进步,且不难发现,古汉语语法与音韵等切入点不同,从方块字走向了“汉字词”,这里逻辑的顺序与历史的顺序也是一致的。

其三,在“汉字词”词类划分的基础上,建立了句法分析系统,分为起词(主语)、语词(谓语)、止词(宾语)、表词(静字作谓语)、司词(介词后所带的动宾结构)。

其四,为说明“汉字词”词类的句法功能,如说名词可作主语,又可作宾语;或者说词类在句中的分布,名词处主语位置,也可处宾语位置,马氏建立了特有的位次理论。《文通》云:“凡名代诸字在句读中所序之位,曰次。凡名代诸字为句读之起词者,其所处位曰主次。

① 参见[美]布隆菲尔德著《语言论》,袁家骅等译,第360

② 参见赵元任著《语言问题》,商务印书馆1980年6月第1版,第144页。

凡名代诸字为止词。其所处位曰宾次。"[1]如此等等。

三是修辞语法。正如吕叔湘先生所说,《文通》"常常要涉及修辞"。修辞与语法不可分,且近古对汉语结构的反思和研究多从修辞入手。元代卢以纬《助语辞》分析句子或句际间的语义关系,是修辞性质甚明显的语法书[2]。《文通》重修辞,既是正视古汉语语义语法结构本身的特点,也是对前人传统研究法的继承。还应指出的是,《文通》对前人修辞语法传统的继承意义重大,有学术史、文化史的价值,且修辞本身就是方法,修辞学是方法学。德国哲人伽达默尔在《真理与方法》一书中说,著论《新科学》(1725)的意大利哲人维科(1668—1744)"就处于修辞学人文主义文化的一个未中止的传统中,而且,他所需要的只是重新使该传统的未过时的法则具有意义"[3]。意大利美学家克罗齐(1866—1952)甚至认为维科在哲学上并不成功,《新科学》是诗意之作,是"神话的谬悠"使他最终走进了"哲学的真理",思维机制是将形象与概念,符号与寓言,文字与隐喻在审美上再现其区分,在修辞上完成其由此达彼的转换。故美学家克罗齐的新哲学与维科的《新科学》异曲同工,都是古希腊修辞学的复活。《文通》修辞语法主要表现在:

其一,词类研究中的修辞语法。例如名字成立后的语义研究,指出古汉语中的"双字诸名",或双字同义(今谓同义或近义语素构成的双音节词),有如"规模、威仪、形容、纪纲、典章"等,或双字对待(今谓反义语素构成的双音节词),有如"古今、是非、升降、安危、出入"等,其构成是"率假借于动静诸字"。这两种"双字"名,其特点是"较单辞只字,其辞气稍觉浑厚"。又如代字成立后的指名代字"是""此"的不同用法,指出古汉语中"凡指前文事理,不必历陈目前,而为心中可意者,即以'是'字指之。前文事物有形可迹,且为近而可指

---

① 《马氏文通》前,《汉语语法丛书》版《马氏文通》,商务印书馆 1983 年 9 月第 1 版,第 27 页。

② 参见[元]卢以纬著《助语辞集注》,王克仲集注,中华书局 1988 年 12 月第 1 版。如第 1 条:"也、矣、焉:是句意结绝处。'也'意平,'矣'意直,'焉'意扬。发声不同,意亦自别。"

③ [德]伽达默尔著《真理与方法:哲学解释学的基本特征》,王才勇译,辽宁人民出版社 1987 年 8 月第 1 版,第 31 页。

者,以‘此’字指之”,并认为“是”“此”都是“总承上文之辞”。例《孟子·梁惠王上》“是乃仁术也”之“是”指上文以羊易牛之事。“此率兽而食人也”之“此”指上一句言梁惠王“庖有肥肉,厩有肥马”,而“民有饥色,野有饿莩(殍)”这种状况。又如“动字相承”分析指出:“凡句读之成,必有起词(主语)语词(谓语)。起词之隐见,一以上下之辞气为定”,如一句内有几个动词,第一个“记起词之行,名之曰坐动”,第二、三个等“所以承坐动之行者,谓之散动”。例《论语·季氏》“季氏将伐颛臾”分析为“季氏(起词)将(状字)伐(坐动,以记起词之行)颛臾(伐之止词)”。下文“颛臾,昔者先王以为东蒙主”分析为“颛臾(主次,冒于句读之先,特提其名,文势一振)昔者(二字,意即两个词)(状字之记时者)先王(起词)以(用也,动字,今为坐动)为(作也,亦动字,乃承上‘以’字,所谓散动也。犹云‘昔先王用颛臾为东蒙主’。故‘为’字前含‘颛臾’二字,以其提于句读之先,故不言而喻。指‘以’字后不再出现‘颛臾’二字文意自明),东蒙(‘主’字之偏次)主(‘为’字之止词)”。上述两句分析例,说明动词在句中可分坐动、散动两种情况,说明马氏作句子内部结构分析时,注重语义表达、修辞特征。又如《文通》将连词分为提起、承接、转捩、推拓,将助词分为传信、传疑、合助,如此等等,皆语义表达与修辞说法。

其二,句法结构分析中的修辞。一般认为,句法结构分析只能是结构形式问题,不可能还有修辞问题。恰恰相反,《文通》论句法中渗透着论修辞。做法是:着结构分析于语义,明语义于修辞,立修辞于辞格。以“宾次”为例(实字卷之三),《文通》以“名代诸字,凡为动字之止词,与为介字之司词者,则在宾次”,即名词、代词可作动词宾语,介词宾语,形成动宾结构、介宾结构,用来记地、记时、记价值、记度量、记里数。“记地之式”又分四式:所在之地、从来之地、所经之地、所至之地。“记……式”为叙事格式,而四式之列叙为排比。更“史籍中记所在之地与所至之地,间无介字为先”,与“其他记地之式,有介字动字为先者”形成鲜明对照,例《史记·大宛列传》“于是天子始种苜宿、蒲陶肥饶地”句,《文通》以“‘肥饶地’者,记所种之地也,犹言‘种之于肥饶之地’。今无介字以先之,‘肥饶地’视同宾次”,“无介字以先之”为省略,“犹言”“视同”为拟比。如此看来,十分重要的是,《文通》句法分析中的修辞,已经不是一般的修辞语法指认,而是深入到句法结构分析的内部及其全过程,修辞语法是《文通》句法结构分析的方法学。

又如表词(形容词作谓语)中的修辞语法。《文通》说表词的语义语法功能:“表词者,以决事物之静境也。”在分析表词的结构和描写表词的功能时,呈现出美感的图景。云:“静字而为表词,必置起词之后。后之者,即决为如斯之口气也。口气决而意达,意达而句读成矣。其句读之起词,名、代、顿、豆无论也,则表词概为静字。然有以名字与顿、豆为之者,则必用若静字然。”这里的“口气”兼有语义、语气双重含义,亦修辞语汇。例《孟子·万章下》“故闻柳下惠之风者,鄙夫宽,薄夫顿”,马氏以“‘鄙夫’‘薄夫’皆名也,而为起词,‘宽’‘顿’两静字,各置其后以为表词,此两句犹云‘鄙夫闻柳下惠之风即宽矣,薄夫闻柳下惠之风即顿矣”。语义结构分析中以“宽”“顿”前承上文省略“闻柳下惠之风”,名词作主语,形容词作谓语的两句“鄙夫宽,薄夫顿”上承、省略而避复,亦辞格明显。

又如虚字,一般以为虚字只有结构意义,它是用来形成一定的语法结构关系的。但马氏用修辞语法将虚字研究大大地引向了深入。例如介词“之”,其结构作用是“介于两名字之间者”,“偏正之间,概介‘之’字”。马氏并不以此结构作用为限,恰恰从修辞入手,深挖其语义意蕴。一表辞气轻重、缓急(舒缓),《文通》云:“又以意之轻重为‘之’字之取舍者,宣公三年《穀梁传》云:‘春王正月,郊牛之口伤。’‘之口’,缓辞也,伤自牛作也。是则‘之’字加否,即为辞缓急之别。”“若以缓急二字以解意之轻重,似有可解之处。”再表意义倚重、强调。马氏举出《汉书·霍光传》文字六千,“之”字十二,有“立少子,君行周公之事”、“及父子并为将军,有椒房中宫之重”、“将军若能行此,亦汉之伊尹也”、“今日之议,不得旋踵”,等等,《文通》称此“诸句内所间‘之’字,皆为意之所重,删之则不辞矣”。《霍光传》“之”字十二例的全呈现,亦辞格排比之法;缓急、倚重皆辞格层递之别式,亦可单独视为辞格。此例再次说明,《文通》用修辞语法研究大段同类现象，不斤斤于指认个别修辞的套用，修辞语法已是《文通》的一般方法学。

二 《文通》句读论断后的安排和纲举目张的学理

《文通》将句法分析安排在词类实字、虚字中共生同研，不另命篇，颇可表明马是在语法分析中指认词类的语法思想，这当然是很正确的。在《正名卷》一卷，《实字卷》五卷，《虚字卷》三卷完帙后，也就意味着词类、句法都已讲完，不意有第十卷《论句读卷》断后，在语法理念上、具体内容上都有对前九卷实字、虚字、起词、语词等的重复之处。这是合理的吗？抑或蛇足！《文通》句读论是全书内容的小结，意在学理上作纲举目张的总呈现。马氏分层次地说出了这一意图：其一是重申全书开头界说里的话："凡有起词、语词而辞意已全者曰句，未全者曰读。"而起词，是所记述的事物，语词，是描述"事物之动静"的，要研究"句读之所以成"，当先知道"起词、语词之为何"，继而有二卷，三至九卷的内在逻辑环环扣紧的安排，其二是对此安排的逻辑顺序的展示，之一，第二卷《实字卷》"论名字、代字者，所以知起词之所从出也"。之二，有第三、第四、第五、第六共四卷《实字卷》"论动字、静字者，所以知语词之所由生也"。这句话，既明这四卷接于第二卷之后的逻辑顺序的合理，又明马氏将词类与句法紧密结合的语法思想。这四卷以"实字卷"命名，实际上是研究句法的！之三，第七卷《虚字卷》论介字，"为夫起词、语词之意或有不足也，则知所以足之者也"。之四，第八卷《虚字卷》论连字，"为夫语词与语词之或相承转也，则知所以维系者也"。之五，第九卷《虚字卷》论助字，"为夫语词辞气之有疑、有信也，则知所以传之者也"。之六，合于第九卷《虚字卷》论叹字，那是言语表达中"猝有所感，则辞气不及传，而发为声者，附以叹字终焉"。"则知所以传之者也"。以上起词"所从出"、动词"所由生"、介字以足之、连字以系之、助字以传之、叹字以感之，语义逻辑顺序先后相承而无碍。其三是小结其二之一至之六，可知"字分九类（名、代、静、动、状、介、连、助、叹），凡所以为起词、语词者尽矣"，词类划分与句子成分至于全匹配是《文通》初衷。其四是进一步提出新问题论句读,“至进论夫起、语两词之成为句、成为读者”,故作第十卷。并对论句读的材料处理作出说明,有散见于前者,有未见者,“散见者总之,未见者补之”。其五是对《论句读卷》,也是对《文通》全书语义逻辑特点的说明:“支分节解,先纲后目。纲以象之,目以系之。”做到纲目清晰,纲举目张,而这,正是《文通》不懈的学理追求和臻至已然的学术名理。

三 《文通》古汉语语法研究方法学寻踪

选题圈定在以古汉语为对象来自他对传统文化的自信。《文通》的语法研究,始终把握住了古汉语文言语法这一传统本体。书面语与口语的区分历代都有,上古时代关于神话故事的口述史就是口语,又如《墨经》多口语。文言文与白话文的区分也早就发生。胡适曾认为“从初唐到晚唐乃是一段逐渐白话化的历史”。学术界一般以唐敦煌变文为通俗白话小说之始。宋元话本,明清小说都是当时的白话。白话文运动是清末开始的发生的,不必要等到五四运动。与马建忠(1845—1900)同时代的黄遵宪(1848—1905)1868 年提出了“以吾手写吾口”;就在《文通》问世的那年,裘毓芳创办的《无锡白话报》问世;梁启超提倡的“新文体”,被胡适誉为功劳盖过孙中山、黄兴领导的“武汉革命”是“导致中国语文转向”的“第一大功臣”[①]。但梁启超并不把“新文体”看作自他而起,是他个人的发明,而是自顾炎武以来的清代文化传统。梁说:“清学皆宗炎武,文亦宗之。其所奉为信条者,一曰不俗,二曰不古,三曰不枝。盖此种文体于学术上之说明,最为宜矣,然因此与当时所谓‘古文家’者每不相容。”[②]如此看来,马建忠所处的时代虽不比五四白话文运动时期,但也白话文蓁蓁盛行,渊源有自,且坟籍多多,足以征引。但《文通》选题并没有去研究潮学中的白话文语法,而是捡起了文言文故纸堆,马氏心仪所向,不难由此

① 参见何九盈著《中国现代化进程中的语文转向》,语文出版社 2015 年 8 月第 1 版,第 41 页

② 梁启超著《清代学术概论》,朱维铮导读,上海古籍出版社 1998 年 1 月第 1 版,第 65 页。

窥见其传统信奉,铸古志趣,历史担当和文化自信。

《文通》开出语法研究是为了创新传统学术文化研究的新路。传统学术的研究,不外乎训诂学、音韵学、字书(文字)学。马氏引用胡元瑞(明代胡应麟)的话说:“小学一端,门径十数,有博于文者、义者、音者、迹者、考者、评者,统类而要删之,不外训诂、音韵、字书三者之学而已。”这三种学问经有清一代,“始称大备”,但其本身有所不足。因“字形字声,阅世而不能不变,今欲于屡变之后以返求夫未变之先,难矣”!那怎么办呢?“形声变而犹有不变者,就集字成句言之也”,这就要研究“会集众字以成文,其道终不变”,且“古无传焉”的那个“道”,这就是汉语语法。

选题圈定在研语法研究的最终目的在于实施科学救国。马氏说,古人入小学后“一年视离经辨志”,即能断章绝句,读懂典籍。“夫知所以断绝句读,必先知所以集字成句成读之义”,有如刘勰《文心雕龙》所说的“振本而末从,知一而万毕”,但怎样才能做到“振本知一”,刘氏“未有发明”,此后亦无有见识。作出“发明”,树立见识者,自《文通》始。“离经辨志”,读懂古籍,以求“考艺而问道”是一个方面,更重要的是须“确知华文义例之所在”,尽快掌握文法,“而后童蒙入塾能循是而学文焉,其成就之速必无逊于西人”,学懂了汉语,读懂了语文,“然后及其年力富强之时,以学道而明理焉”,“微特中国之书籍其理道可知”,还可腾出更多的时间去学习更务实用的近代科学技术,“将由是而求西文所载之道,所明之理,亦不难精求而会通焉”。马氏设想,千百万人速其学,尽其材,用其心,“以求大实用”,“而后能自群”,可望上下团结一致,自立于世界民族之林,而“不为他群所群”,不被弱肉强食,不被列强所吞;并说,撰写《文通》“此书者,正可谓识当时之务”,作者心忧黎元,拯救国运之苦心,昭昭如日月。

以上言马氏对传统文化的自信(包括其研究成果)、创新研究思路、最终目的为科学救国,都是从价值观探寻其科学方法的踪迹。本体论,存在论又总是包含价值观的①,价值观,义利观是世界观、方法

① 参见孙正聿著《简明哲学通论》,高等教育出版社2000年7月第1版,第114页。

论的重要组成部分。马氏的价值观转化为世界观,方法论,不能不说是题中应有之义。现在更直接地寻找马氏的逻辑方法的来源。

与马建忠(1845—1900)本人跟随李鸿章办洋务,跟随郭嵩焘出使国外的经历有关,1878 年马氏接触到了笛卡尔哲学思想[①],笛卡尔是解析几何的创始人,他将数学的推理演绎之法用到哲学研究,创立了唯理主义哲学,他甚至还想要以数学来研究社会人生,著有《方法论》等著作。郭嵩焘在《伦敦与巴黎日记》里还记载了马建忠受牛顿、伽利略、莱布尼茨的影响[②]。凡此种种,集中到一点,就是说明西方哲学对马氏有直接的影响。西方哲学的焦点,说到底就是将研究对象事物存在的感性实体抽象成知性形式,亦即形而上学化,形上化,形式化而研究之。这一点到康德被推向极致,康德把哲学研究的对象物叫作"物自体"(thing-in-itself)而不再是感性世界的外在物体。"物自体"就是形式化了供研究用的对象物,它直接进入人们的哲学视野,在形式化、抽象化、理念化,甚至是在解决主体思维与客体存在的关系问题的认识论过程中始终存在,保持它的主体性定在、定性和定力。王力先生说:"十九世纪末期,欧洲语言学已经很发达了,而马建忠似乎并没有学过语言学,他所著的《马氏文通》只是受了西洋葛郎玛(grammar)的影响。"[③]19 世纪后的西方语言学家绝大多数都是直接或间接受到康德哲学影响的,包括洪堡特、索绪尔这样的大家[④]。我们并不指认马氏受过康德的影响,但受过"西洋葛郎玛的影响"。此外,马氏既要研究语法,就不能不具备形上学理念。词汇分类、句法结构、语法范畴等无不需要形上性,形式化,否则一切都无从谈起。

---

① 宋绍年《马建忠先生学术思想年表》载:"1878 年(光绪四年)被派往法兰克弗尔参见万国公法会,沿途进行考察,并同郭嵩焘谈笛卡儿哲学思想。"载《马氏文通》,中华现代学术名著丛书版,商务印书馆 2010 年 12 月第 1 版,第 454 页。

② 参见宋绍年《马建忠与马氏文通》所载,见《马氏文通》,中华现代学术名著丛书版,商务印书馆 2010 年 12 月第 1 版,第 464、465 页。

③ 王力《中国语言学史》,山西人民出版社,1981 年 8 月第 1 版,第 174 页。

④ 关于索绪尔受康德哲学的影响,可参见姚小平《索绪尔的语言理论的德国根源》,载赵蓉晖《索绪尔研究在中国》,商务印书馆 2005 年 7 月第 1 版,第 166 页。姚文认为,德国语言学家洪堡特直接受康德哲学影响而无疑义。索绪尔间接,甚至直接受到康德哲学的影响。

《文通》后序记载，当有人诘问马氏，说他“之于西学，其形而上者性命之精微，天人之交际”，乃至于“富国富民之体用，纵横捭阖之权策，而度、数、重、化、水、热、光、电制器尚象之形而下者”，“无不目寓而心识之”，却放着熟悉的西学实业不做，而去“劳精敝神于人所唾弃”的孔孟传统之学，马氏的回答是，“天下无一非道”，“人心莫不有理”，古来文章，为文者“所以循是而至于所止，而非所止也”，一篇文章循文而下，至于文末，但文末“非所止也”，还有比可感可受可识的形而下的文章更深刻的形而上的道有待揭橥，“故君子学以致其道”，这里的“道”就是具有形上性质，形式化形态的文法之“道”。马氏是通过西方哲学的形上学，通过西方的形而上与形而下的对比中，凡形而下必蕴涵形而上的反思中，而知古汉语语法的形上之道的。再则，中国古代并不缺乏形上之学，性命之道。《易·系辞上》：“形而上者谓之道，形而下者谓之器。”更有甚者，儒家经典，孔孟之道中不乏“上天”“天帝”“上帝”一类的提法，很难说它们是迷信，它们是关怀和引导人间正义的超验力量、“终极实体”和形而上学的纯粹理性[1]。完全有理由认为，马建忠又是通过中外都有的形上学而认知汉语文法的形而上性质的。

（本文的主要内容发表在《中国社会科学报》2018 年 4 月 17 日第 4 版“语言学”专版）

① 参见王四达、赵威《“天人相分”观与荀子正义思想的误区》，《哲学研究》2017 年第 9 期，第 38 页。

《汉文经纬》与《马氏文通》古代汉语教学思想比较研究

德国学者甲柏连孜(1840—1893)著《汉文经纬》[①](1881/2015 中译本,以下简称"甲著")与中国学者马建忠(1845—1900)著《马氏文通》[②](1898/2010 版,以下简称"马著"),分别是国际汉学汉语研究、国内汉语史研究中的首部汉语语法研究的扛鼎之作。对于甲著,因中译本问世的时间还不长,研究还有待深入[③]。对于马著,问世一百二十年来从未停止过对它的研究。

一　以古代汉语教学为逻辑起点的两大学术丰碑

两篇名家序是研究马著的代表作。吕叔湘(1980)《重印〈马氏文通〉序》指出了马著例句多达七千至八千,可资"教学的方便",更可利于"科学的进步"而研究之;不以分类和举例为满足,执意寻求语法规则,如疑问代词作宾语、否定句代词宾语提前;打通语法和修辞,"有利于作文的教学",有承前启后之功,如此等等。朱德熙(1920—1992)说:《马氏文通》"作为第一部系统地研究汉语语法的书,能有如

---

① [德]甲柏连孜著《汉文经纬》,姚小平译,北京外语教学与研究出版社 2015 年 10 月第 1 版。

② 马建忠著《马氏文通》1898、1902,最新的一版为商务印书馆《中华现代学术名著丛书》版 2010 年 12 月第 1 版。

③ 《当代语言学》2018 年第 3 期刊有甲著研究专栏。

此的水平和规模，已经大大出人意表，我们实在不应苛求于马氏了。”①

值得注意的是，甲著服务于德国本土人士从事的汉语外语教学，今天还包括中国人在德国从事的国际汉语教学的功能，则首先是由甲氏本人阐述的。甲氏 1881 年写的《前言》通篇都在交代甲著的教学性质和目标，如何为教学而写，为教学而设置的相关次第安排和课题研究等等。甲氏说：“本书以古典和后古典汉语为对象，首先是一部详尽而科学的教科书和参考书。”“一本详尽的语言教科书，目标应该是使学习者能够独立地阅读好理解文句，而不需要教师的帮助或译文的提示；同时，还要使学习者能够用所学的那种语言正确地表达自己的思想。”还说：“我想把内容处处都表达得清楚明白，努力把全书编排得一目了然。但是，我丝毫没有为了科学地把握对象而牺牲教学的目的。相反，由于汉语是一门对记忆力要求很高、对逻辑思维要求极严格的语言，一种系统的教学方法也就应该是最合适、最有裨益的方法。”由以上可知，无论是甲著还是马著，都以古代汉语教学为关注点，为教学而科研，以教学促科研，铸成既利教学，又利科研的学术史丰碑。

著论成果体现于实际效用和功能，以服务于古代汉语教学为职志，体现在文本，以古代汉语教学为逻辑起点，这两者又是交替进行，密不可分的。从教学上看，前者衍伸为教学效果，实际反响等，后者衍伸为教什么和怎样教。从科研上看，前者表现为历史的评价而成为全书本体构成的必不可少的部分，后者表现为全书文本系统的展开和内在结构。

马著服务于古代汉语教学的心志，与马氏对彼之时代的认识和把握密切相连。19 世纪的中国，面对列强，亟待富国强兵，施策之途，马氏着眼于基础教育的底层。马氏以为，西方人“童子入学，循序而进”，很快就学会了“观书为学”，余下的大量时间“肆力于数度、格致、法律、性理诸学而专精焉”。而中国人自古及今，“无不一一消磨

① 朱德熙《〈汉语语法丛书〉序》，见《马氏文通》，商务印书馆 1983 年 9 月第 1 版。

于所以载道所以明理之文",马氏企求,让中国的孩子入学后利用《马氏文通》先学会汉语文法,"然后及其年力富强之时,以学道而明其理焉",既学中国之道,又学西学之道,这样,马著"不特可群古今同文之心思",有古今的共同语言,还能让天下人"凡以口舌点画以达心中之意者,将大群焉",经广泛交流,有中外的共同语言。这样,亿万中国人民都能经快学、学好母语的基础上迅速走向思维和思想,"群其心思,以求夫实用,而后能自群,不为他群所群",拳拳爱国心,殷殷爱国情与著《文通》为古汉语教学之初心相悬契。

甲著作为一部教科书和教学参考书,追求材料的详尽和实用。甲氏"出于实际的考虑,即考虑到前古典文献所产生的多方面的影响",涉及了"这类文献语言的语法特点"[①],这主要是指书中第一卷第三章"语音史和词源问题的内容",其中包括方言,词典编纂等方面的问题(§195 至 §249)。甲氏强调学习者用所学的目的语来"正确地表达自己的思想",熟悉目的语的"语言的精神、原理和规则"[②]。"语言的精神"是使用该语言的国家和民族最重要的文化精神之一,甲氏强调用目的语汉语来"表达思想"和它的"语言精神",这在元语言上与马氏由母语"学道明理","群其心思","自群"而拒斥"他群"是相通的。

古代汉语教学的作用,马建忠把它归结为训练"离经辨志"的能力。"离经辨志",用今天的话讲就是"读写议"综合能力。《礼记·学记》:"比年入学,中年考校,一年视离经辨志,三年视敬业乐群……"孙希旦集解引郑玄曰:"比年入学,学者每年来入学也。中犹间也。间岁则考学者之德行道艺。离经,断句绝也。辨志,谓别其志

① [德国]甲柏连孜著《汉文经纬》,姚小平译,外语教学与研究出版社 2015 年 10 月第 1 版,《前言》F1 页。

② [德国]甲柏连孜著《汉文经纬》,姚小平译,外语教学与研究出版社 2015 年 10 月第 1 版,《前言》F1 页。

意所趣向也。”[①]孔颖达疏云：“离经，谓离析经理，使章句断绝也。”[②]方以智《通雅》引作“离经辨句”，谓“丽于六经，使时习之，先辨其句读也”[③]。疏文中后五字即“使章句分明、清晰”，亦“辨其句读”之意。“读写议”以“读”和“写”作为文造句的基本功，亦“先辨其句读”，总之，语文教学中的章句之学，字词句分析能力，语法工具使用能力不可或缺。这当然直接牵涉到母语教学中的教学内容和教学法问题。要是没有这些，没有章句乃今语法工具之学，情况是可笑而可悲的。马氏不无揶揄地描述说，“慨夫蒙子入塾”，诵读不停，“终日伊吾”，做着“书读千遍，其意自见”的工夫，转而发挥书中义理，实际上“师心自用”，枉曲古书，不着边际，倘若问其“逐字（词）之部分类别，与夫字（词）与字（词）相配成句之义”，皆惘然无知，甚至被说成“此在神而明之耳”，马氏将此类怪现象归之为“此岂非循其当然而不求其所以然之蔽也哉”！马著就是来解蔽的，破解迁就眼前存在的当然，而不求对象之必然的蒙蔽障眼之术。由此可知，马氏古代汉语教学理念就是要将教学内容引向属于彼之新时代的学术水准：古代汉语语法学。此亦教学的深层离不开科研之理。

甲著的教学内容，则不言而喻，从一开始就登上了新时代学术的巅峰。1878 年，作者就发表了《论汉语语法学史和汉语语法研究理论》，旨在说明作者“如何对语言作科学的描述”。马氏创建汉语语法研究大厦时，曾面临文字、音韵、训诂“得失异同，匿庸于嗜奇者，又往往互相主奴，聚讼纷纭，莫衷一是”的尴尬，与此相似，甲氏着论时“竟还得化时间跟人争论这种语言有没有语法”，“在当代的汉学家中间，否认汉语有语法的决非少数，初入门者若是听从他们的说法，就会轻易滑向一种肤浅的陈词滥调”。为此，甲氏称：“相较之下，我所提出的综合系统却是崭新的。”这里除了“科学上的合理性”以外，还充分

① ［清］孙希旦《礼记集解》，沈啸寰、王星贤点校。中华书局“清人十三经注疏”本 1989 年 2 月第 1 版，中册，第 959 页。

② ［清］阮元校刻《十三经注疏》，中华书局影印清嘉庆刊本 2009 年 10 月第 1 版，全五册本第三册，第 3297 页下栏右。

③ 方以智《通雅》卷三《释诂》，中国书店影印清康熙姚文燮浮山此藏轩刻本，1990 年 2 月第 1 版，第 37 页上栏右。

重视汉语语法的“实用价值”,它的“科学上的依据只能是取决于中国人的语感,根据这种语感,同一语法表达的不同手段是等义的或是同义的,可以互相替代”①。如果说,马氏立足于母语,引进西方语言的语法范畴绳准汉语,以建立汉语语法分析系统;甲氏则以万分熟谙的西语语法作随时比较的备用武库,看出汉语与西语的不同,千方百计地逼近汉语自身,以建立汉语语法极富“实用价值”的“综合系统”。甲氏说:“人们熟知的欧洲语法框架似乎与此对立,显得很奇怪,并且不无偶然性:属格不是依附于其他格,而是依附于形容词;名词的数不是与格变一起讨论,而是和其他数字的表达放在一起,等等。”②这一段话,正可表明甲氏在比较中发现,在发现中逼近的研究实践过程,这对一位汉语非母语的西方学者来说,当然也是艰难的历练过程。共同的对象研究:汉语;庶几共同的研究实践过程:马氏“汉语母语——引进西语范畴——母语汉语语法”,甲氏“西语母语资比较——汉语外语研究——外语汉语语法”,决定了马著、甲著成果的共同性和相异性并存。

作为汉语教学法,马氏非常重视传统的修辞手法,并把前人早已认识到的修辞手法改造成修辞语法,使之成为现代语法的一部分,且贯彻于马著全书。吕叔湘先生说:“作者不愿意把自己局限在严格意义的语法范围之内,常常要涉及修辞,”还说:“把语法和修辞分开,有利于科学的发展;把语法和修辞打通,有利于作文的教学。”后者是“中国的古老传统”,又为“晚近的许多学者所倡导”,马氏将两者打通,“可算是有承前启后之功”(见《重印马氏文通序》)。

甲著反复强调汉语语感,指对汉语的感觉、感受,甚至是心灵的感应。在认识上属于感觉论,更多地属于知觉论范畴。在西方文化传统中,柏拉图“一方面强调身体和灵魂,感觉官能和理性能力之间的二元论,另一方面又希望说明感觉与思维的联结。他始终认为,感觉活动会‘抵达’灵魂并且向灵魂‘报告’,将它的发现提交给灵魂来

---

①② [德国]甲柏连孜著《汉文经纬》,姚小平译,外语教学与研究出版社 2015 年 10 月第 1 版,《前言》F5 页。

裁决"[1]。胡塞尔现象学方法中的"认识体验"是包括感觉甚至直觉的,他说:"认识体验具有一种意向,这属于认识体验的本质,它们意指事物,它们以这种或那种方式与对象发生关系。"[2]如此看来,汉语语感作为一种直接汉语客体的感觉,知觉,是认识汉语本质的不可缺少的条件,它会以多种惟妙惟肖的方式通向汉语。在诸多方式中,无可否认,也包括修辞方法。语感与修辞之间有着天然的联系,语感强劲就会言语美好。

马氏欲以古汉语教学达于中华民族的"自群"自立,达于"一年视离经辨志",甲氏欲以古代汉语外语教学实践来矫正西方汉学家们对汉语的错误认识,使学习者逼近汉语语感学到真汉语,均是对教学效用、效果的预设和追求,也是对教学功能的实施和实现。实际评价马着反响百年,尤其是七八千个例句为教学者所宝爱。甲著一扫西方汉语外语教学中的阴霾,后人评价说,当时"人们一直无意识地受到一种成见的左右,即认为应该根据拉丁语的模式衡量每一种语言,建立每一语法。甲柏连孜第一个彻底摆脱了这种成见,认识到了一种印度支那语言(即汉藏语)的特性",而甲氏本人的努力,则"在语言比较研究和历史考察的基础之上理解汉语,首先处理语音、文字和语言史,然后深入探索语法"[3]。后者又是在古汉语教学中直接贯彻汉语文化的做法。马氏经教学而达于民族"自群",甲氏在教学中全力矫正时俗流弊,并贯彻汉语文化精神,都是功高盖世的伟业。

二　作为古代汉语语法教材的观照

从教学看,体现在文本,马著是以古代汉语教学为逻辑起点的,这个起点也是一开始就继承传统,面向未来,登临新时代新科学巅峰的。

马著的词本位。马氏之前,研究古代汉语都是以一个个汉字为

---

① 参见詹文杰《柏拉图论感觉》,载《哲学研究》2018 年第 2 期,第 88 页。

② [德国]胡塞尔著《现象学的观念》,倪梁康译,上海译文出版社 1986 年版,第 48 页。

③ [德国]何可思 1953 年甲着再版《序言》,载甲柏连孜着《汉文经纬》,姚小平译,外语教学与研究出版社 2015 年 10 月第 1 版,F10 页。

单位的,文字学不必说,音韵学以字韵为 基本单位,训诂学研究一个个文字的字义。马著之新,首先新在以汉语词为基本单位。马著将汉语的词分成名字、代字、动字、静字(形容词)、介字、助字等九大类。叫人心生疑惑的是,这明明是对"字"的分类,与语法中的词类有何干系?马氏之前并没有对"字"作那么个、那么多的分类,马氏分类的那个"字"必有蹊跷。此外,古代的"词"也别有所指,《说文·司部》:"词,意内而言外也。"段注:"有是意于内,因有是言于外谓之词。"又说:"意者,文字之义也。言者,文字之声也,词者,文字形声之合也。"又说:"辞为篇章也,词者,意内而言外。从司言,此谓摹绘物状及发声助语之文字也。"从《说文》和段玉裁的注释看,汉语中原有的"词"的内涵,主要集中在汉字的意义,形体,声音上,即"词"指字义、字形、字音的综合,它依然是文字。由此可见,汉语中没有一种叫法,没有一个词能与 word 相对应,而马氏要说的恰恰就是汉语中的那个 word,只好用"字"对应,而无法用"词"对应。后来用"词"对应 word 已彻底改变了汉语中原有的"词"的内涵和意义边界,成了将汉字、原有的"词"(也是字)放到语言中成了语言中最小运用的单位来被考察的对象,与"六书"的字和原有的"词"都划清了界限。

那么汉语中有没有 word 呢?赵元任 1959 年在《语言问题》中曾把进入汉语语言表达中的汉字叫作语素文字①。《马氏文通》中的"名字、动字、静字"中的"字"已经不是那个"六书"名义中的"字",而是进入语言之后的"词文字"或"语素文字",本质上已经是词,可以把它叫作"汉字词"。比赵元任更早,美国语言学家布隆菲尔德在 20 世纪 30 年代曾从普通语言学来阐释汉语里的一个个的"字"。以"用一个符号代表口语里的每个词,这样的文字体系是表意文字(ideographic writing)",布氏从语言学而非从文字学的角度看汉字,认为一个个汉字的"字"这个名称"很容易引起误解",当表意文字进入语言以后,文字已不再"代表实际世界的特征('观念'),而是代表写字人的语言的特征;所以不如叫作表词文字或言词文字(word-writing 或

① 参见赵元任著《语言问题》,商务印书馆 1980 年 6 月第 1 版,第 144 页。

logographic writing)"[1]。也可简称为"词文字"。如此看来,布龙菲尔德、赵元任都曾把进入汉语、表达并记录汉语的方块字叫"表词文字""词文字",得此名义,颇费推寻,亦耗思辨,但用意明白:进入汉语的方块字已经获得对等于西方 word 的性质。《文通》中的名字、动字、静字等叫法实际指称是名词、动词、形容词。这一闸门打开,《文通》汉语词类划分,汉语词性,汉语词义学,汉语语法学,汉语句法学等教学内容、教材资源都滚滚而来。

马著的教学实践本位。从科研上往深处钻研,自然会得到《文通》划分词类的标准、汉语词性的确定等形态化、形上性问题[2];往教学路上开发,自然顺应《文通》的文本,看到一个完整的古汉语语法教学体系。我们立足于后者,观照《文通》的形而下,即事关教学内容的经验论问题。它们是:

古汉语语法的核心即词类划分两大类九分类。两大类即实字(词)和虚字(词)两大类,十分类中属实词的有名字(词)、代字(形容词)、动字(词)、静字(词)、状字(词,形容词、副词),共五类;属虚词的有介字(词)、连字(词)、助字(词)、叹字(词),共四类。句法中的句子成分分起词(主语)、语词(谓语)、止词(宾语)、表词(形容词谓语,表句中的主语如何,例"和为贵"、"斯为美")。句读中的位次有正次(主语的位置)、宾次(宾语的位置)、偏次(偏正结构中的修饰语,例"周公之事"、"霍光之祸")、司词之次(介宾结构中的宾次)。十分重要的是,《文通》所揭示的汉语语法体系:语法中的词类、词性,句法,句读(马氏多半用说词组、短语)三大块一脉相承,互相关联,都可用同样的层次分析方法分析它们,得到同样的结构关系。人云:汉语的词、词组、句子内部的组织关系是一回事,这话有一定道理。

作为教学内容的观照,甲柏连孜著《汉文经纬》的指向十分明确,

---

① 参见[美]布隆菲尔德著《语言论》,袁家骅等译,商务印书馆 1980 年 4 月第 1 版,第 360 页。

② 从《文通》"凡实字以名一切事物者,曰名字"、"凡实字以言事物之行者,曰动字"、"凡实字以肖事物之形者,曰静字"等说法看,马氏划分词类的标准是从词的意义出发的。这与今天我们从结构关系出发,从功能出发划分词类,是有违背之处的,但这一点仍可作为汉语教学上的参考。

该书的一句话"简介"实际上也是副标题是:"汉语语法,不包括通俗语体和当代口语",该书是研究古代汉语语法的。全书三大卷,都是从古汉语语法为宗旨的:第一卷"导论和概述",把语音、声调、方音、文字都放进来了。读者也许初见突兀,以为体例杂多不纯。这是误解,西方普通语言学教科书往往把语音列入语法类讲解,甲著的做法,正合西方大语法学观念。文字学,西方的文字学主要是字母学,中国的文字学则皇矣大矣。甲著讲文字学列入汉语组织结构讲,亦无可非议。直到今天,我们常说"汉字文化",汉字本身包含的文化问题太多了,但要是既讲汉语中的文化,又讲了汉字中的文化,命之曰"汉语文化",因为按理论语言学的说法,语言包括了文字,反之则不可。循此,要是我们在教古代汉语课,乃至古代汉语语法课程时讲了语音知识、汉字知识,这符合甲氏古汉语语法的教学思想。最值得称道的是,甲氏和马建忠一样,都把汉字看作表词文字。甲氏说:"中国人自古以来就一直使用一种所谓的表词文字,这是一种真正意义的文字,每个字符通常只有一个正确的念法:用这种文字写成的句子,只能按照字符排列的顺序来解读。"①(§117)甲氏的汉语文字观,可谓"无一文不语,无一字不词"。甲氏的话,正可同前面提到的布龙菲尔德、赵元任的话放在一起,佐证马氏"名字"诸说恰恰是"名词"等词类。甲氏有了自己特殊的前提:汉字是表词字,将"文字学"列入古汉语语法学,正合道理。至于把语音看作语法的组成部分,除了有普通语言学的依据外,还有对汉语自身特点的考虑。甲氏把汉语的"词,音节,音组"看作是同一的。甲说:"汉语的词根全部是单音节的,并且原则上不起变化。"②(§66)"一个汉语音节的分量也更重,因为它始终含有一个词根。"③(§68)汉语的音节与词密不可分,音节对应词,音节是词根,故论汉语词、词类、词的性质等不能舍弃它的

① [德国]甲柏连孜著《汉文经纬》,姚小平译,外语教学与研究出版社 2015 年 10 月第 1 版,第 52 页。

② [德国]甲柏连孜著《汉文经纬》,姚小平译,外语教学与研究出版社 2015 年 10 月第 1 版,第 28 页。

③ [德国]甲柏连孜著《汉文经纬》,姚小平译,外语教学与研究出版社 2015 年 10 月第 1 版,第 29 页。

直接呈现单音节。

甲著作为古代汉语语法的“一部详尽而科学的教科书和参考书”①，主体骨架在第二卷分析系统和第三卷综合系统②。这两大系统的性质，笔者以为甲氏受其国内的学术先驱康德的影响，甲著“分析系统”与康德经验知性阶段的“分析判断”是一致的，而甲著“综合系统”中的创新机制，又正是康德“综合判断”的“创新潜能”在具体的对象研究实践中的体现③。这两种区分，德国学者就有评论，甲氏把他的著论“上、下两卷分别称为‘分析系统’和‘综合系统’：上卷分析了汉语的语法现象，并根据其意义加以确定，下卷说明汉语怎样运用语法手段来进行构造”；又正是这两大系统的共同作用，使甲氏“出色地贯彻了自己的意图，用前所未有的敏锐眼光对汉语的语法现象作了清晰明白的描述”④。按照何氏的评论，犹言上卷是甲著形上性语法体系构造论，下卷言形上性语法体系实际运用再造论。就两大系统的规模而言，真可谓皇兮隆兮，鼎兮盛兮。如果说马著以七八千个例句雄踞语法史书榜首，甲著则以三层次类析缜密，范畴严瑔，以内含语法范畴的章、节数数十超千之隆盛树大纛于语法史高地。故古代汉语教师诸君如需找例句，可请教马著，如需设义例范畴，则可

---

① ［德国］甲柏连孜著《汉文经纬》，姚小平译，外语教学与研究出版社 2015 年 10 月第 1 版，《前言》F1 页。

② 甲著分析系统有三大篇：第一篇“句子成分与句子成分间其相互关系的确定”，含“词序规律”“助词”两大部分，前一部分下分“静词与静词”“动词与动词”“静词与动词”“格论”“副词的位置”“词的叠音和重复”“句子的顺序”共七章，后一部分除引言外，下分“代词”“代词性小词”（下分三组 29 个专题）“动词性助词”“尾助词”共四章；第二篇“词类的定义”，含“一般原理”和“词的范畴”两章；第三篇“句子和句子成分的界限”，除引言外，有“语法特征”、“修辞特征”两节。综合系统也有四大篇：第一篇“句子成分”，含“词类构造”“句子成分的扩展”“数词”“并列”“代词”“省略，缩减”共六章；第二篇“单句”，含“主语，谓语，宾语”“心理主语，倒装”“系词，情态”共三章；第三篇“复句和句子的组合”，含“主语从句，谓语从句，宾语从句”“定语从句”“状语从句，连词”共三章；第四篇“文体学”，除引言外，有“韵律”“对仗”“重复”等八节。以上共 2 卷 7 篇 22 章，如达以节次，全书有 § 为标记的 1470 节。

③ 参见李开《汉文经纬与马氏文通比较研究》，《当代语言学》2018 年第 3 期。又见本书第 213 页。

④ ［德国］何可思 1953 年甲著再版《序言》，载甲柏连孜著《汉文经纬》，姚小平译，外语教学与研究出版社 2015 年 10 月第 1 版，F10、11 页。

请教甲著。

三　古代汉语语法专题的深入和对国际汉语教学理论的重构

汉语词类问题是马著、甲著都必须面对的难题。如前所述,马著借汉字词构筑了词类系统。甲著呢?以其对西语词当可分类的常规理解,直接操作汉语词类的划分,形成了从不同视角入手所作的颇有体色的词类划分,从而建立了相应的汉语词类划分语法理论。西方人形成的汉语语法理论,用来直接教西方人,无传授者和受众间的观念、感情上的疏离,语法理论与教学法理论融洽和合,相系互补,特别具备由语法理论促进教学理论构建的机制和在场,赢得中国学者对汉学家们语法理论的重视是理所当然的。

甲氏尤其重视词在句中的功能对词类划分的作用,这启示我们,讲解词性应实现于汉语句子中,不应孤立地讲论词性。甲著从"一般原理"的高度,提升了词在句中的语法功能对词类划分的作用,甲氏说:"词类或句子成分(这里指词组、短语)在句子中,如果担任主语或宾语,便具有名词性的功能;如果构成谓语,便具有动词性的功能;如果其作用在于限定一个动词或形容词,便具有副词性的功能;如果担任一个名词或类似成分的定语,便具有修饰名词的功能。"紧接着,甲氏还指出某些相关的排他性成分不在此功能之列,如动词不定式搭配成分、名词性或形容词性谓语、名词动词作状语等[①]。(§841)以功能划分词类,这在理论上基本上是正确的。甲氏对功能的理解也是对的,什么是功能?理论语言学家方光焘曾说:"功能是指一语言要素与另一语言要素排他地相结合的能力而言。"[②]甲氏既讲了相宜结合的功能,又讲了排他性结合的非功能。今天,我们已经把功能纳入词与词相结合的关系(形态)来考察,但没有否定功能的存在及其作用。

甲著词类划分的多元范畴给教学理论的启发。在分析系统中,

---

① [德国]甲柏连孜著《汉文经纬》,姚小平译,外语教学与研究出版社 2015 年 10 月第 1 版,第 484 页。

② 方光焘著《方光焘语言学论文集》,商务印书馆 1997 年 7 月第 1 版,第 45 页。

甲氏分出汉语词九大类：感叹词、摹声词、指代词、名物词、部位—关系词、数词、属性词、动作词、否定词[①]。（§850）这没有违反甲氏的功能标准。在句中作何种句子成分是词的功能，在言语表达中发挥何种语义作用，是词的语义语法功能。故这九大类是汉语词语义语法功能的划分。在分析系统中，甲氏还根据“词序规律”（实际上指词按一定顺序排列成句时产生的语义关系，如并列关系、定语关系（定中语义结构关系）、同位关系、状语关系（状中语义结构关系）等，列出静词、动词、副词，又有代词、代词性小词、动词性助词、尾助词七类。在综合系统中，以作什么句子成分、词的生成手段、表达方式（复合词）、词形的变化（如叠音）、近义构成等分出名词、形容词、动词、副词、数词、代词、系词、连词八类。词类划分多元范畴不等于是多重标准，标准最主要的还是功能和语义语法结构关系。面对多元范畴的划分，对外汉语教学理论可资撷取的是，划分标准的一元性与划分结果的多元性的统一。这一统一允许我们讲解语法时作一元性的坚守，也作语义语法导致多元性的范畴的动态思考。功能，结构关系的一元化形上学词类划分理论不是死板的形式主义教条，而是生动的语言传授实践。越出古汉语语法教学的边界，会进入汉语文化的新天地。更何况语法也是汉语文化的一个不可或缺的组成部分。

甲著分析系统最引人注目的是置于“第二部分助词”之下的“代词性小词”[②]。这些词是指示代词、助词、疑问副词，亦多见于《文通》虚字各卷，特别是虚字助字卷，今国内各种讲汉语虚词的语法书中亦常见到。值得注意的是，马著词类划分有两个层次，实词、虚词和名

① ［德国］甲柏连孜着《汉文经纬》，姚小平译，外语教学与研究出版社 2015 年 10 月第 1 版，第 487、488 页。

② 甲著代词性小词分三组：与指示代词有关的小词——之、者、是（寔、实、时）、斯、肆、则、即、且、所攸处、自、其、盖。第二组是与第二人称代词有关的助词——如、若、而、尔、乃、然。第三组是疑问副词——何、胡、曷喝害、或、盍、奚、岂、几、恶、安、焉。共 29 个。分 271 节（§421 至§691）详论之。几乎每个词都分“引言”“使用法”两部分详论其语法特性和语法功能。参见［德国］甲柏连孜著《汉文经纬》，姚小平译，外语教学与研究出版社 2015 年 10 月第 1 版，第 242 至 403 页。

词、动词等九大词类。甲著全书仅有四处提到过虚字①,但在语法体系中未作实词、虚词的对待性区分,甚至把虚字说成字义的"假借"变化和修辞手法"隐喻",可谓语法体系内的实字单一层次。正是在单一层次下论实义的语法功能义,亦论仅有语法语义而无实义的词,只好将本属虚词的、仅有语法义的词在实义词后再立意念上的"实词后虚词范畴",而不像《马著》等国内语法书立"虚词后虚词范畴"。甲著将 29 个特殊代词、特殊助词、特殊疑问副词归作"代词性小词",正是"实词后虚词"性质。定性和分类不同,论述的方法途径也不同。在功能和语义语法结构词类划分标准支配下。甲氏语法论采用了《经传释词》的方法,即采用传统训诂学方法论语法。如对"如"字的说明:"如"字的字符表示的基本词义是"如同""类似"、"如"字和"若"字可互换但取决于语感、表比较关系"如同""依照"、《论语·为政》"不违,如愚"等七个例句的翻译、作选择助词用的例句意、作"譬如"用的意义即句例翻译、非排他否定词后"不如""弗如""莫如"之"如"的语义和句意、"则如"表"那样做会更好"意、"如是""如斯"常用词组的语义、"如彼"用法的特殊性、"如"字后无支配对象与德语形容词后缀的比较,如此等等。② 甲著给我们的启发是,汉语语法教学法不受功能、结构形态的形上性思维的控扼,可以采用传统语文学的训诂学方法配合现代语法的讲解。同样,甲著综合系统中最引人注目的板块"系词,情态"给我们的启示也是如此。本体形上论,方法论与具体教学方法学、方法是可以而且应该有区别的。

《文通》的作者"不愿意把自己局限在严格意义的语法范围之内,常常要涉及修辞"③。修辞立其诚,《文通》全书到处可见修辞手法的指示,连正名下定义时也不例外。如助字引《孟子·梁惠王上》"无伤也,是乃仁术也,见牛未见羊也"句称:"三'也'字煞三句,皆以表决

① [德国]甲柏连孜著《汉文经纬》,姚小平译,外语教学与研究出版社 2015 年 10 月第 1 版,第 138、139、230、354 页。

② [德国]甲柏连孜著《汉文经纬》,姚小平译,外语教学与研究出版社 2015 年 10 月第 1 版,第 342 至 354 页。

③ 吕叔湘《重印〈马氏文通〉序》,载《马氏文通》商务印书馆《中华现代学术名著丛书》本 2010 年 12 月第 1 版。第 1、2 页。

断口气也。”还说：“同一助字，或以助字，或以助读，或以助句，皆可，惟在作文者善为驱使耳。”①甲著也极重视修辞语法，除直接说明修辞的重要性文字以外②，还有如同《文通》一样，指明其表达的修辞特性。例如甲氏在“表达方式，隐而不露”这一修辞语法专题下，专论表达简练，称：“表达之简练首先见于古典语体。一方面通过词序，一方面借助小词，来有规律地表达句子成分之间以及句子之间的关系：定语关系，名词的格等，动词的语态，最后是句子的类型，如肯定、疑问等等。”③甲著还把小词、逻辑、修辞三者放在一起考虑，认为小词既可以发挥“语法—逻辑”功能，又可以具备“心理—修辞”功能，以致古汉语既做到了“极度的精炼”，又做到了充分表达“令人愉悦的主观性”；且古汉语早期后一类助词特多，前一类助词极少④。如果说《文通》修辞到处可见，处处重视从修辞而语法，其特质是“修辞语法”，甲著从中国古代语言典籍出发，处处尊重中国古代文化，尤其专注于经语法规则读懂古代汉语，其特质是“语法修辞”。《文通》“把语法和修辞打通，有利于作文的教学”⑤，甲著作为教西方人学汉语的“语言教科书”，“目标应该是使学习者能够独立地阅读和理解文句”⑥，它的“语法修辞”的特质契合于这一目标。无论从马著，还是从甲著，“修辞语法”和“语法修辞”，都应成为古代汉语教学理论和教学法不可或缺的组成部分，作为面对外国人的国际汉语教学，甲氏“语法修

---

① ［清］马建忠著《马氏文通》商务印书馆《中华现代学术名著丛书》本 2010 年 12 月第 1 版。第 1、2 页。第 17 页。

② 可参见［德国］甲柏连孜著《汉文经纬》，姚小平译，外语教学与研究出版社 2015 年 10 月第 1 版，第 38、40、233、472、522、626、660、664、768、787、811、889 页，等等。也可见该书第 950 页译者编纂“修辞”“修辞学”条目索引。

③ ［德国］甲柏连孜著《汉文经纬》，姚小平译，外语教学与研究出版社 2015 年 10 月第 1 版，第 145 页。还有如第 606、620、630、632、651、652、662、672、714、715、723、788、792、797 页的说法，等等。

④ ［德国］甲柏连孜著《汉文经纬》，姚小平译，外语教学与研究出版社 2015 年 10 月第 1 版，第 233 页。

⑤ 吕叔湘《重印〈马氏文通〉序》，载《马氏文通》商务印书馆《中华现代学术名著丛书》本 2010 年 12 月第 1 版。第 2 页。

⑥ ［德国］甲柏连孜著《汉文经纬》，姚小平译，外语教学与研究出版社 2015 年 10 月第 1 版，《前言》F1 页。

辞”的形上理性与经验理性的统一的做法似应受到更多的重视。

由以上可知,从古代汉语教学视角看,马著和甲著都以古汉语教学为逻辑起点而展开。作为教材观照,马著词本位中的“字”是汉字词,甲著作为古代汉语语法的“一部详尽而科学的教科书和参考书”,主体骨架在第二卷分析系统和第三卷综合系统。两书特别是甲著古代汉语语法专题的深入对国际汉语教学理论的重构起重要作用。

主要参考文献

[德国]甲柏连孜著《汉文经纬》,姚小平译,外语教学与研究出版社 2015 年 10 月第 1 版。

李佐丰著《古代汉语语法学》,商务印书馆 2004 年 9 月第 1 版。

[清]马建忠著《马氏文通》,商务印书馆《中华现代学术名著丛书》本 2010 年 12 月第 1 版。

梅广著《上古汉语语法纲要》,台北市三民书局 2015 年 4 月初版。

姚小平著《〈汉文经纬〉译后记》,载《汉文经纬》,外语教学与研究出版社 2015 年 10 月第 1 版。

(本文为参加德国波恩大学汉学系古代汉语国际学术研讨会会议(2018. 12. 14—12. 15)论文,收入该会议论文集,德国东亚出版社 Ostasien Verlag　2021 年版)

徐复先生经学思想初探

徐复先生(1912.1.8—2006.7.24)是语言文字学家,也是从语言文字学走向现代经学的经学家①。1979年9月在全国高校训诂学师资培训班上,洪诚先生(1910.12.6—1980.1.21)主讲训诂学,徐复先生讲解了章炳麟经学史名篇《清儒》。洪先生是从训诂学走向"三礼"学的,徐先生从训诂学走向经学。训诂学与礼学,与经学,从来都是密不可分的②。但从学术研究之需看,又不得不分。

为此,抉发徐复先生训诂学著论中的经学研究条例,研论徐著《〈訄书〉详注》中的经学史思想,并在客观世界中言经学,探寻将经学指向社会现实的途径,以彰显徐老经学思想的社会实践理性;并着重探讨徐著中的经学条例、经学史、经学思想,是十分必要的。

---

① 历史学家蒙文通(1894—1968)曾以廖平、康有为皆"近代今文学大家",即研究今文经学的近代经学家。蒙还认为,清末改制,以西学范畴中学,将《易》归哲学,《诗》归文学,《尚书》等归史学,肢解了经学整体,导致经学的边缘化(柳诒徵、钱钟书亦持同样见解),蒙本人是现代经学家,进而把研究经学的成果引入史学,成为史学家(参见《光明日报》2019年7月29日第11版载刘复生《蒙文通:'明道'之学》)。同样,章炳麟、黄侃是近(现)代经学家,章、黄的弟子如陆宗达、洪诚、徐复等人由小学入经学,成为现代经学家,又以经学回馈小学,成为语言文字学大家。

② 训诂学与传统学术研究有着天然的、密不可分的联系,除了训诂学走向礼学、经学研究以外,学术界还有从训诂学走向现代诠释学,走向语言文字文化学,走向现代语言文字学等。但训诂学是其基础,是其核心工具。

一　从训诂学走向现代经学

现代经学的一个重要特点,就是吸收东汉以来,特别是清代乾嘉以来的古文经、今文经的学术传统,将旧时代的经学改造成现代人对传统学术的诠释,改造成对现代科学文化与传统学术文化的结合,直至改造成与现实社会改革与建设的需要相结合。英国哲学家波普尔(1902—1994)提出的三个世界的划分:物理世界、心理世界、客观知识世界,后者包括了一切精神产品,如语言、文学艺术、社会学、神学、科技等,因任何理论系统和表达都离不开语言,通常又可称为语言世界;三个世界相互作用,并以第三世界为最高层次的世界,它在起源上是人造的,在发展上有更多的主体性,但它始终保持与物理、心理世界的联结,始终具有客体性①。训诂学本身属于语言世界的一员,它的解经功能即经学目标也存在于语言世界,质言之,训诂学走向现代经学的根本性逻辑指向是语言世界。有了这个哲理性认识,与传统训诂学密不可分的现代经学就好解释,见端倪,有着落了。清代公羊学的过去已标志着"经学时代结束",成为"经学时代结束之前的壮观的一幕"②。以章太炎、黄侃、洪诚、徐复先生等为代表的现代经学的造诣、贡献、理据、逻辑起点和指向始终存在于英哲波普尔的第三世界,即语言世界之内。不必一提到徐先生的经学,就思忖着要寻找徐著中有没有直接指向客观世界的康有为《大同书》一类的托古改制,维新图强的文字。徐复先生早期的训诂名篇中就训诂与经学并存于语言文化诠释之中,已有若干经学条例、逻辑:

经例一:在研究《说文》字篆和古文中,既释读古文字音形义,又征信经典,形成《说文》、经书互证例。1936年发表的《鐂劉劉留四字释》和《补证》两文,汰除臆说如《说文》不收"劉"字一是从刀有杀义,二是杀义不当汉家姓,避讳而无"劉"字,以"鐂"代之云云,徐老为廓清迷雾,以章炳麟《书〈洛阳续出三体石经〉后》有《尚书·君奭》"咸

① 参见夏基松《波普哲学述评》,黑龙江人民出版社1982年7月第1版,第213—230页。

② 陈其泰著《清代公羊学》,东方出版社1997年4月第1版,《引言》第3页。

劉厥敌”四字，章说以从刀之“劉”为篆文，从又之“劉”为古文，乃知《说文》“鐂”字下，只是不录重文“劉”字，此与许书体例无碍，与避讳事无关。徐以章氏说“最为憭（按：明白）然，足以解众家之纷糅矣”。徐著为释“鐂”字为古“劉”字引《玉篇》、《说文》，更引《左传·成公十三年》、《礼记·月令》为证，释“劉、劉”二字引金文、《尚书》为解，释“畱”字引《尔雅》等。许书解经，除了字篆形体并音义与古经用字息息相关之外，还引经多多①，徐著释“鐂”即“劉”的古字，做法例同许书求本义、引群经，成立条例，指向群经。

经例二：汉藏语词被汉语吸收以后，词语研究可考其汉藏语语源，并可进而以汉语词法裁度例。不消说，词汇研究是语言世界的重要组成部分，且词义与经义并无过分深宽的鸿沟，经义往往被包含在广袤的语义中，它们都在语言世界中。此条例似纯语言学的语例，实际具备经例价值。且视语学研究方法、学理逻辑为经，亦不堕经义，升华其旨。1944 年徐著《歹字源出藏文说》一文，认为汉语中原有表好坏意义的“解”，读 dǎi，《玉篇》“多改切”，后来完全被八思巴文蒙元词语“歹”替代。徐考“歹”字始行于《元典章》“管匠造作，或好或歹”、“送纳鹰鹞，如歹，徒叫耗费支应”等语，宋代以前绝无。蒙元人所造，何关藏文？徐谓：蒙古人初无文字，元始祖忽必烈中统元年（1260）命国师八思巴氏造字，八思巴氏据藏文字母造出新的拼音文字，“歹”字即藏文三十字母之第九个字母“斤”（音多改切）的同音字，形体则“斤”的笔势变化形体。究否如此，可继续研究②，但方法上重在与八思巴字的形体比对，尤其重在汉藏语同源字追寻，则是崭新的汉学研究思路。如今，八思巴字研究，汉藏语同源字研究均已成为东西方学者共同耕耘的专学和显学，徐先生四十年代“歹”字字源、语源研究，确乎“导夫先路”。

---

① 例如《说文解字》中华书局 1963 年 12 月影印 1 版引《尚书·洪范》有 69 页下、69 页下、85 页下、126 页上、129 页上、258 页上。马宗霍著有《说文引经考》可供参照核对，马著今有科学出版社 1958 年 1 月出版，台湾学生书局 1971 年 4 月影印版。

② 参见徐文堪《张永言〈语文学论集〉读后》，载《中国语文》1993 年第 1 期。文章提到“歹”字的来源于蒙古语之说并不充分，需另行研究。

经例三:以"补释"、"补疏"、"正诂"、"臆解""正解"等为标题语,索求经、史、子、集中漏解、难释之古词语确解,以求经典义的相互证发和精准施解例。《尔雅补释·释诂上》"厖,有也"条,徐著以郝懿行释厖与蒙通为是,但郝尚未及"有"。徐著:"今谓厖又与䶌通。《说文·有部》䶌训兼有,谓兼并而有之。"徐著引《诗》《易》《周礼》以证《释诂》,徐著云:"《诗·周颂·酌》:'我龙受之。'毛传:'龙,兼和也。'和即兼有之义。又《易·说卦》:'震为龙。'虞翻、干宝,龙作駹(读 máng,额白的黑色马或杂色马)。《周礼·考工记》:'上公用龙。'郑众读尨。是厖与䶌龙通也。"徐著引《诗》、毛传、《易传》、虞翻注疏、干宝注疏、《周礼》、郑众注等与《尔雅·释诂》互相证发。更重要的是,按徐复先生的说法,《诗》、毛传、《易传》、《考工记》的"龙"字,决非"龙虎"的"龙"字,而是近"龙"字形的"尨"字,"龙"字为形近借字欤!《诗》、《易传》等可因徐著而获精准施解。徐著《论稿》[1]中多此经例。

经例四:由上例推广为经、史、子、集四部综合互诠,但重点指向三部典籍词语训释,本身即三部典籍之经例,又以三部内的相关学理间接或直接通经例。《〈后汉书〉臆解补》"肆勤"条:《周燮传》"常肆勤以自给"李贤注:"肆,陈也。"徐著:"肆字训陈,其义犹隔。《尔雅·释言》:'肆,力也。'力谓尽力。王充《论衡·命禄》:'命贫以力勤致富。'肆勤正力勤之义。"徐著引后汉诸子证史,并纠旧注。《庄子》外篇《田子方》:"斔斛不敢入于四境。"陆德明释文:"斔,音庾。李(颐)云:'六斛四斗曰斔。'司马彪本作斔臾云:'斔读曰锺,臾读曰臾。'"徐著内容丰富,一称司马彪作斔臾为是。二解"斔"字当为"釜"字,釜亦量名。三说《庄子》原本作"釜臾",并说作"斔臾"之由来。四明釜容六斗四升,为量之小者。五据《说文》可知"臾"亦量名。臾,通作庾。六据《小尔雅·广量》可知"二釜有(又)半曰庾"。七据史书证说,一引《三国志》及裴注,二引《晋书》以说魏晋人仍"釜庾"连说,亦即"斔臾"。八评司马彪说可商:"司马彪本斔读曰锺,锺

① 《徐复语言文字学论稿》江苏教育出版社 1995 年 12 月第 1 版。

为大容器，十倍于釜，且其说未考字源，无以征信。今取小量义。”可知徐说正为经典不易之论。集部例可举徐著《续文选续扎》例。张衡《东京赋》：“龙雀蟠蜿，天马半汉。”薛综注：“天马，铜马也。蟠蜿半汉，皆形容也。”徐著确切：“半汉，形容怒貌。”据证确凿：“为怖（pèi）汉之音转。”且《广雅·释诂二》有“怖汉”一词，释为“怒也”又《说文》“怖”字下引《诗·小雅·白华》“视我怖怖”，“怖，恨怒也”。张衡赋“半汉”亦马发怒义。徐引史书作旁证，《汉书·第五伦传》：“鲜车怒马。”李贤注：“怒马，谓马之肥壮，其气愤盈也。”徐云，此“与张赋半汉之义正合”。集、经、史、传、注融为一体。既为集部纂说范铸，亦指向经、史义域典要。《晚稿》中撰及史、子、集部的文字，多可入于此经例而包函之①。

经例五：径以训诂例为经例。训诂与解经同在语言世界相表里，几密不可分，又密而可分，且当分。徐著《后读书杂志》②的《序言》说：“书中阐述训诂笺注，可以归纳为四事：一、考雅训；二、明代语；三、通假借；四、徵实物。雅训，犹言正解。《盐铁论·周秦》“虽有庆忌之健，贲育之勇”有谓“健当作捷”，徐按：“《广雅·释诂二》：‘捷，健也。’二字互训，不当云健当为捷矣。”意思是说，《盐铁论》“健”字本身不误，不烦改字，只是“健”字的正解是“捷”义。代语，替代之语，如以方言说法替代之。《文选·陆机〈文赋〉》：“彼琼敷与玉藻，若中原之有菽。”徐按：“‘敷’即‘华’字。”即古“花”字。徐引《尔雅·释草》“华，荂”郭璞注：“今江东呼华为荂，音敷。”荂、敷古读重唇。徐说：“陆机晋吴人，故用江东语入文矣。”假借例，如《晏子春秋》“非所与熙也”，“熙”借为“咍”，徐老明其“为楚人相嘲笑之词”。徵信于实物例，《汉书·霍光传》：“黄肠题凑各一具。”颜师古引苏林曰：“以柏木黄心致累棺外，故曰黄肠。木头皆向内，故曰题凑。”徐老征之《中国画报》1984 年 4 月号载《罕见的古代墓葬》对“黄肠题凑”实物的说明，纠正颜注“致累棺外”当作“累致棺外”方合。上述“训

① 参见《徐复语言文字学晚稿》，江苏教育出版社 2007 年 7 月第 1 版。

② 徐复著《后读书杂志》，上海古籍出版社 1996 年 4 月第 1 版。

诂四事”的体式是普遍性的,研读经史子集皆适用,当可径直以为经例。又徐著书名,犹言“后续于《读书杂志》”。《读书杂志》[①]为清王念孙名著。子王引之有《经义述闻》[②]以群经训诂校勘为职事,《读书杂志》则以史、子、集部的训诂校勘为指归,两著皆经典,亦皆经学著论。徐老历时六十多年铸就《后读书杂志》(1932—1996),体例、内容范围一仿念孙,且实际撰著时亦多引用经书,如校《新序·思务》引《易》有“窥其户,阒(qù 寂静)其无人,□□□□治之耳”句,原注:“文缺四字。”徐老据《淮南子·泰俗》引《易》有“无人者,非无众庶也,言无圣人以统理之也”,补《新书》引《易》四字为“言无圣人”。又《战国策·齐策六》:“今楚、魏交退,燕救不至。”徐老谓:“交退”即“交绥”,《左传·文公十三年》:“乃皆出战,交绥。”杜预注:“古名退军为绥。”又据《说文》“夊”字,楚危切,“夏”“夎”等字的偏旁,退义,为“交绥”之“绥”的本字。由徐著书名、体式、内容范围、引经等,无不可知徐老矢志不渝,踵成清代朴学、经学大师之志趣。径直以《后读书杂志》训诂例为经例,当无疑义。

二　经学史思想举要

徐复先生自1970年代中期即开始撰著《〈訄书〉详注》,2000年12月出版。继后又有《补遗》两万言(2007.7刊出),可知徐先生赴功《訄书》研核几四十年。不消说,上述从训诂学勾稽出的经学条例,《详注》备焉;而经学史思想,《详注》必焉。《訄书》本身直接经史,《详注》拱日星绕,亦无不经史子集题,故卓荦显著之例比比而有之:

上古明堂,是人类由穴居野处的蒙昧、野蛮时代进入摩尔根文明时代的最重要的历史产物,故王国维著《明堂庙寝考》[③]详论之。章氏《客帝匡谬》“明堂、大微,不司其勋”徐注:“明堂,宣明政教之地。

① [清]王念孙撰《读书杂志》,高邮王氏四种之二,江苏古籍出版社2000年9月第1版。

② [清]王引之撰《经义述闻》,高邮王氏四种之三,江苏古籍出版社1985年7月第1版。

③ 参见王国维《观堂集林》,中华书局1959年6月第1版,第一册第123页。

《孟子·梁惠王下》:'夫明堂者,王者之堂也。'"又及"大微"徐注:"大微,亦作太微。本古代星官名。见《史记·天官书》。此指帝王之所居。"徐注强调古代帝王,引上古晚期《孟子》所引述以证其真实可指称。"太微"亦强调中华帝王。徐注与章著彼时"匡谬"有清"客帝",于今则彰显中华文化共同体之爱国精神是一致的。

纪年是历史的选择性端点,于中华研史之重要,自不待言,故章氏《客帝匡谬》"昔者《春秋》以元统天,而以春王为文王"徐注:"《春秋》,孔子所作鲁国编年史。《公羊春秋·隐公元年》:'春,王正月。元年者何?君之始年也。春者何?岁之始也。王者孰谓?谓文王也。'"又下文别注徐引《晋书》:"《左氏》辞义赡富,自是一家书,不为主经发。《公羊》附经立传。于文为俭,通经为长。"以《左传》与《公羊传》作比较,言各自经学特色甚明。

《訄书》首篇《原学》徐注言《訄书》初刻本、重订本、今本首篇不同,亦经学史例。篇名徐注:"原,文体名。推究本原而论述之。学,指世界各国的学术及其流行的各种学说。"章文涉及古希腊、柏拉图、斯多葛学派、培根、卢梭等,徐注无不详备,最后归于引《尚书》而注续之。这无疑是章、徐现代学术的开放气派和器局,亦现代经学思想之大端。《原学》末称"多观省社会,因其政俗,而明一指也"徐注:"指,旨意。本作恉。《尚书·盘庚上》:'王播告之脩(施行),不匿其指。'《说文》:'恉,意也。'"

力主划清经学史上的今、古文界限。章氏《订孔》"六蓺者,道、墨所周闻","异时老墨诸公,不降志于删定六蓺,而孔氏擅其威"。徐注一说"六蓺"即"六艺",指六经,含《易》《礼》《乐》《诗》《书》《春秋》六部经典。二说章氏"道、墨所周闻"是"针对今文家康有为提出的'六经皆孔子所作'的批驳语"。三引刘师培《论孔子无改制之事》云"当明六经非孔子所作",长言大文,史据充分,"足证孔子之前,久有六经"。四得出结论,刘师培"其言与章先生同为古文家说"。又注:"周闻,普遍知道。"强调道家、墨家均知六经事,犹重申章氏古文经立场。

肯定历史上的儒法兼容说以为治事之用的做法。章氏《儒法》讲到子产、诸葛亮以儒法并用的功劳,称“儒者之道,其不能摈(排斥)法家,亦明已”,徐注引章氏《蓟汉昌言》(四)主张“儒术杂申、韩”,时人讥议章氏“不醇”,徐说:“《孟子》言‘无法家拂士,国恒亡。’未尝摈法家也。”捍卫了章氏合乎史实的结论,体现了章、徐共同的学术史主张:儒、法曾经兼容以利国事。

学术变迁的历史必然和经学史含义的包含和升华。章氏《学变》述汉晋学术五变,一变于扬雄《法言》;二变于王充《论衡》;三变于汉末至三国诸葛亮辈“以其道见诸行事,治法为章”,因此“魏衰而说变”;四变于曹操任法后,自孔融起以循天性,简小节,终至“礼法浸微,则持论又变其始”;五变于阮籍、嵇康“崇法老、庄、玄言自此作矣”。徐著一一为之注。章说、徐注“五变”,无不汉晋学术史,亦无不经学史,“玄言”下徐注:“本师蕲春黄先生《汉唐玄学论》:‘嵇、阮、王弼诸人,本原老庄以立论,既翼汉世儒生之固,亦与黄、老不同,此道家之一变也。’”徐注引黄侃之说升华了第五变的经学含义甚明。

章氏著《清儒》是公认的清代经学史,徐注:“清儒,概述清代乾嘉学派讲究训诂考据的经学派系。主要分吴学惠栋,皖学戴震两大支。他们对古籍研究,有较大贡献。”徐注系解题,点出《清儒》的经学史特质,固与章著全文一致。徐先生还主持将《清儒》制成现代汉语的《绎义》①,起到普及章氏经学史的作用。《绎义》的《小引》与《清儒》徐注解题一致,还开宗明义说“《清儒》一文,撰于1900年八国联军侵华后一年”,以不忘国耻,激发爱国主义情愫甚明。

有关清代经学史的内在逻辑条例和研究方法。《清儒》称俞樾著《古书疑义举例》“各此条列”徐注:“条列,即条例。”章氏称“世多以段(玉裁)、王(念孙)、俞(樾)、孙(诒让)为经儒,卒最精者乃在小学,往往近名家者流”,徐注:“名家,以正名辨义为主。考据家皆从《尔雅》、《说文》入手,而亦以考订六书(文字),正名辨物为臬极(最高标准)。古人以字为名,名家综核名实,必以正名析词为首,故考据之

① 参见《章先生〈訄书·清儒〉绎义》,载《徐复语言文字学晚稿》,江苏教育出版社2007年7月第1版。

文,亦出名家。”犹言小学属名家,考据学属逻辑学。

人物缔造历史,言人物即言史,清代经史小学家即清代经学史。《清儒》屡屡言清儒,徐注赓续,各各多引章氏并诸家而说其研经特点,形成经学史观止。如从清代“家有智慧,大凑于说经”说起,清初经学家顾炎武按章氏说由“古韵始明,其后言声韵训诂者禀焉”,徐注称“其学主博学有耻,敛华就实”。阎若璩章说定东晋晚书伪作,“学者宗之”,徐注称其年二十读《尚书》古文“即疑其伪”,“沉潜三十余年,乃尽得其症结所在”,又有《四书释地》,于古地理“尤精审”而“贯通”之。张尔岐章说其“始明《仪礼》”,徐注“其学以笃志力行为本”。以上是乾嘉之前的经史,章评之为“草创未精博”,多“宋明谰言”。

乾隆朝始,“学著系统”,吴始惠栋,“其学好博而尊闻”,皖南始戴震,“综形名,任裁断”,徐注惠氏“熟贯诸经,尤邃于《易》”,令《易》“千秋复旦”;注引刘师培说戴氏“彰析名物,以类相求,参互考验,而推厝审音,确与清廷立异”。章氏治经学史弥缝绵密,称先栋之何焯(何义门)、陈景云、沈德潜已“皆尚洽通,杂治经史文辞”,徐注何义门“长于考订,多蓄宋元旧椠,参稽互证,有名于时”;注陈景云(少章)从何焯游,“博通群籍,深于史学,长于考订”;注沈德潜年将七十而成进士,乾隆称之为“老名士”。栋父惠士奇章说其“揖志经术,不惑于謏闻(谀读 xiǎo,谀闻,小名声)”,徐注说其任广东学政时“以经学倡”。章氏举栋弟子江声,余萧客,“大共笃于尊信,缀次古义,鲜下己意”,徐注江声“精小学”,萧客“教授乡里”,皆有传世之作。章说吴派之王鸣盛、钱大昕“亦被其(惠栋)其风,稍亦发舒”,徐注两氏皆嘉定人,王居苏州三十年,“键户著书不辍”,钱则“精研群籍”,于经史文义,音韵训诂等“无不洞晰疑似”。章言“教于杨(扬)州,则汪中、刘台拱、李惇、贾田祖,依次兴起”,徐注汪中“治经宗汉学”,刘“精研《三礼》,不为虚词穿凿”,李“治经通敏,尤深于《诗》及《春秋三传》”,贾“喜治《左氏春秋》”,“以名节自矜”。章言萧客弟子江藩“复缵续(惠栋著)《周易述》”,徐注著其“博综群经,尤熟于史事”,尤彰其《汉学师承记》,亦著论有清经学史。

皖派戴学的源流传承。章言戴震受学所自江永,“治小学、礼经、算术、舆地,皆深通”,徐注永“博通古学,专心《十三经注疏》,而于《三礼》功力尤深”。戴之乡里同学金榜,徐注“治礼宗康成(郑玄)”;程瑶田徐注“粹于经学,精心名物考订”;后学凌廷堪,徐注其慕江、戴,“贯通群经,尤深于礼”;后学三胡,胡匡衷徐注“于经义多所发明”;胡承珙徐注“治经尤深《毛诗》”;胡培翚徐注“其学长于《礼经》”。戴震教于京师,从其问业者任大椿徐注“通《礼经》,尤长名物”;卢文弨徐注“官京师时,与东原交善,始潜心汉学,精于雠校”;孔广森徐注“少受经于戴震,为《三礼》及《春秋公羊》之学”;章说弟子“最知名者”有段玉裁、王念孙。段“为《六书音韵表》以解《说文》,《说文》明”;念孙“疏《广雅》,以经传诸子转相证明,诸古书文义诘詘者皆理解”;授子引之,“为《经传释词》,明三古辞气、汉儒所不能理绎,其小学训诂,自魏以来,未尝有也”。徐注段玉裁“师事戴震,讲求古义,尤精小学”,小学、经学无不精审无比,全书名《经韵楼集》,经与韵并蒂,经学与小学重胝,有是也!今已有《段玉裁全书》四巨册出版,继后又有《段玉裁年谱长篇》问世,为研究段氏经学、小学提供了一线资源①。徐注王念孙“少受业于戴震,通声音、文字、训诂之学”,“对古韵分部自成一家”;徐注王引之“传父经学、小学而推广之”,著论“以精博称”。高邮王父子著作,20世纪80年代已由中国训诂学会主编,徐复先生董理其事而出版《高邮王氏四种》,亦学界之大业盛事。章说俞樾、孙诒让“皆承念孙之学”,俞之《古书疑义举例》“辨古人称名抵牾者,各从条例,使人无所疑眩,犹微至”,徐注俞樾“一意治经,以高邮王氏为宗”;徐注孙诒让“穷经著书,垂四十年”,并引章氏《孙诒让传》“诒让学术,盖龙有金榜、钱大昕、段玉裁、王念孙四家,其明大义,钩深穷高过之”。

其余如浙东学派,自万斯大、斯同兄弟至黄以周;江淮间桐城派自方苞、刘大櫆至阴受其义的恽敬等人;常州学派庄存与至宋翔凤;今文经学派魏源、龚自珍至廖平;晚有番禺陈澧;经疏著者李林松、张

① 赖永海主编,王华宝常务副主编《段玉裁全书》,江苏人民出版社2015年8月第1版。王华宝著《段玉裁年谱长编》,江苏人民出版社2016年11月第1版。

惠言、孙星衍、陈奂、刘文淇、陈立、刘宝楠、邵晋涵、郝懿行、焦循等人，章氏无不一一列述之，徐注无不一一补叙之，使其羽翼振翅，各能其翔，各得其宜。

徐注之于章著，犹《论语·八佾》子夏问何以为美，孔子答曰"绘事后素"。章著《清儒》于前，徐详注于后；章绘就清代经学史长卷，徐补缀其质素材料文献质料因无数；章著展示了一个时代的画廊，徐注处处勾勒出画面的白底（素）背景使成完美。说徐注再造，章炳麟及其再传弟子徐复先生共同铸就了清代经学史，亦不为过。

三　现代经学理念中的实践理性

以上麇集在语言世界内，小学、经学同宗同源同在，由训诂言经学，要是在客观世界中言经学，则徐复先生的经学思想同样得到彰显。

抗日战争时期，师生同以读经治学心系国难。《师门忆语》（1981）称："'九一八'事变后，日本侵略军加紧进攻，（黄侃）先生忧国阽危，心情十分沉重。"讲解《诗·小雅·苕之华》"人可以食（人吃人），鲜可以饱"毛传"治日少而乱日多"，黄"即凄怆哽咽，听者无不动容"。1935年9月徐再度考入金陵大学国学研究班深造，开学时谒师于量守庐新居，甫一见面"即言时局危急，当时时以国家民族为念，顾黄之业绩可师也"①。

以科学态度读书治学，以科研成果贡献社会。《徐复先生谈读书与做学问》（2002）讲到读书治学应有的态度，云："多疑善问，则能发现问题，开拓思想，解决问题，作出成绩。"在谈到向老师当面请教时，认为这样做"更能了解老师的老师的学术研究及其思想体系"；还讲到要"老师的书要认真地读"，读懂了才能传承"老师的学问、学术思想"。针对《黄侃日记》引《书·微子》："自靖，人自献于先王"，伪孔传："各自谋行其志，人人自献达于先王，以不失道。"徐老张皇治学之幽眇在于"谋践行其志"，而志在"不失"治天下之大"道"。徐老说：

---

① 《徐复语言文字学论稿》江苏教育出版社1995年12月第1版。第303页。

道德、文章、学问是立身的根本,三者又是紧密联系不可分割的[①]。徐老的相关论述,实在是经国济世,矫治当今学界不良风气的一帖良药。

在奔向训诂学与经学合二为一的语言世界的途中,除了前述认可从训诂学系统分离出经学条例、经学史思想外,还不时回眸客体世界,看到直接服务于客体世界,体现现实关怀经学理念,这在一大批序作、讲词中可得而窥。例如,讲词《纪念许慎,振兴中华》(1985,合作)提出"使先哲的精神和成就成为振兴民族精神的重要动力"[②]。高邮王氏四种本《经传释词·弁言》(1985)说:"近世文法之学盛行,词类划分……所分益细,穷极研几,前途正未可量,甚愿学界同人毋没王氏开创之功,平心以求之,以收相得益彰之效。"[③]殷殷之嘱,诚为学界良言。在为大弟子吴金华《古文献研究丛稿》所写的序言中,重申 1980 年代为蒋礼鸿先生《义府续貂》写的《识语》,讲及治小学者须知"四事":"一曰研究词义,须注意时代特点;二曰求解通假字,须掌握声韵规律;三曰字书韵书中之僻字僻词,须求得贴切用例;四曰校勘古书,须审慎有据。""四事"不仅是对学术规范、规律的普遍性揭橥,而且蔼然师长,"即之也温",正令世之学人受教无穷。此序言经史理念,科学思想时时逸出,有云:"上来所言各事,非谓所解必是,要欲明比合、会通之旨耳。"将具体言事与普遍抽象的必然相区分,并以综合思考为思想方法之要。至于在行将到来的新世纪面前的历史责任,徐老说:"世纪行将更新,不失旧学之精义,勇于前途之开拓,实吾侪当务之急。"由序言之声而暮鼓晨钟,时代号角,学者之心声,之志趣宏愿,可知矣。又如徐老《重印〈清经解、清经解续编〉序》(2005. 3)[④],讲到如何研究清代经学,"首曰辨学术流派",而流派的命名当以"中国学术之传统",或以"学派创始者"、"所处的时代"、"所在地域"、"学

① 《徐复语言文字学晚稿》江苏教育出版社 2007 年 7 月第 1 版。第 441 页。

② 《徐复语言文字学晚稿》江苏教育出版社 2007 年 7 月第 1 版。第 478 页。

③ [清]王引之著《经传释词》,江苏古籍出版社 2000 年 9 月第 1 版

④ 见载[清]阮元、王先谦编《清经解、清经解续编》,江苏凤凰出版社,2005 年 6 月第 1 版,壹册。

派之特征”,研究时应注意到“各时各地”;“次曰摒门户之见”,强调“实事求是”,“客观公正之心”,“兼收并蓄”,“以期学术之进步”;“再次曰求推陈出新”,认为“世纪开元,文化昌盛,开阔视野,拓展领域,推陈出新,发展学术,此其时矣”;“最末曰《经解》之文献价值”,“之于我国学术史研究,其价值亦不待言矣”。可知高文岸言,无不由清代经学的学术源流,而最终学术指向在于当下。此研经之学理逻辑,自然也是经学本身的逻辑,彰显了徐复先生经学思想中的实践理性。

(2019 年 9 月 8 日)

主要参考文献

洪诚著《洪诚文集》,江苏古籍出版社 2000 年 9 月第 1 版。

[清]胡文英撰,徐复校议《吴下方言考校议》,凤凰出版社 2012 年 2 月第 1 版。

徐复著《徐复语言文字学丛稿》,江苏古籍出版社 1990 年 6 月第1 版。

徐复著《徐复语言文字学论稿》,江苏教育出版社 1995 年 12 月第 1 版。

徐复著《后读书杂志》,上海古籍出版社 1996 年 4 月第 1 版。

徐复著《徐复语言文字学晚稿》,江苏教育出版社 2007 年 7 月第 1 版。

徐复、宋文民著《〈说文〉五百四十部正解》,江苏古籍出版社 2002 年 12 月第 1 版。

章炳麟著,徐复注《〈訄书〉详注》,上海古籍出版社 2000 年 12 月第 1 版。

(本文为江苏省语言学会第 28 届学术讨论会(2019. 11. 8—11. 10)参会论文。后刊于《宏德学刊》第十二辑,商务印书馆 2021 年出版)

方光焘、黄淬伯的时代语境和当下研究

今天，我们在这里隆重集会，纪念方光焘（1898—1964）先生、黄淬伯（1899—1970）先生冥诞120周年。1898年是中华文明史上的一个重要年代，这一年，《马氏文通》问世；河南安阳小屯发现甲骨文；敦煌藏经洞被打开；光绪皇帝下诏开办京师大学堂，命改各省书院为中西兼习的学校；严复出版《天演论》；梁启超开设编译学堂，梁主编的《格致新报》、《时务日报》、《中外日报》、《工商学报》等相继问世，梁氏倡导的"新语体"蔚然成风；中国近代白话文运动揭幕，《无锡白话报》问世；戊戌变法失败，谭嗣同等六君子蒙难。仅就语言学史而言，19世纪末20世纪初，章炳麟著《小学略说》、《二十三部音准》和《文始》等书推进了古音学研究；国际上梅耶等人创立了法兰西学派，强调语言研究中的历史比较语言学原则。就学史人物而言，语言学界与方先生同年出生的有古文字学家徐中舒、小说戏曲语言专家孙楷第、文字学家蒋善国，与黄先生同年出生的有著名语言学家罗常培、白话文运动的先驱瞿秋白、汉语语法学家裴学海、语法学家兼古天文学家张汝舟。比黄先生小一岁的有著名语言学家王力，汉学家龙果夫。120年前的国内外文化政史、学志年事大背景，是我们认知方先生的理论语言学，认知黄先生的汉语史学的重要的逻辑参照和历史维度。

方光焘先生的学术成就是多方面的，涉及文艺理论、现代文学和创作、理论语言学等多个方面。就语言学而言,方先生的贡献可概括为以下三个方面。

一是最早在中国传播索绪尔普通语言学即今理论语言学学说。方先生是向中国学术界介绍索绪尔理论语言学的第一人。他曾说:"1928 年索绪尔《一般语言学教程》日文版刊行。读了以后,对研究语言体系又有很大的兴趣,决定终身研究语言科学。"直至 20 世纪五六十年代,方先生初心不改,创建南大中文系汉语语法研究室,翻译、研究、传播索绪尔语言学说,特别是索绪尔"语言与言语相区分"的学说。二是提出了汉语词类划分的"广义形态"说,在方先生看来,抓住了"词与词之间的关系"这个"广义形态"就好办了。方先生用哲理诗般的语言概括汉语语法大厦的建造,"凭形态而建立范畴,集范畴而构成体系",是方先生 30 年代末提出的攸关汉语文法的经典表述。这一表述至今并没有过时。三是在与北大高名凯教授在"语言、言语"的论争中,共同开创了"现代理论语言学和应用语言学"学术新路。

黄淬伯先生在音韵学,特别是古音学研究,训诂学两大领域内做出了重要贡献。黄著《慧琳一切经音义反切考》、《唐代关中方言音系》、《诗经覈诂》是他的三大代表作。古音学研究,自明代抗倭将令戚继光幕僚陈第《毛诗古音考》(1606)以来的四百多年来,古音学研究已由古韵分部发展为古韵构拟。分部和构拟之法,大体有:据先秦韵文,特别是《诗经》、《楚辞》用韵、据中古韵书语音系统上推古音、据汉藏语同源词求证上古音、据方音(中古音,如楚方音、唐五代西北方音等)推证上古音。而第二项又有几种途径:从《广韵》音系入手、从《广韵》以外的音义书入手、从中古韵书中的重纽入手,等等。如此看来,黄先生从著名的《慧琳音义》入手,从中古时期的通语唐代关中方音入手,探寻古音系统,特别是上古音系统,实在是引领了古音研究中的两个方面军,其学问之伟岸、深邃可知。

今天我们纪念方先生、黄先生的目的和意义何在?

一是要继承传统文化,发扬两位前贤的严谨、求实、创新的学风。我们要对中华传统文化始终抱着敬畏之心,而音韵、文字、训诂之学是传统文化中的精英文化、精微之学,"小学"之"小"字含义在此。黄先生从慧琳反切引出唐代关中方言音系,利用清代陈澧《切韵考》卷一"条例"中提出的"系联法",但有很大改进和创新。光用"系联法"系联还不行,黄先生说:"要构拟古代语音,一定要依靠一个确定的音系。"于是参照高本汉《中国音韵学》里的做法,借鉴日译汉音,最后,还要回到历史语音进程中,看它是否符合语音发展的规律。以上过程,可谓经验语音材料的"系联"、参照高本汉借鉴日译汉音建立音系、最后是历史和逻辑相统一的核验。返本开新,传统小学开出现代科学新路,是黄先生成功的秘密。方先生的现代语言学理论最具当代性,但在论著中多次提到和表彰清儒王念孙的成就,心仪尊崇溢于言表。

二是要有现代科学的头脑,培养现代科学的学术精神。如前所说,方先生的"广义形态"是"词与词互相结合"的"关系",与词的意义无关,与词结合而成的句子的意义更是无关,是形式化、超验了的抽象关系和语义逻辑形态,它的属性就是亚里士多德《工具论》反复阐述的第一哲学形上学,就是中国古代《周易传》中说及的"形而上"之"道"。"关系""形态"因为它太抽象,太形式化,甚至虚幻化,很多学者都不易理解,不能把捉。这就是语言学界一次又一次交锋的根源所在。时至今日,我们不能再把第一哲学的形而上研究与孤立的静止的"形而上学"混为一谈。真正的学术研究应当高举第一哲学旗帜,在形式化、数字化、范畴化的现代科学理性的形上性研究中寻觅新的业态。

三是要注意到音韵学、古音学的研究已从古韵分部进入古音构拟。国内外音韵学、古音学新派的学说和成就应当引起我们重视,切莫因噎废食。

(本文是在"纪念方光焘黄淬伯诞辰 120 周年国际学术研讨会"〔2018. 12. 29—12. 30〕开幕式上的学术致辞,后刊于张玉来教授主编《汉语史与汉藏语研究》第五辑,中国社会科学出版社 2019 年 6 月第 1 版)

方光焘理论语言学的思想方法底层是形上学

——纪念方光焘先生诞辰120周年

方光焘（1898.8.21—1964.7.27）是我国著名理论语言学家，早在1918年8月至1924年3月在日本留学时，因学习多种外语，就对语言学产生了兴趣；1928年他读到了日文版的索绪尔《普通语言学教程》，竟然"对研究语言体系又有很大的兴趣，决定终身研究语言科学"，紧接着，1929年方先生去法国里昂大学专攻语言学。20世纪20年代，世界语言学的中心在法国[①]。在这个中心地，承20年代早期以来心仪之一贯，完成了方先生理论语言学的初心始发时期。在30年代末40年代初的文法革新讨论中，以提出"广义形态"为标志，是方先生理论的奠基时期。五十年代后期至六十年代初，以在南京大学中文系担任语言学和语法理论课程教学，全面阐述结构主义和汉语语法理论为标志，是方先生理论的全面发展时期。其中1958至1962年的语言、言语大讨论，又把方先生的理论推向了高峰。方先生在这后两个时期内提出的全面系统理论，其思想方法的底层，无一不是西方和东方，中国和外国早已建树了的形上学说。按理，中外皆备，古已有之的治学方法，应当熟练于心，见知于行，人人都明白的道理，只

① 除索绪尔（Ferdinand de Saussure 1857—1913）以外，房德里耶斯（Joseph Vendryes，1875—1960）、梅耶（Antoine Meillet 1866—1936）都活跃在20世纪二三十年代。房氏1921年出版他的著作《语言》第1版，梅耶1924年开始着论《历史比较语言学中的比较方法》一书，1928年参加第一届海牙语言学国际学术会议，1932年才退出法兰西学院的大学讲坛。

是运用的领域不同,实践效果的不同,取得的成果的大小不同,但一段时间以来,将形上学或称形而上[①]妖魔化了,将它和孤立静止地看问题的形而上学捆绑在一起,成了思想方法的禁区,这对科学发展,学术研究是很不利的。

一 奠基时期“广义形态”说的形上学底层

在文法革新讨论中,方先生认为光提出“妥帖”“完备”“简洁”为评价标准是不够的,甚至有人主张“以句子的意义为骨架”来建立文法体系,这更是错误的。方认为,关键之关键在于要找到建立新文法体系的方法。方说:“在批评一个体系之前,似乎对于建立这个体系的方法,有充分注意的必要。”“体系能否成立,以及经得起事实的验证与否,全看所用的方法如何而定。”[②]这里,把价值标准归结为逻辑真值标准,又把经验事实验证引向为逻辑理性方法。这正是方先生二十年代末就具备的科学识力和方法论眼光,使他一下子就站到了当年文法革新讨论的理论巅峰位置。这里,方先生所说的“方法”就是深深打上了形上学烙印的“广义形态”说。那么什么是“广义形态”呢? 方说:“词与词的互相关系,词与词的结合,也不外是一种广义形态。”汉语既然缺少西语中可直接明确词性的性、数、格那样的形态,“那么辨别(汉语的)词性,自不能不求助于这广义的形态了”;“文法学是以形态为对象的,是要从形态中发见(现)含义”[③]。古今中外,任何一种语言中的词性、文法都离不开形态,汉语也不能例外,而决非词的意义,句子的意义。这里,意义总是经验的,具体可说的,是形而下的;词性、文法是理性的,抽象而难以感知言说的,是形而上的。

关于形而下和形而上的区别,中国古代早就有了。《周易·系辞

① 形而上学、形上学,西语都是 metaphysics,meta—在……之后,超越于;—physics 物理学,也可泛指一切实证科学。可知形而上学、形上学都是说“在物理学之后”或“超越于一切实证科学之上”的“第一哲学”。在西方哲学中,至少在西方哲学的早期,形而上学这一术语并无静止、孤立看问题的意思。

② 参见方光焘著《方光焘语言学论文集》,商务印书馆 1997 年 7 月第 1 版,第 1 页。

③ 参见方光焘著《方光焘语言学论文集》,商务印书馆 1997 年 7 月第 1 版,第 4 页。

上》:“形而上者谓之道,形而上者谓之器。”①《周易传》产生的年代,一说“是战国(前 475—221)中期的作品”②。还早于或与古希腊形上学奠基人亚里士多德(前 384—322)立说大体同时。亚氏本人并没有使用“形而上学”“形上学”这个词。公元前一世纪,亚氏的学生安得罗尼柯在编纂亚氏的著作时,把亚氏阐述的“第一哲学”原理的基本原理的讲稿、摘录、提纲、学生的记录汇集在一起,取名“形而上学”③。《工具论》的大量篇幅是讲形式逻辑的三段论的,它的内在的潜质到底是什么?波兰著名逻辑学家卢卡西维茨是研究亚氏三段论的专家,他以自己创立的“演绎体系和命题演算作为辅助工具来构造形式化的亚里士多德三段论的体系。他用到了命题演算的十四条判断命题,这就是简化定律、交换律、假言三段论定律、归谬定律等。在有些证明中,作者还用到了罗素和怀特海在《数学原理》(Principia Mathematica)一书中所表述的判断命题”。卢氏称:他这样做是“根据作者本人规定的轮廓”,“来建立亚里士多德的三段论的原来的系统”。此外,我国学者还指出,亚氏三段论已经将两个“完全的式”作为公理,将二十二个“不完全的式”作为可以“通过证明,化归为完全的式”呈现出来,但卢氏又“通过符号的变换,推出三段论理论的全部定律,包括换位定律、对当定律等所有二十二个正确的式”④。至于亚氏三段论用得最多的换位法和归谬法,卢氏对于换位法,得到了“所有的不完全三段论的严格地形式化的证明”,对于归谬法,得到了与古希腊斯多亚学派用命题逻辑“复杂易位律”作修正形式相一致的结

---

① 这几句话,清代学者李道平《周易集解纂疏》:“形而上者,无形者也,故谓之道。形而下者,有形者也,故谓之器。”

② 周振甫说:“我们可以断定,《系辞》的基本部分是战国中期的作品,著作年代在老子以后,惠子、庄子(约前 369—前 286)以前。”参见周振甫《周易译注》(重校本),香港中华书局 2011 年 7 月初版,《前言》第 27 页。

③ 参见王晓朝著《跨文化视野下的希腊形上学反思》,人民出版社 2014 年第 1 版,第 189 页。今本《亚里士多德全集》第七卷《形而上学》,苗力田译,中国人民大学出版社 1993 年 1 月第 1 版,书名也是用亚氏学生定的名称。书中无“形而上学”一词。

④ [波兰]卢卡西维茨著《亚里士多德的三段论》,商务印书馆《汉译世界学术名著丛书》珍藏本,2009 年 7 月第 1 版,韩光焘撰《本书述评》第 4、5、6 页。

论[1]。由以上可知,《工具论》全书中三段论的提出、使用、背景、演绎乃至修正等,都是形而上的,其直接表现形态即为形式化、符号化、数字化模式。

如前所说,方先生的"广义形态"是"词与词互相结合"的"关系",与词的意义无关,与词结合而成的句子的意义更是无关,是形式化、超验了的抽象关系和语义逻辑形态,它的属性就是亚里士多德《工具论》反复阐述的第一哲学形上学,就是中国古代《周易传》中说及的"形而上"之"道"。"关系""形态"因为它太抽象,太形式化,甚至虚幻化,很多学者都不易理解,不能把捉。这就是语言学界一次又一次交锋的根源所在。在方先生看来,抓住了"关系"这个"广义形态"就好办了,汉语语法大厦的建造在此,"凭形态而建立范畴,集范畴而构成体系",是方先生三十年代末提出的攸关汉语文法的经典表述。这一表述至今并没有过时,依然在思想方法上闪耀着第一哲学的理性光辉。

在文法革新大讨论中,还有其他一些重大问题被提了出来,对这些问题,方先生也无一不是以形态学视之并加以解决的。这体现了他在理论上的一贯性和彻底性的学术风格。例如:

一是文言文语法与语体文语法不同,是否也涉及词类的不同?方认为,这是两个完全不同的问题。首先,不仅文言文语法与现代语体文语法不同,外语语法与汉语语法更不同。同一个词在文言文和语体文中可能从属不同的类,这说明词类、词性与不同语法体系的关系很大,但光说及这一点是远远不够的,甚至可能把水搅浑,根本问题划分词类的根本标准,方说:"区分词类,是完全以文法的事实做根据的。"[2]说白了,不论何种语言,词性如何确定的问题,那只能以标准形态(西语)或广义形态(汉语)来确定。从这一点看,词类划分的标准与语法体系的不同又是无关的。但这丝毫也不妨碍文言语法与语体文法的区分,要想"建立一个可以通用于文言和语体的国文法新体

① [波兰]卢卡西维茨着《亚里士多德的三段论》,商务印书馆《汉译世界学术名著丛书》珍藏本,2009年7月第1版,第78、85页。

② 参见方光焘著《方光焘语言学论文集》,商务印书馆1997年7月第1版,第7页。

系"是根本行不通的①。其原因,也在于从形态论看问题,文言、语体词与词结合的关系有很大的不同,并无两可的结合关系存在。

二是文法的对象,是研究言语的,还是研究言的?词类划分与句子的关系是否是一线制的?结构关系是否与词序关系、"表现关系"是一回事。方说:"文法的对象是'言语'(languige)同时是'言'(speech)。以'言语'为对象的部门叫作 morphology(形态学)。"而以"言"为对象的部门叫作"句子论",亦即句法学(syntax)。方先生三十年代末讲的"言语"就是后来讲的"语言","言"就是后来讲的"言语"。语法以语言和言语为对象,语法是形态学,依照词本身的形态或词与词的构成关系作研究,而句法学称主语、谓语等按词与词在句子中的组织结构关系来研究,词类划分即词性问题,与主语谓语问题并无太大的区别,都是讲对象的结构关系的,一是语与词构成词组的结构关系,一是词与词构成句子的结构关系。就结构关系即形态而言,两者并无太大的区别。有了这个形上学基本立足点,许多问题都好办了。例如,傅东华"分部依于析句","析句依于分部"的"一线制"提法,直启后来的"依句辨品,离句无品",错误的焦点在于,分部、品,词类与词性的确定在一个个词自身的形态,不在句子。又如,许多学者把形态学专归于研究单语(词),把句法学专归于研究"语词与语词联接关系"的句子,这也是制造麻烦的说法,词类、词性问题是形态学问题,句法研究亦非"联接关系"如词序先后关系,而是结合关系、广义形态关系。两者形态的本质一致,今天常听人把语法叫句法,语法学叫句法学,因两者都是从形态出发的,无大别,诚是也!德国汉学家甲柏连孜说:"汉语的语法其实就是句法,也只能理解为句法。"②又如,以"表现关系"取代广义形态,这其实也是错误的,这不仅"表现关系"容易滑向意义标准,重蹈以词在句子中的意义来划分词类的老路,更重要的是理论上有误,形态关系是形成结构的结合关系,远非"表现关系"。亚里士多德"三段论"中的形上学,都是第一

① 参见方光焘著《方光焘语言学论文集》,商务印书馆 1997 年 7 月第 1 版,第 13 页。

② [德国]甲柏连孜著《汉文经纬》,姚小平译,外语教学与研究出版社 2015 年 10 月第 1 版,第 22 页。

哲学性质的纯形式,那有什么具体"表现关系"的影子,方先生"广义形态"关系是正确的,"表现关系"、语序先后关系,词类(品)与句子不相分离关系,还有其他缺乏纯粹抽象关系的什么关系说,都是错误的。

二 全面发展时期语法理论的形上学底层

方先生的理论,与索绪尔有天然联系,天然就在于都是形而上底层。方先生二十年代开始接触、学习索绪尔,三四十年代之文法革新中尝试运用、实践索绪尔,五十年代则全面研究阐述索绪尔。初衷不改,心仪一贯,其内在的逻辑动因恰恰在于语言的形上性、纯理性的符号性认识,或谓审美上的"心有灵犀",第一哲学是他们共同的审美逻辑。有此理论信念、信仰,方能渗入肌髓,在语言学的符号论、数字化中不断找到新的乐趣,新的课题。

五六十年代,方先生选译了索绪尔《一般(今多译"普通")语言学教程》,作为开设语法学课程专题"索绪尔《一般语言学教程》选讲"(1962—1963)的配套阅读材料①。"选译"和"选讲"都是方先生深入而全面研究索绪尔理论的标志。"选讲"开宗明义地说:索绪尔《一般语言学教程》区分语言和言语,它的"中心论题是:语言是表达观念的记号体系。他讲所有的问题时都贯串这一语言观,他的一切理论都是为了说明这个中心"②。言语在其本质上也是符号性的。作为近现代科学的认识,语言仅仅是先验的形而上的符号体系,与语言所表达的经验性意义无关,这在索绪尔那里是彻底的,在方先生对索绪尔的考虑和方自身的理论体系中也是彻底的。要是将语言仅仅作为音义实体,作为对象化了的存在,作为"有形体"概念,作为可闻可感的时间绵延和空间拓展的经验图像,它就无法给出先验空间规定,

① "选译"见刊于方著《语法论稿》,江苏教育出版社 1990 年 6 月第 1 版,第 253 页至 314 页。选讲的讲词见刊于《方光焘语言学论文集》,商务印书馆 1997 年 7 月第 1 版,第 437 页至 484 页。

② 方光焘著《方光焘语言学论文集》,商务印书馆 1997 年 7 月第 1 版,第 438 页。

因而也就无法进行现代科学的研究[①]。唯其如此，只有超越于经验之上的形式化、符号化了的语言才能现代语言科学的研究对象，形而上语言学才能成为现代科学。围绕语言的形上性，方先生针对汉语研究作出的新的建树有：

一是针对汉语语法研究，意义部/形态部，形态部/形态，功能/意义部与形态部三大对待性范畴的设计和区分。意义部、形态部的区分，来自法国语言学家房德里耶斯，也有人视为义素与形素的区分[②]。方认为，意义部是表示表象观念的语言要素，形态部是表示观念间关系的要素，包括汉语中的音韵要素（音素、音节）。形态部有三种类型：词尾、冠词，元音变化、重音、声调，词序。意义部与形态部的区分，学术界也有把它们叫作意义成分与语法成分的。方先生与众不同之处在于："我把意义部与形态部相结合的整个结构、构造叫做形态；所以形态并不等于形态部。"[③]这显然是"广义形态"说的继续。当人们纠结于功能与意义部/形态部的关系时，方再次举起功能与"意义部/形态部整个结构为形态"的形上学旗帜，方称：功能是一般"词义"，抽象的、范畴化了的"词义"要素的结合能力，故功能存在于意义部要素与要素的结合，存在于意义部与形态部相结合的整个结构中，"功能是指一语言要素与另一语言要素排他地相结合的能力而言"[④]。功能离不开要素结合，但它是能力，不是言语所指的对象自身，它的实施的背景是形而上的，即一般抽象"意义"之语义形上虚体在形上先验时空中完成这种结合的；再说，径直观之，经结合能力而结合成一定的关系即是广义形态。故方先生说："我们的形态标准显然包括有'功能'概念在里面。"[⑤]后来引进叶尔姆斯列夫的语符论，对功能与形态的关系说得更明确（见下文）。

二是关于词类划分的形态标准。方说："形态是划分词类的唯一

① 参见刘晚莹《为何康德没有提出先验空间图型?》，《哲学研究》2018 年第 8 期，第 113 页。

② 方光焘著《方光焘语言学论文集》，商务印书馆 1997 年 7 月第 1 版，第 44 页。

③ 方光焘著《方光焘语言学论文集》，商务印书馆 1997 年 7 月第 1 版，第 45 页。

④ 方光焘著《方光焘语言学论文集》，商务印书馆 1997 年 7 月第 1 版，第 438 页。

⑤ 方光焘著《方光焘语言学论文集》，商务印书馆 1997 年 7 月第 1 版，第 47 页。

标准。”[①]有的学者把词义、形态、句法三项作为词类划分标准时,方说,这里的词义,不应该是具体的、个别的词的意义,而是指一般的、概括的意义,即语义。形态,也不应当狭义地指词的构形和构词法,而应当是意义部和形态部相结合的整个结构关系,即语义与语义结合关系相结合而形成的语义语法结构关系。句法是指“词在句子中担任的职务”,它只能是定词性的次要标准;本来,句子就是词与词的结合,故句法的第一位的意义就是“一词与他词的结合能力”[②],然后才谈得上句子成分。按句法的第一位意义,句法标准只能是形态标准。即使是次要标准,作何种句子成分是功能,而功能在方先生的理论体系中如前所说,也是受形态掌控,并属于形态的。

三是取消汉语“词类活用”说问题。“人民代表”和“代表人民”里的“代表”词性不同。如把“代表”看作同一个词,就产生了词类活用问题。如看作同形同音异义词,是两个词,就无活用问题。方认为,这里的“代表”“显然有两套不同的形态系统”,有两个不同的结构关系,是二词而非一词,不存在“词类活用”问题。今天,从《现代汉语词典》第五版(2005 年)起每个词都标词性,所标词性都是确定的,不存在某词的活用问题。近年来出版的现代汉语语法著作和教科书中也不再提纠结了个把世纪的“词类活用”问题,这正是方先生“词类形态标准”说的必然选择和结果。

这一时期,方先生在理论研究上的贡献有:

其一,在描写语言学引进时对其结构主义理论内核形上学语法思想的坚守。1961 年朱德熙先生发表著名论文《说“的”》,方先生以学术开放的心态对此表示极大的欢迎。说:“朱先生深入地系统地运用了美国描写语言学的分析方法,这是值得我们语法学界重视的一个新尝试。”[③]《说“的”》以分布、功能、音义三种同一性作为判别三种不同语素“的 1、的 2、的 3”的标准。关于语音形式和意义的同一性,方指出,索绪尔《教程》对语言符号同一性有详细的解释,同一只能

---

① 方光焘著《方光焘语言学论文集》,商务印书馆 1997 年 7 月第 1 版,第 46 页。
② 方光焘著《方光焘语言学论文集》,商务印书馆 1997 年 7 月第 1 版,第 47 页。
③ 方光焘著《方光焘语言学论文集》,商务印书馆 1997 年 7 月第 1 版,第 74 页。

"是关系的同一,而不是实质的同一"。关系的同一就是形态的同一,就是在语言形上性范围内讲同一,当与语音和意义无关。此外,朱先生还将形容词区分为性质形容词和状态形容词,方认为,光从"意念"上,即从意义范畴上区分二者是值得商榷的。方说:"抛开语法特征,专从意义着眼,有时我们就很难分辨性质和状态。"①以上可见,方不仅在词类划分上持形态论,在同类词的深层次性质辨析上也是持形态论的。

其二,对哥本哈根学派叶尔姆斯列夫形态功能说的引进和评价。方先生介绍叶的形态功能说时指出,叶的《语言理论导论》里的功能学说,视功能为"满足分析条件的依存关系叫做功能,这个功能的两端就是功能体"②。方结合汉语词类划分标准给予评价,认为叶讲的功能是"功能范畴","只有从相互的依存关系中,从相连功能中,我们才能辨认出各种不同的词类来。在语言过程中,没有同一的相连的功能的词,就不能归入到同一的类。这样的区分方法不是比较传统的方法更能符合语言实际吗?"③叶氏的形态功能说,包括他的全部语符学说,是不折不扣的形上学。方先生是引进索绪尔学说的第一人,六十年代初又成了引进叶氏学说的第一人。方先生坚持第一哲学形上学,始终站在理论语言学的前沿。

三　语言言语大讨论中的两种形上学演绎推理的分野

20 世纪 50 年代末,中国语言学史上掀起了一场罕见的学术大讨论。说是"罕见",一是时间久。如从北京大学的高名凯先生在 1958 年 5 月出版的《中国语文》和 1958 年 10 月编纂出版的专论结集中发表文章算起,到 1963 年 4 月上海教育出版社出版《语言和言语问题讨论集》作为告结,这场大讨论前后经历了五年,其中高潮时期也有四年(1958—1962);二是规模大。无论是赞同高先生"言语有阶级性"提法的,还是赞同方先生"语言言语都没有阶级性"提法的,双方

① 方光焘著《方光焘语言学论文集》,商务印书馆 1997 年 7 月第 1 版,第 80 页。
② 方光焘著《方光焘语言学论文集》,商务印书馆 1997 年 7 月第 1 版,第 82 页。
③ 方光焘著《方光焘语言学论文集》,商务印书馆 1997 年 7 月第 1 版,第 82 页。

都形成了学术方面军;三是内容深,水平高。在双方聚焦的最复杂的"言语作品"的"意义"问题上,双方都有很高的水准;四是影响深远。大讨论为五十多年来我国语言科学事业的发展摸索出了理论导向。仅就今天的学科名称"理论语言学和应用语言学",前半截是方先生和高先生共同关注的课题,且方先生更为关注专致,后半截更多为高先生所关注,并作出了相应的理论创新。应该说,高先生和方先生都熟谙索绪尔语言和言语区分中的形上学,上述方、高论争中有太多的形上学层面的同一性,是无可争辩的事实。但形上学是要进行演绎推理的。我们认为分歧就是形上学推理中发生的。古希腊哲学三大构成本体论(含存在论加价值论)、形上学(含工具论、逻辑学、辩证法)、道德论,形上学与思想方法、逻辑推理不可分割,形上学与逻辑演绎密不可分。

形上学发展到康德,在纯粹形而上的语汇和表达中,形上演绎被揭示为分成先验知性演绎和先验理性演绎两项。两项密不可分,不分高下。除了"言语作品"中"意义"本身的复杂性以外①,"意义"本身的经验理性(知性)和"意义"具备的纯粹理性都要作更深入的哲理思考。围绕形上学研究的深入,康德将知性概念分别进行形而上演绎和先验演绎,以保证先天综合知识的普遍有效性和先天必然性,从而揭示了"真理的逻辑"(以上设为形上演绎推理之 A 段)。但康德在《纯粹理性批判》巨著中,对知识论的形而上研究不仅仅限于知性先验分析,还对纯粹理性概念进行演绎。纯粹理性概念演绎结构同于知性概念演绎结构,也分成形而上演绎和先验演绎两部分(以上设为形上演绎推理之 B 段)。知性与理性的区别何在? 就一般区分而言,知性是借助于规则使诸现象统一的能力,理性是使知性规则统一于原则之下的能力;知性是规则的能力,理性是原则的能力。理性

① 今天看,对意义问题有两种代表性态度,一种以美国的逻辑哲学家蒯因为代表,他继承弗雷格,认为语言的意义与所指不同,主张从语言行为讲意义,将语言所指从意义中赶走;一种是以美国语言哲学家普特南为代表,认为语言中的意义是由语言所指决定的,但所指不是纯粹的客体,决定所指的是经主客体融合而得的不完全精确的约定性的观念,也就是历经从具体到抽象,不断升华而形成的范型(stereotype),它既是一种类化、抽象了的意义成分,也是把意义置于社会应用机制中的链接。

不直接和经验对象打交道，直接针对知性，其工具作用在于通过概念赋予杂多的知性知识以先天的统一。知性形成范畴，理性形成理念。知性范畴与感性直观的联结是合法的。理性原则并不谋求作为构成性原则寻求经验性的运用，只是有可能作为调节性原则，使知性知识获得整理，使知性概念获得扩展，形成统一，促进知性概念客观有效，联结运用实践。再说知性和理性的演绎推理：纯理概念的形而上演绎的目的在于分析理性自身能力，以便寻找纯理概念的来源；知性概念形而上演绎的目的在于证明纯粹知性概念的客观有效性。纯理概念的先验演绎直接关及康德形而上的根本目的，能使我们正确地把握和使用纯理概念，要在更理性地推导出理性的存在者，以防止陷入“先验的幻想”。知性概念的先验演绎是形上演绎的保证，它与“经验性演绎”划清了界限①。从以上两大形而上概念的构成知性概念和理性概念的区分，逻辑先后与时间先后一致的 A 段和 B 段推理的不同，知性和纯粹理性推理特质和内容的不同这三大方面看，语言言语大讨论中的思想方法，高先生从知性形上推理和先验推理走向客体和运用，方先生因其内在的彻底的理论思考和理性气质，从知性形上推理和先验推理走向了纯粹理性的形上推理和先验推理。同样，弗雷格和蒯因也大体属于前一种形上学和先验推理思路，普特南大体属于后一种形上学和先验推理思路。方先生和高先生围绕复杂的“意义”问题所作的形上学推理和先验推理，都是合乎现代思维科学法则的，且纯粹理性领域内的先验推理是更高一级的形上学推理，可知方先生以形上学作为思想方法的底层，是很彻底的。

主要参考文献

方光焘著《语法论稿》，江苏教育出版社 1990 年 6 月第 1 版。

方光焘著《方光焘语言学论文集》，商务印书馆 1997 年 7 月第 1 版。

［美］威廉 · G · 莱肯（Willian G. Lycan）著《当代语言哲学导论》，陈波、冯

① 文中有关康德知性概念和纯粹理性概念的形而上推理演绎和先验推理演绎的区分和各自的内容要点，参见了张廷国、罗正东《康德纯粹理性概念“演绎”初探》、刘晚莹《为何康德没有提出先验空间图型?》二文中的提法，二文均载《哲学研究》2018 年第 8 期。

艳译,中国人民大学出版社 2011 年 2 月第 1 版。

李开主编《理论语言学哲理研究》,南京大学出版社 2010 年 3 月第 1 版。

[波兰]卢卡西维茨著《亚里士多德的三段论》,商务印书馆《汉译世界学术名著丛书》珍藏版,2009 年 7 月第 1 版。

王晓朝著《跨文化视野下的希腊形上学反思》,人民出版社 2014 年第 1 版。

[古希腊]亚里士多德著《亚里士多德全集》第一卷《工具论》,苗力田主编,秦典华译,中国人民大学出版社 1990 年 9 月第 1 版。

[古希腊]亚里士多德著《工具论》,张留华、冯艳等译,刘叶涛校,上海人民出版社 2015 年 8 月第 1 版。

[古希腊]亚里士多德著《亚里士多德全集》第七卷《形而上学》,苗力田译,中国人民大学出版社 1993 年 1 月第 1 版。

[本文为"纪念方光焘黄淬伯诞辰 120 周年国际学术研讨会"(2018.12.29—12.30)参会论文。已刊于张玉来教授主编《汉语史与汉藏语研究》第五辑,中国社会科学出版社 2019 年 6 月第 1 版]

《新编大学语文》的一篇阅读课文导读

阅读课文名:海德格尔《在通向语言的途中·语言》(节选)[①]

导读

本文主要从存在主义哲学的角度探讨语言的本质问题,这也可以看作20世纪存在主义哲学对语言现象及其本质的解析。什么是语言?索绪尔(1857—1913)早就区分了语言和言语,语言是一般抽象形态,犹如棋盘上的格子,言语是个别具体抽象形态,犹如棋子及其随时行走路线。海德格尔(1889—1976)从存在主义说语言,将一切对象物的存在看作世界的本体,循此,语言更是一种对象物的普遍存在,是人类、人性的存在本体,"唯语言才能使人能够成为那样一个作为人而存在的生命体","语言是最切近于人之本质的",语言是"语言说话",是人的"居留之所",是人类存在的家园,语言是人的逻各斯,"人有所运思地寻视于存在物"所能"立即遇到的","语言就是人对内在心灵运动和指道这种心灵运动的世界观的表达"。而"人之说话"即日常的言语表达,只能"把说话委诸语言"。本文是西方语言

① 本文节选自[德]海德格尔《在通向语言的途中》(修订译本)"语言"章,孙周兴译,商务印书馆,"汉译世界学术名著丛书珍藏本",2009年7月第1版。本文是海德格尔在被禁止授课期间为纪念马克斯·科默雷尔(Marx Kommerell,)的一次演讲的讲稿,后来,作者对那次演讲做了一些重要修改,本文所据是在第二稿的基础上翻译的。——译注。

哲学的经典名篇,也是后现代时期存在主义哲学的经典表述。它表明,语言是人类的存在本体,只有研究语言才能研究人类、人性,语言、人是世界存在的本体,只有研究语言和人才能研究整个世界。人类在“通向语言的途中”,正是在通向世界,通向人性,通向“诗意创造”的途中,而这不是“人之所说”(言语)所能做得到的。而索绪尔:只有研究一般的抽象的语言才能揭示语言的本质,不涉及人类和人性,更不涉及世界。了解海德格尔“语言说话”即语言的学说,对于加深大学生的对语言本质的认识,进而从理论上把握文学和语言的关系,是有意义的。许多学者喜欢对话,而海德格尔偏偏喜欢“从事独白”,而他的“独白”,正如本文的译者坦陈:“海德格尔这本著作出奇的难解。在貌似短小精悍的语句里,有的是晦涩曲折的义理。海德格尔喜欢做的词语游戏固然颇多机智,时时体现‘思’的严格和‘说’的庄重,但译者如我,却往往要徒唤奈何。许多时候,译者被逼到了‘不可说’的边界上。”

思考与讨论

1. 语言的本质是什么?海德格尔为什么要区分“语言说话”和“人之说话”?

2. 海德格尔把“语言说话”即“语言”看作人的“居留之所”,“人类存在的家园”,这有何思想理论价值?

3. 海德格尔把“通向语言的途中”看作“诗意的创造”,这对理解他所说的“语言说话”有何意义?你能对此点化,来说明语言和文学的密切关系吗?

延伸阅读

1. [德]威廉·冯·洪堡《论人类语言结构的差异及其对人类精神发展的影响》,姚小平译,商务印书馆,1999 年。

2. [德]约翰·哥特弗里德·赫尔德《论语言的起源》,姚小平译,商务印书馆 1998 年。

3. [瑞典]高本汉《汉语的本质和历史》,聂鸿飞译,“汉译世界学术名著丛书"本,商务印书馆2010年版。

(原载李开主编《大学语文新编》,澳门科技大学2014年印行。2014.5.11母亲节抄录)

汉语文化

《春秋》经文和《左传》所述日食情况制表

春秋纪年	纪元	经文	左传	说明
隐三	前720	三年春，王二月己巳，日有食之。	未及	王二月，周历二月，月建丑。己巳，初一。据杨伯峻为前720年2月22日之日全食。“日有食之”即日食，下同，四字格当时习惯表达。
桓三	前709	秋七月壬辰朔，食有日之，既。	未及	既，尽，日全食。据杨为前709年7月17日之日食。杨引朱文鑫、何幼琦谓日食在周八月。
桓十七	前695	冬十月朔，日有食之。	冬十二月朔，日有食之。不书日，官失之也。	官，史官。杨据《春秋长历》之推算，是日为庚午，为前695年10月10日之日环食。朱、何皆以为在周历十一月，何且谓庚午朔。
庄十八	前676	十有八年春，王三月，日有食之。	未及	据杨为前676年4月15日之日全食，全食在16时22分，尽在昼中，中原可见。

续表

春秋纪年	纪元	经文	左传	说明
庄二十五	前669	六月辛未,朔,日有食之。鼓,用牲于社。	夏六月辛未朔,日有食之。鼓,用牲于社,非常也。唯正月之朔,慝未作,日有食之,于是乎用币于社,伐鼓于朝。	经文击鼓于社,用牺牲祭祀于社。传文:非常,不合礼。正月,杨谓正阳之月,周历的六月,夏历的四月,阳气正盛。慝,阴气。币(幣):帛、玉帛,这里指玉。用币,用玉器祭祀。伐鼓,击鼓。朝,朝廷。杨谓此次日食只能"币于社""鼓于朝",而"鼓于社,牲于社"是僭用天子之礼。朱、何俱谓七月辛未朔。据杨为前669年5月27日之日环食
庄二十六	前668	冬十有二月癸亥朔,日有食之	未及	杨谓"相当于公历11月10日之日环食"。《诗·小雅·十月之交》"朔日辛卯,日有食之",至此相距一百有八年余,39512日,适合六交食周。按:日地月三者会合运动形成日食、月食同时出现,周期为18年零11天稍多,即6585.32日,六个交食周期如数。
庄三十	前664	九月庚午朔,日有食之。鼓,用牲于社。	未及	参庄二十五。据杨为8月28日之日全食。
僖五	前655	九月戊申朔,日有食之。	未及	据杨为前655年8月19日之日全食。
僖十二	前648	十有二年春,王三月庚午,日有食之。	未及	杨据王韬《春秋日食辨正》谓此商历三月,周历四月,当前648年4月6日。杨又称"据今法推算,此次为日全食,食甚正当正午12时15分35秒"。

续表

春秋纪年	纪元	经文	左传	说明
僖十五	前645	夏五月,日有食之。	夏五月,日有食之。不书朔与日,官失之也。	经文“食”一本作“蚀”。杨据朱文鑫《天文考古录》云:是月之日食,在4时41分。初亏固在夜中,复圆日尚未出,并无带日,中原不可得见。又引冯澂《春秋日食集证》“是年在寅月(按:周历三月,夏历正月)甲申朔日食,周正建子,当在三月”。冯说经文误三为五。
文元年	前626	二月癸亥,日有食之。	未及	杨注:“史官不书朔,当是以癸亥为晦日(农历每月的最后一天)而日食。”并说:“此二月癸亥之日食,盖当时历法误以三月之朔为二月之晦,故不书朔,非字之误。”杨并引朱文鑫《春秋日食考》云:“《春秋》日食37,书日与朔者27,书朔不书日者1,书日不书朔者7,不书日与朔者2。自隐公3年至宣公17年,凡128年,记载日食15,书朔者7,不书朔者8。自成公16年至哀公14年,凡94年,记载日食22,书朔者21,不书朔者1.由此观之,宣公以前平均8年半书1日食,而不书朔者多,成公以后,平均约4年半书1日食,而不书朔者仅1,足证当时历家已知日食之必在朔,而观测所得,亦有合于天象,故后之记载较胜于前也。”按:朱氏所说的37次,含襄公21年、24年误记的2次。

续表

春秋纪年	纪元	经文	左传	说明
文十五	前612	六月辛丑朔,日有食之。鼓,用牲于社。	六月辛丑朔,日有食之,鼓,用牲于社,非礼也。日有食之,天子不举,伐鼓于社,诸侯用币于社,伐鼓于朝,以昭事神、训民、事君,示有等威,古之道也。	不举:不废食撤乐。据杨注为前612年4月21日之日食。
宣八	前601	秋七月甲子,日有食之,既。	未及	杨注:七月无日食,十月甲子朔有全食,自西北至江苏俱可见,则“七月”之“七”必为“十月”之“十”之误。因《史记·十二诸侯年表》亦作“七月,日蚀”,则自西汉已误,或《史记》不误,后人据《春秋》之误改《史记》。疑经文本“秋七月”三字,“日有食之”四字在下文“冬十月”下,文讹脱久矣。
宣十	前599	夏四月丙辰,日有食之。	未及	杨注:“丙辰,朔日。”据杨为前599年3月6日环食。
宣十七	前592	六月癸卯,日有食之。	未及	杨注:“六月乙巳朔,不当有癸卯,且是月无日食,惟五月乙亥朔确有日环食,曲阜可见一分以上,不知是否日月有误。王韬则推算宣公七年六月癸卯朔有日食,而误为十七年,冯澂《春秋日食集证》亦云:‘王韬之说是也。’疑错简。”
成十六	前575	六月丙寅朔,日有食之	未及	据杨为前575年5月9日之日全食。

续表

春秋纪年	纪元	经文	左传	说明
成十七	前574	十有二月丁巳朔，日有食之。	未及	据杨为前574年10月22日之日全食。
襄十四	前559	二月乙未朔，日有食之。	未及	此周历二月初一据杨当西历1月14日，以今推测，为日环蚀，经长江黄河间，鲁能见之。
襄十五	前558	秋八月丁巳，日有食之。	未及	据杨丁巳为周历七月初一，相当于西历5月31日之偏食，食甚时为8时25分4秒。
襄二十	前553	冬十月丙辰朔，日有食之。	未及	据杨此乃公历8月31日之日环食。
襄二十一	前552	九月庚戌朔，日有食之。冬十月庚辰朔，日有食之。	皆未及	据杨九月日食为公历8月20日之环食，西北至东南皆能见。十月据杨说“此日不入食限，史官误记，或司天者误认。两月比食虽有之，惟皆为偏食，而非同一地所能迭见。若全食、环食之后，决无两月连食之理。九月朔既是环食，十月绝不能再食”。
襄二十三	前550	二十有三年春，王二月癸酉朔，日有食之。	未及	据杨此为公历1月5日之环食，自新疆至福建皆能见之。
襄二十四	前549	秋七月甲子朔，日有食之，既。八月癸巳朔，日有食之。	皆未及	据杨七月日食为公历6月19日之全食，并称经书“既”盖由目验。杨说，七月朔既已全蚀，八月朔决无再蚀之理。或以为史官之误。又引邹伯奇《邹徵君遗书》谓“盖文十一年八月日食，脱简于此”。冯澂《集证》亦云：“当是文公十一年八月癸巳朔日食，脱简于此。”

续表

春秋纪年	纪元	经文	左传	说明
襄二十七	前 546	冬十有二月乙亥朔,日有食之。	十一月乙亥朔,日有食之。辰在申,司历过也,再失闰矣。	经、传月不同,杨谓此公历10月13日之日全蚀。辰在申,斗柄指申,亦月建在申,周历九月。传为十一月,相差两个月,故谓司历过,两次当加闰而未加。
昭七	前 535	夏四月甲辰朔,日有食之。	夏四月甲辰朔,日有食之。晋侯问于士文伯曰:"谁将当日食?"	杨谓此公历3月18日之日全蚀。"当日食"受日食之灾祸。士文伯的回答最终落实在有无善政上,有善政,含用贤人、为民做好事、顺从时令。
昭十五	前 527	六月丁巳朔,日有食之。	未及	据杨为前527年4月18日之日环蚀。并称周历当五月丁巳朔。
昭十七	前 525	夏六月甲戌朔,日有食之。	夏六月甲戌朔,日有食之。祝史请所用币。	"请所用币"即请示用何物祭祀社神。杨注:"此年六月无日食,日食在周正九月癸酉朔,而据《传》文,亦在周正六月。《传》文或是错简。此年应有闰,若闰在十月以后,则为周正十月癸酉朔。"据杨此次日食当在周历九月(夏历七月),或周历十月(夏历八月)。
昭二十一	前 521	秋七月壬午朔,日有食之。	秋七月壬午朔,日有食之。公问梓慎曰:"是何物也?祸福何为?"对曰:"二至二分,日有食之,不为灾。"	据杨为前521年6月10日之日全蚀。二至、二分指冬至、夏至,春分、秋分。梓慎已知日食是日月地运行到同一直线上,月球遮住了日光。但梓慎又认为这是阳(日)不胜阴(月),要有水灾,甚谬。
昭二十二	前 520	十有二月癸酉朔,日有食之。	未及	据杨为前520年11月23日之日全蚀,鲁未能见全蚀。

续表

春秋纪年	纪元	经文	左传	说明
昭二十四	前518	夏五月乙未朔，日有食之。		杨说此前518年4月9日日环食，起于西伯利亚西部，略偏东，即向西北而入北冰洋，鲁都不能见，诸家皆以为入食限，仅推算得之。参朱文鑫《历代日食考》及冯澂《春秋日食集证》。
昭三十一	前511	十有二月辛亥朔，日有食之。	十二月辛亥朔，日有食之。是夜也，赵简子梦童子羸而转以歌，旦占诸史墨，对曰："六年及此月也，吴其入郢乎？终亦弗克。"	据杨为前511年11月14日之日全蚀。羸，裸。吴攻入郢都在定公四年（前506）十一月。申包胥哭于秦廷，秦出兵败吴。与史墨预言"六年"后差一年一月。史墨占梦灵验，巧合也，实以当时历史背景分析为据，以有据之说作无据之占梦表述也。
定五	前505	五年春，王三月辛亥朔，日有食之。	未及	据杨为前505年2月16日之日环食。
定十二	前498	十有一月丙寅朔，日有食之。	未及	据杨为前498年9月22日之日环食。
定十五	前495	八月庚辰朔，日有食之。	未及	据杨为前495年7月22日之日全蚀。
哀十四	前481	五月庚申朔，日有食之。	未及	杨谓"此乃4月19日之日全食"。

以上这些日食记录，是《春秋经》和《左传》语言哲学的组成部分。《春秋》记载了从隐公元年（前722）至哀公十六年（前479，孔子卒年），共244年历史，由上表，可知244年内共记录到日食35次，约每隔7年有一次。

日食记录是一些自然史实,一方面,通过自然史实的分析,我们可以看到某些概念与自然史之间的对应关系,表中已列出的《春秋》、《左传》、后人注释,孔子、左氏、今人之间的不同对应和说法,本身就是语言哲学的内容。后期维特根斯坦强调哲学就是概念研究和语词分析,而这一任务的完成很大程度上就是经概念与自然史实间的不同关系的描述实施的。另一方面,把这些自然史实摆出来,如同我们列出表格摆出来那样,本身就是语言哲学。维特根斯坦说:“哲学只把一切都摆在我们面前,既不作说明也不作推论。——因为一切都一览无遗,没有什么需要说明。因为隐藏着的东西,乃是我们不感兴趣的。人们可以用‘哲学’这个名称来称呼在一切新发现和新发明之前为可能的东西。”又说:“哲学家的工作就在于为一个特定的目的搜集提示物。”“如果有人试图在哲学中提出论题,对这些论题就永远不可能产生争论,因为人人都会同意它们”。难以引起争论,人人都会同意的,一般说,只有自然史实,如日食记录即是。将这些记录钩沉、联接,形成了一定语境,在此语境中既有事实裁决,又有科学的理性裁决,“搜集提示物”,摆放状态,“一切都一览无遗”,大都同意,无多争辩,语言哲学充实其中。这正像维特根斯坦那样,“展现语言游戏(维氏哲学术语)背后坚硬的自然事实,以此来消解哲学问题的误解的产生”,语言哲学充实其中。如注重知识考古,《春秋》经文、《左传》是记述,叙事,表中“说明”栏则是后人的知识考古。如表中宣公八年条,是典型的知识考古例。

35 次日食记录中,《左传》涉及者仅 9 次,由上表可知,《左传》涉及者都是与社会人事有关处可予叙事议论者。最有代表性的是庄公二十五年和文公十五年。这两年都讲到发生日食后只有周天子才能“鼓于社,牲于社”,诸侯只能“币于社,鼓于朝”,否则是犯僭越之罪。天子和诸侯这样做,都是为了“以昭事神、训民、事君、示有等威”,而行“古之道”。日食,纯自然现象,限于当时的科学水平,错移置于人事,形成特殊语境下的“人工自然”和语言表达,在神庙里击鼓、祭祀牺牲、在神庙里用玉器祭祀、在朝廷上击鼓,成了神话般的修辞学美文表达。这种表达意义不凡,那是要借以行古礼,行“古之道”的。

(2018 年 10 月 15 日)

主要参考文献

杨伯峻编著《春秋左传注》(修订本,全四册),中华书局 2009 年 10 月第 3 版。[附记:1981. 3 第 1 版,1990. 5 第 2 版。杨伯峻 1909—1992]

李梦生撰《左传译注》(全二册),上海古籍出版社 2004 年 7 月新 1 版。

《辞源》第三版释义研究:以丑集为例*

《辞源》百年,历经起自1908年的首次编纂,至1915年10月以甲乙丙丁戊五种版式分上下两册出版的第一版,以及继后的《辞源》续编初版本(1931年12月)、续编增订本、正续合订本(1939年6月)、简编本(1949)和卫星辞书各类百科词典,诸如植物(1917)、中国人名(1921)、医学(1921)、动物(1923)、教育(1928)、地质矿物学(1930)、中国古今地名大辞典(1932)等;又经历1958年《辞源》被明确为"语词为主,百科为辅",以作为阅读古籍用的工具书和古典文史研究工作者的参考书为编纂目标,尽可能全地收录古汉语语词和有关古代文献、古代文化中的百科知识条目。从中国词典史看,《辞源》是中国现代词典之母。此后在特殊的年代里历经跌宕起伏,经学界同仁的艰苦卓绝的努力,1964年出版了修订稿第一册,1979年7月至1983年12月出版了《辞源》修订本第一至四册,此后又有两卷豪华本和单卷缩印本,2010年出了1979年修订本的重排本。今天,已确定2015年《辞源》是第三版,那么,1979年版是第二版,三版一百年,间隔为六十四年和三十六年,怅触沧桑,感慨巨变!欣逢盛世修典,值此新版问世之际,忻喜云何!鼓舞云何!王宁老师曾说过:"词典实际上是以字头、词条为集结单位的全方位文化史。"百年《辞源》

* 基金项目:2014年度国家社科基金后期资助项目(12FYY001)子项目。

实际上是百年中华文化研究史的集中投射和全面反映。据说有关文化的定义已近170个，恕拙拟再加一个：文化是人类在物质领域、精神领域、语言世界领域自觉的主体实践创造的产物。词典将这三种文化都尽入“于橐于囊”，既然以词语的面貌出现，词典文化当然首先属于语言世界领域内的文化，应当首先从语言学、词典学的视角研究之，释义是最重要的切入点，亦所谓“释义是词典的灵魂，书证是词典的血肉”之类。

《辞源》第三版的释义注重单音节字头的释义对复音词义素的全覆盖，百科条目的释义自有其优势；凭书证释义，释义与书证间的关系更为紧密。释义的语义逻辑结构除了经验性结构之外，还可以从义项顺序，释义方法等入手分析其形上性的语义逻辑结构。

一　单音节字头的释义及其与复音词释义的关联

第三版的义项设置要比第二版丰富得多。二版《夂部》“夆”字“符容切”下只列一个义项“牵挽”，以字书《尔雅·释训》为证。三版“夆”字“符容切”下收了五个义项：

> 1 牾，相迎。引《说文》、段注、徐灏笺。2 牵引。见“甹夆”。该参见条下引有《尔雅·释训》、郭注、孙炎疏为证。3 厚，丰厚。通“丰”。引马王堆汉墓帛书本《老子》乙本《德经》为证，并与王本《老子》对照。4 通“锋”，引《古今杂剧·追韩信》。5 通“峯”，引宋王象之《舆地纪胜》。

基本面貌与二版完全不同。就释义方法而言，二版、三版皆用同义相训法，但三版义项丰满，令人信服。就书证而言，二版仅字书《尔雅》一例，严格讲，字书因其抽象性高，不能与标准化的语境言语活书证相媲美。三版有马王堆《老子》、《古今杂剧》、《舆地纪胜》三例活书证，二版无。即令引字书，三版同一义项下的参见条引字书《尔雅》，另郭注、孙疏。“牾”义项下引《说文》、段注、徐笺。总之，三版字书证例亦力求丰满充盈，到位尽意而后快。

第三版《夊部》新增字头“夆”字,字形与“夆”字近似,仅三横为斜笔。该新字头下有两个义项:

> 1 在险要处设障。引《说文》、段注、徐笺。引明张两《边政考》用例。2 地名。引《说文》“南阳新野有夆亭”。

《汉语大字典》也收有“夆”字,释义亦确,但只有字书证例,无《边政考》那样的活书证。《汉语大词典》无此条。

单字头的释义是针对其本身的,不应把用例中的其他字义掺入。例如“多”字,第三版:

> 4 赞许。《韩非子·五蠹》:“以其犯禁也罪之,而多其有勇也。”《后汉书》四九《仲长统传》:“统谓(高)干曰:‘君有雄志,而无雄才,好士而不能择人,所以为君深戒也。’干雅自多,不纳其言,统遂去之。”

第二版 释义为“赞许,自负”,引书证全同。《韩非子》例无“自负”义甚明。“自负”义来自《仲长统传》高干“自多”,自己赞许自己,自夸,自负。二版当释“多”,不当释“自多”,故三版是,二版误。

单字头的释义应做到音义一统,即能厘清音义板块,在表现形式上要分头序号。例“梦”字条下。第三版:

> 1. mèng 莫凤切,去,送韵,明。蒸部。说文作“㝱”。1 睡眠中的幻象,引《墨子·经上》“梦,卧而以为然也”。2 想象,杂念,引《荀子·解蔽》“不以梦剧乱知,谓之静”并注“梦,想象也”。3 湖泽,引《楚辞·战国楚·宋玉〈招魂〉》“与王趋梦兮课后先”并注:“梦,泽中也。楚人名泽中为梦中。”又特指云梦泽,引《左传·昭三年》用例。4 姓。传为战国吴王寿梦之后。
>
> 2. méng 莫中切,平,东韵,明。蒸。1 不明,引《说文》“梦,不明也。从夕,瞢省声”又清王夫之《说文广义》三。2 昏乱。3

最细的雨。

第二版的释义同第三版,但是二版义项两个音义系统统排1至7号,三版分开排列第一音义板块的1至4号,第二音义板块的1至3号,这无疑是非常正确的,不啻是编纂体例上的改动,而是释义之必须。

单字头的释义,第三版要增加义项是件困难的事,因作为古汉语单音节词,第二版下过许多工夫,但第三版单字头义项的增加仍可每每见到,原因是三版对书证材料的挖掘登临新的高度。例如三版“可”字下:

> 8通“何”。引《晏子春秋》外篇“自是观之,茀(读bèi,孛星,彗星)又将出,天之变,彗星之出,庸可悲乎”?并引王念孙《读书杂志·晏子春秋二》“可读曰何,何、可古字通”。

此义项二版无。三版成立此义项是新书证的发现和王念孙解释的确认。又如三版“吉”字下:

> 1善,美。引《逸周书·武顺》“礼义顺祥曰吉”。又引《史记·夏纪》“始事事,宽而栗,柔而立……章其有常,吉哉”!又《集解》引孔安国曰“吉,善也”。2吉利,吉祥。与“凶”相对。引《易·系辞》上“吉,无不利”。引《国语·晋一》“献公卜伐骊戎,史苏占之,曰:‘胜而不吉’”。

二版这两个义项是合并的:“善,利。和‘凶’相对。引《逸周书·武顺》”。三版“善,美”,二版“善,利”,都是“同义相足”,释义本身都无问题。三版“善,美”独立为一项,纯为据出《史记》和裴骃《集解》;三版 成立“吉利,吉祥”义项,纯为据出《易传》和《国语》用例。假如没有这些证例,光靠语义辨析而实行三版的义项分立,显然是不可能,也是不足为训的。

单字头的释义,一个重要的原则是单字头义项要涵盖所有复音

词的义项中的相关义素,不使复音词"裸露在外"。例如"土"字他鲁切上声姥韵下收了11个义项:

> 1地面上的泥沙混合物,引《书·禹贡》"厥贡惟土五色"。意即"进贡的物品是五色土"。2土地,田地,引《书·禹贡》"桑土既蚕,是降丘宅土",又引《荀子·富国》"今是土之生五谷也"。3国土,领土。引《礼·大学》"有人此有土",意即有百姓才有国土。4故乡,引《汉书》一〇〇上《叙传》"(高祖)断怀土之情"。5地方,引《诗·魏风·硕鼠》"适彼乐土"。6土著,引《南史·纪僧真传》"土反,被困危急"。7社神,引《公羊传》三一年"诸侯祭土",土指社神。8度,测量,引《周礼·地官·大司徒》"以土圭土其地而制其域"。9五行之一,引《书·洪范》"五行……五曰土。"10八音之一引《周礼·春官·大师》"皆播之以八音:金、石、土……"参见"八音廿"。11星名。见"土星"。

"土"字所带复音词合1义项的有:土工(陶土工、泥工)、土山、土方、土木、土父、土牛、土功、土古、土刑、土灰、土肉、土形、土坑、土步、土作、土河、土芥、土花、土狗、土室、土炭、土约、土釜、土气、土候、土梗、土卤、土偶、土豚、土笋、土遁、土鼓、土塯、土稚、土团、土阓、土锉、土龙、土墼、土强、土篚、土螽、土壤、土囊、土笼、土山头、土木堡、土附鱼、土虺蛇、土马鬃、土拨鼠、土馒头、土木形骸、土牛木马、土青木香、土崩瓦解、土阶茅屋、土龙刍狗、土壤细流,共60条。合2义项的有:土毛、土化、土田、土瓜、土宇、土地、土芝、土宇、土芋、土豆、土利、土卵、土宜、土事、土物、土英、土茄、土脉、土业、土会(kuài)、土满、土膏、土鸭、土橿、土桧、土藷,共26条。合3义项的有:土中、土域、土国、土揖、土境、土疆,共6条。合4义项的有:土姓、土军、土思,共3条。合5义项的:土弁、土司、土均、土官、土空、土垠、土风、土酒、土训、土贡、土豹、土产、土货、土酥、土豪、土铫、土仪、土职、土断、土俗书,共20条。合6义项的有:土目、土俗、土著,共3条。合7义项的有:土伯、土祇,共2条。合8义项的有:土圭、土(度)蛊,共2条。合

9 义项的有：土性、土神、土德，共 3 条。合 10 义项的：〇条。合 11 义项的：土星、土精、土曜、土功吏、土司空，共 5 条。以上复音词义素可对应单字条义项者共 129 条。尚有：土门、土蕃、土蝼、土铁、土鳖、土社津（津渡名）、土伯特（吐蕃）、土门江、土默特，土尔扈特，共 10 条不可对应。这 10 条"土"字为非语素，只是记音字，整个词条是多音节单语素。第二版未分出"地方、土著、星名"三个义项，但收有土司、土官、土风、土豪、土著等词条，以至这些词条的相关义素无所附丽。二版未列"星名"义项，亦无三版收录的那 5 条星名。

复音词对应字头的音训板块，是释义的前提，也是释义的组成部分。对应错了，谈不上正确的释义，对应准确，进入复音词本身的释义程序。二版"夏"字下有两组音训，胡雅切上声马韵与胡驾切去声禡韵合为一组，今都读 xià，另一组是释义为"木名"的 jiǎ，复音词只有一个"夏$_2$楚"。三版"夏"字头下：

> 1 xià 胡雅切，上，马韵，匣。鱼部。字头义项有华夏，诸夏，西夏，五色，姓氏等。2 xià 胡驾切，去，禡韵，匣。鱼部。字头义项有夏天。3 jiǎ《集韵》举下切，上，马韵，见。鱼部。字头义项有木名，通"榎"、"檟"，见"夏$_3$楚"。另有义项地名用字，见"阳夏"的第 2 义项。

于是，对应 1 号音训板块的有夏口、夏水、夏正等 60 条，对应 2 号音训板块的有夏$_2$五、夏$_2$日、夏$_2$半等 26 条。复音词对应单字头板块，总是会包含该板块内的义素，故对应本身就是释义。例如三版新增的"夏丘"为"县名。西汉置，属沛郡"已暗含 1 号内义项的义素成分。新增的"夏门"为"东汉洛阳城门名"，曹操有《步出夏门行》诗，也已含 1 号内义素成分。第二、三版都有的"夏篆"为"车上的五采雕刻"，"夏缦"为"车上的五采车饰"均含 1 号内义项"五色"的义素。别以为"夏正"为"农历正月"、"夏小正"为"传说孔子所得夏四时之书"、"夏时"为"农历"、"夏历"为"阴历、农历"皆对应 2 号音训板块含"夏天"之义素当作"夏$_2$∽"，词目作"夏∽"不作"夏$_2$∽"，已经表明它们与1号板块的“夏代”有关。由此可知,第三版严于音义组的细分,讲究古代音义至现代读音的传承一致,往往设有多个音义组,复音词分出“某∽”“某$_2$∽”“某$_3$∽”“某$_4$∽”等等以对应之,这本身就是释义辨析,认知义项义素的过程。复音词与单字头音义组对应完全以释义为前提。

二 从百科条目的修订例看第三版释义的准确度

语词的释义可以遵循模态逻辑,百科条目的释义一般都应遵循形式逻辑。现举出丑集“夕桀”条,下面在1979年修订本和2010年重排本的基础上修订(中括号内为删除说明或增改,小括号系原文):

> 古算术名。在九数之外,系汉代人所增。[亦为勾股运用术。]见《周礼·地官·保氏》注疏。宋秦九韶的《测望·九问·造术》的第五问为“遥度圆城”:“问有圆城周径,[“周”字后当逗,以明确是周长和直径]四门中开,北外三里有乔木,出南门便折东行九里,乃见木。欲知城周径各几何。[“周”字后当逗,有“各”字,更知当逗]圆用左法。以勾股夕桀求之。”按夕是斜的意思;桀是标,即题中的乔木的顶端。出南门折东行九里,为直角三角形底边的长度(勾);斜望之,看见乔木末梢,目测到了直角形斜边的长度(勾和弦),[删去“斜边”二字,删去“长度(勾和弦)”五字,“的”字后补:另一直角边的高度(股,乔木的高度),已知勾和股,]就可以用勾股定理计算出城的直径和周长。[“计算”后改成:出城的范围圆的直径(弦)和周长。]参阅清张文虎[①]《舒艺室随笔》一。

① 张文虎(1808—1885),清南汇周浦(今上海市浦东)人。家贫,靠友人资助入学。成年后即到金山钱氏家坐馆,历30年。曾任曾国藩幕僚。1883年受江苏学政黄体芳之请,出任南菁书院第一任院长。精于文史、天文、数学、校勘,助钱熙祚辑校《守山阁丛书》,自著有《古今乐律考》《史记札记》《舒艺室随笔》《舒艺室诗存》《舒艺室全集》《周初朔望考》等。

今本的改动后有以下优点:1. 明确了这是古代勾股运用术;2. “周”字后逗区分了圆周长和直径,“各”字是当逗的内证。3. 目测无法测知斜边,原稿显误。目测到的只能是另一直角边股,即乔木的高度。4. 要求解的是由出城范围构成的大圆的直径,即直角三角形的弦,以及大圆的周长。由勾股定理和圆周率即可获解之。

宋代数学家秦九韶(1202—1261)着有《数书九章》,全书二十万言,“设为问答以拟于用”,将81个问题分成九类,每类各九题。其中第四类是“测望类”,讲勾股等测量问题,有“遥度圆城”题。近人钱宝琮曾批评说:“我们以为他在著作中也有好高骛远,哗众取宠的作风。例如《数书九章》卷八‘遥度圆城’题是一个三次方程的问题(按:当为二次方程),他却用十次方程来解答。”又说:“又因他急于成书,写稿时不够严肃,计算时不能严密,书中就有不少可以避免的错误。”[①]与张文虎同时代的顾广圻(1766—1835)也曾批评说:“其题问与术草不相应,或术与草乖甚,且算数有误者,则当日成书后未经亲自复勘耳。”由此可见,张文虎拈出“遥度圆城”问题自有其用意,无非一正其学风,二正其“术草”而纠错,罢黜勾股十次方之神话,化计算法之繁复为简约。可知《辞源》丑集“夕桀”条在数学史上意义重大,不可不审察之。第三版对该条目的修订,是有重要历史价值的。

三　释义和书证的关系种种

前面,我们已就单字条目谈到义项与书证间的关系。释义与义项还是有区别的[②],简言之,义项是对相关语义链的刈断而形成一个个的独立的语义空间存在,释义是对这些独立的语义空间存在的命名、解释(含解释方法)和相关历史语义的交代。例三版《夂部》“夎”字头下:

① 参见钱宝琮《秦九韶〈数书九章〉研究》,载《李俨钱宝琮科学史全集》第九卷,辽宁教育出版社1998年12月第1版,第617、618页。

② 参见李开《现代词典学教程》,南京大学出版社1990年版,第七章、第八章中的有关论述。

> 叐 wǎn 亡范切,上,范韵,微。谈部。1 脑颅骨,引《说文》“叐,瑙(𡿺)盖也”,并清段玉裁注“𡿺盖者,人囟也”。2 马头上的金属饰物。后作“錽”,引《晋书·舆服志》“左右騑骖,金叐镂钖”。引清段玉裁《说文解字注》“叐”“司马彪《舆服志·乘舆》‘金錽’,刘昭引蔡邕《独断》曰:‘金錽者,马冠也。’……其字本作金叐,或加金旁耳。马融《广成颂》‘杨金叐而拖玉瓖’,字正作叐可证。”今本《后汉书·马融传》《广成颂》讹作“嵏”。唐·李贤注:“嵏音无犯反,一音子公反。”误将两字两音混而为一,先误其形,后误其音。

此字二版失收,三版的两个义项的释义,1 义项据《说文》和《说文段注》作出全称判断,2 义项据《晋书》、《说文段注》、刘昭引蔡邕、马融《广成颂》、《广成颂》异文、李贤注等写成,不仅冠以全称判断“金属饰物”之类,还就相关问题作了历史语言学的交代,如异文的证伪,“误形”“误音”之类的历史序变。正因为如此,对“误形”的纠正又反映到“嵏”字头下:

> 嵏 zōng 子红切,平,东韵,精。东部。1 鸟飞时把足收敛起来,见《说文》。引《尔雅·释鸟》作“翪”。2 聚,引《广雅·释诂三》“嵏,聚也”,并清王念孙《疏证》引《诗·陈风·东门之枌》“越以鬷迈”郑笺:“鬷,总也”。3 古国名。见“三嵏”。4“叐”的讹字。参见“叐”。

以上可谓“叐归叐,嵏归嵏,叐下求真,嵏下辨伪,泾渭分明,各得其宜,语料之工,书证证就”。第二版既无“叐”字条,只好将《后汉书·马融传》《广成颂》讹作“嵏”的内容列入“嵏”字条下:并在“嵏”字的第二义项下以《后汉书·马融传》《广成颂》的讹字“嵏”释为“马头的饰具”,显然失当。

释义和书证的关系,辨书例是否成词很重要,是能否作释义作业的第一步。例“夔一足”条,第三版云:

传说尧任命夔为主持音乐的官，一人已足，引《韩非子·外储左下》“哀公问于孔子曰：‘吾闻夔一足，信乎？’……尧曰：‘夔一而足矣。’使为乐正。”见“一夔已足”。

第三版“一夔已足”、“一夔”下虽广其义，但未脱离“夔，人名，尧（一说舜）时的乐正官”这个语义中心。二版“夔一足”下：1 神话传说中的怪兽。《山海经·大荒东经》：“有兽，状如牛，苍身而无角，一足，名曰夔。”2 见“一夔已足”。问题是，“怪兽”释义下无“夔一足”三字连用的书证，亦即古代无“夔一足”三字连用指“怪兽”的。“一足，名曰夔”五字，无法满足“夔一足”三字的形式构成，故删；而“乐正夔一人已足”说有直接满足词形“夔一足”的《韩非子》用例。故第三版仅仅立乐正夔说为条目并释义。

四　释义的语义逻辑结构分析

释义过程中近义解释间的辨析，是确立义项的必要工艺，从理论上说，这一工艺是经验性的语义逻辑结构的分析。对汉语历史语言词典来说，这种经验性的语义逻辑辨析不在形上性的逻辑关系中进行，而常常由经验语料书证来裁决，这可以说是汉语历史语言词典得天独厚的优越条件。例如：“傍晚”和“夜晚”在现代汉语中是“临近晚上”和“晚上”的区别，但都在晚上了，就像“黄昏”和“夜里”都已入夜那样，有区分，但还大有“模糊语言学”插足的余地。《现代汉语词典》第六版“夕”字下虽然列出了义项“傍晚”，但第二义项“泛指晚上”，实际上是把“傍晚”和“夜晚”并观的，而《辞源》第三版“夕”字条下：

xī 祥易切，入，昔韵，邪。铎部。1 日暮，傍晚，引《诗·王风·君子于役》“日之夕矣，羊牛下来”。2 夜晚，引《诗·唐风·绸缪》“今夕何夕？见此良人”。3 略。4 傍晚时臣子朝见君王。引《左传·昭十二年》“右尹子革夕，王见之”。引唐. 柳宗元《柳先生集》十六“朝日”说“古者旦见曰朝，暮见曰夕”。

这里严格区分"傍晚"和"夜晚",《王风》例只能是太阳下山时的"傍晚",《唐风》例一般发生在"夜晚"。书证4也能说明成立义项"傍晚"是必要的。经验性的语义辨证是必要的,辨证如何取向,对历史语文词典来说,最终可参见书证而裁夺之。又如三版的"多"字下(二版同)第1义项是"数量大,与少、寡相对",第2义项是"胜过,超出"。"胜过,超出"不就是"数量大"吗?但由书证《礼记·檀弓上》"多矣乎,予出祖者"可知。这是曾参赞扬子游的话:"子游关于出葬时设祖奠的说法,胜过我啊!"与数量的超出无关。又书证《公羊传·宣十五年》"什一者,天下之中正也。多乎什一,大桀小桀",国家征收十分之一,超过这个标准就是大小夏桀了。"多"虽有数量多的意思,但指多到超过某个数量级标准,"超出"之义。由此例可知,纯粹的语义辨析对义项的确立极可能还是含糊的,不确定的,书证例辨明词义不含糊,从这个意义上说,书证本身也是释义,成立义项的释义不过是将书证释义明确化,显性化。

词典是公众使用的工具书,释义应注意可接受度,应在公众认知的以今释古的语义层作出选择,一般不要求进入语义的深层。例"外"字下的几个条目:

> 外甥　姊妹之子,引《初学记》十九引《卫玠别传》"王武子(济),玠之舅也。语人曰:'昨与吾外甥并坐,炯然若明珠之在我侧,朗然来映人'"。古凡姑之子,舅之子,妻兄弟姊妹之子,都可以称外甥,后来专以称姊妹的儿子。参阅《尔雅·释亲》、《释名·释亲属》。

这里以今义释古义,甚可,《初学记》用例已与今义无异。《尔雅》"妻党"次条"姑之子为甥"条,以姑母的儿子为甥(今称表兄弟),以舅舅的儿子为甥(今称表兄弟),以妻子的兄弟为甥(今称内兄内弟,即大舅子小舅子),以姊妹之夫为甥(今称姊夫妹婿)。郭沫若《释祖妣》以此为上古"亚血族群婚制的遗迹"。又如"外姑"条:

外姑　妻母,见《尔雅·释亲》。又引《释名·释亲属》“妻之父曰外舅,母曰外姑。言妻从外来,谓至己家为妇,故反以此义称之”。

《尔雅》“妻党”首条“妻之父为外舅,妻之母为外姑”条,即岳父称舅,岳母称姑。唐代朱庆余《近试上张籍水部》诗:“洞房昨夜停花烛,待晓堂前拜舅姑。”舅姑,指公公婆婆。张清常以此称谓为“远古母系,亲属关系之遗迹”。胡奇光、方怀海《尔雅译注》以此为古代交表婚制的产物,认为“古代行近亲结婚,男子娶舅父的女儿或姑母的女儿为妻,女子亦以舅父的儿子或姑母的儿子为夫,在这种交表婚制下,舅父当然就是公公(舅)或岳父(外舅),姑母是婆婆(姑)或岳母(外姑)了。”交表婚制(表兄妹结婚)后代乃至晚近尚存,实际上是古代亚血婚制的遗存。《辞源》三版对“外甥”、“外姑”的释义皆以今释古,把握语义层次,不涉及“亚血族群婚制的遗迹”、“远古母系,亲属关系之遗迹”、乃至交表婚制等说法,这些更深层的诠释,留给读者继续研究时进行。未及“亚血族群婚制”、“远古母系氏族社会亲属关系”、“交表婚制”,还有一个原因是用于解释词的元语言应在被释词的范围之内。《辞源》第三版既然不收列这些古代婚制的现代词,元语言解释的释义就避开相关婚制的提法了。

要是仅仅停留在经验层面上来看待释义的语义逻辑结构,也是不够的。从理论上说,任何经验逻辑都必须上升到形上逻辑,才能更清晰地解释问题的本质。诠释,释义,以今释古,实际上也是一种模仿,仅仅是语言符号的模仿,而不是图像符号的模仿。如同德里达评价卢梭说他是在“模仿复制在场,通过替换在场来补充在场”。以今释古,正是以今语“模仿”古语所说的“在场”,通过今语“替换”古语的“在场”来“补充”古语言说的“在场”。这里的今语“模仿”,“替换”都可由书证作支持,因而是经验论的,有难以动摇的确定性。但正因为是语言模仿,其本质在于“隐藏于形而上学中”,“维系于意识与真理之间的更高的原初约定性和符号化关联”,它预示着“语言科学的现代性”。[①] 为此,我们可以暂时撇开经验语言材料的书证,专作纯语义上的语义逻辑研究。

其一,义项排列语义逻辑顺序。一般说,除了书证年代的考虑外,A 由特殊到普遍,B 由个别到一般,C 由具体到抽象,D 由实在到虚空,E 由个人到公众,F 由小到大,G 由外到内等综合因素的考虑,是义项排列次序的大体遵循。如“天”字条:

> 1 地面的上空,与“地”相对。2 凡自然所成非人力所为的都叫天,如天产、天灾等。3 古人认为天是有意志的神,是万物的主宰。4 命运。5 旧时以“天次之序”比附伦常关系,以天为至高的尊称。如称君、父、夫为天。6 仰赖以为生存者称天。7 时节,气候,如春天、晴天。8 一昼夜,如言今天,明天。9 人的头顶。10 古代的墨刑。

大体上 1、2 循 A 和 D,3、4 循 C,4、5 循 B,7、8 循 F,9、10 循 F、G。需要指出的是,语义逻辑是模态逻辑性质的,不可与形式逻辑相比。又如“奉”:

> 1 恭敬地捧着,拿着。2 进献。3 给与,赠与。4 接受。如奉命、奉书等。5 侍奉,侍候。6 辅助,帮助。又为拥戴。7 遵循,遵守。8 敬辞。如奉见、奉访、奉劝、奉陪等。9 俸禄。后写作“俸”。10 姓。

1、2、3、4 循 A、B、C、D,5、6 循 B、E,7、8 循 D。复音词因义项少,意义更确定,合乎顺序也更明显。如“大内”一词有释义二“1 汉代京城的府藏。2 皇宫的总称”合乎 A、B、C、E。又如“失职”一词有释义二“1 失所,失业。2 怠忽职务”合乎 B、E。如此等等。

---

① 本段有关模仿、替换的文字,及有关提法,参见了汪炜《论模仿概念》,《哲学研究》2015 年第 8 期。

其二，释义方法。最主要的有二，一是说明释义法，二是描写释义法。前面“土”字的十个义项，都是说明释义法。这一方法是利用条目所含概念的外延来下“定义”，说明法的本质是外延“定义”法。例：

奄冉　1时间渐渐地过去。犹“荏苒”。2因循苟且。

二版释义同。如改成“形容时间渐渐地过去”，就是描写法释义了。《辞源》是尽量采用说明法释义的，以提高释义的确定性、准确度。说明法还用“指”、“谓”、“即”作释义用语。例：

奉命　2指奉天之命。　奉元　谓遵奉天道。　夹石　山名。即今安徽桐城市北之北峡山。

描写释义法用描摹法来解释词义，用于解释的元语言即罗素所说的摹状词，但摹状词的范围比汉语释义的描摹法要宽，甚至包括说明法在内。描写法例：

太坛　古时祭天用的圆形高坛。　太廓　犹言天空。　天关　犹天门。

描写法常以“犹”“犹言”为释义用语甚明。值得注意的是，《辞源》常以说明法与描写法并用，以求二释义法相足，亦有利于发挥说明法的优势。例：

夫妇　2犹言匹夫匹妇，指平民男女。

太岁头上动土　旧时迷信谓在太岁出现的方向动土兴建，会招来灾祸。因以“太岁头上动土”比喻触犯凶恶强暴的人，将会招致祸殃。

以上我们主要还是从释义的经验性语义结构、以今释古的语义表层、形上逻辑中的语义顺序、释义方法中的说明法和描写法等来看待《辞源》第三版释义的语义逻辑结构。当然还可以从释义表达文句的语法结构、语义结构来分析释义构成,有的学者已在这方面做了许多工作,取得了很好的成绩,这里就不作展开了。

主要参考文献

《辞源》编写组、编辑部《辞源》,(修订本)第一册,商务印书馆 1979 年版。

《辞源》修订项目组《〈辞源〉第三版修订手册》,商务印书馆 2011 年版。

何九盈、王宁、董琨主编《辞源》(第三版)(丑集),商务印书馆 2015 年版。

乔永《辞源史论》,商务印书馆国际有限公司 2016 年版。

赵克勤《谈〈辞源〉释义》,载史建桥等编《〈辞源〉研究论文集》,商务印书馆 2009 年版。

[法]贝朗. H《词典学的语言学传统》,载《现代词典学入门》第六章,张柏然导读,外语教学与研究出版社 2002 年版。

(本文原载《古汉语研究》2017 年第 1 期,总第 114 期。后又收入《〈辞源〉研究论文集》,商务印书馆 2020 年版)

孙叔平中国哲学史观探论

——纪念孙叔平教授诞辰110周年

孙叔平(1905.10.21—1983.12.24)是在经历了长时间的战争年代的洗礼(1927—1949)[①]而进入文教战线的。他打过仗,坐过牢,我们甚至能读到他的《狱中互赠》的《述怀》诗:"茫茫神州无乐土,几家欢笑万家哭。"新中国成立后,孙老又目睹了一系列的政治变迁和动荡,最震撼心灵,令人悲折的莫过于"四人帮"乱政和周总理逝世的前前后后,在《总理逝世周年祭》诗中,我们听到他的肺腑之音:"我已垂暮年,愿逢四海春。"上述背景,是我们解读孙老最重要的锁钥和基准。学术领域本身的独立标识和经验形上理念,更加不平凡的生活经历,铸就哲学家的内心世界和学术灵魂。

孙叔平的中国哲学史观是他作为一名马克思主义哲学家和他的马克思主义哲学理论决定的,也是和他不平凡的经历密切相关的。孙老提出的哲学史观有五条:中国哲学史的对象、历史背景、两条路线、农民起义与哲学思想发展的关系、古为今用。孙著《中国哲学史稿》的内在理路,既表现在文例上,更表现为哲学史观的内在理路的十大亮点:夏商周时代的历史哲学与亚细亚生产方式的中国表现的揭橥,古代社会围绕社会生产方式的经济哲学是孙老哲学史观的创见,以学问家

① 参见《雪后红梅——哲学家孙叔平》,单沙编,南京大学出版社2000年6月第1版,第5至14页,第314至317页。

的眼光究古求实撷英前人创新之处,贯通彼此并作纵横比较,古今对应的创新解释,历史真实与人类文明发展间的不对称关系在理论上的运用,哲学思想渊源存在于社会生产力与社会性质的联结之中,由研究对象内容走向内在逻辑的抉发,阶级分析正解,哲理散文的文笔。

一 马克思主义哲学家手笔中的哲学观和哲学史观

孙老是著名的马克思主义哲学家,在他的《中国哲学史稿》(1980、1981)问世之前,至少已有五种哲学著作问世,他的最早的著作是《历史唯物主义纲要》(1958),他主编的《辩证唯物主义与历史唯物主义》(1961)当年是人见人爱的国内唯一的哲学教科书[①],曾被大学生和广大党员干部奉为至宝。可以毫不夸张地说,20世纪60年代初许多在大学讲台上讲哲学的人,孙老主编的书是他们的第一大餐。该书的历史唯物主义部分完全以他的《历史唯物主义纲要》为基础,辩证唯物主义部分则以他的《辩证唯物主义纲要》(1960)为基础。此外,从50年代初至80年代初,孙老还有50多篇哲学论文发表。在他的哲学史论著问世前,孙老历来都是以哲学和哲学家著称名世的。但是,实际上从60年代初开始,孙老就开始转向中国哲学史的研究,这对个人的学术生涯,对学术研究本身,都是一次重大的转变。他说:“解放后,为了工作需要,我开始并讲授马克思主义哲学,后来自知自然知识不够,不能作深入研究,乃于1962年初,开始研究中国哲学史。”[②]从此踏上了研究中国哲学史的不归之路,终于在1978年6月完成逾百余万字的《中国哲学史稿》交付出版。

孙老当年对马克思主义哲学“不能作深入研究”是有其历史原因的。从建国初期到改革开放这三十年间,中国哲学界的主流话语权,受到前苏联米丁《辩证唯物主义和历史唯物主义》并《联共保(布)党史简明教程》斯大林哲学思想的干扰、影响,我们反对“教科书批判情

① 孙叔平主编,夏基松等副主编《辩证唯物主义与历史唯物主义》,上海人民出版社1961年9月版,1980年修订版。该书初版时,艾思奇《辩证唯物主义和历史唯物主义》(1961年11月)还未问世。

② 见《雪后红梅》一书,第257页。

结”,但“以往通行的,源自苏联斯大林时代的教科书体系的严重问题”引起的种种反思,会引起“对马克思主义体系和对马克思主义哲学中各种问题的新探索”①,这是学术史的必然。前苏联教科书哲学的特点是远离实践,强调哲学的先验的形而上学性,而非经验的形而上学性,否认事物发展的连续性,强调西方哲学中固有的总是表现为矛盾双方斗争的“两分”②;在历史观上,降低了历史唯物主义的地位,把它从属于辩证唯物论;在历史发展问题上,强调发展目的、终极目标,忽视历史发展过程的分析。前三十年,我国学术界真正的马克思主义哲学往往是被遮蔽的。改革开放后的三十多年来,学术界逐步认识的实践的无比重要,强调实践唯物主义的重要性,强调实践唯物主义中属于“第一哲学问题”上的经验形上性,罢黜先验的形上性;强调历史唯物主义在马克思哲学体系中的首要地位,强调历史分析中的过程分析的重要。在这场涉及我国指导思想马克思主义中国化本身的拨乱反正中,最深刻的内在逻辑是:实事求是。而这四个大字,始终包含在以经验论为主要特征中国古典哲学中,一部中国哲学史,就是一部以“实事求是”为核心内容的经验论实学史。冯友兰曾说:要我搞音乐,我选西方声乐,要我搞哲学,我宁肯选中国哲学。殆亦为此。可以设想,西方音乐引导你进入一个空灵,再空灵的审美世界,而中国哲学引导你进入既富主体经验形上性,又备客体经验实学性的中国古代“第一哲学”境界。

当然我们不能说孙老六十年代初的学术转向,已经认识到当时弥漫中国的是斯大林教科书哲学体系和它的危害,但我们可以说,在长期的哲学家生涯中,孙老意识到当下“马克思主义”哲学难搞,有若干内在的不和谐,有些理论问题难解决,甚至乏味,是可以肯定的。正像最近三十年中国化马克思主义新生的内在逻辑机制是“实事求是”四个大字,孙老当年学术转向的内在逻辑机制和内生性动力也是

① 参见汪信砚《当前我国马克思主义哲学研究的三个误区》,《哲学研究》2005 年第 4 期,第 27 页。

② 参见李存山《气论对于中国哲学的重要意义》,载《哲学研究》2012 年第 3 期,第 40 页。

这四个大字。我们要问,孙老的这一哲学机制和品格来自何处,这就不能不追溯到他的战争生涯和和平时期的不平凡经历。那戎马倥偬的岁月,因不能实事求是而遭挫败,那左倾思想盛行的年代,被坏人占空子,造成事业的一次又一次挫折,无辜伤害了许多好人,这些血的教训被深深地刻烙在一位正直学者的内心。罗素说,黑格尔哲学中的"个人并不消失","个人被忽视的国家不是黑格尔的'绝对'的雏形"[①]。黑格尔视哲学史为人的生命史,"昭示我们自身的生成和我们的知识或科学的生成",内在地蕴含着人的历史性[②]。孙老转向哲学史研究,与他本人的"历史性"有关。我们还可以说,孙老的学术转向的"求实"机制来自他的人品,来自他锻造人生的文化基因,君不见,孙老主事从来都是以理服人,从不简单地扣大帽子[③]。工作作风总是内心世界的表征,这对搞哲学的人来说,恐怕尤其如此,因为他懂得自觉,懂得反思。

黑格尔《哲学史讲演录》导言曾提出"哲学史本身就应该是哲学的"命题。对黑格尔本人来说,用哲学来解释哲学史,哲学史就是他的绝对精神的体现,仿佛绝对精神是哲学史的预设;当他用哲学史来解释哲学时,哲学史本来很丰富生动的思想和学术史实、史料成了绝对精神的注释,绝对精神是哲学史的既定归宿。这两方面都不行。马克思主义视域中的哲学史,始终是具体的,生动的哲学思想史和哲学学术史,既没有先定的预设,也没有既定的归宿。如同恩格斯所说:"每个时代的理论思维,从而我们时代的理论思维,都是一种历史的产物,它在不同的时代具有完全不同的形式,同时具有完全不同的内容。"[④]这就是说,各时代的理论思维、哲学思维,具有各时代的丰富性和具体性,它植根于历史,内容各不同,形式姿态各异,这怎么办?唯一的办法就是实事求是,以实证科学法莅之。孙老研究哲学史的办法就是遵循这一原则,一言以蔽之就是"观点与资料相结合",孙老

① [英]罗素《西方哲学史》商务印书馆2004年下卷290页。

② 参见丁立群《一种生长的哲学史观》,《哲学研究》2013年12期第110页。

③ 见《雪后红梅》一书,第18页。

④ 《马克思恩格斯选集》第4卷,第284页。

围绕这句话提出了四个“一定”:“一定要有观点,而观点一定要用马克思主义观点,只有马克思主义才是唯一科学的理论。一定要有资料,而资料一定要是自己亲自动手搜集、整理的资料。”将这四个“一定”放到当时荒漠了十年的背景下看,不啻是切中时弊之针砭,也是语重心长之教诲;如放到多元文化的今天,这四个“一定”是救治各种利益引诱生出的浮躁病的药石;如将这四个“一定”放到传统学术史考察,孙老提倡“对哲学家的原著进行考证、校勘、分析、整理”,编出一套《中国哲学家论点汇编》,是清代学术传统在新的历史条件下的发扬光大和创新。张之洞曾说:“由小学入经学者,则经学可信。”孙老研究中国哲学史,似闻古人声气,似与古人謦欬,读这样的哲学史,总觉得作者先与古人对话,再向今人传道,可感,可亲,可信。

二　马克思主义哲学史家手笔中的哲学史观和哲学史

如果说,哲学观是研究哲学史的根本指导,则哲学史观是研究哲学史的直接指导。如前所说,当黑格尔说“哲学史就是哲学”这句话的时候,哲学史成了他的绝对理念的注释本,要是将“哲学”改变成“哲学史观”而不是他的“绝对理念”的哲学观呢,黑格尔的这句话就有了它的合理性。哲学、哲学观与哲学史观显然不同,前者是世界观、方法论层面的,后者则是门类科学哲学、科学史、方法学、方法层面的。虽然后者受前者的制约,后者的研究也要借重前者的话语权,后者的语言文字表达的重量级甚至可能超过前者。但后者与前者总是有大的区别。孙老在研究中国哲学史的过程中,遇到和提出的哲学史观有五个:中国哲学史的对象问题、中国哲学史的历史背景问题、哲学史上的两条路线问题、历史上农民起义与哲学思想发展的关系问题,古为今用问题。这五个问题,正如德国新康德主义哲学家文德尔班区别哲学和哲学史时所说,它们不同于哲学始终面对的“伟大体系”的“新问题”,而是在哲学史发展过程中哲人们所做的“用科学的概念具体表现了他们对宇宙的观点和对人生的判断”①,它们恰恰

① 参见丁立群《一种生长的哲学史观》,《哲学研究》2013 年第 12 期,第 110 页。

就是一些相对具体的问题,是哲学史观,而非根本大道哲学观。

中国哲学史的对象问题。研究对象的寻找,无异于现象学的著名座右铭“回到事实本身”。事实与观念总是有距离的。按哲学观念看,用世界观、思维规律一般来衡量,“中国好像没有一个严格意义的哲学家,也没有一部严格意义的哲学著作”。(上册序言 3 页①)中国思想家谈得最多的是社会政治问题、伦理道德问题、人性善恶问题、人生态度问题、治学方法问题,即通常所说的治天下、道德论、人性、处人处己、做学问,再简约之为立德、立功、立言问题,再简约之则为家国经验事实问题。可贵的是,在“回到事实本身”。在寻找这些经验事实问题的答案是,又无不由具体而抽象,“究天人之际,通古今之变”,到达宇宙观层面:天地的起源,天、地、人三者的关系;到达历史观层面:人类社会生活的起源及古今变迁问题;到达人性论层面:人性的来源及善恶;到达知行论综合层面:含认识论、人生态度和道德修养问题。孙老说:“凡是著作中论到这些问题的人,我们就把他看作哲学家。”把他们的思想资料加以整理,“写出我们所理解的哲学史,而不是一般的政治、经济、伦理、学术思想史”(上册序言 3 页)。十分明显,孙老区分了作为世界观、思维规律一般之方法论的哲学观和作为“宇宙观问题”、“历史观问题”、“人性论问题”、“知行论问题”层面的中国哲学史观。前者是根本指导,后者是对象研究的内在逻辑。孙老找到的这四个问题是中国哲学史全部内容的科学规定。对象明确了,才能写出“本意”,“论点一定要是他本人的,而不是我认为的”,“逻辑也要是他本人的,而不是我妄加的”,凭这两者,“写出作者自己的哲学体系”;至于“我意”,对思想家的“分析、评价是我的,但我力求主观与客观的统一,合乎作者本人及其所处的时代实际”(上册序言 4 页),总之,一切都是实事求是的,孙老的哲学史处处打上了孙老的生命历程的求实烙印。

中国哲学史的历史背景问题。历史背景是哲学史的重要参照系,有了它哲学史才能找到安放的位置和得以深化的原动力。广义

---

① 此页码为孙著《中国哲学史稿》上、下册中的页码,下文括号内标页码处同。

地看,如同马克思所说:“我们仅仅知道一门唯一的科学,即历史科学。”哲学史当然也是历史。狭义地看,中国通史与哲学史既是各自独立的,又是相互涵摄的。英国历史学家、哲学家柯林伍德说:“历史学是为了人类的自我认识。”哲学的重要组成部分恰恰就是“人类的自我认识”。背景问题,最重要的是难以定论的西周社会的性质,是制度是奴隶制还是封建制。孙老说:“我选择了西周社会是封建领主制社会,春秋战国时期是封建领主制向地主制度转变时期的论断。我觉得这样才可以对于先秦诸子的哲学思想作出切合实际的解释。”(上册序言 5 页)这是一个有见地的、独到的选择①。有了社会背景这个基准,“从社会经济基础来说明哲学思想,又从哲学思想来看它所反映的社会经济基础,似乎更顺理些”(上册序言 6 页)。这不仅是孙老预设的参照系本身的实际价值,也是中国哲学史的内在逻辑。

中国哲学史关及哲学基本问题主导线索的贯彻。20 世纪 70 年代孙老开始动笔时,正遇上“评法批儒”的闹剧。在那“黑云压城城欲摧”的日子里,一位正直的学人始终保持了学者的尊严和良心,学术主见和识力。学品见人品,我们始终看到孙老的哲学史研究中搏击着的生命的灵动。孙老说:“我所注意的,是从哲学的基本问题上的两条路线斗争的角度,看他们的哲学是属于唯物主义还是唯心主义。”这里,一是“哲学基本问题”的提出,可知哲学观对哲学史观的指导作用,二是两条思想路线的交锋,是贯彻于哲学史的基本线索,它既是哲学观内的“哲学基本问题”,也是属于哲学史观范畴内的对象存在和运动状态,需要具体分析其存在状态和运动过程,确定具体对象及其分野的丰富性、广袤性、复杂性,决不是一刀切,造成人为的“绝对的对立”。这在孙老的具体研究实践中体现得更充分,在那险恶的环境下不计个人安危而罢黜“评法批儒”,纯属大无畏之举而可

① 孙老关于“西周社会是封建领主制社会”的论断,与许倬云说近似。许说:“综合文献与金文资料所见,西周分封并不只是周人殖民队伍分别占有一片东方的故地,分封制度是人口的再编组,每一个封君受封的不仅是土地,更重要的是分领了不同的人群。”又说:“分封制下的诸侯,一方面保持宗族族群的性格,另一方面也势须发展地缘单位的政治性格。”见许倬云著《西周史》(增订本),生活、读书、三联书店出版社 1994 年 12 月第 1 版,第 150 页。

名留青史;在从孔丘、墨翟到孙中山、李大钊近百家的研究中,也几乎没有以“唯物”、“唯心”冠其名前而论成败的。在孙老那里,两条路线的抽象通通被赋予生动具体的思想史内容,丝毫也没有幻化、神化成新的教义。

中国哲学史研究中的另一形而上学的干扰的排除。历史上的农民起义,它对推动历史的前进的作用到底有多大,是否有哲学成就,本来不难求解的问题在特殊的年代里也被一再误读,成了“一个更为棘手的问题”。孙老的观点是:唯物、唯心之间的较量秦汉前在新兴封建地主阶级思想家和没落封建领主思想家之间进行,秦汉后在比较开明的地主阶级思想家和保守反动的地主阶级思想家之间进行;农民创造财富而不占有财富,创造文化而不占有文化,并没有什么哲学思想体系,即使如洪秀全、洪仁玕有点哲学思想,也只是零星的,不成系统的,且因时代和阶级的局限,洪秀全们不能把朴素唯物论和辩证法推向前进;哲学史只能在其本体领域内阐述其路径,从朴素的唯物论和辩证法走向机械的,走向辩证的,不应当,也不可能在非哲学的领域内,如“社会、历史、阶级斗争、革命”那里找出些糊弄人的答案。孙老在哲学史领域对所谓“农民起义”的形而上学问题的排除,心态平和,语言平实,思想平稳,说理平允惬当,面对当时被搅得浑之又浑的问题,体现出大哲学家的器宇风范和清醒。

中国哲学史内在科学逻辑“古为今用”的创造性转化问题。孙老说:“‘古为今用’是长期流行的历史研究工作方针。”(上册 13 页)孙老历述 1938 年 10 月毛泽东发表《中国共产党在民族战争中的地位》起,及此后的一系列论述,追本逐源,汲取科学研究方法的源泉,进而认为“古为今用”是要完成“服务于我们伟大的革命运动”的创造性转化。孙老深有体会地说:“在把中国哲学史钻研一遍以后,我深深感觉到,这不是学究式的工作,而是有其重大的现实意义。”(上册 14 页)这当然是在大量研究实践基础上,在厚实沃土的经验事实的园地上开出的理论之花,特别具有说服力。孙老又不忘将这一具体的抽象再跃迁到别一层次的具体抽象上去,他认为,中国近代虽然没有自己的康德、黑格尔等,但近代的形而上学唯物主义、社会进化论、空想社会主义等,“成为古代哲学与现代马克思主义哲学之间的联系的阶梯”(上册14页),至于中国古代哲学,当然不可能找到现成的辩证唯物主义、历史唯物主义,“但有的是非常精辟的素朴唯物论和素朴辩证法思想,是不朽的真理的种子”(上册14页)。孙老还说,他学习列宁和毛泽东有关建设无产阶级文化的论述感到特别亲切,原因之一就是马克思主义经典作家“总结了我们也亲身参加的中国民主革命运动的哲学问题”(上册15页),从另一角度看,这里正是由孙老本人直接、集中、明晰地浮白了他作为革命家和哲学家之间的内在联系。孙著《中国哲学史》的最可贵之处,就是它是老一辈马克思主义哲学家直接审视下的哲学史原创精品。原因之二就是现代马克思主义哲学“吸收了中国哲学的‘最宝贵的成就’和‘一切有价值的东西’,这是一个丰富的宝藏,我们应该继续挖掘”,并说,这正是“把马克思主义哲学中国化①的伟大工作中的一项必不可少的工作,是非有人去作不可的”(上册序言15页)。孙老所看到的是一片“丰富的宝藏”,应该说,这里既有丰富的哲学思想,也有丰富的人文精神,教化思想,道德理念等,它们“可以为人们认识和改造世界提供有益启迪,可以为治国理政提供有益启示,也可以为道德建设提供有益启发”②。把开发中国哲学史这一“丰富的宝藏”与马克思主义中国化紧密结合在一起,把前者看作后者“一项必不可少的工作”,把历史上的“丰富的宝藏”创造性地转化为当下现实的宝贵精神财富,始终是孙老中国哲学史观的最重要的内在理路。

---

① “马克思主义中国化”的提出,可追溯到1938年10月在党的六届六中全会上毛泽东作的政治报告《论新阶段》,毛说:“使马克思主义在中国具体化,使之在其每一表现中带着必须有的中国的特性。”(《毛泽东选集》合订本第499—500页)。在中共党代会的文件中,“马克思主义中国化”出现过两次,一次是1945年中共“七大”,一次是2007年中共十七大。参见李君如《论马克思主义中国化》,载《文汇报》2008年9月9日第11版《文汇论苑》。“马克思主义哲学中国化”的提出,一般可追溯到艾思奇1938年4月《哲学的现状和任务》,艾说:“现状需要来一个哲学研究的中国化现实化的运动。”从2005年起,学术界才有“马克思主义哲学中国化”的标准化的完整提法,参见《哲学研究》2006年第6期《一个未完成的计划:关于马克思主义哲学中国化的思考》一文。可见,孙老(1977.6)关于“马克思主义哲学中国化”的标准化的完整提法是很早的。

② 习近平《在纪念孔子诞辰2565周年国际学术研究会暨国际儒学联合会第五届会员大会开幕会上的讲话》,见载《光明日报》2014年9月25日第2版《要闻》版。

三 马克思主义哲学家和哲学史家手笔中的中国哲学史演绎

孙老撰著《中国哲学史稿》的基本体例是,首见开篇(上册分四篇,下册分三篇),篇下分章(上册共分五十四章,下册共分三十八章),章中分人,或分著作,或分专题,章下分节,节中含人之古学、本论、评述,三位一体,著作之节、专题之节亦同。例如:第一篇先秦哲学,分十三章,其中第三、四、五、七、八、十二、十三章分别为孔丘、墨翟、老聃、孟轲、庄周、荀况、韩非,著作有第六章《礼记》,专题有第一章“殷周时代的一些传统观念”、第二章“先秦诸子哲学概观”、第九章“兵家”、第十章“名辩”,第十一章“阴阳五行”。“孔丘”章有节目家世生平、天道观和鬼神观、人性论和仁论、德治论、教育思想、知行观。第二章有社会基础、思想先驱、百家争鸣三节,“名辩”章节目有惠施、公孙龙、后墨三家。如此等等,看似平面化叙述和交代,无可称奇,但提纲挈领,却正用心,它们是全书的逻辑构成,正体现作者的逻辑思想和组构理念。这些逻辑思想有:贴近古文献实际存在状况,不作主观预设,如孔丘六节目,完全回到历史的在场,从关及孔丘的文献中提炼,相信古代文献记载的可靠性,但决不唯古是信,而是唯实是求、唯真是信,求古是过程,求实、求真是指向,逻辑指向贯穿于逻辑过程。此外,篇章节的标题都是命题叙述式的,如:第二篇两汉哲学/第三章贾谊/第二节贾谊的道术论,正如语言哲学的创始人维特根斯坦所说:“命题是实在的图像。命题是我们所设想的实在的模型。”[①]书中所有标题,无不是马克思主义哲学大家的主体和研究对象之客体相间相融的“实在的模型”,全书则是中国古代和近代哲学的能动存在论(agential ontology)图景,学界以往已谈到的有关孙老其书的内容本真,思想优势,文笔清丽等,可皆由此“能动”而出,亦皆缘此“能动”而归。如循此语言哲学的认知方法继续前行,我们将会有更多的发现。

---

① 维特根斯坦《逻辑哲学论》,王平复译,张金言译校,中国社会科学出版社 2009 年 12 月第 1 版,第 59 页。

先秦哲学，诸子以前的夏商周三代时期尤难，孔子当年也因周初为夏、商后裔建立的封国“文献不足”而不能证明和谈论为憾。孙著是从商代开始讲起的，解决这个令人苦恼的难题的办法既有逻辑的，也有历史的，在孙老那里，历史方法中还多了个语言文字分析法。可谓三种方法交替使用以回答不断提出的问题。什么是哲学？“哲学一般”是世界观、本体论问题，全书开头即提出和用马克思主义阶级论来回答这一问题；“中国哲学”是社会各阶级“究天人之际，通古今之变”的观点和方法；“哲学具体”则涉及自然物理、贫富贵贱、治乱兴衰、英雄时势、先天后天、知识来源、知行实践、历史发展等，形成唯物、唯心两大分野。盘庚迁殷以后的农业生产、商品交换、生产关系、社会结构、阶级阶层、刑名刑罚、农耕劳役、殷王村社、鬼神迷信等，都是引用甲骨文字资料绎写而成的。关于殷代农村公社（“邑”）奴隶制与封建制兼有的思考和研探（上册 7 至 10 页），直至周人灭殷以后的“村落公社的遗址保存”（上册 21 页）至今仍是研究马克思“亚细亚生产方式”在中国古代表现的最好答案。不仅如此，晚年马克思在《政治经济学批判序言》中将人类社会的发展规律描述成“亚细亚生产方式——古希腊、罗马奴隶制生产方式——封建的生产方式——资本主义生产方式——共产主义生产方式”，孙老将中国的“亚细亚生产方式”包括至封建生产方式的萌芽，是对马克思论断的创新性思考，也是以中国形态对马克思论断的补充诠释。

像研究殷商哲学紧系于殷商社会生产方式一样，周代宗法制度和礼治思想的阐述始终置于周代社会生产方式。书中说：“宗法制度把继承权按血统关系固定下来，就是为了防止在权力与财产再分配中引起纷争。”“到份地不能均等分配的时候，井田制就不能维持了。”“‘礼治’最根本的内容，首先是规定封建领主制下的等级秩序。”（上册 29 页）乃至讲“先秦诸子哲学的社会基础”，始终强调他的“经济原因，那就是封建领主制的没落和封建地主制的兴起”（35 至 45 页），孙老的哲学史是紧系社会生产方式来讲哲学，即以古代社会经济哲学为其逻辑起点的。以经济哲学为哲学史之根本，是孙老用马克思主义研究中国哲学史的一大创见。

求实究古撷英,寻觅前人创新。孙老以学问家的眼光,特别善于寻找前人的创新之处,意在从古人创新中得到些许启示。例如:说西汉陆贾“竟以寿终”之由,在于出使南越,游说当地割据者归汉,封为南越王;刘邦死后佐陈平、周勃谋,吕后死后诛外戚而迎立文帝。但这些尚属次要,“他的最大贡献,还在他以《新语》一书为刘邦提供了‘治国安民’的思想武器。”(上册 239 页)《新语》十二篇是把儒家的“仁义”摆在道教的“道德”之下(上册 240 页)。又如,孙老看出《淮南子》的基本倾向是“以道绌儒”,和汉武帝的“内法外儒”是对立的,“其书内容的丰富超过贾谊的《新书》”(上册 263 页)。

贯通彼此,纵横比较。例如,孙老看出贾谊用文学的语言表达哲学思想之后,便将贾谊与庄周作比较,指出贾谊不像庄周那样将“道”看作“离天地万物而独立存在的造物主,而让它分散、凝结在有形可见的‘德’里来化生万物”(上册 251 页)。

古今对应的创新解释。孙老在解释贾谊“六德:道、德、性、仁、明、命”时,认为这六个字是“六德”的“固有的条理”,亦即内在逻辑,“它们所反映的是世界万物生化的过程”(上册 250 页)。紧接着对这六个字一一作了解释,例如说,“什么是道?”“道是没有形体但却是非常神妙的东西。”按同样的格式,回答了“德”在贾谊那里是“物质性的东西”,“性”是指生命,“神”是指精神,“明”是指智慧,“命”字所指是必然性(上册 251 页)。可谓入于中而精于外,对古代名学之“名”作了当下概念的科学对应,明晰透辟,非大哲学家不能为。你可以不同意这些对应而另谋新解,但你不能不承认孙老的这些对应,是努力循其内在学理逻辑而尽可能达于古今一贯的。又如,说邵雍的先天学就是创世说,“元、会、运、世”历史观是循环论,观物说既是人性论,又是知行论,甚至还是神学修行论(下册 43 至 52 页)又如对民间一向视为预言世道的仙人,明初刘基的评述十分平实、理性、学术化,认为他“不是程朱道学的学究”,学术上对后世无多大影响,也没有构成学派,没有传承自己衣钵的学生,唯其如此,他“才比较现实、开朗”,“从总结社会政治经验中谈了很有价值的哲理”,他的“人是天地之盗”但必须是“善盗”的观点,意在人“要利用自然的富力,但不要破坏它的富力”（下册207页），这一对应和揭橥，在自然环境屡遭破坏的今天，光辉四射。总之，孙老书中的创新见解，举不胜举。

历史真实与人类文明赓续间的不对称关系。书中对黄巾起义、魏晋南北朝三百九十多年间的乱象，如封建领主制下的“部曲”（私人军队）混战、向分封制的倒退、西晋“八王之乱”、五胡乱华、南朝更迭、孙恩卢循之乱、侯景之乱都作了扼要说明，勾画出历史倒退、停滞、局部缓慢行进的图景；而对这一时期的精神文明，文化史状况，则揭橥为“还是有所前进，并没有完全停滞”，江南、会稽地区生产力的较大发展，“越窑”、《齐民要术》、《洛阳伽蓝记》对此人类史与文明史之间的不对称关系，孙老的解释是：“不管腐朽势力的混战造成多么大的破坏，劳动人民一天也没有停止生产，更没有停止斗争，他们的默默无闻的努力和艰苦的斗争，在混战中推动着历史的进步。”（上册376页）这一解释是平实的，也是最深刻的。是孙老对历史发展不平衡规律的新解。

寻求社会生产力与社会性质的联结，进而寻找相关思想的历史渊源。例如，孙老由宋元时代的农业、手工业、商业的发展，由宋元市民阶层的形成和队伍的扩大，货币等价物“交子”“会子”等纸币的出现和使用，手工工场和手工业工人的数量激增和雇佣劳动性质，指出该时期的“中国资本主义萌芽的萌芽”，进而合理指出，社会生产方式的转变，资本主义的萌芽，对南宋永嘉（叶适）、永康（陈亮）学派产生的影响（下册10页）。孙老的哲学史，始终是在最广阔的历史在场展示的。例如，对明清哲学的透析，首论其历史背景，从元代马可·孛罗来华，明代郑和下西洋说起，到“乾隆以后，欧洲已进入产业革命时期，社会的发展超越了中国一个历史阶段”，西方资本主义的入侵，引起外部和内部条件的变化，“中国封建社会的发展就不能跃进到资本主义阶段，而沦为半封建半殖民地”（下册201页），这恐怕已是对李约瑟难题的半解。次论明清哲学的思想背景，从明朝工商业的发展和资本主义萌芽发生，自然科学有了新发展讲起，到满洲贵族入主中原阻断中国资本主义发展，文化利诱和高压政策下考据学队伍中仍然出现了“有识见的史论家”章学诚和“理学批判家”戴震，依然紧扣源于生产关系、社会发展这一总锁钥,始终显示出一位马克思主义哲学家的理论自觉和历史担当。

由研究对象的内容钩沉走向内在逻辑的抉发,使研究达到很高深的学术境界。这在对宋代理学的研究中最为明显。仅就宋儒人性论一题言之,李觏的人性论上得之于“天命”,故善、恶之分“感阴阳气以生”,一到“上品”“下品”之别便再也不能自圆其说了,只是“人非利不生”,还有些道理(下册30至32页)。周敦颐的人性论则以天地阴阳五行生成的“太极”注入人的灵魂而成人的本性,其内容是“仁义礼智信”五常,五常之本是诚,乃性也;五常接触外物,发动起来而生善恶,如此等等,无不循其内在因缘(下册56页)。张载的人性论,《西铭》言乾天为父,坤地为母,“民胞物与”,推之言气质之性和天地之性;气质之性谓智愚、性气、才质等,天地之性谓天理、礼制、道德等;天理含仁、义、礼、智、信,是普遍人性,以礼节制欲,可达此普遍人性即儒家道统(下册69页)。王安石的人性论以存于心的本能“七情六欲”为人之本性,“发于外而见于行,情也”;又如何能“性情一也”?王安石认为前人讲的性都是情,据孔子“性相近,习相远”,由“习”问“性”,则“习”是人生修养中的“行习”和“修习”;而“行习”中的善恶标准,仍不可避免地推演至于“三纲五常”,修己“正性”,实施它必须富民、教民,安石的人性论可导出他的改革论(下册86页)。二程的人性论则以人与万物皆天生为逻辑起点,因气禀不同,人能扩充“五常”而禽兽不能,圣人禀清气而下愚禀浊气,性有两重而善恶不同。禀清气,得“天理”,合“五常”者为“性之本”,亦“天理之性”,气禀不同,才质不一,为“性之才”,亦“气质之性”。循此“二性”求善恶根源,“性之本”出生时便具备,“性之才”则因气禀不一而善恶不一,气越浊,恶越多,欲越重,故为善、清气、回归天理,须“去人欲而存天理”(下册101页)。至此,二程人性论内在理路得以廓清。朱熹的人性论,和二程一样,形上之人是由“气化”,无种自生的,形下之人禀气而生,同于张载、二程分成“天地之性”和“气质之性”,但两重“性”在个人身上则是紧密结合在一起的;阴阳二气、五行的配合成“天地之性”,光言性善如孟轲是“论性不论气”,光言性恶如荀况,言性善恶混如扬雄是“论气不论性”;个人之人性有人多善,有人多恶,是为“二气五行交际运行之际有清浊,人适逢其会”,最终落入了命运说。究其缘由,排除人的社会性所致(下册 120 页)。孙老由朱熹最为精致的人性说看到人的社会性的无比重要,意义极大!朱熹既视“心”为思维器官,又视“心”为藏两重“性”之所,那里又不可避免藏有“欲”,且“性”之发动为“欲”,要是性理之所的“心”犯病,那只能用“存天理,去人欲”之法疗之(下册 122 页)。此外,如陆九渊、叶适、陈亮 等人的人性论,无不循其本然,责其必然,究其学理,言之条例,明其内在逻辑的学路,而使各各了然分明,元元本本。借此,无不可窥见孙老的理性思考和逻辑思维能力,条秩不乱,思致清晰,在最易玄思处的人性问题上显示出实证、经验、简要、明晰,此非哲学巨匠不能为,乃现代大哲学家之逻辑大本领!

阶级分析,无疑是孙老作为一名老练的马克思主义哲学家,在成书于 20 世纪 70 年代后期至 80 年代初的著作中的分析问题的主要方法之一。有关阶级分析的学理,孙著中曾说:阶级的划分“决定于当时的社会生产方式,特别是决定于同一定的生产水平相适应的社会生产关系”[①]。毋庸讳言,孙著中也有运用阶级分析方法过度、失当之处,例如对孔子的阶级分析得出了一些不甚妥当的结论,如说“仁”论即“道德论”是用来“麻痹劳动人民的阶级意识,缓和封建主与劳动人民的矛盾”的(上册 72 页)。又如说人性“是阶级生活的产物”(上册 254 页),过分强调了阶级性[②]。实际上并非完全如此,英国哲学家休谟就把联想看作人类思维中与生俱来的能力,还认为人类的理智总是要受到感情的奴役。但十分重要的是,孙老对阶级规定放在与生产关系的联结上,而不是简单描写为人与人之间,一个社会共同体、利益集团与另一个之间的争斗。学理重塑了该分析法作为一种分析方法的科学原生态,可使该方法与其他逻辑分析法同列,甚至把它看

① 参见孙叔平《历史唯物主义纲要》第四章《阶级和阶级斗争》,《孙叔平文集》第一卷,李书有编,南京大学出版社 1988 年版,第 89 页。

② 值得注意的是,叶敦平主编的《马克思主义哲学原理》(本科本,2003),全国普通高等学校“两课”示范教材,仍很强调阶级斗争,强调阶级分析。见该书第 181、182 页。

作仅仅冠以"阶级"二字的逻辑分析法,也未尝不可。至于那些"过度、失当之处",只要与时俱进,来一番"重新分析"(reanalyse)就可以了,正如有人指出的,"从更实质的层面考察,社会实在则以体制、组织以及与之相关的活动为其形式"①,而这些,也应在生产力和生产关系的矛盾运动中得到诠释。由此可知,孙老的《中国哲学史稿》今天仍然是大学中国哲学史课程的好教材和必读参考书。

最后,我们要回到本文的元点:孙老其人和孙老其书恒相一致。风格即人,孙着《中国哲学史稿》不空,不玄,平实,创新,隐秀涵哲,文史养理,他的中哲史出场路径存在于文史哲统一场;而这,又无不可窥见孙老其人的文史修养和理论修养共臻的内美境界和学术高度。克罗齐曾提出要把黑格尔当作诗人来读,我们要说,如把孙老那行云流水,表达畅达,文笔隐秀内美的中国哲学史著作当作哲理散文来读,无疑也是可以的。

主要参考文献

冯友兰《中国哲学史》,华东师范大学出版社 2011 年 7 月第 1 版。

单沙《雪后红梅—哲学家孙叔平》,南京大学出版社 2000 年 6 月第 1 版。

孙叔平《中国哲学史稿》上、下册,上海人民出版社 1980 年 8 月、1981 年 8 月第 1 版。

李书有编《孙叔平文集》第一卷,南京大学出版社 1988 年 8 月第 1 版。

叶敦平等《马克思主义哲学原理》(本科本),全国普通高等学校"两课"示范教材,高等教育出版社 2003 年 8 月第 1 版。

张世英《哲学导论》,北京大学出版社 2002 年 1 月第 1 版。

(本文原载《江海学刊》2016 年第 2 期)

① 参见杨国荣《认识与价值》,华东师范大学出版社 2009 年 6 月第 1 版,第 140 页。

外演在场礼仪，内合情美之礼

——《仪礼》的礼仪存在和语言叙事

《仪礼》共讲了十五种礼仪①，都是专对"士"讲的礼，士，读书人，知识阶层。十五种礼仪以"士"冠其名的就有《士冠礼》《士昏（婚）礼》《士相见礼》《士丧礼》《士虞礼》五篇；更明显的证据，汉代承先秦，《仪礼》单称《礼》又称《士礼》②。上古以"士农工商"为序，《管子小匡》："士农工商四民者，国之石（柱石）民也。"《淮南子·齐俗》："是以人不兼官，官不兼事，士农工商，乡别州异。是故农与农言力，士与士言行……"故对身处主流社会的"士"的要求也就特别高，《论语·泰伯》："士不可以不弘毅，任重而道远。仁以为己任，不亦重乎？死而后已，不亦远乎？"这是对负有重大责任和高远理想的读书人提出的根本要求，而《仪礼》则是士的践行规范，和在实行礼仪时的士人

---

① 今本十七篇，只有三篇不带"礼"字：第七篇《大射》、第十一篇《丧服》、第十七篇《有司》。且《有司》还是第十六篇《少牢馈食礼》的下篇，《有司》有"礼"，可从其上篇观之。另因第十三篇《既夕礼》是第十二篇《士丧礼》的下篇，故《仪礼》实际上只有十五篇。不管篇名有无"礼"字，都是记载的古代礼仪，共十五种，实际上古代礼仪远不止这十五种。

② 先秦《仪礼》单称《礼》，《礼记经解》："恭俭庄敬，《礼》教也。"《庄子天运》："丘治《诗》《书》《易》《礼》《乐》《春秋》六经。"这两处的《礼》都是指《仪礼》。汉代的叫法有四种，一是《礼记》，非大戴、小戴《礼记》，而是《史记孔子世家》"《礼记》出自孔氏"之《礼记》。二是同先秦一样单称《礼》，《史记儒林传》"言《礼》自鲁高堂生"，"诸学者多言《礼》，而鲁高堂生最本。《礼》固自孔子时而其经不具，及至秦焚书，书散亡益多"。三是称《士礼》，《史记儒林传》"于今独有《士礼》，高堂生能言之"。四是称《礼经》，《史记·儒林传》"（徐）襄，其天姿善为容，不能通《礼经》"。以上内容，杨天宇先生已系统言之，见其《仪礼译注》"前言"，上海古籍出版社 2004 年 7 月新 1 版。见《史记》，中华书局第十册，3126 页。

之悟,即实践理性层面上的若干认识。《仪礼》的材料来源很古,成书年代不会晚于春秋时代,洪诚先生曾说到《穆天子传》近同"《仪礼》、《周礼》决非晚周文字",而《周礼》"实起于周初(前1046)",历经二三百年增减而成,"成书最晚不在东周惠王(前676—前651)后"①。可见,《仪礼》以一定语境下的设定为参照叙事,反映3000多年前的主流社会阶层"士"的所在、所想、所为,即士的存在状况和主体精神世界的状况。

以《士冠礼》为例,说明《仪礼》中礼仪的呈现,由呈现而知上古礼仪本体存在方式的构成,可以现代学理"存在即有为"说之。《仪礼》中体现先民礼仪中的"向物而思"和"因事而思",并随时灵动地由前者转向后者。《仪礼》时代还缺乏"仁"那样的高级范畴来囊括道德善和人性美,修养获善德的结果,给个人带来的幸福都是功利的。《聘礼》讲究外交官"辞苟足以达,义之至也",明确了"足已达"的限度,"义"之所指和"义之至"的标准。《仪礼》是通过仪式语言、音乐语言、情感语言来阐扬早期儒家道德论的,《仪礼》之"礼"深入到人性、人情,是审美之"礼",而非扬善之"礼",因而具有人性化意义。如果我们要用"以法治国,以礼治心"来充实新儒学,加强新儒学的实践性、现代性,是不能不注意到《仪礼》的情美之"礼"的,而纯粹的道德说教之"礼"有相当大的局限性。

一　礼仪纷纷言存在,繁琐复杂呈作为

《仪礼》叙述的上古士礼极为多样繁复,涉及社会生活的各个方面。以《士冠礼》为例:

占筮礼仪,为选定行冠礼之日而占筮。《士冠礼》第一句"筮于庙门",在父庙,即祢(nǐ 奉祀亡父的宗庙)的门前举行,"**主人**"(将冠者的父兄。黑体字表相关人物角色的出场或背景事物的在场,起主题词作用,下同)"玄冠、朝服、缁带",系白色的蔽膝,在庙门外东边就位,面朝西而立。**有司**"如主人服",在庙门外西边就位,面朝东而立,

① 洪诚《洪诚文集·雒诵庐论文集》,江苏古籍出版社2000年版,第49页、206页。

以北边为上位。占筮的用具,如蓍草、占筮人的坐席、记卦爻辞的木版,陈放在西塾(古时大门外东西两侧有堂屋)。坐席设置在门中央竖起的短木以西、门坎的外面,坐席面朝西。**筮人**左手拿着盛蓍草的器具"下韇",又将 右手里拿着的"上韇"交左手,一并与"下韇"都 由左手拿着,进前向主人请命筮词。**宰**(家臣之长)从主人右边稍后退,代主人发布命筮词。筮人同意,从主人的右边转到门中偏西处的坐席上坐下,面朝西。记卦人在筮人左边。筮人占卦完毕,**记卦人**记下所得的卦,交筮人,筮人将卦拿给主人看,主人过目后交还给筮人。"筮人还,东面",即筮人回到原来的庙门外西边位置,面朝东而立。按:这就是上文讲的有司的位置,有司(政府官员)就是**主筮人**,主筮人就是有司,这跟古希腊的女主祭司地位、身份、职责很相像。随后,**众筮人**(旅)都根据所得的卦占问吉凶,占毕,"进告吉",进前向**主人**报告占筮结果,包括选定的冠礼日是否吉祥,如果不吉祥,"则筮远日",选本旬以外,即下一旬,或再下一旬的某日重新占筮,"如初仪",仪式同前。最后,"彻(撤)筮席",宗人向主人报告礼仪完毕。整段文字似分镜头剧本,角色有主人、有司、筮人、宰、记卦人、众筮人、宗人,或以为后五者都是有司,有司是主人的属吏,古代家长制、宗法制二而一。七类角色,演绎的是占筮仪式活报剧。但远不啻是占知士冠礼吉日,而是上古家长制、宗法制社会图景。为士冠礼而占,宣示了士的地位,又七类角色的构成都是士,宣示了上古士在宗法制社会中的宗教礼仪地位,也是政治地位。此外,如上文所列,占筮物也不少,占筮行为繁琐复杂,行为角色多多,可知上古有过的占筮宗教仪式的存在含义,存在不光是占筮物,而是占筮行为事件,行为角色的语言表达等。从静观之事物到动观之事件,从做事的行为到做事主体心理表征和表达的语言,是古今难得一观的上古礼仪本体存在方式的构成,正应对了现代学理"存在即有为"(to be is to do)这一说法[①],逻辑上的学理对应往往是超时空的。

吉日确定后,**主人**亲自到自己的僚友(**宾**)家去告知宾(**戒宾**)到

① 参见赵汀阳《作为创世论的存在论》,《哲学研究》2012 年第 8 期,第 72 页。

时来参加,僚友“礼辞许”,一辞而许,推辞了一下就答应了。如二辞而许称“固辞”,三辞称终辞,终辞则不许。这是上古礼仪中的一个小小的约定:推辞三次就是不答应,不必再请了。冠礼前三天,经占筮从主人的幕友中选一位为人加冠者,是冠礼上的正宾。占筮选正宾的礼仪同前筮吉日的礼仪。选定后主人前往邀请正宾,又是一番大礼:宾在自己家里迎接,“宾如主人服,出门左,西面再拜”,这几句话,同筮日时主人“即位于门东,西面”;而来请正宾的冠礼主人则如同筮日的有司,“主人东面答拜”,面朝东向正宾回礼答拜①。这样做,称“**宿宾**”,犹言主人预先约请正宾。重要的是,筮日时“主人玄冠,朝服”,今“宾又如主人服”,即冠礼主人今天仍穿朝服,接待主人的正宾也穿朝服,朝服本为朝见帝王时所服,穿朝服,兹事体大,今家事正规大者亦穿朝服,国家、家国,家犹国也,彼之奴隶制民主制时代,或即马克思所说的亚细亚生产方式的时代,家主人与国主人,家主人之宾僚与家主人、国主人,可称平等。又:在写冠礼主人请正宾时的礼仪,与筮日那天的礼仪,已是不同完全不同的语境,但从“宿宾”、“宾如主人服”等表述看,作者心目中的冠礼主人的中心地位未变,作者的语言逻辑所指没有因语境的改变而改变。又:筮宾礼仪,请宾又礼仪,不亦胜其烦,但从其繁文缛节的语言表述中,颇可发现上古若干理性世界的历史性含义。应该说,从语言折射的事物、事情的存在性,语言的认知作用、逻辑所指看语言,是不存在繁简之别的。语言叙事,本质上就是逻辑的研究。

邀请正宾后的第二天晚上,确定冠礼日的具体时间和细节,这一确定又是一番大礼仪。“为期于庙门之外”,“主人立于门东”,同筮日时,将冠的兄弟们站在主人的南边,稍退后些,“西面,北上”,既同筮日主人“西面”,又同筮日有司“北上”,可预示将冠的年轻士人的未来社会地位。有司们穿朝服,一如筮日“立于西方,东面,北上”。**摈者**(有司中佐助主人行礼事的人)向主人“请期”,宰曰:“质明(明

① 这几句话的解释,胡培翚《仪礼正义》:“如主人服,宾亦重其事也。门左,门东。……故此宾西面再拜,主人东面答拜也。”见该书段熙仲点校本第27页,江苏古籍出版社1993年版。

天天亮时)行事。"由摈者传达给兄弟和有司。**宗人**向主人报告确定时间的礼仪完毕。**摈者**又把具体时间告诉主人的僚友们。与礼仪同在的是,莅事很周到,细致,环环扣紧。各色人等身份,是名义,他们所站的位置不同,亦名分,皆礼仪的内容。由位次而名分和礼,乃先民形式化了抽象认知之所在。

冠礼那天一大早,将**盥洗**处安排在北边,那里正对着东边的屋翼,与堂南北间的距离等于堂深。**水**在盥洗处东。**服装**放在东房西墙下,使衣领朝东,尊贵的服装放在北边。**服装三套**:爵弁服含四种、皮弁服含三种、玄端服含三种。缁布冠**附属物两种**、缠发髻用品**缁纚**、固定皮弁和爵弁用的**两种笄**、**系弁用的纮**,以上六物装在同一个箱内。梳子和篦子放在**箪**(竹器)内,还有**蒲筵**二领,箱、箪、筵席依次放在服装的南边。独备一陶罐的**甜酒**,放在服装北边。还有酒器勺、觯、柶装在**篚**(方形竹器)内,还有盛在**笾豆**中的脯醢(干肉和肉酱)。酒罐、篚、笾豆放在服装的北边,而以南边靠近服装的位置为上位。天哪!连放东西的地方也分上下位。大约是说南边上位放的是将冠的年轻人的用品,北边的不一定。爵弁、皮弁、缁布冠三大件各放入一只**竹冠箱**(匴)里,由三位有司拿着,"待以西坫南,南面,东上",即站在堂前西角落的南边堂下,面朝南,以东边为上位。"待以"一句,涉及堂前之西、西边的南边、西边的东边,足以证古人辨别方向,并且在某一新视点上再辨方向的能力极强。辨方向反映思维能力,善于辨方向,善于以"辨方向"说事,是《仪礼》全书的特色。以上静观"盥洗处、水"等十四事物,静中有动,动在方向位次的选择上。最后出现有司从事,拿着三大件待用。以上十四事物、认辨方向、静观中选方向位次、有司从事,正可说明先民礼仪中的"向物而思"(to the things)和"因事而思"(from the facts)并随时灵动地由前者转向后者,"从'是'的问题转向'做'的问题;从对事物的描述转向对事情的反思;从思的哲学(philosophy of mind)转向心的哲学(philosophy of heart)"①。可以说《仪礼》中的"唯物"和"唯心"随时并现,相伴而

① 参见赵汀阳《作为创世论的存在论》,《哲学研究》2012年第8期,第73页。

行。如果说,人类的蒙昧时期和野蛮时期奉行原始思维,文明时期奉行文明思维,《仪礼》还是文明思维中的早期思维,早期文明思维中唯物与唯心的结伴,正是人类思维的原生态;在结伴中描写事物的存在,说明相关的事情,总是絮絮叨叨,没完没了,又是人类原生态思维的演进。

事物妥当,人物登场。**主人**身穿玄端服,系赤而微黑的蔽膝,站在阼阶(堂前东边的台阶)下,正当东序(东墙),面朝西。**将冠者的兄弟们**都穿通体一色的黑衣服,站在盥洗处的东边,面朝西,以北边为上位。**摈者**也穿玄端服,背对东塾而立。**将冠者本人**身穿彩服,束发为髻(紒 jì),在东房中面朝东而立。将冠者的兄弟们登场,示教企图显然。

人物登场开始行事。宾穿同主人一样的服装。宾的属吏**宾赞者**穿玄端服跟着宾的后面,二人一起来到主人家,站在门外,摈者通报,**主人**"迎出门左",即从门的左侧出去迎接(句法上是状语后置的好例,犹现代汉语"吃食堂"之类),面朝西向宾行再拜礼,宾答拜。**主人**向宾赞者行揖礼,又揖请宾入门,并先入门为宾做向导,每行至拐弯处,**主人**与**宾**都要互行揖礼。行至庙门前,**主人**与**宾**又互揖进入庙门,进庙后,**主人**与**宾**在行进中又先后互揖三次,分别来到东、西阶前。将要升阶时,**主人**又与**宾**先后互相谦让示礼了三次。**主人**升堂,立于东序南端,面朝西,宾升堂后立于西序南端,面朝东。**宾赞者**到盥洗处西边洗手,然后从西阶升堂,立于东房中,面朝西,站在**主人赞者**南边上位。这里,主人在场七次,行礼示礼六处,可谓主人迎来宾(正宾),一路前行一路礼。除主人赞者未有行动外,其余宾、宾赞者、摈者、主人皆有职事行为。这四种人皆士,礼仪多多,诚意处处,不仅办"士冠礼"之事的规范,实亦为将冠者进入社会后预立榜样示范。又主人与众宾、正宾等角色的交游,重现了上古家国教育之理念:要把社会交游实践放在重要位置。

继续准备,一加缁布冠。**主人赞者**"筵于东序,少北,西面",即在堂上东侧墙前稍靠北的地方铺上坐席,席面朝西。物与该物所处空间的位置关系辨对甚严细。**将冠者**出房,面朝南而立。**宾赞者**把本来放在东房西墙下服装南边的纚、笄、梳子移放到坐席的南端。**宾**揖请将冠者，**将冠者**就席跪坐。**宾赞者**也坐下，为将冠者梳头，用缁纚缠发髻，**宾**下堂，**主人**也陪着下堂。**宾**向主人辞降，**主人**答话。**宾**洗手毕，与主人行一揖一让之礼，然后升堂，主人也升堂，回到东序南端，面朝西的原位。**宾**来到将冠者的坐席跪坐下，扶正缠发髻的缁纚，起立，走到西阶，下阶一级。执缁布冠的"**执冠者**"即有司升西阶一级，面朝东将冠授予宾。**宾**右手握着冠的后项，左手握着冠的前部，进到将冠者的前面，端正一下自己的仪容，向将冠者致祝词，然后跪"坐如初，乃冠"，一个"初"字，指"宾来到将冠者的坐席跪坐下，扶正缠发髻的缁纚"之时，起时间回溯作用，尽管这里的时间间隔很短。"乃冠"为冠者加上缁布冠。**加缁布冠毕**，**宾**随即站立起来，回到原来的位置西序南端。从行文中前后位置对准不乱，可知编定《仪礼》的孔子思维精细清晰。最后，**宾赞者**为冠者系好冠，礼仪完成。**冠者**站立起来，**宾**揖请冠者回房。**冠者**回到房中，换上玄端服，系上赤而微黑色的蔽膝，再出房，面朝南而立。加冠之时，角色出场二十人次。从筮日、筮宾、请宾、定时间细节、当日莅事准备、登场、继续准备和加缁布冠，至此已历七八事，各有详细的游戏规则。一场新游戏的出现总是带有创造性的，可以断定，加冠礼，即成丁礼，由来已久。

二加皮弁冠。**宾**揖礼请冠者就席，**冠者**就席而跪坐。**宾赞者**去掉冠者的缁布冠，为他梳头发，盘成发髻插上笄。**宾**洗手，为冠者"正纚如初"，然后下西阶二级，从有司手中接过皮弁，右手握着弁的后部，左手握着弁的前部，进到冠者席前，致贺词，"加之如初"。两个"初"字，都是指示加缁布冠时，但两时点的动作不一样，前者是"正纚"，后者是"加之"。时点、时间维度上的动作、动作的内容，均由语言指示而出。致贺词后宾回到西序南端。**宾赞者**为冠者系好皮弁下的纮。**冠者**站了起来，**宾**揖请他回房。**冠者**回房后换上白色而腰间有褶皱的下裳，系上白色的蔽膝，端正容仪，然后出房，面朝南而立。

三加爵弁冠。"**宾**降三等，受爵弁加之"。**冠者**回房换上"纁裳"（浅红色下衣），系上赤黄色的蔽膝，"其他如加皮弁之仪"。三次加冠完毕，由**宾赞者**和**主人赞者**把皮弁、缁布冠、梳子和箧子、筵席撤回到原存放地东房。“三加”写得最简单,“其他”一句,括尽“二加”“一加”时种种繁琐礼仪。“三加”简单,表明《仪礼》不是一味求烦,亦知就简,在逻辑上懂得“例同类”,类逻辑几乎与人类的存在而同在。同类推比应是古人创世的最重要的基本逻辑手段。同类推比又与语言的逻辑指示作用同在,一加缁布冠宾降一等,二加皮弁冠宾降二等,三加爵弁冠宾降三等着地。并非数字耦合对应,而是对年轻人“成丁、涉世、涉官宦仕途”的敬礼。加爵弁至于落实着地,也有明显的肢体语言的象征指示作用。

冠礼之后祭先人。**主人赞者**在室户西边、堂的正中位设席①,席面朝南。**宾赞者**在房中洗手洗饮酒器觯②,给觯中斟酒,把汤匙类的角柶反扣在觯上,“面叶”,角柶的大端朝前方(又是讲究置放器物的方向)。**宾**揖请冠者就席,**已冠者**来到席的西端,面朝南而立,**宾**“受醴于户东”(室门与东房之间的地方),酒原来就放在东房,上文已说及,又是《仪礼》方向不乱之证。“加柶面枋”(柄),加在觯上的角柶的柄朝前,交给冠者后就是角柶大端朝前,等于为冠者预设礼仪事,在实行礼时为人虑,亦《仪礼》思维细腻处所在。**宾**来到筵席前,面朝北(正对已冠者面朝南)向已冠者受酒。**已冠者**在席西端行拜礼,从宾者手中接过觯。**宾**回到原位西序南端面朝东向已冠者回行成人礼答拜。**宾赞者**为冠者进上脯醢。**冠者**在席正中跪坐,左手拿觯,右手拿脯醢**祭先人**,可见上古祭先人是跪坐而祭,又用角柶舀酒**祭先人三次**。祭毕后**已冠者**站起身,在席西端坐下,尝了尝醴,把角柶插入觯中,再起身,下席就地而坐,把觯放在地上,向宾行拜礼致谢,**宾**答拜。年轻人行冠礼后的第一最高权力就是祭祀。

冠礼之后拜母亲。**已冠者**把觯放在席前脯醢的东边,下席,到席的南边面朝北坐下,取脯,从西阶下,到东墙那边,出北闱门面朝北朝

---

① 《仪礼士·冠礼》“筵于户西”一句,杨天宇先生译注:“户西:指室户之西,实指室的户牖(窗)之间的位置,即堂的正中位。”胡培翚正义:“筵,主人之赞者。户西,室户西。”见《仪礼正义》第76页。

② 《仪礼·士冠礼》“赞者洗于房中”一句,杨注:“案房中亦设有洗,其位置,在东房的西北角。”

见母亲，把肉脯送给母亲，**母**行拜受礼，而后接受肉脯。**子**授肉脯后又向母行拜送礼，**母**又行回拜礼。母子关系已从家庭养育关系变成母亲和成年儿子的社会关系。

宾为冠者取字。**宾**下堂，站在北边正对堂上西序的地方，面朝东。与人物登场开始行事时，宾升堂后“立于西序南端，面朝东”有异。而“主人降，复初位”，即主人也下堂，回到当初到堂下迎宾时与宾让升的位置，实际上还是位置不明确，可能指“东序南端，面朝西”。**冠者**拜母后回来，站在西阶东，面朝南，这与已冠者祭祀先人“来到席的西端，面朝南而立”有异。**宾**为已冠者起字，并有祝贺语，**冠者**对答。可知古人起字在行成丁礼之后，起字为社会交际之用甚明。

正宾归。**主人**送至庙门外，以醴酬宾。**宾**按礼推辞后就答应了，进入更衣处。但尚未离开。

下面，**已冠者**见兄弟，“入见姑姊，如见母”。拿着礼物见国君，又拿着礼物见卿大夫、乡先生。**主人**宴请众宾客，答谢宾朋。**宾朋**向已冠者行**醴礼**或者**醮礼**三次，分别在三次加冠之后，用干肉。如行**杀牲醮礼**，则又是另外一番规格，也是行醮礼三次。如果是**孤子**，即嫡子而父母早亡者，则由诸伯父、叔父、从兄代行主人戒宾、邀约宾之职，行冠礼那天孤子自己做主人，三加冠**宾**三次向孤子行**醴**礼。如是妾生的**庶子**，冠礼在房外进行，醮礼在此进行，唯孤子亦可行醮礼，庶子亦可行醴礼，互文见义。如冠者母因故不在，则**使人代母**接受冠后之子献上的脯。

《仪礼》中许多篇目中的礼仪套路大体相同，详略不一，因为演绎仪式的角色大体相同，加之居住的房子格局，犹演绎的舞台相同。这些篇目有：《士冠礼》、《士昏礼》、《士相见礼》、《乡饮酒礼》、《乡射礼》、《燕礼》、《大射》、《聘礼》、《公食大夫礼》、《觐礼》、《士虞礼》、《特牲馈食礼》、《少牢馈食礼》、《有司》。别为一种，大不相同的礼仪有《丧服》、《士丧礼》、《既夕礼》。大体相同的礼仪套路中当然有不同的礼仪，演绎得别开生面。例如：上古新媳妇是怎样“待晓堂前拜舅姑”的？《士昏礼》“夙兴，妇沐浴”，梳妆打扮，到公婆的寝门外等候拜见，天亮了（怪不得叫“待晓堂”），**赞者**通报妇已到，**赞者**在阼阶

(主人用的东边的台阶,同《士冠礼》)铺好席,舅就席,赞者又在东房门外铺席,席面朝西,姑就席。妇拿着盛物的竹器笲(fán),笲中装着枣和栗,从寝门进入,从西阶升堂,进到舅席前行拜礼,然后把笲放在席上,舅坐下抚摸笲中的枣栗,起身向妇回礼答拜,"妇还,又拜",还,通"旋",妇转过身子避让着舅的行礼,并再次向舅行拜礼。妇走下台阶,从随从者手中接过内盛"切成了薄片,加姜桂捶捣而成的干肉"(腶 duàn 修)的笲,再升堂,进到姑席前,面朝北向姑行拜礼,把笲放在姑席上,姑在席上坐下,拿着笲站起来,向妇行回拜礼,然后把笲交**有司**撤下去。**主人赞者**代舅姑"醴妇",在堂的正位布席……从语言所指看,笲中的枣栗、加姜桂捶捣而成的干肉、肢体语言抚摸笲中的枣栗、旋过身子避让、走的路线、站立的方向、面的朝向等,都有所指隐含其中。《仪礼》中的隐喻特别多,有些是规定性的,如方向、路线,都不是随便设定,临时设定的,规定也含隐喻。

又如《大射》,"大射之仪"云云,称仪不称礼,据说因射礼盛,威仪多之故[①]。"君有命戒射",**国君**命令举行射箭比赛,以选拔参见国家的祭礼。于是先由宰把君命统一传达给百官,**射人**则通知诸公和卿大夫准备参加射箭比赛,由**司士**通知士作好准备,同时通知士中的**赞者**。引人注目的是,大射的前一天要在阼阶的东边悬挂乐器。笙磬面朝南而悬,笙磬的南面悬笙钟,笙钟的南面悬大型打击乐器鑮……鼗(táo)在颂磬的西边紧挨着颂磬安放,放时使柄端所系的丝绳(纮顺)向西边,无不讲究方向,连"纮顺"要向西,竟然细致地讲究到如此地步,令人惊叹,及于全书,无不如此,这与先民的泛神论极有关系,到处都是神,抬脚动手都要想到那里有神祇,方向处处,事事小心,首先为的是护惜那里的神。神当时不一定在那儿,即使不在,也"如在"。因为礼和"如在"的神紧密结合,遵守礼就成了必然性行为,道德律令总是隐约与守护神相伴的。

《仪礼》文字艰涩,礼仪繁琐,是难啃的酸果,读懂了,恰恰又是上古主流社会的生机蓬勃的生活图画。

---

① 参见《仪礼译注》,杨天宇撰,上海古籍出版社 2004 年 7 月新 1 版,第 169 页。

二　祝颂之语绎情理，教谕之言说心愿

《士冠礼》补叙了若干言辞。有**戒宾**时的主、宾间的对话，合乎上文"一辞""二辞"之说，还有宿宾时的对话。

一加缁布冠的**祝词**，有"弃尔幼志，顺尔成德"句，"顺"，通慎。犹"希望你抛弃童心，谨慎地修养成人之德"，童心是美，是自由，道德是善，是必然。弃美就善，弃自由而向必然，早期儒家的道德律令，何其严矣！尤其对于加冠童子来说，是近乎残忍的。又云"弃幼志"和"顺成德"之后能"寿考维祺，介尔景福"，这些近于古代套语期许，高寿吉祥，大增洪福，还属于冠者个人，还有些许廉价的吸引力。说教程序是：修养善德，个人得福。实际上，道德善之"必然"总是属于社会的，"个人"得福，"个人"获利是自主的、自由的，在驱逐"幼志"，泯灭天性之后，在两个单独的存在层面上，缺少了心灵和情志的作用，善和福两者变得没有同一性，作为价值观，也变成了虚幻的。后来成熟的儒家并没有再把"弃幼志"之类作为修养的内容，而是在统一的道德观、价值观"仁者爱人"层面上建构自己的美善统一的礼学系统。在后于孔子，大体同时于孟子的柏拉图理想国中，城邦的三阶层"统治者、护卫者、生产者"，对应于灵魂的三分"理智、激情、欲望"，除哲学王以外，没有真正理智的人，"人都是在法律的强迫之下，才走到正义这条路上来的"，三阶层的内部均衡和灵魂三分的内部和谐，总是十分困难[①]。苏格拉底用自己的逻辑推理来解决这一难题，最后仍归结为个体对正义本身的理解和追求，然而人又"都是在法律的强迫之下"，这就陷入了悖论。前孔子的泯"幼志"的尝试和二祝、三祝中的心性明德方案，直至孔子的道德、真情、必然之理融为一炉的"仁"，"仁者爱人"的美善统一的礼学系统，比同期西哲的两个三分，殊难调和的相互对立，确实为高明。如再加进法理法制的内容，就全面了。从思想方法上看，中国古代的对待论，互补论辩证法，比西哲的对立

① 参见罗跃军《柏拉图理想国中的正义观辩证》，《哲学研究》2012 年第 8 期，第 71、126 页。

论、对抗论辩证法,要优越得多。

二加皮弁冠时的祝词,称“敬尔威仪,淑慎尔德”,恭敬地保持你的威仪不懈怠,美好慎重地修养你的德行不轻狂,这样你就可“长寿万年,永享无穷幸福”。依然是修养善德和获得幸福的关系的命题,但与缁布冠祝词有差异,大体上是加强个人道德修养可获人生幸福的命题。外表威仪连通内心世界,淑慧谨慎或本于心性。南宋朱熹以“心性”一体释“明德”,可远溯于此①。

三加爵弁冠后的祝词,称“以岁之正,以月之令,咸加尔服”,又“兄弟具在,以成厥(其)德”。以年岁之“正”,月季之“令”,把三件冠服都加到你的头上,结果是你“长寿无疆,受天赐福”。自然、人事、未来三大件都显耀彰灿,为冠者祝福。天地自然之大美,家族社会之和美,成就冠者未来的命运,似较一祝、二祝合理,因为这里由美言真,因美说善。但因自然之美,而非人情之美言个人未来,终隔一层,而由家族人事和谐之美言个人未来,则较为直接。需要指出的是,《仪礼》时代还缺乏“仁”那样的高级范畴来囊括道德善和人性美,修养获善德的结果,给个人带来的幸福都是功利的,因为有天帝的恩赐,又冲淡了个人的功利,放大了此种幸福的普遍性意义。

宾向冠者授醴时的祝词醴词,云:接受了这醇厚的甜酒和香美可口的脯醢,要去祭祖先,以奠定终身吉祥。幸福来自天赐,所谓“承天之休”,当“寿考不忘”。这里的“天”,是人的祖先,是人。从古至今的祭祀祖先,文化含义十分深厚,它是灵魂的安放,精神的寄托,并不缺乏自我鼓舞,不缺乏“天助自助者”的深刻含义和现实实施之路。

宾向冠者三次行醮礼的醮辞。第一次有“孝友时格,永乃保之”,意即要孝敬父母,友善兄弟,这样才能永保平安。第二次有“礼仪有序”,序,序次,本是形式化了的规范。特别说出此句,是彼时逻辑认识的表征。又称“祭此嘉爵,承天之祜”,用此美酒祭祀先人,承受天赐之福。“天”亦人也。第三次,有“笾豆有楚”句,盛食品的器皿陈

① 参见朱熹《四书集注》,中华书局1983年版,第3、4页。又见《朱子全书》,上海古籍出版社2002年版,第十四册,第438、439页。有关研究和评述参见朱汉明、周之翔《朱熹〈大学〉“明明德”诠释的礼学意蕴》,《哲学研究》2012年第7期,第36、37页。

列有序。楚,有序貌。第一次中的孝和友,是宗法社会制度下凝聚的两种实践品格。此或古书中"孝友"的最早提法,带有早期儒学的原教旨性质,行冠礼祝词中提出,更贴近人生和人性。

宾为冠者起字时的**祝词**。称取的字很好,"髦士攸宜",正是俊士所宜,正可证明"士冠礼"为士而办,士是彼之主流社会的群体。又"宜之于假,永受保之","字"起得好就是福,要永久受用珍惜。这也是上古语言文字崇拜的记录。《士冠礼》还对仪式本身及其节目作出解释。如:

屦,穿与玄裳正服相一致的黑色的鞋?**冠**,始冠,戴缁布冠?**嫡长子**加冠时位近主人位以"着代",明示其代父(按胡培翚说)。行醴礼、醮礼时已冠者站在客位,是尊尚其已有成人德行。**分三次加冠**,一次比一次尊贵,"谕其志也",教谕冠者树立求上进之志;**起字**,不直呼其名,是尊重其父母给起的名。**三代冠制**不同,冠的名称不同,形制质料不同,皮弁和腰间有褶皱的素裳是共同的,是重要的文化史资料。**无大夫冠礼**的原因,是"古者五十而后爵";有诸侯冠礼,是夏末衰世的造作;特别交代"**天子之元子**犹士也,天下无生而贵者也",天子的世子也行士冠礼,这使深藏在士冠礼中的平等性、制度化的内容得以彰显;而诸侯的子孙可以"继世以立诸侯",是为了让他们"象贤也",效法祖宗贤德,而非说明他们生性尊贵;得出的普遍性的结论是,"以官爵人,德之杀也",将官爵授予人,是按道德的高下等级而定的。奴隶制民主制思想甚显。诸侯子孙"继世"以"象贤",是天子握柄,诸侯式微时代的产物,也表明《仪礼》成书甚早,战国状况,完全证明这里的做法不过是空想,既已"天下无尊贵",又来诸侯"继世"以"象贤",正是先民早期关于国家政治理念中的内在逻辑矛盾。此类逻辑矛盾是普遍的,柏拉图的理想国政治理念不也充满着种种难以解决的内在矛盾吗①?毕竟,治天下的事太复杂了。仪式本身及其节目的解释,是名目的解释,逻辑的解释,这里难道不是孔子后来的"正名"论的起源吗?名解、逻辑解,始终离不开具体内容,《仪礼》时代也

① 参见罗跃军《柏拉图理想国中的正义观辩证》,《哲学研究》2012年第8期。

已如此。再说,《仪礼》时代的名的内容已经发生变化,以谥号为例,“死而谥,今也。古者生无爵,死无谥”。谥,加名号,上古生而无功,死后不加表彰性名号。

《聘礼》,出使他国聘问之礼,即外交礼节。涉及外交辞令,“辞无常,孙而悦”,即聘问之辞没有统一规定,但要谦逊和悦。“辞多则史,少则不达”,说话太多就像史官而不是外交官了,少了不能达意。“辞苟足以达,义之至也”,如果言辞已到达足以达意的限度,那就是“义”,就是适合办事需要的最高标准。一是“足已达”的限度,二是“义”之所指,三是“义之至”的标准。度量范围,语义所指,衡量标准,即逻辑、语义、实用功能三者都有了。这恐怕是设计外交辞令的语言哲学了,也体现了《仪礼》时代的语言逻辑思想。有一种外交对答,“辞曰:非礼也,敢”,往聘的主国对我有 超常赐予,“就应推辞说,这不符合礼,岂敢!”不敢不,也不能不推辞掉。如果主国接着问这有什么地方不合于礼,就回答说:“非礼也,敢辞。”惠施与臣的礼物不合礼,臣就不敢不辞!《聘礼》中说就的上古度量衡及其换算单位,“十斗曰斛,十六斗曰籔,十籔曰秉,二百四十斗。四秉曰筥,十筥曰稯,十稯曰秅,四百秉为一秅”①,是上古宝贵的科技资料。

三　日常礼、乐皆文化,礼仪内涵在情美

《仪礼》中有许多表征性的礼仪文化符号,表征之后有规定的礼仪程序实施之,还有文化符号的说辞以说其义。例《士昏礼》起初有纳采、纳吉、纳征三步。**纳采**是指男家派**媒人**到女家纳采择之礼。采,男家采择此女为婚姻,媒人到女家提亲,谓之“下达”(此“下达”一词的原始义),传达男家意愿而女家许之,故又派媒人来“纳采”。“纳采用雁”,至于纳采的流程,有一套规定的程序,“主人筵于户前……主人降,授老雁”。“下达”,当然是一种表达方式,表达的是提亲事,这次又是来纳采,情感内容丰富而充盈,可谓“情感主义表达”的典型用例。按照艾耶尔(Ayer,A. J)的情感表达说,从语用的角度

① 详细解释可参胡培翚《仪礼正义》,中册,第1179、1180页。

看,“道德语句的作用是表达情感,以及劝说人们以某种方式行动”①,纳采时说的话以及礼仪姿态语言,都是如此目的;至于从语义角度看,纳采(纳吉、纳征同)是否缺乏真值性,艾耶尔认为“不能为真或为假”,因而在语义上“道德语句缺乏真值条件”,这样,纳采及其所得就会全是假的了,显然并非如此。在别的书中,艾耶尔具备“表达情感主义的语义论点所需要的那种扩充论的真值条件,就是证实主义的真值条件”②,中国自古至今的经验论是最大的证实主义和符合论,艾耶尔情感主义语义无真值论在中国古代哲学中可获彻底消解,解决其内在逻辑上的矛盾。**纳吉**,是指男方的**摈者**问了女名后回去占卜,得吉兆,派**摈者**告吉女方,“纳吉,用雁,如纳采礼”,礼仪同纳采。**纳征**,即向女家送聘礼,“玄纁束帛,俪皮,如纳吉礼”。黑里透红的束帛,两张鹿皮。纳征的礼仪和纳吉时一样。文后有“纳吉辞”、“纳征辞”说其紧扣“礼”字的文化意蕴。如《纳征辞》男家“某有先人之礼”,请接受,女家主人说,“吾子顺先典,贶(kuàng 赐)某重礼”,我不敢推辞,岂敢不奉命!又如《士相见礼》“冬用雉,夏用腒”(jū 干的雉肉),“下大夫相见以雁,上大夫相见以羔”。这些文化符号的道德意义,都是有真值的,也是真实的。

《仪礼》中有很多加奏音乐的礼仪,亦礼、乐不分之证。如《乡饮酒礼》,“设席于堂廉,东上”,即在堂前的外侧为乐工们设席,以东边为上位。工四人,其中**瑟工**二人,**瑟工相者**二人,替瑟工扛瑟,上堂时右手扶着瑟工,工入庠门后从西阶升堂,面朝北而坐,工演唱了《小雅鹿鸣》《四牡》《皇皇者华》三首歌。紧接着,**笙工**们来到大堂下,在磬的南边面朝北而立,吹奏《南陔》《白华》《华黍》三首诗的乐曲,主人在西阶上向笙工们献酒。堂上的弹奏歌唱与堂下吹奏乐交替,歌《小雅鱼丽》,笙《由庚》,歌《南有嘉鱼》,笙《崇丘》,歌《南山有台》,笙《由仪》③。最后,堂上歌、瑟与堂下的笙、磬合奏《周南》中的《关雎》、

① 参见周振忠《情感主义的语义表述》,《哲学研究》2012 年第 8 期,第 90 页。

② 参见周振忠《情感主义的语义表述》,《哲学研究》2012 年第 8 期,第 90、96 页。

③ 交替歌唱,内容相同,又见《燕礼》,参见杨撰《仪礼译注》第 156 页。

《葛覃》、《卷耳》;接着合奏《召南》中的《鹊巢》、《采蘩》、《采苹》①。这段合奏曲名称同样见于《乡射礼》。共演奏了十五首《诗经》歌曲,**乐工长**向**乐正**报告说规定的乐曲已演奏完毕,乐正向**宾者**报告,然后下堂。乡饮酒礼结束时,**宾**退出,奏乐《陔夏》,**主人**送宾到门外,向宾行再拜礼。虽然文中没有说明演奏相关乐曲的深意,但音乐语言比起礼仪的形式语言有更丰富的语言所指。第二天,在酬劳司正的酒宴上,"乡乐唯欲",即《周南》《召南》中的六篇诗,想演奏哪篇就演奏哪篇。六篇称"乡乐",等于直呼其为民歌。环境、心绪、事物、愿望、气氛、意向等多种有形、无形的主客观事体的交融会聚,似都可从仪式语言和与之相应音乐语言中大致获解。在《左传》中,演唱《诗经》内相关名目内容含何意,均有明确交代,或看上下文方可明其用意,例如《左传·僖公十五年》引《诗·小雅·十月之交》七章"下民之孽"等四句,意在说明晋惠公埋怨"先君"晋献公不听史苏之占而遭祸完全是本末倒置,听筮词无用,晋献公"败德",筮数不可及。而《仪礼》无一交代,今人看上下文也不明演出某诗的意图,这只能说明,《仪礼》近《诗》,当时人人可知,《左传》晚于《诗》,不作交代无人明白。交代与否,纯为背景使然,对今人却不免有些损失,因年代久远,要准确地悟解演奏某诗乐曲的意图有较大难度。饮酒本来也是文化,酒、礼、乐三者相配,三位一体,是《乡饮酒礼》中的文化在场三友。该文的结尾称:"以爵拜者徒作。坐卒爵者拜既爵,立卒爵者不拜爵②。"是讲饮酒行拜礼和不行拜礼的情形,饮酒需行酒礼,撤走装下酒菜的"俎"之后,"乐正命奏《陔》,宾出至于阶,《陔》作"。《陔》,古逸诗《陔夏》。这里奏《陔夏》送客义甚明③。如要具体说送客曲中有何深意,则又不甚了了。《燕礼》还提到酒与乐相匹配时限,"宾拜酒,

---

① 这段合奏曲《诗》题名同样见于《乡射礼》《燕礼》。合奏曲《乡饮酒礼》《乡射礼》《燕礼》同,表明合奏曲的规范性,共同性。相关文字资料参见杨撰《仪礼译注》第78、98、156、165页。

② 这几句话颇难懂,杨天宇先生译:"接受献酒的人因饮干爵中的酒而向主人行拜礼,起身后一定要酢主人。坐着饮干爵中酒的人,饮毕要向献酒者行拜礼;站着饮干爵中酒的人,饮毕不行拜礼。"参见杨撰《仪礼译注》第87页。

③ 这段文字同样见于《乡射礼》《燕礼》,参见杨撰《仪礼译注》第83、86、131、163页。

主人答拜而乐阕”，当宾尝酒后向主人行礼报告说好酒，主人回礼答拜，音乐终止。阕，停止。下文“公卒爵，主人升受爵以下而乐阕”也是说音乐终止于主人升堂从国君手中接过酒杯之时。值得注意的是，《仪礼》全书礼仪高雅，凸显“思无邪”的崇高，以乐配礼，大大提高了礼仪的品位。和《左传》奏《诗》歌曲相比，《仪礼》的程序化严重，相同的歌曲或组歌同时用于多篇多个场合，且全书演奏的歌曲有限，就那么几首，就是证据。抑或《仪礼》是官礼，国家礼之故；要不，是理解欣赏上的问题，《仪礼》对《诗》歌的理解远不及《左传》那样具体多彩、运用多样不同、无单调划一之嫌。

《乡射礼》是州长每年春秋两季在州学中举行的射箭比赛，各种角色的安排都很紧凑，进程也很紧张，但乐正有其位。**主人**（州长）、**司射**、**司正**之后即有**乐正**登台，“**乐正**适西方”，到西阶西边，随即命弟子**赞工**迁乐工于堂下，搬移妥当后，“乐正北面立于其南”，其，指乐工。射礼紧张进行时，**司射**向**宾**请示以奏乐助射箭，宾同意。司射还在堂下命令堂上的射箭手说：“不鼓不释。”如果射箭不和音乐的节奏相应，就不算数。于是乐正下令奏《诗召南驺虞》以助射。第三轮比赛时演奏《驺虞》或《采苹》，都要演奏五遍。《大射》仪是国君主持的，更紧张了。但射箭与歌唱两不误，激烈的竞争与情志的表白，情感的宣泄同样在场，可谓竞争助以乐，竞争辅以情，说“上古人性化”恐不过分。上文讲《仪礼》中的方向指认时，已说到《大射》“乐人宿县于阼阶东”，大射的前一天就在阼阶的东边悬挂好乐器。有笙磬、笙钟、鑮、建鼓、应鼙、颂磬、朔鼙、簜、鼗，至少也有六种乐器。《大射》也强调“不鼓不释”，射箭时，乐正命音乐师奏《狸首》，要做到“间若一”，每奏一遍的时间都一样，不紧不慢，与射箭配合好。有学者称，音乐是“进入神秘界的原始的口令”①。宋代杨度专论《仪礼》作《天神篇》，论及音乐和祭祀天神的关系，即其证例②。清代学者如张尔岐、曾国藩等都曾对《仪礼》中的乐工站立的位置、乐器的大小尺寸、

---

① 参见张祥龙《孔子的现象学阐释九讲》，华东师范大学出版社 2009 年版，第 49 页。

② 参见宋杨度《仪礼经传通解续卷祭礼》上册，第 192、208、233、261、262、263 页。

安放地点作详细考证,其价值恐不啻是简单的历物,客观上可让人追踪到古乐的种种神秘和神圣①。

《燕礼》,国君宴请群臣的礼仪,更是瑟、笙弦歌不断。大夫就席后,即见乐正升堂,“北面立于其西”,其,指乐工布席处。安排妥当后,即命乐工演奏《鹿鸣》《四牡》《皇皇者华》三首诗歌。文章还总结了“以乐纳宾”演唱哪些诗歌,犹言迎宾曲有哪些。“宾及庭”奏逸诗《肆夏》,主人向君献酒又奏《肆夏》,主人下堂后,乐工升堂唱《鹿鸣》,下堂吹奏《新宫》,笙工加入,合奏那六首组曲。如表演舞蹈就演奏《勺》(即《周颂·酌》)。

从以上文字看,可知《仪礼》是通过仪式语言、音乐语言、情感语言来阐扬早期儒家道德论的,全书无一纯粹道德的语言“仁”“义”之类,只有“礼”字,而这里的“礼”字与孔孟之“礼”用道德论的语言表达很不一样,《仪礼》之“礼”是非文字字面意义(no literal meaning)的语言,而是仪式、音乐、情感语言。非文字的语言很难作逻辑分析和命题判断,《仪礼》之“礼”是美学意义上的情感论之“礼”,不是道德意义上的善恶论之“礼”。《仪礼》之“礼”深入到人性、人情,是审美之“礼”,而非扬善之“礼”,因而具有更大的普遍性、人性化意义。纵观《仪礼》全书,数百上千个在场的呈现,环环相扣的经验的事实,日常礼仪的文化情美,是《仪礼》的三大主旨。而情意、情性、情美贯穿于这三大块。今天,如果我们要用“以法治国,以礼治心”来充实新儒学,加强新儒学的实践性、现代性,是不能不注意到《仪礼》的情美之“礼”的,纯粹的道德说教之“礼”有相当大的局限性。

主要参考文献

[法]列维-布留尔《原始思维》,丁由译,商务印书馆 1981 年版。

[清]阮元校刻《十三经注疏》《〈仪礼〉注疏》,中华书局 1980 年 10 月影印版。

[宋]杨度《仪礼经传通解续卷祭礼》,林庆彰校订,叶纯芳、桥本秀美编辑。

① 参见曾国藩《读仪礼录》,见《清经解续编》,第十二册,第 5092 页中栏,江苏古籍出版社 2005 年影印版。

台湾"中央研究院"中国文哲研究所 2011 年 9 月排印本印行。

杨天宇《仪礼译注》,上海古籍出版社 2004 年 7 月新 1 版。

[清]曾国藩《读仪礼录》,《清经解续编》,第十二册,江苏古籍出版社 2005 年影印版。

张光裕等《首届礼学国际学术研讨会论文集》,清华大学中国礼学研究中心,清华大学 2011 年 4 月。

(本文原载香港《能仁学报》第十三期,礼学专号〈一〉)

札记四则

一　札记体，小生境

鲁国尧老师2016年1月来邮说，较长一段时间以来，他在提倡写中式札记体的语言学研究文字，以响应谢泳先生的文章《西式论文的负面影响》，并把他两篇相关的文章《有关“西式论文”的争论与我见》、《文学、文字学、哲学札记各一则》发给我学习。还说，《南大语言学》第六期准备发表一些中式札记，鲁还专门命之以“新札记体”范畴之，建议我也写一二“新札记体”以凑其趣旨。

毫无疑问，西式论文是需要的，也是必要的。2004年以来，我国内地发表SCI论文(当然是西式论文)取得了较大成绩，论文质量也有了较大的提高。甚至南京大学也因那些西式论文而提升了自己。但札记体，短论篇，散文式学术文章也是需要的，最有名的，就是爱因斯坦获得诺奖的论文。那是1922年11月9日在赴日本避难的途中，获知得了1921年的物理学诺奖，获奖论文提出了光学假设，成功解释了光电效应，全文不过两百来个字符。大概只是个题目，或是个最简单的说明，一切成果都被实验证明了，更何况有相对论的铺垫，用不到长篇大言了。

其实，不仅外国学者尚简尚短，中国学者更是如此。孔子评《诗》仅三个字“诗无邪”，传了两千多年。柳宗元《答韦中立论师道书》论

《书》求其“质”,《诗》求其“恒”,论《礼》求其“宜”,论《春秋》求其“断”,论《易》求其“动”,以一个字概括一部经典,可谓至简至短也!黄侃曾说:“学问最高者,语言最简。”此之谓也。札记体,尤其适用于汉语语言学的研究,如词语考释,文字音形义诠释,音史札记,文献考索,语义语法概括,语史综述,词典编纂,学理一得,等等,都特别需要札记体。顾炎武的《日知录》、康熙年间的大儒何焯《义门读书记》是札记体,《戴震全集》里的若干文章,也是札记体的,段玉裁《说文解字注》也是无数学术札记汇聚而成的,连章学诚《文史通义》、《校雠通义》,也深深打上札记体的烙印。钱穆在《中国近三百年学术史》中就看出戴震、章学诚论“道”的一致,两人都主张“道”离不开人伦日用。不同者戴震认为“道”在六经,章认为六经合乎“道”,但不是“道”的全部,与时推变,道在其中,六经固不足以尽夫道。除了梁启超能识章学诚“为晚清学者开拓心胸”外,还有不少学者贬低其历史编纂学为“乡曲之学”,不予置评。历史编纂学,编纂学,恰恰是要青睐札记体的。

写札记体有学理依据吗?美国科学哲学家库恩曾把“物种在群落和生态系统中所占据的最终分配单元”的“小生境”改造成哲学概念。认为学者们面临“历史的科学哲学之困扰”应当设法建构“取代一个独立于心灵的大世界”之外的“各种各样的小生境”,“不同学科的从事者在这些小生境里实践着他们的事业”。当学人找到某个课题,栖居于该课题的“小生境”下成为一名语言玩家时,游戏规则只应对玩家本人有效,他们是某个“小生境”下的原住民。抓到了课题,你到底写大块文章,还是小玩意儿,札记体,完全是那块“小生境”里的原住民语言玩家的合法选择,他在那里享受着语言民主意识。“小生境”是更具体、可感知的“语言家园”了,如同倡导“语言是存在的居所”的海德格尔所说:“思者与诗人是这一家宅的看家人,他们通过自己的言说使存在的开敞形乎语言并保持在语言中;就此而论,他们的看守就是存在的开敞的完成。”写札记体,就是居住在“小生境”这一“语言家园”里的“看家人”的开敞心胸的劳作。

二 关于引文

抄袭和引文是参(星)商(星)一对,有抄袭必无引文出处的交代,有引文交代就没有抄袭之嫌。历史上有过的"抄袭"公案,例如所谓戴震《水经注校注》抄袭赵一清说,胡适着《论训诂之学》(1916)抄袭英国约翰·浦斯洛为《大英百科全书》第十一版写的版本学论文说,鲁迅着《中国小说史略》(1925)抄袭日本盐谷温说,都被一时炒得沸沸扬扬。回过头来看这些,无非同一研究对象,各自闭门造车,方法、途径多同,结果出门合辙,不同研究者对同一研究对象得出的结论相同,亦所谓"英雄所见略同"。但先贤们的做法也是有缺陷的,为什么不把"造车"的过程、互文的情况一开始就具体交代一番呢!

引文出处交代,常常借注释进行。引文是指引用他人成果,并标明出处。注释的含义比较广,广义的注释,中国古代可写作"注述",实际上是古人用以著论的一种体裁,这种体裁今天还大量存在,今人的许多注释本、注译本,正是注释体裁的一种。广义的注释也可以指思想内容的阐释,包括对相关成果的产生背景的补充说明和评价性意见等,改革开放后从国外引进的阐释学,阐释哲学,与中国固有的注释学一拍即合,几乎不分彼此,原因在于西学阐释学找到了中学注释学作知音。狭义的"注释",指引文标注,注明出处。

中国古代的注释体裁,几乎是无所不包的著论方式。《论语》列入经书,但它原本是子书,是孔子阐扬经典思想的语录,《论语》的"论"(lún)字,本身就是"仑"的借字,亼(集)册为文,比次群言,编辑仑纂以成。子书是注释体裁书,是阐释经书的"注述",当然也是"著述"。有的学者把古人的注释体裁分为十种:传、注、记、说、微、训、诂、解、笺、章句。这十大类,甚至十个字(词),无不可以"注释"二字解释之,等值之。其中"注、训、诂、解、笺、章句"六大类不必说,一看就知道与注释密不可分。传(读 zhuàn)有"论本事以明经义者",如《春秋左氏传》,有"阐明经中大义者",如《公羊传》《穀梁传》,有"循文解释者",如《诗毛氏诂训传》。又如"记","记者共撰所闻,编而录之","又与论(lún)同体","又记者疏也,疏者通也"。又如"说","继传记而兴者莫如说”,“其为书盖主于称说大义”,而“微”则谓“释其微指也”。可见传、记、说、微四者都离不开“注”、“注释”、“注疏”。那么什么是“注”呢?“注者注义于经下,若水之注物,亦名为著,取著明经义者也”。最后两句话,不仅直接说明了“注”,还说明“注”即“著”,“注述”即“著述”,这也证明了注释体裁,几乎是无所不包的著论方式。

古书注疏,不仅作为古代著述体裁,著论方式普遍运用。更为重要的是,注疏的内容连同注疏的对象经书本身,是传统文化的精髓要义,无不重要。清代阎若璩论明代三百年学术之衰,原因有三:“一坏于洪武十七年甲子定制以八股取士,尽废注疏,其失也陋;再坏于李梦阳倡复古学,而不原本六艺,其失也俗;三坏于王守仁讲致良知之学,而至以读书为禁,其失也虚。”

至于广义的注释也指思想内容的阐述,与前述注释体裁是不同层面上的问题。文章体裁是作品的样式,也是文体范式和作业方法,而思想内容的诠释是注释学、诠释学、解释学的目标指向和目的追求,注释体裁的形式化和诠释思想内容的理念化的分野甚明。用注释学的方法来著论,从古到今皆有其极大的必要性,必然性,说到底是由人文科学的经验性决定的。伽达默尔说:“作为一切经验科学基础的归纳法在精神科学这个领域内也是唯一有效的方法。”历史的认识“也不力求把具体现象看成为某个普遍规则的实例”,它只要求“在现象的一次性和历史性的具体关系中去理解现象本身”。人文科学,包括自然科学史,首先总是经验科学的,必用归纳法,将个别存在形态的经验事实归纳在一起,形成具体对象的内在逻辑,那就也必定会在全体或部分中用到解释学。这对于经验事实的归纳不必说,即使对内在逻辑的揭示,也离不开解释学的注释工夫。正如有的学者所说,“第一位解释者和光辉的注释者”总是逻各斯的知晓者和拥有者。

引文出处的注释,不过是注释体裁、注释学的一种表现形式,或者说是一种表达方式,它的呈现是必然的,是由文体学和方法学所决定的。即使不从注释体裁和经验科学注释学方法去看,仅仅从研发某一对象所必须构筑的语境看,引文也是必需的,加注是必要的。因为任何研究都需要在他人研究成果的基础上进行,已有的学术史内容总是当下创新研发内容的必要组成部分,没有引用,没有注释文字,你的研究是凭空而来,悬空而设,得到的结论是无根之木,无源之水。为此,网上就有《中国引文数据库》供查阅,公布论文被引用情况,鼓励研究者引据同类课题的相关文献,提倡借"他山之石"以"攻玉"。古云:"引据大义,证之经典。"言必有据,据出可靠,注释缕陈,恰恰是研究者功底深厚,文字成熟,文章水平的表征,而不是"都用别人的话而显丑",如果因"引用多、注释多"而有某种心理压力,觉得丢脸,这本身就是研究者本人不明事理,认识上有错误,为文者决不该当此。

引据的格式,有文中注(夹注)、当页注(脚注)和文末注(尾注)三种。夹注旧时用得较多,因在文中施注,不可能很周备,注多了影响正文版面,现在很少用,偶一用之,便于直接说明。现在后两种用得多。引文标注格式虽有网络上公布的通用格式,但各家刊物一般都会在"投稿须知"中公布,刊物不同,标注格式也不同,连标注次第的数码符号亦各不相同,独有的标注格式往往可以成为一家刊物的一道风景线,也是一种自我保护的机制。标注次第以单一顺序系统居多,但也有双重顺序系统(主要参考书次序、参考书页码)连标的,有的甚至还另加内容补白注释号,形成三重注释号系统。有一种注释法值得注意,就是在注释中不仅单一地标明被引用书的作者、书名、出版社、出版年份、页码等,还有论著作者对某一问题的评价、与正文论点有关的旁参、补白等,这有利于研究的深入和思路的展开,有利于读者的阅读理解,《中国语文》的"附注"就是这样的标注法,是最值得借鉴的注释方法,广获赞赏。

三　意境、主观境界说

一提到意境,人们马上就想到这是诗歌创作和欣赏的专利。王维的诗句:"大漠孤烟直,长河落日圆。"杜牧的诗句:"远上寒山石径斜,白云生处有人家。"张继的诗句:"月落乌啼霜满天,江枫渔火对愁眠。"都可以画出一幅幅画来。这些妙句生发出来的可成画图的意境，或者说生成这些意境的妙句，都是诗人在某一特定的思想感情的驱动下，神与物游，“神会于物，心物交融，思与境偕”的产物，它能让人妙悟慧觉，领略无穷意趣，又难以用言语阐明其意蕴的由来和境界的形成，它是形与神，情与理，虚与实，意与象，有与无，外与内的互相协调，互相补充，既生于意外，又蕴于象内，总之，它让人觉得好美，读来愉悦，享受，熨帖，舒心，沉思，澄明，惊起，感奋！如果要给中华诗词中的意境下个定义，或许可以这样说：它是在中华辩证法思想指导下塑造出来的“诗中有画”的审美对象。

诗句，诗的基本组织单位有意境，全诗当然也有意境。《关雎》全诗的意境，正如《孔子诗论》所说“《关雎》以色喻于礼”，就是用那合乎礼的“琴瑟友之，钟鼓乐之”的文明办法晓谕对方，使对方理解你的真诚的爱。《离骚》全诗的意境，正在于“国步维艰‘路漫漫其修远’，救国救民‘吾将上下求索’”。

意境，前人亦谓之“情景”。清人有云：“情景二字，谈诗所不能离，然难截然分开，情中必有景，景中必有情，方有意味。不然，虽摹肖绝工，发摅极确，格终不高。”又说：“诗以意为主，意犹帅也，无帅之兵，谓之乌合。云烟泉石，金玉锦缋，花木禽鱼，皆散卒也。”这些话，意思是说创造意境需要“犹帅”之“意”，否则“格终不高”，但实际上，光有“意”是不行的，正如莫砺锋教授所说：“要把平凡的情景升华为诗的意境，实在需要非凡的笔力。”

文学创作其实就是创造意境。创造意境是人类创造性活动不可或缺的。与主体创造有关，新儒家牟宗三提出了“境界形态的形上学”。牟氏将一般形而上学称之为“实有形态的形上学”。“境界形态的形上学”中的“境界”一词，是由主观的心“境”，加上主观或主客体共同立“界”构成的，如老子哲学中的“道”，是实践性和价值观相统一的形上学，是“境界形态的形上学”。新儒家贺麟的“互为体用”的新心学文化观也是如此。真、善、美是体，哲学、宗教、艺术是“体”的外化。儒学合诗教、理教、理学三者为一体，也是艺术、宗教、哲学三者的谐合体。就真善、儒学、哲学形而上而言，都离不开美，离不开艺术创造；就美、艺术、直觉而言，其背后深处的“真善”、“理”、“时空”无处不在。总之,无论是体,还是用,都是主客体相结合的产物,都在人类的实践中相互激荡,鼓枻前行。纯客观的,纯主观的,最后总是难乎为继的。创造意境,恰恰就是主客观相结合,相融贯的一个平台。

近年来,学界有人指出:西方人的思维模式是本体,形上,思辨,理性,逻辑,中国人的思维模式是道德,经验,反思,实践,意境。正是实践、意境,主客体的融贯结合,会不断激发国人的创新热情和创造精神。

四 《老子·道经》首句

王本:“道,可道,非常道。名,可名,非常名。”

1. 王弼注:“可道之道,可名之名,指事造形,非其常也。故不可道,不可名也。”指事造形,指具体可识别,可见到的万事万物,不是永恒的存在的“常道”,“常名”,“常道”是不可道,“常名”不可名的。河上公注:“谓经术政教之道也,非自然长生之道也。‘常道’当以无为养神,无事安民,含光藏晖,灭迹匿端,不可称道。”又说:“谓富贵尊荣高世之名也,非自然常在之名也。‘常名’谓如婴儿之未言,鸡子之未分,明珠在蚌中,美玉处石间,内虽昭昭,外如愚顽。”王注、河注一致,“道”、“可道”之“道”,与“常道”、“恒道”之“道”不同,前者是经验的,形而下的,后者是超验的,形而上的。唯有道家,提出后者。儒家是不可能的。《礼记·中庸》:“道也者,不可须臾离也。”朱熹注:“道者,日用事物当行之理。”儒家的道始终是经验性的。

2. 帛甲本:道,可道也,非恒道也。名,可名也,非恒名也。帛乙本:道,可道也,[非恒道也。名,可名也,非]恒名也。帛乙本残,据帛甲本补。帛甲、乙本都有“恒”字,“恒道”、“恒名”,不避汉文帝刘恒讳,帛本抄写当在文帝之前。文帝后为避讳,改“恒”字为“常”字。又帛甲本的四个“也”字,王本无。郑良树云:“甲本成书于汉高祖,乙本成书于惠帝、吕后之间,字并作‘恒’,犹存古本面貌。文帝而后,学者避讳易‘恒’作‘常’,垂二千年不绝。《文子·道原》《精诚》《淮南子·道应》《泛论》《本经》并引此文,字咸作‘常’,盖所据本字已作

‘常’矣。”

3. 北大汉简《老子》第四十五简:道,可道,非恒道殹(也)。名,可命,非恒名也。汉简老子两作“恒”字,同帛本,不避文帝讳,可见汉简本抄写年代亦在文帝之前,存古本面貌。可知汉简本文献价值甚高,接近帛本。又“殹”字作语气词“也”字用,《说文》“殹”字下段玉裁注:“秦人借为语词,《诅楚文》‘礼使介老将之以自救殹’。薛尚功所见权铭‘其于久远殹’。《石鼓文》‘汧殹沔沔’权铭殹字。《琅琊台刻石》及他秦权秦斤皆作‘艺’,然则周秦人以‘殹’为‘也’,可信。《诗》之‘兮’字,称《诗》者或用‘也’为之,三字通用也。”汉简《老子》北大整理组注释已指出“殹”是秦系文字,并认为汉简《老子》的祖本可能有秦代的本子,亦秦火劫难后馀本。《睡虎地秦墓竹简 · 语书》有法令“而使之于为善殹”句,《马王堆汉墓帛书 · 经法 · 道法》有“法者,引得失以绳,而明曲直者“殹”句,可见“殹”作语气词“也”字用是秦代,是秦汉之际的用字习惯。《马王堆汉墓帛书 · 老子》用“也”字或直接后来说《诗》者的用法,《诗》很少用语气词“也”。而秦火劫馀本一般说是秦以前的本子。总之,汉简本用“殹”作语气词亦可见其所据祖本的古老。

“名,可命”,命,命称,起名,动词。较通行本“可名”之“名”动词作性更强,“名”的存在可以是先天的形上之名,命称之“命”的存在和逻辑起点只能是后天的,经验的。用“可命”不用“可名”表明先天形上之“名”与后天形下之“命”“名”的严格区分。先天之“名”与后天之“命”“名”的区分意义重大,这正像康德强调“道德律由于它本身是作为自由这种纯粹理性原因性的演绎原则提出来的,它的这种信用就完全足以代替一切先天的辩护理由来补偿理论理性的某种需要”,同时又看到要“把理性的超验的运用转变为内在的运用”,亦即“通过理念而本身就是在经验领域中起作用”。康德将道德律的先天的纯粹理性与后天经验的运用区分并统一在一起。老子将先验的“常名”与经验的“命”“名”区分并统一在一起。

4. 日本岛邦男《老子校正》引宋陈景元《道德真经藏室纂微》述已亡佚西汉严君平《老子注》:“夫著于竹帛,铸于金石,可传于人者,可道之道也。若乃可传而不可受,可得而不可见,自本自根,未有天地,自古以存,神鬼神帝,生天生地者,常道之道也。”以帛本、汉简本,严注本论之,先验之道与经验之道的区分分明不含糊。由岛邦男引用的诸多版本的《老子》和注疏看,未见有作“殴”“命”字者,更见汉简本这两处文化信息的可贵。

刘冠才著《北朝通语语音研究》[1]序

鲁国尧教授2002年、2003年在《中国语文》发表题为《颜之推谜题及其半解》的长篇论文，以拟“哥德巴赫猜想”之类，十分引人注目。亦可谓宗德国哲人提出的“问题意识”，但“谜题”“难题”显然要比“问题”重大得多，解决起来困难得多。鲁著把《颜氏家训·音辞篇》“南染吴越，北杂夷虏，皆有深弊，不可具论”四句话命名为“颜之推谜题”，并简化为“南北语深弊论”。文中结合方言史和移民史重点对其中的“南染吴越”进行破解，北语暂付阙如，故谓之“半解”。文章借助于梅耶的历史比较法的语汇，提出公元4世纪的“语言入侵”是造成“南染吴越”的根本原因。问题是时代的声音，鲁著提出问题，在高层次上“半解”问题，对在特定的时代研究语音史上的重大课题是有引领作用的。要是着意另“半解”的“北朝通语”，或者说要把刘君新著《北朝通语语音研究》纳入一个预设的形上性的逻辑系统，以更好地把握全书，我愿推刘著是“颜之推谜题”另“半解”研究的学理逻辑式。本来，原子事实从根本说是逻辑事实（维特根斯坦），故集大量考据个别形态的原子经验事实应是逻辑事实，现在从已成之著论返回到语音史实的观照，意欲“处处扶向路”，今以揭示其内在逻辑为途辙，当是一法门。

① 刘冠才著《北朝通语语音研究》，中华书局2020年1月版。

其一,关于北朝通语的声母系统。书中以《颜氏家训》、《魏书》等北朝史书、《齐民要术》中的语音材料为基础语料展开对象研究。原始语料总是以散见的个别形态呈现,收集、整理、辨析、分类,爬罗剔抉,汰尽杂色,理据与史实对应等,即所谓考据学的工夫是不可少的。《音辞篇》围绕《切韵》音系性质的研究,历来引人注目,但往往因先入之见"单一音系"还是"综合音系"影响了对材料的判断和使用,而对于反映南北朝时期南北声母的差异,则因课题的缺位几乎从未引起重视。文中举出《音辞篇》中8条,以窥见南北朝后期南北声母特点。第1条是"其谬失轻微者,则南人以钱为涎,以石为射,以贱为羡,以是为舐"。第3条是"玙璠,鲁之宝玉。当音'余烦',江南皆音'藩屏'之'藩'"。至于《书证篇》中的语音材料也有8条,更为学界失察。如第1条"《汉书》云:'中外禔福。'"对材料分析的方法是共同的:列出《切韵》的反切,辅以《唐韵》的反切,并见声纽、等、韵部在此基础上作出比较,最后得出结论,如说:"就声母方面而论,'以钱为涎'和'以贱为羡',反映的是南人齿音从邪不分,'以石为射'和'以是为舐',反映的是南人舌音船禅不分。换个角度说,北人在声母方面齿音从邪能分,舌音船禅能分。"由反切还可发现问题本身的综合及其多彩、复杂和矛盾交织,如上举第3条,据陆德明《经典释文·左传音义》:"璠,又方烦反。"不好断定江南"璠"字有帮母(非母)音,而顾野王的《玉篇》:"璠,音甫园反"则可证明江南"璠"字亦有帮母(非母)一读。顾野王和稍后的陆德明都是吴人,或者可以解释为南朝通语"璠"读帮母(非母)字,正是颜之推的表述的"璠"江南皆音"藩屏"之"藩"的依据,而陆德明的又音和顾野王之音,则表明"璠"在当时的吴方言中却与《切韵》音一致。从前有人认为《切韵》是据吴音所作,或认为有吴音,此处即是多彩、交杂的一例。如果统归于北朝通语的研究,此例与颜之推认定的北音又是一致的,而与江南通语并不一致,可见公元4世纪"语言入侵"也十分复杂,需具体情况具体分析。语音史中的反切,有类于达尔文学说中的细胞,马克思《资本论》中的商品,借此原初性构成,会发现各自的整个世界。反切所携带的多方面文化信息之丰富几乎是无与伦比的,全书狠抓反切不放，看似平淡无奇，实质把握真谛，恰好中的。不仅为对象研究所必须，实际上也是问题本身的科学逻辑所决定。常见材料可能习焉不察，经为我所用后迭显价值，难得的材料经“采铜”作业而得，就愈发珍贵。例如，作者发现：在《齐民要术》的音注材料中，与声母有关的146条，其中与唇音有关的18条，与舌音有关的51条，与齿音有关的38条，与喉牙音有关的36条。另有3条特殊的音注材料3条。只与唇音並母奉母有关的音注4条，其中之一是用轻唇音奉母字为重唇音並母字注音：卷七《笨麴并酒》第六六，标目“笨”字下，小注：符本切（並/奉混合一等上声）。只与唇音明母微母有关的音注5条，其中用明母字为明母字注音的3条，用微母字为明母字注音的1条，用明母字为微母字注音的1条。在《齐民要术》小注中，只与“滂母敷母”有关的音注材料2条。综此，作者认为，在《齐民要术》音注中，尽管有不少以重唇音为重唇音注音的情况，但也有不少是以轻唇音为重唇音注音的情况，甚至还有以重唇音为轻唇音注音的情况。说明《齐民要术》小注是比较早的，甚至早于《切韵》，很可能就是贾思勰的自注。此外，文中对《齐民要术》音注材料所反映的北朝通语的声母特点作了专题研究，在三个层次上分别对其唇音、舌音、齿音、喉牙音等作了系统剖析，得出相关结论。凡此种种，正如程千帆先生生前在一次讲课中所说：“学术研究就是要搬走那些前进路上的一块又一块大石头。”

其二，北朝通语阴声韵韵母系统。下分北朝时期歌戈麻鱼虞模尤侯幽九韵、支脂之微齐佳皆灰咍九韵以及萧宵肴豪四韵、祭泰夬废四韵的分合关系。亚里士多德有云：学术是关系词，“相等”、“相似”都能成为学术中的关系名词。揭橥这四大块的内在关系，正是在千方百计深入到研究对象中去。其程序和方法在于从该时期的诗文用韵入手，如北周时期，歌戈独用引王褒《饮马长城窟》《高句丽》《渡河北诗》，庾信《哀江南赋》《对烛赋》《拟连珠》等诗文韵脚，故呈现出与“其一”不同的内在结构面貌，但其底层仍然是反切分析求解。

其三，北朝通语阳声韵韵母系统。下分北朝时期东冬钟江阳唐六韵的关系等四种关系研究之。内在构造同其二。其余如北朝通语入声韵韵母系统研究，子史材料所反映的北朝时期韵部的一些情况，例皆仿此。

其四,北朝时期诗文用韵异调通押的情况。从《颜氏家训》、史书材料、《齐民要术》入手,大例仿“其一”。

此外,为了不使丰硕的考据材料湮没论题,陷于残碎之事,刘君在讨论南北朝韵部发展变化时,于每节末尾均有总结性文字,以便纲举名目,挈领语料,使读者一目了然。

综上,拙文试图寻绎刘著的内在学理逻辑,并由此扪索书中语音史真谛,撮述全书内容大要,胜录成果见闻,指抉闪亮之处,顾拂研究目标的进场路径,等等。王阳明心学以“良知”须致之于事事物物,唯此方可成圣人之“全”,否则只能是“偏”。全书考据,悉心于声、等、韵、调,致力于事事物物,以求北朝通语之“全”,诚可宝贵。

本书也试图引用相关活方言的成果据证课题,如书中提到北朝史书多有把“沙门”说成“桑门”的,沙:山纽歌部;桑:心纽阳部。此例正说明北朝时庄组与精组甚近,今洛阳方言还把沙、桑二字的声母都读成[s-],可参证。这样的努力是可贵的,但还做得不够。诚然,以活方言证古有多重难处,它涉及到历史音韵的层次问题,刘君或于此持谨慎态度,但只要音理、文献、当下方音三合一,一般就能说明问题。而这方面的研究余地甚大,尚祈刘君能做到以活激古,以使古今全盘皆活。应该说,北朝通语的基础研究是汉语语音史,但它并不就只是语音范畴,它是社会历史文化范畴内的课题。它是语音史发展的结果,更是社会历史文化多种合力作用的结果,甚至可以说它是操不同方言的语言共同体,有着不同利益的社会共同体之间长期博弈的结果。为此,在将对象研究指向语音史的同时,不可不考虑相关的方方面面,方言就是最靠近的一个方面,也无妨历史文化的其他方面。

还是阳明说得对:小学须有“‘收放心’一段工夫”。冠才进入南京师范大学教学科研岗以后,仍孜孜于黉门旧学,且能安营扎寨打阵地战。在五彩缤纷的商机年代下“收放心”工夫,成就显著,余读其文,想其人,由学品而人品,何感欣慰哉!何乐其成务哉!

(2015年3月叙于澳门科技大学)

乔永著《辞源史论》[1]序

一部《说文解字》,成了中国文化史,乃至世界文化史上言说不完的课题。当有人问起颜之推《说文》和《论语》哪个更胜一筹,颜黄门答:总是信服许书"隐括有条例,剖析穷根源","若不信其说,则冥冥不知一点一画,有何意焉";而孔子书"存其义而不论其文也。先儒尚得改(临)文从意,何况书写流传耶"(《颜氏家训·书证》篇)。《论语》当然可贵,那是不用说的。"半部《论语》治天下",一部《论语》治人心,但一部《说文》却是中国文化的根,而《论语》是中国文化之一叶,根深叶茂,千百年来诠释《论语》者无不用到《说文》。百年前《辞源》的问世,是近现代文化史上的盛事,三十多年前(1979.7—1983.9)已经演撰成皇皇巨著四大册,岂可言说得完?乔永同志就是这支言说队伍中的一员。

乔永著《〈辞源〉史论》共收十八篇文章,有的文章在刊出时我就读过,但从来没有联贯起来思索过。今天读来,方知十八篇可自成系统。从历史发展的纵坐标看,大致有《〈辞源〉编纂修订百年记事》、《〈辞源〉编修一百年》、《〈辞源〉注音体例史略》、《〈辞源〉字头与字形史略》、《〈辞源〉建国六十周年纪念版纪略》、《〈辞源〉商务印书馆的百年记忆》。从本体深入的横坐标看,大致有《〈辞源〉注音音节研

① 乔永著《辞源史论》,商务印书馆国际有限公司 2016 年 1 月第 1 版。

究》、《〈辞源〉修订与古汉语研究》、《〈辞源〉1964 年版研究》、《〈辞源〉插图研究》、《〈辞源〉附录及历代建元表研究》、《〈辞源〉札记:书证问题》、《〈辞源〉审音札记》、《〈辞源〉四角号码索引使用》、《〈辞源〉的文化担当》。当然,就单篇文章而言,又往往是“历史发展”和“本体深入”两者结合进行的。甚至可以说,历史发展观就是本体论的一个组成部分。

一个研究大目标的确定,当然应事先把握好研究对象的方方面面。百年《辞源》,先后投入者达 500 余人(1908—1983),先后 9 次出版,印刷达 550 多万册。四卷本收词条已达 9.7 万余条,总字数 1 千 2 百余万。为之点赞激赏评述之文近 400 篇,至于一代又一代的海内外读者从中获教受益,更是不计其数! 乔永同志以这样一个超迈时空的重大文化工程为研究对象,心仪所向,只能把《辞源》研究看作一门专门的学问“《辞源》学”来做,方可满足其对知识的渴求和对研究对象的深究欲望,也只有这样,才符合客观研究对象的自身状况。

现在来看看乔永《辞源》学的“历史纵向”如何深入及其深入后的成果。书中把《辞源》百年分成三个阶段:编纂开创(1908—1915)、充实修订(1931—1949)、转型扩展(1958—1983),第四阶段是从 1999 年开始的“新的历程”。每个阶段都力图展示出极不平凡的立体景观。第一阶段除本身而外,重在历史的铺垫。《尔雅》、《说文》、《广韵》“从词汇、文字、语音等三个层面创立了一整套正形、注音、释义的古代辞书体系”;《康熙字典》的 214 部首分类法、笔画排列法、音形义对应体式等,“成为古代辞书的一个重要里程碑”;20 世纪初对新辞书的种种尝试性探索,等等。诸种古代、近代辞书世界景观,都凸显现代辞书《辞源》的历史厚度和现代创新力度。第二阶段展示从 1915 至 1949 年的《辞源》续编本、增订本、合订本、简编本和卫星辞书各类百科词典,诸如植物(1917)、中国人名(1921)、医学(1921)、动物(1923)、教育(1928)、地质矿物学(1930)、中国古今地名大辞典(1932)等,践行了首任主编陆尔奎以《辞源》权当“博物馆、图书馆”,以应“充补知识”之“急”的构想。十分重要的是,上述做法也成为 1983 年修订本出齐后“再一分为五”,出《辞源简编》等五种的企望,新五种出齐后，“最后是再加修订，精益求精，永无止境”，《辞源》同仁的“新五种”主体构想虽未能实施，但被涵摄于第三阶段，成为激励后昆的精神动力，《辞源》学成了富有精神内生力的学问。第三阶段开始于1958年明确《辞源》《辞海》各司其职之后，《辞源》的修订原则被规定为“语词为主，百科为辅”，尽可能全地收录古汉语语词和有关古代文献、古代文化中的百科知识条目，成为其实践指向。第三阶段经历“文革”，编纂本身就是个不平凡的跌宕起伏的过程。

“历史纵向坐标”上的呈现并非就是历史的流年，如前所说，乔永同志践行的《辞源》学研究总是力图将“历史发展”和“本体深入”两者结合起来。就在《〈辞源〉编修一百年》这一典型的“历史纵向坐标”上，除了前面的“流年”演绎却不乏“以史带论”的三阶段说以外，“本体深入”的专论成了该文的主轴。文章专门讲了《辞源》百年运行中的不断创新的成果，它们是：编纂理念创新、内容创新、编纂体例创新、释义和注音创新、书证选择观念上的创新。这五大创新又是有其《辞源》学学史上具体内容的。如说“编纂理念创新”，当年编纂者们吸收了西学中的词汇学理论，区分汉语中的字和词，立以字头，集以词条，字的解释做到传统小学一贯要求做到的“形音义”的统一，词的解释含词义（基本义，尤重发展了的引申义）、语法义；又如说“内容创新”，转型前“旧学新知，无所不包”，转型后筑成了语词、百科主兼融通，成就一体的新局面；编纂体例创新如以单字带复词的做法均为《汉语大词典》《现代汉语词典》所借鉴；注音创新用注音字母和汉语拼音注今音，保留古音；释义创新则指出《辞源》强调按照“词典的释义宜合乎语言学”对字、词、语释义，音义观念上的规范化意识甚明确、甚强烈；书证观念上的创新强调汉语史价值观念，力求追寻第一书证之始源，后按汉语史先后排列第二、第三等书证。如此等等。无不让人触摸到《辞源》学的历史厚度和理论深度。有世界意义的词典学集古今中外，言非泛泛，研究中国独具的《辞源》的《辞源》学也是集古今中外，既不乏历史的厚度，也不乏理论的深度，它能在深层次上获得历史和逻辑的统一。此即乔永同志事《辞源》学研究所告之要义。

如果在《辞源》学本体深入的横坐标观止,则有:

在古汉语研究层面上观照《辞源》。书中指出,一百年前主编初试牛刀时,即已吸收了西方语言学,以词为基本单位立条目,使现代辞书与古代字书面目迥异,一百年来古汉语形音义的研究成果不断输入到《辞源》修订中,特别是近年来关及甲金文、简帛文字等出土文物的研究成果,专书词汇、常用词、佛教词语的研究成果,都极大地丰富了《辞源》语料库。

在《辞源》修订稿(1964)上观照,则知特殊年代里的特殊成果,其价值在于"处在旧《辞源》向新《辞源》过渡的中间阶段",在"字头、注音、释义、书证等方面都有新的尝试",做了"全方位的探索","对辞书质量的提高有重要贡献",仅就字头下加载中古音这一项,就已足以说明它为新时期修订本(1979)作好了准备。最引人注目的是,作者几以史家修志撰史的慎重态度,浓彩重墨地推介当年的实际主编吴泽炎先生。吴先生是特殊年代里("文革"前和"文革"中)特殊学术领域(编词典这种苦差事)的"甘于奉献的带头人",他给自己规定了每天的工作量:至少做60张卡片。还说:"资料卡片每天都要按量完成,一天都不能耽误。"这种高度自觉的历史担当精神,忠于国家文化事业的赤诚之心和人文理念,都被作者视为《辞源》学的不可或弃的内生动力和内在学理。试设想:要是将来成立《辞源》博物馆,或建国家辞书博物馆,吴先生的手制卡片是应当被收藏进去的。作为人文科学的《辞源》学、词典学,总是离不开一个"人"字,作者本人的理路如此!按照梁漱溟的说法,"儒家期于成己,亦以成物",学问是"生命上自己向内用功进修提高",古书上的话都是前人"从其反躬内向的一种实践活动而来",儒学是人生实践之学,是生命的学问。如此看来,乔永同志论《辞源》学处处注意论《辞源》前辈学人的为人为学,正是题中应有之意。

在《辞源》注音上观照,书中厘清《辞源》有1261个音节,并与《汉语大词典》作了有针对性的比较,在此基础上对《辞源》未收音节作了分析,得出了相关结论。十分重要的是,就注音体例、音义搭配、特殊音处理提出了自己的见解,为第三版《辞源》修订中注音模式的确定提供了以规范化为宗旨的有益的借鉴。《〈辞源〉修订审音记》一文则初步总结了第三版音注修订的实践经验，实行面上修订专家通修通审与点上审音组专家专修专审，总之是面与点、通与专、修订与审定相结合的办法，以确保音注的准信度，确保历史语言学维度下的音形义一体化。

又如：在四角号码查检法上观照《辞源》。本书作者对四角号码查检法情有独钟，举出于部首、笔画、音序查检法有碍，而四角号码又快又准的实例。还考出了四角号码的实际发明者是高梦旦先生，提出了改进四角号码的构想和更广泛地使用四角号码查检的建议。作者的热情，让人想起电脑输入法发明时多家献计献策的情景。热情赤诚的深处是当代中国学者的高度历史责任感和无可推诿的自觉担当。听作者的呼唤，让人感到他似乎想要重建一个网罗全部汉字的形上系统，以四角号码系统架构作为数码系统来更好地理解、把握使用《辞源》的底层元素：一个个的汉字。这不能不说是乔永辞源学的一个特色。

在《辞源》插图上作整体观照，作者在读图时代有何慧觉？本来，图中有辞，辞中有图，图像辞，或辞图像，是个非常复杂的审美问题。作者以审慎的态度检视了1979年《辞源》修订版的331幅插图，指陈其得失成败，为第三版如何配图支招，就插图的科学性、知识性、准确性、形象性提出具体要求。如说“淝水之战”条可配战争形势图，“地图”条可配马王堆出土汉地图，“金明池”条可配宋画“金明池争标图”，等等。这样，就使原本一般认为“可有可无”的词典插图成了《辞源》学、词典学的不可或缺的组成部分。

以上在历史发展的纵坐标上考其“百年三阶段”、“以史带论”和“本体深入”的结合，本体共时横坐标上作古汉语层面、修订稿（1964）、注音、四角号码、插图的观照。这“两纵五横”之读法，虽不全面，但已堪称乔著的骨架和主体。随着《辞源》第三版行将问世，《辞源》学必因波涛汹涌的“源头活水”而更显勃勃生机。历史发展的纵向考察可能深入到每个条目的前后对比，本体的横向研究可能对条目个体的音形义作出以规范化为取向的价值评判，作出兼具音注、释义、书证的综合性实体研究。到时,抑或时间成为空间的第四维度,历时融入共时,在统一的四维空间中作本体研究的纵横捭阖,历史考察和对象本体的综合研究互动互补,互相促进,使崭新的《辞源》学更见广袤和深邃,我们期待着。

缀拙于端,为阅后尝试拔擢书中精义和学理,以与同好欣赏评铨,能否期于所愿,祈请学界同仁和乔永同志本人批评指正。

(2015 年 4 月于澳门科技大学国际学院)

宋洪民著《八思巴字资料与蒙古字韵》序

宋洪民教授著《八思巴字资料与蒙古字韵》①是近年来汉语语音史领域内取得的重要的成果之一。作为曾经与他一起学习和研究过(2001—2004)的相知相识，见到此专、深、精、透、博的新成果，忻喜云何！感慨云何！

八思巴字和蒙元语言研究，经过前辈学者的艰苦开拓，几代人的奋力掘进，或以照那斯图先生、杨乃思先生和宁忌浮先生取得的丰硕成果为代表，至本世纪的前十年，似“已当凌绝顶”，一般认为，至少是系统可说，成批可道的不很多了。2008 年被录取为中国社会科学院民族学与人类学研究所博士后的宋洪民君，在导师照那斯图先生的指导下，受照那先生“整理八思巴字汉语实际文献材料”思路的启发，立下“八思巴字汉语实际应用文献材料的全面整理与音系归纳”的宏愿。2008 年 8 月我在南昌音韵学会议上见到他们师徒二人，除了诚贺照先生收授高徒之喜，悦其和聂鸿音先生等的伯乐胜识之外，对谈及的研究思路再攻八思巴字的构想有点诧异：从龙果夫、罗长培到晚近杨乃思、宁忌浮，相关课题资料都被这些专治汉学史、语音史、音韵学的大家搜遍，都有重要成果问世了，构想似难切入呵！

谁也没有料到，切入点就在照那先生为其选择的文献整理上。

① 宋洪民著《八思巴字资料与蒙古字韵》，商务印书馆 2017 年 9 月第 1 版。

从 20 世纪 30 年代(洪民视此为八思巴字研究的第二历史时期的起点)以来,“学者们似乎对《蒙古字韵》关注太多,而对八思巴字译写汉语的实际应用文献(圣旨碑刻等)却从来无人进行系统整理研究”,从无人问津处切入,这就是洪民君的学术的执着、自信和历史担当。洪民君著作的原名是《元代汉语音系研究:基于八思巴字文献资料》不论是原名还是现名,皆明示可知,学术信念专注于文献,研究实践立足于文献整理,洪民君的成果,本质上是专门史、专题史文献学成果。文献整理和文献学,是清代学术的旧天地,现代早期老派学者的硬功夫,当代学子洪民君偏偏踵武于“旧学商量加邃密”,与时下之商品潮涌动路隔千万。洪民君首次对圣旨碑刻等八思巴字汉语实际应用文献进行全面整理研究,按韵重新编排,归纳其语音系统,从中得出一个真正的活的八思巴字汉语拼写语音系统。换言之亦戏言之,要是谁做个语音史实验,按洪民找到的“活系统”,用死文字八思巴字来拼写一部现代汉语文字书,也会熨帖合榫的。书中将八思巴字文献音系与元代韵书《蒙古字韵》比较,分析异同,确立后者的音系性质,乃至它在蒙元国家语言文字政策中的地位。至于原本和《蒙古字韵》有关的前修《新刊韵略》,后修《古今韵会举要》,皆可推本八思巴字旧迹,还原八思巴字存在样态;和同时代的语音史界碑著作《中原音韵》的比较,又可在宋元韵书的传统及流变、北方官音等更为广阔的学术视野中细察八思巴字的影响和作用,八思巴字文献音系成了所有这些领域的存在者自身和研究实践的本体。总之,洪民君入于八思巴字文献音系,而又出于其文献音系,走向更广阔的语音史空间,这里,比较法、科学的还原法等历史语言学方法都与具体对象研究相结合而新生魅力。总之,洪民“新知培养转深沉”的宽广视域,又让我们歆羡。这自然会让我想到我对他的一贯了解,他的颖悟睿智触处可见,他的刻苦用功默默无闻。“好学近乎智”(《中庸》),两者是一致的。刻苦加睿智,亦所谓“聪明、老实二义”,不断地驱动着他的创新潜力。近年来他围绕一个中心“八思巴字音系”推出的系列论文,正是他的内生驱动力引擎从不停息的证明。

洪民的著作分上下两篇,上篇将八思巴字文献与《蒙古字韵》作

对比研究,下篇八思巴字58种汉语文献的系统整理与研究。上篇除绪论外分五章:首章从文献与《字韵》的异同看《字韵》,二章言《字韵》声母系统,三章言韵母系统,四章言八思巴字拼写规则,五章从《字韵》看元代语音研究。工程浩大,皇皇巨著不下八十万字。全书既立足于文献,专注于文献,就脱不了学术研究史的干系。可以说,全书有两个本体研究,一是八思巴字文献音系与《蒙古字韵》的关系的对象本体研究,一是引进历代学者研究成果,学术史本体研究。这两个本体融贯于全书,互相依存和促进,且前者是横向的,后者是纵向的。横向的就主要概念及其体现而言,纵向的就历代学者的阐说、揭橥而言,经作者的艰苦努力,横向和纵向形成综合,而非"两张皮"式的离散。在综合中,重点始终专注于第一个本体研究,而以第二个本体研究为参照点,以致全书形成"接着讲"的总格局。"综合"和"接着讲",这本身就是对传统学术研究中必然遇到的"双本体"关系处置的创新。例如"八思巴字官印用字与《蒙古字韵》之比较"题,文中举出照那先生《元国书官印汇释序言》中的话,以八思巴字为"国书最重要的用途",又举出罗常培、蔡美彪说官印"由中书礼部造发",对"当时统一规定用蒙古字"起直接作用,循前贤之指点和思路,作者遂即展开他的大规模工程:对官印字作全面整理研究,将官印字全部编进统一的总字表,总字表的制订体例,即字头整体排列全部按《蒙古字韵》十五韵部进行。

又如,在《蒙古字韵》的研究中,遇到元代汉语中的特有的声母格局影、幺、鱼、喻、疑分立。该问题一直是一个难以索解的难题。文中引诸家之说如杨耐思(1984、1997)、李新魁(1986)、竺家宁(1986)、郑张尚芳(1998)、王硕荃(2002)等,认为他们的说法是"比较稳妥的","也确实符合事实,即声母确实会因所拼韵母洪细的不同产生音值上的差异",特别是杨乃思先生在《汉语"影、幺、鱼、喻"的八思巴字译音》(1984)与《八思巴字汉语声类考》(1997)两篇文章中都阐述了这样的观点:这些声母在与韵母拼合上都表现出"洪、细"之分,所以必须采用音位归纳的原则,与同期的其他汉语音韵资料相结合,将影、幺,鱼、喻,合、匣分别合并,它们是八思巴字系统区别等第的一种表现手段。在时彦卓识的基础上,洪民提出了另一个独到之见:元代汉语声母“影、幺、鱼、喻、合、匣”的分立缘于八思巴字拼写系统的需要,喻$_三$入疑就是由此而形成的特殊现象,其根源是八思巴字系统的“以声别韵”。八思巴字是一种蒙古文,它首先是用来拼写蒙古语的,它与藏语文、与蒙古文的关系更密切,适应性更强。而后才用来拼写元帝国境内的各个民族的语言(照那斯图、杨耐思 1984;杨耐思 1997);当其功能扩大到译写一切语言包括汉语时,拼写规则不适应处显然,需据汉语的实际加以调整事属必然。洪民指出:存浊系统不允许零声母影、喻、疑等合并;牙喉音严辨四等要求影、喻、疑诸母等第不同则读音必异;汉语零声母与八思巴字符号的对应关系复杂;u类韵母假四等八思巴系统无相应韵母形式促成了以声别韵。总之,在零形式 a 的表达中就可以看得很清楚:诸母分立是八思巴字系统以声别韵的需要。这首先在逻辑上是能成立的,理论形态的逻辑系统的范畴在推理中获得功能意义时,范畴本身的真值性常常因逻辑语境的变化而变得内容丰富,范畴本身会获得某些鉴定和调整,以加强其真值性。十分重要要的是,《蒙古字韵》声母系统格局只是个语言经验逻辑系统,无论是系统本身的构成,还是获得实践功能时,调整和改制因经验本身的丰富和多样变得不仅可能而且必要。

应当说及的是,洪民对第二本体的研究也是下苦功的。例如聂鸿音先生(1998)据回鹘文《玄奘传》的对音资料,提出汉语的见溪疑晓匣五个声母在回鹘文中依韵母的洪细分为 q-、k-两类,可以引发我们对古汉语声母颚化现象的某些思考。洪民在充分肯定聂先生成就卓识的同时,具体到八思巴字,洪民认为,八思巴字中声母分立的是古汉语的影、喻、疑、匣诸母,见溪晓却并未分立,所以八思巴字中的这几个声母的分立似乎不是导源于声母的颚化与否。正是循此前行,才发现“诸母分立是八思巴字系统以声别韵的需要”。诚然,洪民这一事关八思巴字全局的解释还需要求真研究实践的反复检验,但至少是作为研究史的一个阶段的标志性成果,是能自圆其说的。据称,洪民的这一发现是在送孩子上学的路上悟出的,《庄子·达生》“用志不分,乃凝于神”,中国的学问用中国特有的思维方式“悟”而知之，不亦可乎！

藏文产生于公元 7 世纪，使用至今，脱胎于藏文（照那先生说）的八思巴字颁行于 1269 年，使用了八十多年告结（1352）。韩国的谚文产生于 15 世纪李氏朝鲜王朝时期，此前鲜族人（即韩族人，“韩”匣元、“鲜”心元二字上古汉语都是元部字，且声母一为匣纽，一为心纽，心、匣二纽古通，上古匣纽字“慧惠”从心，心纽字“邃”从匣纽字“穴”）一直使用汉字记录他们的语言。日本的平假名公元 9 世纪已经形成，片假名在平安朝时代（794—1185）为训读而产生，但一直到 18 世纪后半期的明治维新时代才定下来。谚文、假名的使用也不是一帆风顺的，甚至可以说是艰难曲折的，日语汉字今天还在广泛使用，韩国的有识之士仍主张重要文献要用汉字书写。用汉字书写安南（越南）语，起于汉代，成于宋代，宋以后逐渐改革成喃字，但直至今天那里仍有人主张要完全恢复使用汉字。八思巴字是当年蒙元人以政治强势、文化弱势对付文化强势、政治无势者的。汉字文化圈内的谚文、假名、喃字的产生都是力图以政治弱势、文化弱势抗衡政治强势、文化强势者的。文化的抗衡，认同，融合、创新，乃至成功和失败等，是个极其复杂问题。洪民的著作，从学术性、科学性言八思巴字语言文字天地，攻坚克难，深邃博奥，弥足珍贵，对八思巴字在文化学上的价值性，是否也能给我们些许启发呢？这是需要另行认真思考的。文化学上的价值评判也是个重要的课题，但这显然已在洪民课题的视域之外。

我本人于八思巴字胸无点墨，洪民君将学习和欣赏其大著的机会先期相赠，十分感念。为不辞信托，不负期待，写下了以上感言，以求教于学界和洪民君本人。

（2015 年 6 月于澳门科技大学）

郭骏主编《学生成语词典》序

郭骏教授将《学生成语词典》[①]修撰一新，幸获先睹，诚一快事。成语是中华文化瑰宝，自从《中国成语大辞典》（上海辞书版 1987）问世后，踵继者有之，如《中国成语分类大辞典》（新世界版 1989）、《汉大成语大词典》（汉大版 1996）、《中华成语大辞典》（吉林文史版 1997）、《汉语成语辞海》（武汉版 1999）、《现代汉语成语规范词典》（长春版 2000）、《成语大词典》（商务国际有限公司 2004、2015）、《中华多用成语大辞典》（湖南人民出版社 2007）、《成语通检词典》（中华书局 2013）等，蔚成观止。学生专用成语词典的编纂，则很少见到。既然是供学生专用的，从逻辑上看，就必须编成一部学习型词典，而非查考型词典，几无而幸见者，郭骏君之编纂也。

词典类型学是个复杂问题。词典学家黄建华先生在《词典论》（修订版）曾说及前苏联的词典学家谢尔巴以理念上的对立划分类型，以学院型与查考型对立为一类；美国词典学家马尔基尔按条目密集度等为内容的“词典幅度”、历时动态共时静态等为内容“词典动向”、有释义等内容的“词典表述法”三标准分类法划分类型；法国词典学家凯马达在此的基础上，进一步提出了“描述类型”的分类法，在“专门性有限词典”的“社会文化类别”中列出“年龄和性别”区分的

① 郭骏主编《学生成语词典》，上海辞书出版社 2016 年 12 月第 1 版。

“儿童词典、学生词典、妇女词典”。这些分类法并不完全适合汉语词典，汉语词典的定位还要靠汉语学者的自我创造。“成语词典”定位在“学生”“学习”型，正是编纂者的创新精神所在。由“学生”“学习”型申发开来，它的意义还在于，作为工具书，编纂“学习型”词典，以服务于建设“学习型”社会，是可行的，能够办到的，“学习型”词典作为词典门类的一个独立的类别，理论上和实践上都是能成立的。

如何体现“学生词典”特色？语料来源是重要保障。引例以各种不同版本的中小学教材语文课文为主，兼顾现当代作品。注明作者、篇名或书名。中小学语文课文引例均标注［小］［初］［高］，例如：【爱不释手】条［引例］［初］《少年爱因斯坦》：“他爱不释手，把盘子转过来调过去，可那根针仍然指北。”课本以外的现当代文学作品，作为拓展学生阅读范围的辅助材料之需，如【爱博不专】条［引例］朱自清《那里走》：“在这三条路里，我将选择哪一条呢？我惭愧自己是个‘爱博而情不专’的人；虽然想着只选一条路，却总丢不下别的。”值得注意的是，标注了“小、初、高”就不再标作者名。在编纂者的心目中，中小学课本的选入与作者、作家的著作权拥有同等、甚至更高重量级的话语权，课本重要性的彰显又与“为学生而编”的编纂主旨伯仲相契。

如何做成“学习型词典”？则需要费更多的心血和更艰苦的劳动，近乎手表工艺的细致工夫依然下在体例的制定与实施上。

为“学生学习”考虑，每一条成语都给出读音。注音的目的是要让学生读得出，用得上，故一律按普通话注音。不注连读变调，如【八面玲珑】bā miàn-líng lóng“八”阴平字在“面”去声字的前面不改注成阳平字而成 bámiàn。条目中的轻声字不标调号，注音前加一小圆点示知，如【不可收拾】bù kě-shōu · shi。注音按《汉语拼音正词法基本规则》“四言成语可以分为两个双音节来念的，中间加短横”等规定标加短横。有异读的词，按照《普通话异读词审音表》的规定注音，如【叶公好龙】yè gōng-hào lóng，“叶”字不注成 shè。这些注音法式，都强调规范化。可见编纂者的指导思想是“学习型须服从规范化”，学生的学习必须在规范化指导下进行。这一编纂思想无疑是正确的。

为“学生学习”考虑,编纂者为每个词条都设计了呈现平台,大体有:释义、语本、语见、引例、结构、辨音、辨形等项。这与传统成语词典的编法:仅释义、书证两项大不一样。其中“语本、语见、引例”之间的划界,以“形成固定形式(某成语的标准式)前的典籍用例”为“语本”;以“形成固定形式(同前)后的典籍用例”,为“语见”,并尽可能选取早出现的用例。“语本”和“语见”不会同时出现在同一词条中,它俩都有追溯某成语来源的意义。例如:【爱惜羽毛】[语本]汉·刘向《说苑·杂言》:“夫君子爱口,孔雀爱羽,虎豹爱爪。”并没有形成成语标准式。而【碍手碍脚】条[语见]清·曹雪芹《红楼梦》第十八回:“宝钗因说道:‘咱们别在这里碍手碍脚。’”已形成固定形式。“语本”“语见”之外皆有“引例”,如“爱惜羽毛”下引鲁迅《并非闲话》三:“但写出去以后,却也不很爱惜羽毛……”“碍手碍脚”下引沈从文《湘行散记》:“也无时不显得碍手碍脚,很不方便。”追溯成语来源的背后是它出现得最早的时代,往往有很强的知识性、艺文性、文化趣味性;引例的价值是交代它在近现代典范作品中出现的情况,为准确使用该成语提供样本,有很强的规范性、实践性、指导性。这些,都是为学习这一项知识实践所必须的。

为便于学生对成语结构的了解,对每一条成语的结构进行具体分析,这也是本词典的特色之一。语法分析,如从 1898 年《马氏文通》算起,至今已有一个多世纪的历史。但将语法分析用于词典编写,将分析结果明标于词典,还是近十多年的事,最值得书写一笔而可载入史册的是 2005 年《现代汉语词典》第 5 版全面标注词性。用于成语词典的编纂,《新编成语词典》(中国大百科全书出版社 2004 年版)和《中华多用成语大辞典》(2007)都作了有益的尝试。郭骏君的这本词典对于条目的语法分析,可谓在编纂思想上全面贯彻,在编纂体例上十分稳定,在分析作业上层次分明,一分到底。全书收成语 3891 条,条条都在“结构”名义下作语法分析;分析的构架,稳定在传统的主谓、动宾、动补、偏正(状中、定中)、并列、兼语等结构;分析作业从部分到全体,层层聚合而达于整体综合的多层次分析法。这等于在以成语分析为例,给学生上语法分析课。例如【哀感顽艳】[结构]顽艳:偏正(定中),感顽艳:动宾,哀感顽艳:主谓。值得注意的是,语法结构分析除了让人明白某条目的语法构成,从现代语法科学视角掌握某成语、深度熟谙某成语以外,在词典内部,语法分析与条目释义是紧扣契合的。试看该条目的释义:“顽:愚蠢。艳:慧美。悲痛的情调,使不同的人都受到感动。后多用以形容诗文的词旨凄恻动人。”释义的语义结构抽象,就是条目的语法结构甚明。此外,如将本词典与其他成语词典相比,本词典是多层次,他词典是单层次。例《中华多用成语大辞典》(2007)“哀感顽艳”条语法分析仅“主谓”二字。《新编成语词典》结构分析项也只有一项,如“哀莫大于心死”条“结构:主谓”、“爱屋及乌”条“结构:复句式:递进关系”。这可能与分析的走向有关,《多用》、《新编》从上到下,从全体到部分,分析一层就够了,而本词典的作业从下到上,从部分到全体,非多层而达于全体不可。

释义是词典的灵魂。本词典除了以释义语义结构与语法分析结构相一致来优化释义外,在常规做法方面,先释整条成语的字面义和本义,释义术语“原指”;再释引申义,释义术语“后指”、“也指”、“还指”;再释比喻义,释义术语“比喻”、“也比喻”。例“不偏不倚”条释义“倚:偏,歪。原指中庸之道适得其中而无偏颇之弊。后指不偏袒任何一方。也指位置准确,没有偏差。”词条的本义、两次引申义都很明确。试比较《中国成语大词典》(1987、1996)“不偏不倚”的释义:“宋·朱熹《中庸集注》:‘中者,不偏不倚,无过不及之名。’原指儒家折中调和的‘中庸之道’。现指不偏袒任何一方。”下引鲁迅《彷徨·高老夫子》等用例。似不及《中国成语大词典》释义丰满。并非如此,郭骏老师本词典的编纂既已设计出“释义、语本、语见、引例”多个展示平台,已将某成语的释义分疏到各平台项了。“不偏不倚”条除“释义”项外,“语见”项引朱熹同《中国成语》,“引例”项引刘波泳《秦川儿女》用例,“辨音”项指出“倚”字不读平声而应读去声。又郭的释义“原指……适得其中而无……”用并列结构,“不偏袒”、“没有偏差”用偏正结构、动宾结构,与“不偏不倚”之并列、状中偏正、“不倚”即“不斜”为状中转意为“没有偏差”动宾,释义表达的语义结构与条目的语法结构尽可能一致,尤其可贵。郭骏词典"释义、语本"等多平台均应看作对条目的释义。

本词典的不足之处,也是不难看出的。例如,已有释义平台的贯彻,有的尚有努力的余地。多平台的打造,有些项目如某成语的同义成语条目、反义成语条目,为拓宽学生眼界计,也是可以增设的。

回到本文开头,学习了郭君"学生成语学习词典"编纂法,于词典类型学有何启示?以规范型词典/应用型词典为第一层次→经院查考型词典/社会学习型词典→时间(历时)区分之查考分类/时间(历时)区分之学习分类→空间(共时)区分之查考分类/空间(共时)区分之学习分类……因第一层次的规范型和应用型密不可分,继后层次的查考和学习也是相互渗透的。如本词典中的"语本""语见"既是学习的,也是可供查考的。注音,释义是供学习的,当然必须是合规范的。

以上是本人学习郭骏教授重新修撰《学生成语学习词典》的体会,写出来求教于辞书界和郭本人。

(2016年7月25日写毕)

李葆嘉著《尘封的比较语言学史》序

李葆嘉教授等撰著的《尘封的比较语言学史:终结琼斯神话》①,谊属西方语言学史系列的专题史,即揭开尘封了三四百年的荷兰学派伯克斯洪(Boxhorn 1612—1653)17世纪创立的“历史比较语言学的本体论和方法论”。本体论研究的成果体现方法论,方法论铸就本体论研究成果,两者密不可分。曾定居荷兰的法国17世纪理性主义哲学家,解析几何的创始人笛卡尔(1596—1650)逻辑演绎方法论,主张把精神实体简化为思维,把物质实体,包括研究对象简化为广延,声称“给我广延”和逻辑“运动”,“就能造出一个世界来”。笛卡尔还把它的方法论说成就是要“逐步和不断地增加人们的知识,直至达到对人们能力范围内每一事物的真实理解”。笛卡尔的名言是“我思故我在”,“我思”命义在于逻辑演绎,“我在”强调走进经验世界的能被“我”把握到的存在。可见,笛卡尔的唯理主义方法论,乃至任何一般科学方法论,都是以客观世界的经验本体为其逻辑边界和目标的。语言科学研究方法也不例外,它以语言对象本体即语言世界为逻辑边界。我们无意寻找伯克斯洪与笛卡尔理性主义方法论之间的链接,但方法论本身总是被打上时代烙印。古代的方法论以古代朴素辩证法命名,近代的方法论是英国F. 培根《新工具》以科学实验为基

① 该书已由科学出版社2020年6月出版。文中括注的页码即该书的页码。

础的经验认识归纳法,并笛卡尔理性演绎方法论。即使20世纪五六十年代兴起的语言分析哲学,也是以语义与语法的关系为语言分析对象,关注语法深层还原的逻辑分析,哲学被理解为仅仅是语言逻辑分析,思想的哲学等同于语言分析的哲学。美国发展了的语言分析哲学家蒯因(1908—2000)则赞成句法理论中的经验性的"认识论整体论",经验意义的单位是整个科学。不过,经验检验只能是整个语句系统,而非单个句子,并认为逻辑理性分析与经验综合归纳没有严格的界限,逻辑规则和本体论命题的边界在经验语言世界。现当代的方法论则是马克思主义唯物辩证法,它强调客体世界的本体论存在和实践论价值,以及主体世界创新精神。如此看来,17世纪伯克斯洪创建的历史比较语言的方法论,同样不可避免地受制于彼之时代的经验认识归纳法和理性分析演绎说。书中概括伯克斯洪理论要旨:"他创立了几乎包括所有欧语以及波斯语也在内的关联理论,用他的话说,这些语言'来自一个共同的源头'。"(220页)这"共同的源头"就是远古野蛮人斯基泰人的斯基泰语。语族的关联,语族同源的史前史追溯,包括相关口述史的整理和抽绎,都离不开经验的归纳和逻辑假设的推理。伯克斯洪年轻时在莱顿大学学习神学哲学,17岁大学毕业后继续学习神学,因他长于雄辩,19岁便对语言研究发生兴趣,20岁后当过莱顿大学专事雄辩的讲师和教授(222页),这一学术背景,可以说与他能养成17世纪盛行的理性逻辑推演法的思维定势息息相关。伯克斯洪在寻求语族同源时,"除了词语相似之外,在柏拉图(Plato)的《对话集·克拉底鲁篇》"(Cratylus)中,苏格拉底说过,"许多希腊语的词语出自野蛮人(斯基泰人)之口",既然古希腊语如此,"那么其推论必定日耳曼语、拉丁语的来源当与之相同"(236页)。这无疑是对历史假设的推证,甚至是对苏格拉底本人对话过程的逻辑假设和推演。至于如何证明后世罗马人、希腊人、日耳曼人使用的不同语言有共同的原始母语,"这就需要通过基本词汇、形态变化和语法结构的比较加以说明"(236页)。可见伯克斯洪的历史比较法不仅是全面的,系统的,有历史厚重感的,而且是以共时发射状的语言逻辑分析和推理为基础的。

事实上,不仅全书的主要研究对象伯克斯洪在创立历史比较法的全过程中无法脱离17世纪经验综合和逻辑演绎相结合的干系,就是作者本人也会体现这一研究方法的应用。前述语言哲学关注语法深层还原的逻辑分析,理应包括由深层语法分析还原到语言经验层面。后期语言哲学的代表蒯因则进一步阐述还原论的语言哲学形式,他在《从逻辑的观点看》一书中把还原论作为现代经验论的一个"教条"(教义、原则的意思),说:"相信每一个有意义的陈述都等同于某种基于直接经验术语的逻辑建构。"书中在还原历史真实,回到伯克斯洪在创立历史比较法的历史在场时,处处考虑到经验事实的罗列和分析。如17世纪早期"争取独立的成功时代"对伯克斯洪学术的造就(214页)、德国学者1751年撰写的词条(215页)、德国学者1876年撰写的传记(216页)、荷兰学者1998年的介绍文章(217页)、荷兰文写网络文字的介绍(218页)、德国学者2004年的介绍文章(219页),如此等等。以上做法,无疑用了中国固有的文献考订法,但要是从语言哲学的视角看,又是从不同时代分说伯克斯洪的语料及其分析出发,最后还原到四百多年前伯克斯洪的历史在场。作者引用的相关语料深层次分析认为,伯克斯洪把欧洲的许多语言"统统包括在(斯基泰语)这一大家族内,并且给出了许多对应词表","被提出来讨论的语法现象如果存在相似性,那么就更胜一筹,而最佳情况则是,出现在一种语言中的异常或偏差,也出现在另一语言之中。这也是当代比较语言学的全部基础"(220页)。作者十分认可这些涉及语法、相似性、异常或偏差、逻辑呈现、比较语言学基础等深层次的语义和语法分析(220页)。这些分析当然都是旨在还原伯克斯洪历史比较语言学真相。

我还要说,葆嘉教授等的此书,是以"批判"为一以贯之的逻辑贯穿的。全书以"终结琼斯神话"为副题,充满批判精神。学术批判在西方世界是学术研究的同义语。德国著名哲学家康德的三大名著均以"批判"命名:《纯粹理性批判》、《实践理性批判》、《判断力批判》。这里的批判,与我们后来曲解"批判的武器"而成的"武器的批判",以及当下又几乎放弃学术"批判"毫无共同之处,"批判"就是深入的研究,这正是西方的一大学术精神。书中不仅严于对琼斯的批判,其余如对国内早已熟知的19世纪丹麦语言学家汤姆逊、拉斯克、德国语言学家葆朴、20世纪丹麦语言学家裴特生的批判性研究,无不引人注目。如何评价英国学者威廉·琼斯等的学术成就,可以继续讨论和研究,但贯彻批判精神的研究,是值得提倡的。

更不必说全书涉及多种西语,几从海量的西语文献中排沙简金,用西方文献第一手材料著论西方。

综上所述,葆嘉教授等尝试以西方学术精神撰写西方语言学史,诚是也,亦可贵,颇可取。

我和葆嘉教授是同辈人,同事语学的学友,其皇著允我先睹而问序,惶恐云何,悚怍云何,勉力写下以上文字,谨求教于葆嘉教授和学界。

是为序。

(2019年元月于南京)

附　录

人名索引

六画

七画

八画

九画

词语名目索引

三画

四画

五画

六画

七画

八画

九画

十画

十一画

十六画

十七画

十八画

十九画

二十画

二十二画

2015 年以来著述目录[①]

论文

2015 年

1.《庄子》外篇寓言故事和相关名理分析,《商丘师范学院学报》2015 年第 1 期。

2. 乔永著《辞源史论》序二,载该书,商务印书馆国际文化出版社 2015 年 10 月第 1 版。

3. 杨建忠著《楚系出土文献语言文字考论》序,杨著浙江大学出版社 2014 年 11 月第 1 版。已收入 2015 年《语言学和文史语言研究集稿 》一书。

4. 外演在场礼仪,内合情美之礼——《仪礼》礼仪存在和语言叙事,《能仁学报》总第 13 期,《礼学专号》(一),香港能仁专上学院 2014 至 2015 年度印行。书号 ISSN2227－5665。电子版见 http://www.ny.edu.hk/web/publcations.html

5. 论通识教育是大学语文教学实践理性的本体(与萧宝凤老师合作),《澳门科技大学学报》第 9 卷第 2 期,《教育改革与教学研究》

① 1984 至 2014 年科研成果已载于《语言学和文史语言研究集稿》一书,南京大学出版社 2015 年 7 月出版。

专栏,2015 年 12 月 30 日出版。

6.《“校训杯”读书征文大赛获奖文集:文艺生风》(2011、2012、2013)后记,澳门科技大学 2015 年 4 月印行。

7.《汲古阁说文订》叙录,《段玉裁全书》2015 年 8 月第 1 版,第二册第 203 页。

8.《戴东原先生年谱》叙录,《段玉裁全书》2015 年 8 月第 1 版,第四册第 311 页。载汪良发、潘定武主编《2014 全国戴震学术研讨会论文集》(戴震诞辰 290 周年暨 2014 年戴震学术研讨会论文集),黄山书社 2015 年 9 月第 1 版。

9.《戴东原集覆校札记》叙录,《段玉裁全书》2015 年 8 月第 1 版,第四册第 349 页。

2016 年

1. 孙叔平中国哲学史观探论——纪念孙叔平教授诞辰 110 周年,《江海学刊》2016 年第 2 期。

2. 关于陆志韦先生的古音学思想,北京师范大学主办《民俗典籍文字研究》,王宁主编,总第 17 辑。商务印书馆 2016 年 6 月出版。

3. 关于北大简《老子》的辨伪,《光明日报》2016 年 9 月 12 日第 16 版《国学》版。

4. 通识教育信念下的大学语文教学,载《澳门日报》2016 年 8 月 15 日“G4 教思”版。

5. 丰硕的成果——段玉裁诞辰 280 周年纪念暨段学、清学国际学术研讨会学术成果述要,载《宏德学刊》,江苏宏德文化出版委员会主编,第五辑,《段玉裁诞辰 280 周年纪念暨段学、清学国际研讨会论文集》,江苏人民出版社 2016 年 11 月第 1 版。

6.《说文段注》在汉简《老子》上经考订中的解释作用例举,载同上

7.《学生成语词典》序,载郭骏教授主编《学生成语词典》,上海辞书出版社 2016 年 12 月第 1 版。

2017 年

1. 《辞源》第三版的释义,《古汉语研究》2017 年第 1 期。

2. 五十年前的一场学术大讨论:方光焘先生和高名凯先生语言言语大讨论,《南大语言学》第 5 期,商务印书馆 2017 年 2 月出版。

3. 试论俄籍汉语古音学家斯塔罗思京的古音学,《语言科学》第 16 卷第 3 期(总第 88 期),科学出版社 2017 年 5 月。

4. 寻求汉语文字和汉语研究的科学发展之路:何九盈教授最新语言学研究述评,北京师范大学主办《励耘语言学刊》特稿,2017 年第 2 期,总第 27 期。中华书局 2017 年 12 月出版。与乔永同志合作。

5. 从语言哲学看话语体系理论,《宏德学刊》赖永海主编,商务印书馆 2017 年 12 月第 1 版。与乔永同志合作。

2018 年

1. 承接古今,融汇中西——纪念《马氏文通》问世 120 周年,《中国社会科学报》2018 年 4 月 17 日第 4 版“语言学”版,发表时有删节。

3. 《汉文经纬》与《马氏文通》比较研究,《当代语言学》第 20 卷 2018 年第 3 期。《中国社会科学文摘》2018 年 12 期,总第 180 期。

2019 年

1. 西汉竹书《老子》上经校勘绎言,《国学研究》第 41 卷,北京大学国学研究院中国传统文化研究中心主办,袁行霈主编,北京大学出版社 2019 年 3 月出版。

2. 西汉竹书《老子》下经校勘绎言,北京师范大学《民俗典籍文字研究》第 24 辑,王宁主编,商务印书馆 2019 年 12 月出版。

3. 方光焘理论语言学的思想方法底层是形上学,载南京大学汉语史研究所主办,张玉来主编《汉语史与汉藏语研究》第五辑,中国社会科学出版社 2019 年 6 月第 1 版。

4. 纪念方光焘、黄淬伯先生诞辰 120 周年国际学生研讨会开幕式致词,载南京大学汉语史研究所主办,张玉来主编《汉语史与汉藏语研究》第五辑,中国社会科学出版社 2019 年 6 月第 1 版。

2020年

1. 西汉竹书《老子》下经校勘考述,北京语言文化大学 主办,华学诚主编《文献语言学》总第十辑,中华书局2020年出版。

2. 胡小石先生《声统表》解读,南京大学文学院文献系主办《文献学研究》第二十三辑上卷,江苏凤凰出版社2020年12月第1版。

2021年

1. 徐复先生经学思想研究,载《宏德学刊》第十二辑,商务印书馆2021年4月第1版。

论著(2015年前已有13种)

1. 语言学和文史语言研究集稿,南京大学出版社2015年7月第1版。

2. 汉语古音学史(合著),上海古籍出版社2015年10月第1版。

3. 汉语文化,南京大学出版社2017年4月第1版。

4. 中国汉语文化,南京大学出版社《中国传统文化丛书》2020年11月第1版。

后 记

本书分音韵、校勘、注释,语言理论和汉语文化三大块,作为书的名目分类,反映全书内容的内涵和外延的构成面貌,三大块也是我本人长期致力而获得的知识结构。音韵,因长期从事古代汉语教学和科研工作,少不了音韵、训诂,又因企望汉语史学科站到学术的前沿,欣赏出土文物的古、深、博,心仪简帛研究的重实证、重文献、重理性,本着站位高端的追求,赋现实证研究的志趣,以校勘为研究思路和资料集结方式,对北京大学汉简《老子》作了较全面的考求。检寻自1998年《郭店楚墓竹简》问世以来,本人发表过的简帛学论文共16篇(含合作1、《序》1),有的文章是在本世纪初为中文系本科生开设四轮《简帛选读》课程中的感想迁延,是教学激活科研的升华所得。教学实践和科研实践之馀,也为中文系应加强古音学、古文字、简帛学研究而建议过,呼吁过。今年五月,根据教育部加强基础学科建设的计划,南大文学院获批建立古文字学强基专业,并于当年招生,文学院为强基班配备了专门的力量。因当年的学术筑梦成为现实,感到十分欣慰。胡小石先生1924年在金陵大学讲授甲骨文,创立的古文字学科开始实现新一轮的复兴。

理论思维或许是我平生至爱,自诩理论研究是我的成果之最,甚至自恋理论模式的构境之美。究其原因,与我曾经酷爱数理化,而引发自然哲学的知识累积过程有关。拙作《〈汉文经纬〉与〈马氏文通〉

比较研究》在《当代语言学》2018 年第 3 期发表后,曾引来强烈的批评。因文中提到索绪尔和康德哲学有关系,一位学者在微信群里说:"胡乱推论。不懂康德,就不要谈康德,以免哲学界笑话。康德和索绪尔毫无关系,国际索绪尔研究领域无一人无一字提到索绪尔和康德有啥关系,就不要在常识故作惊人之论,笑掉大牙。"我见到如此尖锐的批评,第一反应是本能地迅速回到自我反省的原点,自喟云:理论这碗饭,也真不好吃呀! 后来,读到友人推荐的一篇题为《康德图式概念和它的语言学分析基础》(D. Katunar, I. Eterovic:*Kant's Notion of Schema and Its Basis in Linguistic Analysis*),一篇题为《康德和索绪尔》(Robin M. Muller:*Kant and Saussure*),方知那位先生有点儿囿于已见,对国际学术界关于康德和索绪尔学术关系的研究尚缺乏了解。有一位资深的理论语言学家如是说:"西方理性主义的传统是一条连续不断的河流,索绪尔不是石头缝里蹦出来的,康德之后的思想家,包括乔姆斯基,想摆脱康德的影响比揭掉狗皮膏药还难。"又说:"一个语言理论只要跟心理现实性和天赋论能有点联系,都可以跟康德联系起来。"我完全接受以上说法。他又说:"多年前教 Saussure 时读法国学者 Gadet 写的关于 Saussure 的书,里面有提到康德。"又说:"近年来索绪尔与康德之间的关系,西方仍然有人探索,稍微网上搜索就能找到。"是的,索绪尔和康德的关系,早已成为理论语言学史研究中的一个基础性质的问题。如一定要摁着人考证出何年何月索绪尔读过康德,那只能取消学术。十分重要的是,学术既是各不相涉的区块,但学术又是互相联系的知识链。

至于"汉语文化"应用,就大的方面而言,与学术对社会的关注度、社会对学术的企望值有关。本人对关注度和企望值这两个目标是心心念念的,我把它们看作是学人应有的历史担当。但学术,尤其是近于纯学术的语言文字学,一般不处在一个时代的话语系统的中心区。这就决定本学科的许多研究型特点,包括用语言,或者说以它为参照系,来研究其他学科中的问题,也成了汉语文化应用的组成部分。

与学术结缘近四十年来(从 1981 年研究生毕业留校算起),时光老人的馈赠是丰富的:有理性思考的快乐,逻辑推理的享受,心仪考据的安宁,经验求实的笃定,收获果实的愉悦,也有一次又一次失败受挫的失落,更有那老眼昏花,背脊佝偻的不知不觉的位移。但总的说前五项是主要的,这是精神昂扬的动力。

本书第一集在南京大学出版社出版(2015)。续集改在江苏凤凰出版社出版,得到原社长姜小青先生的慷慨襄助,竟以我是前社长薛正兴学兄的学侣旧友而谬嘉接纳之;得到总编辑吴葆勤先生和责任编辑郭馨馨女士的多处是正和多项帮助。皆志之而不忘,余铭感矣,谨谢忱矣。

李　开

2020.8.4 于南京

图书在版编目（CIP）数据

最新公民礼仪 / 未来之舟礼仪培训公司编著.

北京：中国经济出版社，2015. 3

ISBN 978－7－5136－0939－5

Ⅰ. ①最… Ⅱ. ①未… Ⅲ. ①礼仪—基本知识 Ⅳ. ①K891. 26

中国版本图书馆 CIP 数据核字（2014）第 274415 号

责任编辑　陈　瑞
责任审读　霍宏涛
责任印制　马小宾
封面设计　华子图文

出版发行　中国经济出版社
印 刷 者　北京力信诚印刷有限公司
经 销 者　各地新华书店
开　　本　710mm×1000mm　1/16
印　　张　16. 75
字　　数　235 千字
版　　次　2015 年 3 月第 1 版
印　　次　2015 年 3 月第 1 次印刷
定　　价　36. 00 元
广告经营许可证　京西工商广字第 8179 号

中国经济出版社 **网址** www. economyph. com **社址** 北京市西城区百万庄北街 3 号 **邮编** 100037

本版图书如存在印装质量问题，请与本社发行中心联系调换（联系电话：010－68330607）

最新公民礼仪

UPDATED ETIQUETTE FOR CITIZENS

北京未来之舟礼仪培训机构◎编著

中国经济出版社
CHINA ECONOMIC PUBLISHING HOUSE
北京

前　言

我国自古就是一个讲究礼仪的国度，礼仪在我国政治、文化生活中占有重要位置。早在先秦时代，我们的先人就建立了一套完备的礼仪，周公的“制礼作乐”、孔子哀叹“礼崩乐坏”，都说明了这一事实。

随着社会的发展、文明的进步，“礼”由承载上层建筑的使命而逐渐演变成人与人之间的交往准则和要求。《论语》的“不学礼，无以立”，孟子的“仁者爱人，有礼者敬人。爱人者人恒爱之，敬人者人恒敬之”，都是生动的说明。

那么，什么是礼仪？从现代社会的人际交往角度，简单地说，礼仪就是律己、敬人的行为规范，是表达对他人的理解和尊重的过程和手段。它始终以某种精神的约束力支配着人们的行为，是促进人际关系和谐的重要途径。

礼仪的最大特点，就是更侧重于“精神的约束力”，强调“律己敬人”。

现代社会，人们的生活都是快节奏的。人与人之间的交往，特别是和陌生人之间，不可能指望他人都对你做到熟悉从而可以“不拘礼”。这就需要我们在正常交往中，必须首先表现出善意，对他人表达起码的礼貌和尊重。

然而，近现代中国礼仪文化的缺失，使一部分人不知礼、不守礼，不仅影响了人际关系的和谐，甚至一定程度上增加了社会管理成本，损害了国家的形象和尊严。

仓廪实而知礼节。我们的物质文化水平已极大丰富，GDP 已位居世界第二。在这样的情况下，我们该以怎样的形象展现在世人的面前？

《北京青年报》曾报道，短短十·一黄金周的几天时间里，40万平方米的天安门广场上竟有游人留下的60万块口香糖残渣！

而据《国际先驱导报》在一篇《中国游客在欧形象调查》的报道中说，德国柏林的一家中餐馆老板娘生气地告诉《国际先驱导报》的记者：中国游客在饭店吃饭时，喝酒一轮接一轮，高谈阔论，旁边的人根本没法吃……有一次我让他们小声点儿，他们反过来说我："你为什么要管我们，我们出来就是要高兴的……"这样的人再有钱也让人看不起。另外，在公共场所不排队、乱插队、不遵守交通规则、上车抢座等行为也很多……

不文明行为，图的是一时之快，丢的却是自己的人格乃至我们的国格。

那么，如何使我们的形象、举止、语言更加得体，从而展现我们的礼仪修养，创造和谐的人际关系呢？

礼仪体现细节，细节体现修养。学习礼仪，不仅是提高个人素质和单位（小到家庭、企事业单位、社区，大到城市、国家）形象的必要条件，更是立身处世的根本、人际关系的润滑剂、现代竞争的附加值。是否文明，是否讲礼仪，不在于口号有多响，而在于是否付诸于我们的日常行为中。

在单位，尊敬领导，团结同事，善待来客；在公共场所，约束举止，降低噪声，爱护环境，排队礼让；在家里，孝敬长辈，夫妻和谐，爱护子女，友善邻居……

自重者人重，自律者人敬。想让别人尊敬自己，首先就要学会尊敬他人。

让我们从现在做起，从我做起，从身边做起，做一个文明的人，做一个讲究礼仪的现代人！

北京未来之舟礼仪培训机构

2014年6月